W0328379

SOLEM, SAL,
MAJVS HA:
CONJVNCTIO. PHILOSOPHO
SEPARATIO. HOMOGENIORU
SAL. SVI
BES COELVM
SVLPHVR, LV

Grete De Francesco

DIE
MACHT
DES
CHARLATANS

Titelkupfer zu «Des getreuen Eckarths Medicinischer Maul-Affe oder der Entlarvte Marckt-Schreyer», Frankfurth und Leipzig 1719

Extradrucke der Anderen Bibliothek
№ 434

Grete De Francesco

AUSGESCHIEDEN
VON DEN
BÜCHEREIEN WIEN

DIE MACHT DES CHARLATANS

Mit neunundsechzig Abbildungen

Mit einem biographischen Essay von
Volker Breidecker

Büchereien Wien
Hietzing
Magistratsabteilung 13
13, Hofwiesengasse 48
A-1130 Wien

INHALT

Ich lerne immer mehr die phantastischen Menschen von denen unterscheiden, die phantasievoll sind, nämlich imstande, fortwährend die Realität in ein erhöhtes zweites Dasein umzuformen.

Hugo von Hofmannsthal,
in einem Brief vom 4. Juli 1900

Einleitung

GESTALT UND WIRKUNG

DAS WORT »CHARLATAN«: ABLEITUNG UND ANWENDUNG

Vieldeutig und fragwürdig wie die Macht, die in allen Zeiten Charlatane über den Menschen und die Menge ausgeübt haben, ist das Wort »Charlatan« selbst. Die erste bewußte Begegnung mit dem Wort, der erste Versuch, den Begriff, den es umfassen will, klar zu erblicken, führt in jene Sphäre entweichender, sich in Undeutlichkeit und Geheimnis auflösender Umrisse, in jenes Reich des Unbestimmbaren, in das Charlatane immer ihr Erdendasein zu verlegen bemüht waren. Gerade deshalb muß man, um dem Wesen des Charlatans und der Charlatanerie nahezukommen, mit dem Versuche beginnen, das Wort selbst nach Ableitung und Anwendung zu verstehen. Man schlägt damit einen Weg ein, der charlatanesken Gepflogenheiten, dem Jonglieren mit dem schillernden, undurchsichtigen und unverstandenen sprachlichen Ausdruck nämlich, streng entgegengesetzt ist, und indem man dem Worte die Maske abnimmt, entdeckt man noch am ehesten die wahren Züge eines Antlitzes, von dem in allen Zeiten eine große und verhängnisvolle Macht ausging.

»Charlatan« kommt vom italienischen »ciarlatano« und das »Vocabolario della Crusca« definiert völlig sachlich: »... Einer, der auf öffentlichen Plätzen Salben oder andere Medizinen absetzt, der Zähne zieht und Taschenspielerkünste zeigt.« Nichts weiter fällt auf, als daß zu dem nüchternen Vertrieb auch noch die Taschenspielerkunststücke treten. Aber ist mit dieser Definition unsere vage Vorstellung von einem Charlatan schon erschöpft? Kann nicht auch ein Mensch, der nicht auf Plätzen Zähne zog, ein Charlatan gewesen sein? Das »Vocabolario della Crusca« gibt eine gut formulierte, wenn auch nicht ganz zureichende Antwort, wenn es sagt, daß »ciarlatano« bald in übertragenem Sinne angewendet wurde und jene Menschen bezeichnete, die »mit einem Übermaß an gekünstelten (artificiose) Worten, mit Betrügerei und Prahlerei trachten, das Falsche als echt feilzubieten und aus der Leichtgläubigkeit ihrer Mitmenschen Vorteil zu ziehen«. Das Gehaben und die Methoden dieser Salbenkrämer auf den Jahrmärkten müssen in allen Einzelheiten für einen bestimmten menschlichen Typ als symbolisch empfunden worden sein, wenn ein enger Fachausdruck sich zu einer Bezeichnung von so umfassender allgemeiner Bedeutung weiten konnte. Taschenspielerei neben Verkauf, ein Übermaß an Worten und das Manöver der Fälschung, Falsches für Echtes ausgeben zum eigenen Vorteil, das sind die Momente, die die Crusca hervorzuheben für wichtig hält. Wie aber steht es mit den Worten, wird nur ihr Übermaß betont? Sie sind »artificiose«, das heißt nicht nur gekünstelt, sondern auch gefälscht. Künstliche Edelsteine zum Beispiel, falsche Steine, werden mit demselben Ausdruck bezeichnet. Also nicht nur die Elixiere, sondern auch die Worte sind Fälscherware. Das Substantiv »ciarla« bedeutet Gerede, leeres Geschwätz, das Verbum »ciarlare« definiert die Crusca »auf eine prahlerische und leichtfertige Weise viel reden, häufig mit der Absicht, andere zu verwirren«.

Alle diese Definitionen weisen auf die Art der Sprachanwendung hin. Das Verwirrungsmittel der getrübten, geschändeten, um ihren Echtheitsgehalt betrogenen Sprache scheint demnach als stärkstes Requisit des Charlatans empfunden worden zu sein. Ohne es genau auszusprechen, zeiht diese Definition den Charlatan der Fälschung. Die Kunst der Fälschung aber reicht ebensoweit in vergangene Zeiten zurück wie die Geschichte der Entdeckungen. Papyrusfunde, die die hochentwickelte Wissenschaft und Technik des alten Ägypten bezeugen, berichten über die Kenntnis von Metallen, Glas und Farbstoffen und die gleichzeitig blühende Kunst, Edelsteine, Edelmetalle und Farbstoffe künstlich zu gewinnen. Während aber keinerlei auf Gewinn abzielendes Geheimnis die Wissenschaft umgibt, sind es Geheimrezepte, die von der Kunst zu fälschen berichten. Zwei gänzlich verschiedene Motive haben in allen Zeiten Fälschung und Geheimnis aneinandergekettet. Einmal ein rein ökonomisches: Erzeuger und Besitzer echter Produkte verfolgten die konkurrierende, billige Imitation, die sich vor ihnen verbergen mußte. Dann aber ein psychologisches: die Hauptkonsumentin der gefälschten Stoffe, die Masse, will sich billig jene Güter zu eigen machen, deren Besitz wegen Teuerkeit die wenigen, eben die Besitzenden (von Sach- oder Bildungswerten) charakterisiert; sie will vermittels der Fälschung etwas scheinen, was sie nicht ist, und taucht diesen Wunsch vor sich selber und vor anderen in Geheimnis. Geheimnis füllt aber auch die Luft, in der der Charlatan, von einer lexikalen Definition als Sach- und Wortfälscher bezeichnet, atmet und die er die Menschen einatmen läßt. Über diese merkwürdige Luft erzählen uns volkstümliche Blätter viel, die unter der Schwelle der Kunst und ohne ihre Ansprüche voll eines primitiven Eifers einfach schildern. Ein römischer Stich vom Ende des 18. Jahrhunderts zeigt Luigi Pergola (Abb. 1), »venditore e manipolatore di Segreti«, Verkäufer und Bearbeiter, Zubereiter von Geheimnissen. Gewiß, hier heißt »segreto« Geheimmittel, Geheimtrank; dennoch schwingt die allgemeine Bedeutung mit, der Ausdruck wird ins Abstrakte erhoben und zeigt an, daß gerade das Unfaßbare, das Geheimnis verkauft und zubereitet

1. Luigi Pergola, Verkäufer und Erzeuger von Geheimmedizinen. Populärer römischer Stich um 1800.

wird, woraus man schließen darf, daß das Geheimnis als Rohstoff für die Zwecke des Charlatans unverwendbar ist und erst durch seine Künste gebrauchsfertig und absatzreif gemacht werden muß. All die Gesichter, neugierige und leidende, sind hinaufgereckt zu Luigi Pergola; die Hände eines ausgemergelten Kranken tasten wundergläubig nach der Berührung mit dem Rock des Amulettgeschmückten. Der aber hat keinen Blick nach unten. Er hält ein aufgeschlagenes Buch, sein Mund steht offen: er redet, wie sie alle geredet haben durch viele Stunden, diese Fälscher des Wortes.

Die Definition des »Vocabolario della Crusca«, so knapp und gut sie formuliert ist, läßt doch den zeitlichen Abstand spüren. Man kommt den Dingen näher, wenn man die Zeitgenossen der Charlatane des 18. Jahrhunderts befragt, eines Jahrhunderts, das leidenschaftlich um kristallklare Begriffs- und Wortformulierungen bemüht war. Das Zedlersche »Große Universal Lexikon Aller Wissenschaften und Künste« (Halle und Leipzig 1733) enthält das Wort Charlatan nicht, wohl aber »Charlatanerie«: »... An und vor sich bedeutet dieses Wort soviel als eine Windmacherey, das ist, wo man eine Sache durch äußerlichen Schein groß macht, da doch dieselbe an und vor sich von keinem Werth ist, weil die gantze Welt will betrogen seyn, so giebt es in allen Ständen solche Art Leute ...« Hier begegnet man dem »äußerlichen Schein«, der Aufmachung, die als konkreter Eindruck bei den Zeitgenossen haftete, und man hört, daß nicht nur der Verkäufer der krankheitslindernden Balsame, der Zahnzieher, der medizinische Quacksalber also, als Charlatan verstanden wurde, sondern daß man Charlatanen in allen Ständen begegne. Das sagt noch viel deutlicher die »Encyclopédie ou dictionnaire raisonné des sciences, des arts et des métiers« (Diderot, Paris 1751): »Dieser Titel (Charlatan) hat sich in einem allgemeinen Sinne eingeführt, seit man beobachtete, daß jeder Stand seine Charlatane hat; so also ist in diesem weiter gefaßten Sinn Charlatanerie das Laster desjenigen, der daran arbeitet, sich selbst oder die ihm zugehörenden Dinge durch erdichtete Eigenschaften in Geltung zu setzen.« Es folgt ein Vergleich zwischen dem Pedanten und dem Charlatan, dem wir in der Literatur des 18. Jahrhunderts häufig begegnen. In diesem Vergleich wird das entscheidende Moment der Bewußtheit des Handelns berührt, es wird nämlich gesagt, daß der Pedant die

Bedeutung von Nichtigkeiten tatsächlich so überschätze, daß er sie ehrlich und aufrichtig für wichtig hält, während der Charlatan ganz genau weiß, wie wenig Wert all das habe, was er so übertrieben anpreist. Der Pedant betrügt sich selbst, der Charlatan die andern.

Dadurch, daß der Charlatan hier mit einem anderen Typus, dem Pedanten, verglichen wird, und versucht, die unterscheidenden Merkmale festzustellen, wird herausgeschält, was als spezifisch, einzig dem Charlatan zugeordnet, empfunden wurde, daß er nämlich gegen sein besseres Wissen und Gewissen handelte. Das ist wichtig. Auch die Ärzte haben vor drei- oder vierhundert Jahren mit Mitteln behandelt, die wir heute als charlatanesk ansehen würden, deshalb waren sie aber noch durchaus nicht Charlatane. Sie glaubten an ihre Medizinen und trumpften gegen niemanden auf, während die Charlatane ja Zulauf gerade von jenen zahlreichen Menschen hatten, die den Ärzten und ihrer Wissenschaft mißtrauten und die an dem Wundermann, dem sie sich anvertrauten, nichts so anzog, als daß er gegen Ärzte und Wissenschaft auftrumpfen konnte, vermöge von Kenntnissen, die er aus fernen Erdteilen oder durch magische Einblicke gewonnen hatte. Versucht man nun weiter festzustellen, von welchen verwandten Typen die Zeitgenossen den Charlatan deutlich unterschieden, so findet man Antwort in einem recht merkwürdigen Buch: »Geschichte der menschlichen Narrheit oder Lebensbeschreibungen berühmter Schwarzkünstler, Goldmacher, Teufelsbanner, Zeichen- und Liniendeuter, Schwärmer, Wahrsager und anderer philosophischer Unholde« (3 Bde., Leipzig 1785). Unter den Sammelbegriff der »philosophischen Unholde« werden hier »Sterndeuter, indifferentische Schwärmer, Charlatane, Geisterseher, Mystiker, prophetische Phantasten« und viele andere gerechnet. Auffallend ist, daß das Kapitel über Borri, den Hofalchimisten der Königin Christina von Schweden, mit »Goldmacher und Charlatan« überschrieben ist, während das nächste über Johann Aurelius Augurelli einfach »Goldmacher« heißt. Die grundlegende Unterscheidung findet sich schon in den ersten Sätzen: »Auch ein Goldkäfer, aber von ganz anderer, von unschuldiger Art, der den Stein der Weisen von ganzem Herzen suchte, aber dabey niemand als sich selbst betrog.« Auch aus dieser praktisch angewendeten konkreten Unterscheidung geht hervor, daß es nicht auf die Tätigkeit als solche ankommt, um einen Menschen zum Charlatan zu stempeln, sondern auf die Aufmachung, den Habitus, die Ehrlichkeit oder Unehrlichkeit der Überzeugung und die Zweckrichtung zum eigenen Vorteil. Zwei Männer geben vor, Gold machen zu können – der eine wird als Charlatan bezeichnet, der andere nicht. Viel deutlicher wird die Definition der »Encyclopédie ou dictionnaire universel des connaissances humaines« von M. de Félice (Tome IX, Yverdon 1771): »Charlatan ist derjenige, der sich rühmt, etwas zu wissen, was er nicht weiß, Fähigkeiten zu haben, die er nicht hat, und der sich Talente nachrühmt, die ihm fehlen …« Während alle bisher angeführten Definitionen sich allein mit der Person des Charlatans beschäftigen, fügt der Artikel »Charlatan, Charlatanerie« bei M. de Félice ein paar versuchsweise Erklärungen des Fluidums zwischen dem Charlatan und seinen Anhängern hinzu, einige schüchterne Versuche, die Mittel aufzuzeigen, die die Wirkung hervorrufen, und stößt so in den Bereich der Macht des Charlatans vor. »Keck spricht er über das, was seine Zuhörer nicht kennen, ohne zu zögern gebraucht er Fachausdrücke, deren Bedeutung er ebensowenig versteht wie seine Zuhörer; bald bewundert die Unwissenheit den Schwindler und redet sich ein, daß er all das wisse und könne, was ihr unbekannt ist.« Die Menge wird »eine Herde, zur Bewunderung immer bereit« genannt. Aber sogar eine soziologische Bestimmung der Anhängerschaft, und zwar eine sehr zutreffende, wird bei M. de Félice versucht: »Eine große Anzahl von Personen, die nicht dem Volke zuzuzählen, auch nicht vollkommen ungebildet sind [sondern eher halbgebildet, d. Verf.], lassen sich durch die Reden des Volkes [den volkstümlichen Ton, d. Verf.] leicht verführen.«

Man kann in allen diesen Erklärungen ein Gemeinsames beobachten: sie bleiben niemals am Gegenständlichen haften, sie geben sich nicht etwa damit ab, die Medikamente und Tränke aufzuzählen, die der Charlatan verkauft, sie beschreiben nicht sein Kleid und nicht sein Zelt: sie bleiben hängen an der Analyse von Sprache und Rede und stoßen sich von diesem Sprungbrett ab in das Reich des übertragenen Sinnes, die allgemeine Bedeutung. Werden so die Wörter Charlatan und Charlatanerie in immer weitere und fernere Kreise getragen, dann hält man wohl manchmal ein, und in einer Art von Rechenschaft über die Anwendung des Wortes wird das Urbild lebendig gemacht, die Parallelen werden nachgezogen mit scharfer Linie. Aus solchen polemischen Rechtfertigungen kommen die hellsten Erkenntnisse zum Thema.

Im Jahre 1716 erschienen zu Amsterdam die Vorlesungen des Johann Burckhardt Mencke über die Charlatanerie der Gelehrten (»Charlataneria Eruditorum«) in Buchform. Sie fanden große Verbreitung und waren international bekannt genug, damit sich das Zedlersche Universallexikon in seinem Artikel »Charlatanerie« einfach auf Menckes Ausführungen beziehen konnte. Obgleich es sich hier um die Charlatanerie eines ganz bestimmten Standes, der Gelehrten nämlich, handelt, zeigt das Titelkupfer

2. Titelkupferstich der »Charlataneria Eruditorum«
von Joh. Burck. Mencken, Amsterdam 1716.

das typische Zelt des Marktschreiers, mit allen Tiefen der Untiefe, getaucht in halbes Licht, in dem die Umrisse einer Frau gerade noch zu erkennen sind (Abb. 2). Der Spaßmacher produziert Handstand zum Amusement der Menge, ein exotisch gekleidetes Faktotum hält den Zauberschrein mit den Tränklein, und der charlataneske Kavalier selbst – redet. So entscheidend und lebendig war Mencke, dem Gelehrten, das Urbild, daß er es zum Titelkupfer wählte. 1791 kam in Leipzig anonym eine Neuausgabe Menckes heraus: »Über die Charlatanerie der Gelehrten seit Menken. Posthume Betrachtungen über Menckens Buch, aufgefrischt mit Aktualitäten.« In dieser Neuauflage findet sich eine polemische Verteidigung der Anwendung des Wortes »Charlatan«, die genau aufzeigt, welche konkreten Eigenschaften des Urbilds in den verallgemeinerten Begriff übernommen wurden und aus welchen Gründen: »Man wird mir den Vorwurf machen, daß ich das Wort Charlatanerie oft in einem zu weitläuftigen, oft im unrechten Sinn genommen und sie mit Pedanterie, Prahlerei, Habsucht, übertriebenen Stolz, Affektation, Zanksucht, vorsetzlicher Täuschung u. d. m. verwechselt habe. Ich bekenne es, und folgendes ist meine Entschuldigung. Ich habe mich mehr an den Begriff, den man mit diesem Worte verbindet, als an dieses allein gehalten. Man sehe nur einen gemeinen Charlatan auf seiner bretternen Bühne. Daß er *prahlt* und seine Zuhörer *vorsetzlich täuscht*, fällt jedem in die Augen; aber er ist zugleich *Pedant*, indem er auf Kleinigkeiten und Nebensachen, die freilich bei ihm die Hauptsache seyn mögen, ein großen Werth setzt – *habsüchtig*, weil er blos aus Gewinnsucht handelt, und alle möglichen Kniffe, erlaubte und unerlaubte anwendet, um seine Waare los zu werden. Sein Stolz ist unverkennbar, weil er alles um sich her *verachtet*. Er *affektiert* und giebt sich *ein sonderbares Ansehen von Würde*, um den Pöbel zu locken, und ihn zum Lachen oder zum Staunen zu bewegen; und es trete nur ein College neben ihm auf und biete ebensolche Arzneien, wie er hat, zu Kauf – plötzlich wird Brodneid und *Zanksucht* in ihm erwachen: Mein Lebens-Elixier ist das *einzige aufrichtige und ächte;* mein Nachbar betrügt euch mit seiner elenden Quacksalberei, wird er ausrufen und jenen mit den niedrigsten Benennungen belegen, um ihn herabzusetzen. Dort Elixiere, hier Meinungen – am Ende läuft es auf eins heraus.« [Kursivierungen von d. Verf.]

Diese klärende Verteidigung einer Wortanwendung hat nicht nur wegen der großartigen Parallele des letzten Satzes Wert, sondern vor allem, weil sie dem Charlatan den Begriff der Unduldsamkeit gesellt, eine wichtige und richtige Feststellung, die uns in keiner anderen Definition begegnete. Der Charlatan ist intolerant. Schließt man nun an die Definition bei M. de Félice an, der sagt, der Charlatan gebrauche Ausdrücke und rede von Dingen, die er ebensowenig verstehe wie seine Anhänger, so ergibt sich die Folgerung, daß er an einem möglichst geringen Maß von Wissen bei seinen Anhängern interessiert ist und intolerant vor allem gegen die Macht oder den Menschen sein muß, der der Menge ein höheres Maß von Einsicht und also von Urteilskraft vermitteln will, denn Kritik verdirbt dem Charlatan das Geschäft. Die Macht, gegen die sich die eifernde Intoleranz aller Charlatane richtete, mußte immer und zu allen Zeiten die Wissenschaft sein; der menschliche Typ des Gegenspielers aber ist ebenso in allen Ständen und allen Schichten anzutreffen wie der des Charlatans selbst. Nicht ein Stand prägt ihn, sondern die menschliche seelisch-geistige Beschaffenheit.

Absichtlich wurden bisher nicht mehr als die kargen Sätze lexikaler Definitionen zur Deutung herangezogen. Indem man aber einem Wort nach Ableitung und Anwendung tastend und spürend näherkommt, bis sein warmer Atem einen unmittelbar streift, erschließt sich auch schon – wenn auch nur andeutungsweise und durchaus noch nicht im tiefsten Kern – manches von seinem echten Sinn und seiner wahren Bedeutung. Ein betrügerischer, gegen sein besseres Wissen auf die Leichtgläubigkeit der andern spekulierender, sich mit Geheimnis umgebender, wortreicher und unduldsamer Marktschreier, wie konnte der Tausende und Abertausende zu Anhängern haben?

Nichts wäre mit den hier angeführten Definitionen über die Macht des Charlatans ausgesagt, wenn nicht durch sie alle deutlich oder nur angedeutet, auf die Ware, das Wort, das Wissen oder die beabsichtigte Verwirrung der öffentlichen Meinung sich beziehend, der Hinweis auf Fälschung ginge. Die Berichte aus fernen Jahrhunderten sprechen von einer *Kunst* der Fälschung. Der Charlatan war Meister in dieser Kunst, und aus ihrer Beherrschung fließt die stärkste Quelle seiner Macht; Geheimnis ist ihr Attribut, wie es das Attribut der Fälschung ist. Objekt dieser Macht war die für die Wirkungen solcher Kunst disponierte große Mehrheit der Menschen, Widerstand bot die kleine Minderheit der Immunen. Das Wesen der disponierten und der immunen Menschen muß genauest erkannt werden, wenn man die Macht des Charlatans begreifen will. Zwiespältig ist die Rolle, die die im Abwehrkampf gegen die Fälschermacht des Charlatans zuständige, geistige Großmacht, die Wissenschaft, gespielt hat. Disponierte und Immune, Stellung der Wissenschaft und die spezifisch charlataneske Kunst der Fälschung vor dem geschichtlichen Hintergrund einer in verschiedenen Zeitperioden aus den unterschiedlichsten Gründen in ihrer Sicherheit erschütterten Menschheit gesehen, das sind die Faktoren, aus deren Zusammen- und Ineinanderwirken sich Einblicke in das Wesen der großen und verhängnisvollen Macht des Charlatans gewinnen lassen.

DIE GEFOLGSCHAFT

Gesellt sich dem Wirken und der Wirkung des Charlatans immer der Begriff des Geheimnisses, so sind nicht alle, sondern nur bestimmte Zeitperioden dadurch gekennzeichnet, daß sie die Wissenschaft mit dem Geheimnis paarten und so die Geheimwissenschaften erblühen ließen. Die Renaissance, die den Charlatantypus geprägt hat, der als konkretes Urbild für die Begriffsverallgemeinerung gestaltgebend geworden ist, begünstigte ein neues Erstarken der Geheimwissenschaften. Als geistige Einheit betrachtet, stellt sich die Renaissance dar als eine Zeit, in der sich die Auflösung des religiösen Dogmas des Mittelalters vollzieht, ohne einen Ersatz gefunden zu haben, eine Zeit, die nicht mehr den Glauben und noch nicht das Wissen hat, eine in manchen Fundamenten menschli-

3. Ein reisender Quacksalber. Deutscher Holzschnitt um die Mitte des 16. Jahrhunderts.

cher Sicherheit erschütterte Kulturperiode. Es herrscht die Alchimie – aber sie steht im Begriff, zur Chemie zu werden, es herrscht die Astrologie – aber sie steht im Begriff, zur Astronomie zu werden. Der christliche Himmel strahlt in antiker Schönheit, Lear schwört bei Apoll. Die Phantasie erwählt sich nicht das Unwirkliche zur Domäne, sondern sie wird zur weltschaffenden Macht. So konnte der

Stein der Weisen, Gut des alten Ägypten, nicht nur in der Vorstellung der Alchimisten leben, sondern zum konkreten Phantasiebild aller Menschen werden. Gleichzeitig – so glaubte man – verwandelt er Metalle, schafft also Gold, und schenkt die Universalmedizin, das Lebenselixier. Diese Gleichzeitigkeit sollte die Gold und Leben verkoppelnde Praxis aller Charlatane beherrschen, das Moment der Verwandlung aber, weit über die Metallverwandlung hinaus, eine leidende und leichtgläubige Menschheit verführen.

Die Renaissance, zwischen Glauben und Wissen stehend, zwischen Tatendurst und Tatenscheu (Hamlet), ist beherrscht von Intelligenz plus Phantasie, ihr Denken vereinfacht nicht, und so erfüllt sich für sie die Welt mit Kraft und Leben, mit Abenteuern. Niemals wieder haftete der Fälschung soviel Unbewußtes, echt Phantastisches, dem Geheimnisvollen soviel Künstlerisches an wie damals. Ja, die Entwicklung der Kunst zeichnet deutlich diese Wendung. Der Übersetzung des Wortes in ein sinnfälliges und *verständliches* Bild, also mittelalterlicher Kunst, folgte das geheimnisvolle Lächeln der Mona Lisa, dessen Unverständlichkeit und Problematik als höchster Wert empfunden wurde. Die Zuwendung zum Diesseits vollzog sich eben ohne Hilfe entwickelter Naturwissenschaften, und das bedingt ein Verharren in der Anschauung. Wirkung bleibt ohne Deutung, die ganze Welt wird zum Problem. In der Liebe zur »varietas rerum« wird Gedankliches vom Sinnlich-Gegebenen noch nicht getrennt. So entstehen verschiedene Wirklichkeitsbilder, jenes Durcheinanderspielen von Wirklichem und Unwirklichem, das ebenso zum »Sommernachtstraum« wie zur Charlatanerie werden kann. In einem so beschaffenen Weltbild gewinnt das Reisen einen neuen Aspekt; ein unruhiger Drang treibt, diese Welt voll Abenteuern zu schauen. Den Charlatan aber führt sein Beruf auf Reisen und in die Welt, er entsprach also schon allein durch die äußeren Gegebenheiten seiner Existenz einem Wunschbild seiner Zeitgenossen. Hinter des 18. Jahrhunderts großen Charlatanen, aber auch hinter seinem Drang, weg aus der Studierstube in die Anschauung des Lebens, in den Osterspaziergang durch die blühende Welt, steht der große und ernste Schatten der Renaissance.

Haftete dem Charlatan der Renaissance weniger Unechtes, Vorsätzliches an, weil seine Existenz im Klima seiner Zeit zu einer natürlichen Blüte trieb, so wäre es doch irrig, ihn mit dem »Aventurier« zu verwechseln, wie ihn das Mittelalter kannte und als eine ehrenvolle Bezeichnung für einen jungen Edelmann gebrauchte, so wie die einzelnen Abschnitte mittelalterlicher Dichtungen häufig mit »Aventiure« überschrieben sind. Um das edle Abenteuer handelte es sich für die Charlatane schon lange nicht mehr, sondern um das betrügerische, zweckbestimmte. In einer Kulturperiode, in der Philosophie, Dichtung und bildende Kunst das Individuum und den Kult des Individuums neu entdeckten, verfeinerten auch diese Spekulanten auf menschliche Schwächen ihr Verständnis für das Individuum und ihre Kunst der Menschenkenntnis und Menschenbehandlung. Gerade in einer Zeit, in der alles im Fluß und geistige Gruppierungen im Werden waren, lernten sie, die denkenden Menschen zu meiden und sich den allzu leichtgläubigen Menschen zuzuwenden, ein Prinzip, dem die Charlatane aller Zeiten treu geblieben sind. Sie beobachteten in ihrer täglichen Praxis, in der sie Lebenselixiere und Goldtinkturen feilzubieten hatten, das Aufglimmen der Hoffnung auf Verwandlung in den Augen der Menschen, Verwandlung des Alters in Jugend durch den Genuß der Lebenselixiere, Verwandlung von Armut in Reichtum durch den Besitz des gelben Metalles. So lernten sie, daß Verwandlung das Licht ist, an dem menschlicher Traum und menschliche Sehnsucht sich entzünden. Verwandlung, Änderung der aus mannigfachen Gründen lastenden Existenzbedingungen, Befreiung von ihnen: Verbesserung. Die intensivste Hoffnung auf Verwandlung garantiert aber noch nicht, daß sie auch wirklich eintritt, sie wird immer ungesetzmäßig, immer als Gnade, zumindest als Überraschung sich ereignen, unberechenbar wie das Schicksal, aber auch unverdient und gerade deshalb so glühend begehrt wie das große Los der Zahlenlotterie. Diese Unberechenbarkeit, diese Unsicherheit ist es, die den ungezügelten Wunsch in die Vorstellung von Verwandlung eindringen läßt und ihr das mystische, dem Alltag entrückte Fluidum verleiht. Die Ausnutzung dieser Sehnsucht nach Verwandlung, die tiefstem menschlichen Leid entspringt, das skrupellose Jonglieren mit dem Vertrauen der Hoffenden ist eine der teuflischsten Plagen, von denen die Menschheit heimgesucht wird. Es ist kein Zufall, daß der Maler der Höllenvisionen, daß Hieronymus Bosch den Meisterjongleur, den Charlatan, der die Einfältigen nicht im Geiste des Christentums der Seligkeit zuführt, sondern der Hölle überantwortet, in den Kreis seiner Darstellungen einbezieht (Abb. 4). Wie verstrickend ist der Kontakt, den der Charlatan mit dem einen, ihm hingegebenen und verfallenen Individuum herzustellen versteht. Hinter dem den Zauber durstig trinkenden Mann steht der Taschendieb bereit, der im Einverständnis mit dem Taschenspieler jenen Lohn einstreicht, den dieser vornehm zurückzuweisen pflegt. Daneben die abweisend beobachtende, schon halb schwankende Frau. Unter den Zuschauern sind außer dem die Ablenkung der anderen nutzenden

Liebespaar zwei völlig voneinander verschiedene Typen zu beobachten: die Denkenden, immun Gebliebenen sind diejenigen, die den Charlatan gar nicht ansehen, sondern nur den Verfallenen, den Infizierten, und entsetzt lächeln. Die prädestinierten Gläubigen sehen nach dem Charlatan hin. Der kleine Mann vorne, noch halb ironisch und doch fast gefangen; auf den aber, der hinter ihm steht, ist der Funke schon übergesprungen, Verzückung liegt in der Kopfhebung des blassen Gesichtes. Und der Charlatan selbst? Die suggestive Kraft seines Blickes wird verstärkt durch das magische Requisit, durch Kleidung und Hut. Er sieht anders aus als die andern!

Dieses Bild ist wie eine Illustration zu den Worten des heiligen Thomas von Aquino: Sünde nannte er nicht nur das Kaufen und Einnehmen der marktschreierisch angepriesenen Medizinen, sondern das Stehenbleiben, das Hinsehen und Hinhören auf Schaustücke und Reden des Charlatans waren für ihn die weit größere Sünde. Was der heilige Thomas und was Hieronymus Bosch empfanden, war, daß wirklich immune Menschen nicht einmal das Interesse zum Zuhören aufbringen und daß dieses Interesse allein schon in gefährliche Nähe der Disponierten rücken läßt. Kritik und Vorsicht halten sich von Hingabe und Begeisterung fern. Diejenigen, die die Künste des Charlatans nicht einmal zum Hinsehen und Hinhören verleitet, hemmen zwar Leidenschaft und Macht, dafür sind sie aber voll Milde und Toleranz, voll Verständnis für das mißbrauchte Objekt der Fälscherkünste. Ihr Interesse und ihre Hingabe gelten nicht dem Verführer, sondern dem Verführten, den sehen sie an und lächeln entsetzt. Hören sie ein Versprechen, stellt man ihnen Verwandlung in Aussicht, dann liegt ihnen daran, daß dieses Versprechen auch erfüllt werde. Die Disponierten dagegen greifen nach der

Illusion und lieben sie um ihrer selbst willen; ob sie sich erfüllt, ist ihnen zunächst gleichgültig, es genügt ihnen, aus ihr Trost für den Augenblick zu schöpfen. Willig lassen sie sich von der Illusion den Blick trüben, Hoffnung tritt

4. Der Gaukler. Von Hieronymus Bosch (um 1450–1516).

für sie an die Stelle der Sicherheit und wird der Sicherheit vorgezogen, das Wunschbild genügt ihnen, sie opfern ihm die Erkenntnis, während diejenigen immun sind, die nur *eine* Leidenschaft kennen: die zur leidenschaftslosen Erkenntnis. Die für die Fälscherkünste des Charlatans Empfänglichen haben vor nichts solche Scheu wie vor der *ganzen* Wahrheit. Der Charlatan aber verbreitet auf der Basis halben Wissens halbe Wahrheit, und daß er den Menschen die Möglichkeit eröffnet, zu glauben, was sie glauben wollen, das ist von all seinen Wunderbalsamen der zauberkräftigste. Die immunen Menschen haben Humor, also Distanz, sie betrachten mit Ironie, also mit Geist, während die disponierten ohne Abstand, in Hautnähe des Verwandlungswunders mit tierischem Ernst sich die Illusion eingeben lassen.

Dem Charlatan muß daran gelegen sein, den disponierten Menschentyp, der seine Erfolgsgarantie bedeutet, zu standardisieren, er soll als Individuum so zahlreich vorkommen, daß er zur Masse wird. Er hatte also zu trachten, einem Durchschnittstyp so zur Überzahl zu verhelfen, daß dessen Wünsche, Meinungen, Zustimmungen und Ablehnungen zur realen Macht werden konnten. Da der Charlatan auf der Basis einer Wissenschaft, der Chemie, allerdings sie korrigierend, Gold machte, auf der Basis der Medizin, allerdings sie korrigierend, Wunderbalsame herstellte, so konnten nicht die Unwissenden, gegen alle Absurditäten dank ihres gesunden Menschenverstandes Mißtrauischen die Masse seines Publikums ausmachen, sondern diejenigen, die sich bereits erfolglos mit dem Begriff von Wissenschaft und Bildung auseinandergesetzt hatten, die Halbgebildeten. Die waren sozusagen von dem Geist vor den Kopf gestoßen worden, ihnen war man Antworten schuldig geblieben, da sie Fragen stellten, auf die nur ein Narr Antwort erwarten kann, sie waren aus den Bereichen des Geistes zwar beleidigt, aber immer noch lüstern und voll Ressentiment abgezogen. Das war die Gefolgschaft, die der Charlatan brauchte und die den Charlatan brauchte, da sie, Unfähige des Rationalen und Trunkene der Illusion, die ihrer Eitelkeit geschlagenen Wunden nur zu gerne mit dem linden Balsam des Irrationalen kurieren ließen. Diese Gefolgschaft verlangte nicht den Wissenden, aber auch nicht den Unwissenden, sondern denjenigen, der das Wissen zu ihrem Gebrauch fälschte, den Fälscher des Wissens, den Charlatan. Er war ja einer der ihren, Fleisch von ihrem Fleische, wie sie voll Unverständnis und Haß gegen die zweckfreie Bildung, nur zeichneten ihn zusätzliche Fähigkeiten vor ihnen aus. Anleihen ohne Quellenangabe bei der Wissenschaft zu machen, deren Glaubenskredit man sich zu Nutze macht und ihn zugleich erschüttert, das ist die charakteristische Methode für diejenigen, deren Wissen Halbwissen, deren Bildung Scheinbildung ist. Ein Halbgebildeter muß kein Charlatan sein, jedoch sind die meisten Charlatane Halbgebildete gewesen. Und so erklärt sich der merkwürdige Widerspruch, daß die Erfolge und die Überlegenheit des Charlatans von seinen Anhängern und ihm selbst, wie später die Aufklärung formuliert, mit einem »neckenden Triumphton gegen Vernunft und Wissenschaft« unterstrichen wurden, während man auf jedem schäbigen Flugblatt zur Anpreisung eines Hühneraugenmittels doch wieder zur Beglaubigung und Vertrieb die Wissenschaft, Professoren neben Prinzen mit Attesten bemühte und sich durch diese Atteste imponieren ließ. Das vage Wissen der Menge um die Wissenschaft wußte der Charlatan immer mit Erfolg auszunutzen.

Will man sich nun aus der Anschauung heraus ein Bild davon machen, wie der Charlatan und seine Anhänger einander gegenüberstanden, so genügt die naive Schilderung nicht mehr und man vertraut sich besser dem kritischen Stift eines publizistischen Genies vom Range des Bolognesers Giuseppe Maria Mitelli an. Man kann ihn die zeichnende Stadtchronik von Bologna nennen; was in der Stadt vorging, das wurde bei ihm zum Bild, zu jenen Bildern, die die Bildverkäufer auf den Straßen, die fliegenden Händler auf den Märkten feilboten und die reißend Absatz fanden. Aus dem Jahre 1690 stammt das Blatt »Il

Gigante« (Abb. 5). Es stellt nicht den typischen Charlatan der Märkte dar, jedoch das zeitlos typische Publikum der Charlatane. Hier steht auf dem Podium ein geharnischter Held, scheinbar von blondgelocktem Typ, im Stil einer Provinzschmiere, mit großer Geste. Er gehört offenbar zu jener Spezies von Charlatanen, über die Chéreau im »Dictionnaire des Sciences Médicales« (Paris 1874) berichtet, daß sie gerne als mittelalterliche Ritter, ganz in Panzer geschlossen, wie das in den Opern üblich war, erschienen. Der in die Hüfte gestemmte Arm, zeitlos beliebtes Kraftsymbol, das gezückte Schwert genügen als Ausdruck jener strahlend-kräftigen Überlebensgröße, von deren Glanz man sich so gerne bescheinen läßt. Die Überschrift lautet: »Die echte Weltklugheit besteht darin, von dem, der mächtig ist, Gutes zu erzählen, den zu fürchten, der stark ist, den hochzuachten, der mehr besitzt, den Sieger zu preisen«. Der Häßliche ruft aus: »che bella persona« und träumt sich selbst schön in der Gestalt des Riesen, »mit welcher Pracht er auftritt«, »wie stark er ist«, rufen andere, »wie groß er ist«, sagt der kleine Dicke, »was immer er macht, alles ist richtig«, staunt der Krüppel, »er ist ein Atlas«, »Keiner kommt ihm gleich«, »Immer siegt er über alle«, »Welch ein Genie!«, so schwirren die Ausrufe durcheinander und beweisen die Lust am Sich-Verneigen, am Bewunderndürfen, das Aufatmen, wenn man Handlung, Tat oder Gedanken auf eines andern Schultern laden, ihn dafür anstaunen und sich selbst der Verantwortung entziehen darf. Der Erfolg als fait accompli krümmt alle diese Rücken. Vorne zieht einer den Hut und verneigt sich mit Wollust bis zur Erde: »ich verneige mich und achte ihn sehr«; der Kleine, der mit seiner Nase den Stiefel des Riesen berührt, spricht mehr aus als sie alle: »Ich habe an ihm gerochen und fühle mich jetzt so wohl!« Ganz rückwärts aber sieht ein Mann – vielleicht ein Selbstporträt Mitellis? – dem Helden fest und gerade in die Augen – und schweigt; ein Skeptiker, ein Isolierter und Verstummter im Dunstkreis von soviel Bewunderung. Dem Giganten kann der Blick klarer Augen nichts

5. Der Gigant. Von Giuseppe Maria Mitelli
(Bologna, 1634–1718).

anhaben, denn er erlebt vor diesen gekrümmten Rücken, im Bewußtsein seines strahlenden Panzers den ersehnten Augenblick, der seinem Geltungstrieb Genüge tut. Und die Befriedigung des eigenen Geltungstriebes ist einem bestimmten Typ von Charlatanen noch viel wichtiger als der materielle Vorteil. Wie Hähne, so stolzieren sie vor den staunenden Hilfsbedürftigen, und als Hahn stellt den Quacksalber ein Einblattholzschnitt des Petrarca-Meisters Hans Weiditz zu Anfang des 16. Jahrhunderts dar (Abb. 6). Auf den geheimnisvoll verschlossenen Stützen seiner Macht, den wappengeschmückten Salbbüchsen, steht er und sieht mit Wichtigkeit durch seine Brille auf die kniende Kröte herab. Diese reicht ihm, voll ersterbender Demut und gläubiger Ergebenheit eine kultische Handlung vollführend, das Uringlas dar. Die Allesglauber wünschen den Alleswisser, also müssen sie sich die Illusion bewahren, er, der sie heilen soll, wisse alles. Diese

6. Der Hahn als Quacksalber. Einblattholzschnitt von Hans Weiditz (tätig seit etwa 1518 bis nach 1536 in Straßburg).

Kröte kennt weder Zweifel noch Kritik, sie erwartet alles vom Hahn, einem Tier, ganz wie sie selbst eines ist. Auf ihrem Rücken sitzt Krötchen, das Kind, und hat die typische Narrenkappe auf. Ein Storch, der in einer hutartigen Krone auf dem Kopf der Alten nistet, will sie eben rauben. Aber noch andere Gebrechliche haben sich eingestellt. Da kommt die Sau, teils in bequemen Hausschuhen, teils auf Krücken; um ihren Hals trägt sie in einem Beutelchen an einer Schnur irgendeine heilkräftige Substanz oder ein Amulett. Sie und ihresgleichen sind treue und einträgliche Charlatan-Patienten. Der staunende Storch hat unter seinem kecken Hütchen Ohrlappen, oder sind Scheuklappen gemeint? Auf des Quacksalbers Tisch aber liegen, großartiges Symbol, die Würfel und gehören zum Inventar. Sie deuten an, daß die Unsicherheit des Spielerglücks dieselbe hektische Faszination schafft wie das unsichere Glücksversprechen der Heilung. Zufall ist unberechenbar, er umschließt keine Sicherheit, aber er umschließt das Wunder, das die Sicherheit ausschließt. Gerade deshalb verschreibt man sich ihm: er ist irrational. Vom und im Irrationalen traut man sich Fähigkeiten, Bewährung und Erfolg gerade dann zu, wenn man im Rationalen versagt hat und deshalb von ihm enttäuscht ist.

Wir sagten, daß der Charlatan auf dem Bild von Hieronymus Bosch durch Kleidung, Hut und magisches Requisit bestrebt sei, anders auszusehen als die anderen, so nämlich wie einer, der nicht zu ihnen gehört, aber sie neugierig danach machen will, wohin er eigentlich gehört. Viele der kleinen Charlatane der Märkte, die Starstecher vor allem, aber auch die großen Weltbürger, Cagliostro etwa oder Magno-Cavallo, agierten im Gewand von Indern, Türken, Ägyptern, Tartaren oder orientalischen Magiern. Wißbegier nach dem »woher er kam der Fahrt« wird unter jenes Lohengrinverbot gestellt, das erst recht die Imagination anregt und zu Fragen anreizt. Diese exotische Aufmachung hat nichts mit Theater zu tun, sondern sie soll helfen, der Legitimierung durch Wissen auszuweichen. An ihre Stelle tritt die Legitimation durch die Behauptung von der eigenen Berufung und durch Geheimwissen (natürlich Besserwissen), das sich aus Ländern herleitet, in die der Blick der Opfer nicht zu dringen vermag. Das Kleid verwandelt. Aber diese Verwandlung ist nicht die einzige Verkleidung. Im Kleide der Wissenschaft tritt ein verwandelter Unwissender auf, im Kleide der Fremde stellt sich der Charlatan vor, der als ein besseres, ein wissenderes Wesen aus einer andern Welt kommt, die sich wiederum dem kritischen Blick entzieht. Der Dunst von Geheimnis, den jeder kleine Wundertäter der Marktplätze ebenso um sich zu verbreiten bemüht war wie etwa der Graf von St. Germain, diente also durchaus nicht nur augenblicklicher Faszination, sondern hatte sehr handfeste, praktische Hintergründe, nämlich Ausschaltung von Kritik und Diskussion. Wie kann man etwas angreifen, wie auch nur über etwas diskutieren, das man selbst nicht, sondern einzig und allein der Gegner kennt? Entgegen seinen Kritikern kann der Charlatan allein sich auf die Geheimnisse uralter Weisheit, die seinen, des Beglückers, mystischen Privatbesitz ausmachen, berufen und auf die Kenntnisse fremder Länder hinweisen. Gerade die Gegner des Charlatans sind immer Menschen gewesen, die über etwas, das sie nicht wissen oder nicht kennen, auch nicht sprechen, sie konnte man also leicht schachmatt setzen. Diskussion, die dem Wundermann hätte gefährlich werden können, kam gar nicht auf, da die fingierte Basis des Wissens und Handelns eines Charlatans sich fachlicher Auseinandersetzung von vornherein entzieht wie die schwebenden Fäden des Altweibersommers der greifenden Hand. Und da die Praxis sich der Umhüllung mit exotischen Zauberschleiern, der Begleitung von betörenden Akkorden eher gefügig zeigte, lenkten diese Vernebler des Bewußtseins von jeder Theorie ab, ja sie verhöhnten unter dem Beifall der Menge die theoretisch fundierte Wissenschaft. Diese verstand es höchstens, die Zusammensetzung einer Medizin zu finden, ihren *Inhalt*. Was wußte sie aber von der Art, sie darzurei-

7. Der Charlatan. Gest. von Giov. Btta. Pollanzani (tätig um 1735), nach einem Gemälde von Bernardino Mei (Siena, 1615–1676).

chen, die für die Menge doch das Wichtigere ist? Das aber gerade war es, was der Charlatan verstand. Man betrachte den Stich G. B. Pollanzanis nach einem Bild des Sieneser Malers Bernardino Mei aus dem Jahre 1636 (Abb. 7); der Charlatan präsentiert der Menge ein pergamentverbundenes Medizinfläschchen. Er hält es aber nicht, wie das wohl jeder andere täte, zwischen den Fingern, sondern er balanciert es auf dem Rücken der geschlossenen Faust, während der Daumen der andern, gestikulierend erhobenen Hand beschwörend nach rückwärts deutet, in den hohen Himmel und die weite Ferne. Auf diese weite Ferne weist auch die Kleidung hin, ein weißes morgenländisches Gewand, halb Fremde, halb Schlafrock, mit einer türkischen Fransenschärpe als Gürtel, darunter weiße Pumphosen. Die derben Wanderschuhe erzählen von den Schwierigkeiten und Plagen des Metiers, sie haben nichts mit dem orientalischen Zauber zu tun. Auf der Stirn des Mannes sieht man eine suggestive und geheimnisvolle Narbe. Es ist ein alter Mann mit verwildertem Bart und ergrauenden, langen Haaren. Ungewaschen und dick, verschwitzt und müde sieht er aus, eine Erscheinung, die eher an einen heruntergekommenen Popen erinnert. Aber wie zwingt er die Menschen, wie ist schon sein Podium so aufgestellt, daß sie zu ihm hinaufschauen müssen; wie betörend baut er die Phiolen zu seinen Füßen auf, ein marschbereites Heer! Erschrockenes Staunen, Schauer des Grauens schütteln diese Menschen. Man sehe nur den jungen Mann vor dem schlanken toskanischen Turm an. Sein einfältiges und leeres Gesicht wird bedeckt von den Zeichen der Rede aus der Höhe, Mund und Augen trinken lüstern das Grauen, seine Hand macht unwillkürlich mit in dem Takt und den Gesten des Sprechers. Schweiß bricht ihm aus, angenehmer Angstschweiß, den er mit einem Tuch trocknet. Links aber steht der prädestinierte Patient, Wehleidigkeit ist in diese Mienen geschrieben, die Hand deckt den schmerzenden Kopf, ein Riechfläschchen muß Stärkung spenden. Für sie alle balanciert der alte Mann das Medizinfläschchen. Er wirkt durch Mystik und Geschicklichkeit, eine Eigenschaft der Taschenspieler.

Die Freude am Verwandlungskünstler ist eine uralte Volkslust. Der Schauspieler, der sich verwandelt, d. h. in den Leib verschiedener Personen schlüpft, einen Gestaltwandel vollzieht, ist den Göttern nahe, denen allein in der griechischen Mythologie diese Fähigkeit innewohnt. Von der Bühne herunter wird aber noch mit offenen Karten gespielt, der Schauspieler kehrt nach der Vorstellung in sein Ich zurück, und das Publikum erwartet das auch nicht anders, auch urteilt es frei darüber, ob dem Schauspieler die Verwandlung gelungen ist oder nicht. Beim Zauberer und Taschenspieler verschiebt sich der feste Boden gesunder Kritik jedoch schon recht bedenklich. Auch hier handelt es sich häufig um Verwandlungen, die Leere eines Korbes wird in ein Rosenarrangement, ein bescheidenes Taschentuch in eine Flaggengala verwandelt, oder aber Gegenstände, die durch ihre Schwerkraft der Erde verhaftet sind, verwandeln sich in solche, die munter durch den Raum fliegen. Das Undurchsichtige und zugleich die sich aneinander entzündende Einbildung der Zuschauer beginnt zu wirken, aber noch immer ist die Voraussetzung, daß allein die Geschicklichkeit, also eine meßbare und nicht ins Mystische entrückte Fähigkeit, das Geheimnis des Taschenspielers ausmacht. Für die Bewußtseinstrübung bedeutet die Tatsache, daß Existenzgesetze überhaupt aufgehoben werden können, zwar gefährliche Nahrung, jedoch berühren die vorgeführten Künste nur Unwichtiges, sie sind Spielerei und vollkommen beziehungslos zur menschlichen Existenz, dem Einzelschicksal und seiner Linderung.

Die Kunst des Taschenspielers mußte jeder Charlatan beherrschen. Es ist aber irrig, eine Gleichsetzung Charlatan–Taschenspieler vorzunehmen, wie das noch zu Ende des 18. Jahrhunderts häufig geschah und z. B. in einem kritischen Bericht der »Berlinischen Monatsschrift« über den in Deutschland sehr bekannten Taschenspieler Philadelphia gesagt wird: »... So oft noch ein heller Kopf ohne Vorurteil irgend einen solchen Charlatan genau zu beobachten Gelegenheit fand ...« Der Charlatan stellte, wenn er Publikum anlocken wollte, Seiltänzer, Feuerschlucker, Jongleure oder Taschenspieler in seinem Zelt an, er selbst hütete sich aber, solche Tricks mit eigenen Händen vorzuführen. Es hätte doch zu nahe gelegen, jene Produktionen, auf die es ihm ankommen mußte, mit Fingerfertigkeit und Geschicklichkeit in Zusammenhang zu bringen. Dennoch mußte er perfekt in der Taschenspielerei sein, sie bedeutete für ihn eine Fachkenntnis, die Berufsvoraussetzung war. Wie sonst sollte das Körnchen Gold in die aufzischenden unedlen Metalle geschmuggelt werden als mit jener Geschicklichkeit der Finger, jener fälscherischen Virtuosität des Taschenspielers, wie anders der Anhauch aus dem Munde Verstorbener produziert oder ihr Bild leibhaftig beschworen werden als mit den Tricks des Verwandlungskünstlers? War der Taschenspieler Verwandlungskünstler, so war der Charlatan Künstler im Versprechen von Verwandlungen. Er ist kein Taschenspieler, aber ein Sklave manueller Geschicklichkeit, die in seinem Metier mit einem solchen Maß von Risiko verbunden war, daß ihre volle Beherrschung sportliche Bravour erforderte. Dieses Rüstzeug und Werkzeug war so wichtig, daß es vergottet wurde, und die Überschätzung der beinahe sportlichen Geschicklichkeitsleistung, deren praktische Hintergründe den leichtgläubigen Menschen verhüllt blieben, traf wieder wunderbar mit dem Geschmack des Publikums der Charlatane zusammen. Hier war der Geist als Wertfaktor, als Bewährungsfaktor ausgeschaltet, mechanische Vollkommenheit, die Finger des Menschen als tadellos und präzis funktionierendes Schalt- und Räderwerk, trat an seine Stelle. Hier gab es Erfolgsmöglichkeit, hier konnte der von den harten drei Dimensionen des Rationalen wundgestoßene, von der Klarheit des Geistes zurückgewiesene Geltungstrieb ein blühendes Feld der Befriedigung finden. In der Ratio war man unterlegen, man konnte es

8. Visitenkarte Giacomo Stagnis, eines italienischen Zauberkünstlers und Charlatans, Ende des 18. Jahrhunderts.

aber mit der Geschicklichkeit probieren, hatte man mit der Erfolg, dann winkte einem als Belohnung sogar noch das Vergnügen, den Geist verachten zu dürfen. Und damit nur ja keine Unklarheit darüber herrsche, wie Wert und Unwert verteilt sind, läßt ein unbekannter kleiner Zauberkünstler, einer, der Ende des 18. Jahrhunderts von Jahrmarkt zu Jahrmarkt zog, Giacomo Stagni, sich auf seine Visitenkarte, die ihn in voller Aktion darstellt (Abb. 8), die Worte drucken: »Sono più destro di man, che di cervello« (Ich bin rechtshändiger, d. h. klüger, geschickter mit der Hand als mit dem Gehirn). Diese Reklamezeile sollte die Menschen anlocken, und sie lockte sie an wie nichts sonst. Hier rühmte sich einer, auf einem andern Gebiet als dem des Denkens zu brillieren. Giacomo Stagni wagte anzudeuten – und es klingt wie Spott durch diese Zeile –, daß ihm an den Leistungen des Gehirnes gar nichts gelegen sei, ja daß er ohne sie fertig werden könne. Welch ein Held!

Das war es, was der Charlatan vom Taschenspieler nahm, außer der soliden Fachkenntnis: die Eröffnung neuer Geltungsmöglichkeiten auf einer neuen Ebene, die nicht mehr ganz die der nüchternen Erde ist. Aber nicht nur neue Erfolgsmöglichkeiten zeigte er den unglücklichen, verzweifelten Menschen, sondern auch neue Glücksmöglichkeiten, und so laufen in diesen Hafen die Lebensschiffe der Enttäuschten und Schwachen ein. Mißerfolg, persönliches Unglück und schwierige Lebensumstände werden nur von einer geringen Anzahl von Menschen ohne Verbitterung und Revanchegelüste quittiert, von denen nämlich, die, verankert in objektiver Arbeit und Erkenntnis, Distanz zu den Dingen und Vorgängen haben, die imstande sind, das Leid fruchtbar zu machen und an ihm zu reifen. Sie sind immun gegen alle Fälscherkunststücke. Die andern aber, die vielen, die Disponierten, die Trunkenen der Illusion, die verlangen, wenn die Erde das Glück verweigert hat, von einem andern Stern das Glück; wenn die Welt keinen Erfolg gewährt, so suchen sie den Erfolg in einer Geisterwelt; wenn bittere Gegebenheiten zu Existenzgesetzen werden, so rufen sie nach dem, vor dessen Zauberstab Gesetze weichen. Die Halbgebildeten sind des Charlatans Gefolgschaft, die Schwachen und Leidbeladenen seine Beute.

I

DIE ALCHIMIE

UND

IHRE CHARLATANE

Weitet sich im Sprachgebrauch der Begriff »Charlatan«, wird er, der gebieterisch ausgreift in alle Verästelungen allgemeiner Bedeutung, immer häufiger in übertragenem Sinne angewendet, so wird es um so weniger erläßlich, sich mit den lebendigen Gestalten zu befassen, deren Persönlichkeit dem Typ jene suggestive Beispielkraft verschafft hat. Ganz konkret müssen all jene Manifestationen betrachtet werden, die immer wieder als Vergleiche in Lebenskreisen auftauchen, die sehr weit weg von Markt und Bude, von Goldmachen und Medizinfläschchen liegen. Nur die Antwort, die aus dem Konkreten kommt, wird die Frage nach der begriffsschaffenden Macht der Berufs-Charlatane beantworten. Daß das Wort Charlatan bald in einem allgemeineren Sinne angewendet wurde, ist vorläufig nur eine Feststellung; die Gründe, warum das so geschah, sind erst aufzufinden. Gaukler, Quacksalber, Taschenspieler hat es zu allen Zeiten gegeben. Jedes Volk hat sie gekannt, man begegnet ihnen immer wieder in der dramatischen Überlieferung der Chinesen, Inder und Griechen. Wie aber das Wort ciarlatano erst mit der Renaissance häufiger und mit bestimmter Bezüglichkeit auftaucht, so entstand auch der menschliche Typ, der Anlaß zur Verallgemeinerung des Begriffes gegeben hat, erst aus jener geistigen Situation der Renaissance, die wir gezeichnet haben.

Die Alchimie war in der Renaissance zu neuer Blüte gelangt wie alle Geheimwissenschaften, sie wurde studiert und gelehrt und erlangte eine Art von Fakultätsreife. Sie ist zur Hilfswissenschaft der Charlatane durch drei Jahrhunderte geworden; bis in das späte 18. Jahrhundert haben sie in dem Inhalt ihrer Versprechungen, in ihrer Terminologie, dem Alchimistenjargon und ihren geheimnisvollen Gebräuchen den Zusammenhang mit diesem Ursprung bewahrt. Das Leitmotiv der Verwandlung beherrscht die Zielsetzung alles alchimistischen Strebens. Verwandlung unedler Metalle in Gold, also Verwandlung von Armut in Reichtum, Verlängerung des Lebens, Regenerierung der müden Säfte des Körpers, also Verwandlung von Alter in Jugend – das strebten die Adepten an. Krankheitsheilung kommt als Drittes hinzu, gleichsam als untergeordnete Funktion des Alltags. Als Verwandlung mag auch sie dem Kranken erschienen und angepriesen worden sein: Verwandlung von Krankheit in Gesundheit. Alle drei Verwandlungswünsche richten sich auf eine Verbesserung des Erdendaseins, beweisen also eine Verklammerung an das Diesseits, den genauen Gegensatz zu dem »cantare et currere« des hl. Augustin, dem singenden und blicklosen Durchlaufen des Erdendaseins mit einziger Ausrichtung auf das Jenseits. Die große Macht der Alchimie im Mittelalter mag Auflehnung gegen die weltabgewandte Askese der Gläubigen bedeutet haben. Es ist nun interessant – mit einem Sprung über Jahrhunderte – festzuhalten, daß eine Definition der »source du charlatanisme« (»die Quelle der Charlatanerie« im Band »Médecine« einer »Encyclopédie méthodique«, Paris, Liège 1787) gerade von dieser Diesseitsverklammerung ausgeht: »… Wenn wir diese beiden Wahrheiten einmal als gegeben annehmen, nämlich, daß der Mensch Leben und Gesundheit (es wäre zu ergänzen: Reichtum) höher schätzt als alle anderen Güter, daß ferner die Einbildungskraft eine absolute, durch die Gewohnheit noch befestigte Macht über ihn hat, dann frage ich, warum es nicht leicht möglich sein sollte, ihm einzureden, daß ein

Heilmittel, eine Speise oder eine bestimmte Lebensart ihm äußerst zuträglich seien, auch wenn das gar nicht der Fall ist? ...« Die Definition gelangt zu dem Schluß, daß es ja genau diese Art von Aufrufen der Einbildungskraft sei, die die Charlatane ausübten.

Es war des Aristoteles Lehre von der Umwandelbarkeit der Elemente, die noch das ganze Mittelalter beeinflußt hat, die zum ersten Male die Hoffnung auf Metallverwandlung aufzucken ließ. Das Abscheiden der Metalle aus den Erzen sah die aristotelische Lehre als Stoffveränderung an, die Farbe erschien als das Essentielle dieser Veränderung. Diese Vorstellung kam aus der Anschauung: die Metalle erschienen im Akt der Ausschmelzung hell gegenüber den dunklen Erzen. Hatte aber die Farbe stoffverändernde Wirkung, waren die Elemente umwandelbar, warum sollte es dann nicht möglich sein, sie oder die Metalle durch Färben in Gold zu verwandeln, Gold zu »machen«? Auf diese Annahme gehen die in der Alchimie so häufig gebrauchten Ausdrücke »Tinktur« und »tingieren« zurück. In das geistige Weltbild der Griechen brach mit den Zügen Alexanders des Großen orientalische Gestirnsreligion verwirrend ein. Nun erwartete man von dem günstigen Stand der Gestirne Erfolg oder Mißerfolg bei der Erzeugung von Edelmetallen. Während der römischen Kaiserzeit überwucherte noch die Astrologie der »Chaldäer«, über Mittelalter und Neuzeit sich behauptend, dieses ohnehin schon phantastische Weltbild; sie verband der Alchimie noch die Funktion des Horoskopstellens, die in der charlatanesken Alltagspraxis eine so große Rolle spielen sollte. Rom stand der Alchimie mit lateinischer Skepsis gegenüber. Sie galt nicht viel, man zuckte die Achseln über die krause Falschmünzerei. Zur Zauberkunst wurde sie, die auf anderem Boden trotz aller Phantasterei empirische Technik geblieben war, in Ägypten, wo sie eine merkwürdige Verbindung mit orientalischem Dämonenglauben einging. Hier war sie nicht nur Zauberkunst, sondern »heilige« Kunst, denn die Goldmacher waren die Nachfolger der Priester.

Zu der Funktion des Goldmachens kam bald jene andere, praktisch mindestens ebenso ausmünzbare, das Heilen von Krankheiten. Schon im ersten Jahrhundert n. Chr. wurde in den Schriften des Pseudo-Demokrit und des Hermes Trismegistos (der dreimal Größte) gesagt, daß das magische Elixier, das zu finden Endziel bedeutete, imstande sein werde, nicht nur unedle Metalle in Gold, sondern auch Krankheiten in Gesundheit zu verwandeln. Die geheimnisvolle Namensgebung dieser Geheimwissenschaft erklärt sich, was die griechischen Worte betrifft, damit, daß die Griechen aus guten Gründen im Altertum die Schreiber der Alchimie waren. Al-chimie aber ist nichts anderes als das Wort Chemie mit dem vorangestellten arabischen Artikel »al«; die Araber eroberten die antike Welt und traten auch das Erbe der Alchimie an. Das magische Streupulver Xerion wurde zu al-iksir, später zu Elixier, dem Universalmittel. Ob die Zaubersubstanz »Stein der Weisen«, »Trinkgold« oder »rote Tinktur« heißt, ist gleichgültig, immer vereinigte sie drei Fähigkeiten: Gold zu machen, das Leben zu verlängern und Krankheiten zu heilen. Man muß sich nur vergegenwärtigen, wie das in der Praxis der Charlatane zur Ausschaltung des Fachwissens führte. Der Chemiker, der Gold machen konnte, brauchte den Arzt nicht, denn er war automatisch, ohne ärztliche Kenntnis, auch Arzt.

Nach dem Norden kam die Alchimie durch die Berührung mit den Arabern in Palästina, Sizilien, Süditalien und Spanien, aber auch auf dem Weg über Griechenland. Zu

Hütern der Geheimwissenschaft wurden die Klöster. Im Mittelalter haftete der Alchimie nicht immer jener fragwürdige Charakter späterer Zeiten an, aus den Geheimküchen der Goldmacher ist manche chemische Entdekkung gekommen, sie werden oft als die einzigen freien Forschungsinstitute ihrer Zeit angesehen. Die merkwürdige Verschmelzung von Wissenschaft und Geheimwissenschaft, die dann die Renaissance kennzeichnete, wird lebendig in der Gestalt des Paracelsus, der als erster die Chemie in den Dienst der Medizin gestellt hat. Seine tinctura physicorum diente als echtes Universalmittel gleichzeitig der Krankenheilung und der Metallverwandlung, und in seinem Buch »Panagramm« sagt er: »Nicht als die sagen Alchimia mache Gold, mache Silber: hier ist das fürnehmer, mach Arcana und richte dieselbigen gegen die Kranckheiten.«

So wird von einer Lehre, die, als sie aus den Klosterzellen trat, ihre ernste Forschung häufig in den Dienst der Wissenschaft stellte, den Charlatanen, die sie ausbeuteten, unwissentlich die Handhabe und das Werkzeug geliefert. Gerade weil in der Kulturepoche der Renaissance Alchimist und Charlatan gleichzeitig zu neuem Leben erwachten, muß gefragt werden, was den Charlatan vom Alchimisten unterschied. »Machten« doch beide Gold, stellten doch beide »Geheimnisse« her, warum also zwei Bezeichnungen für ein und dieselbe Sache?

Mit dem Bewußtsein von Welt und Persönlichkeit, mit dem Kult der Schönheit und der Fähigkeit zu Lebensgenuß wuchs die Verklammerung der Menschheit an das Diesseits und seine Seligkeit. Gold erschließt sie, das Lebenselixier verlängert sie. Gold und Lebenselixier bietet der Charlatan an. Die Alchimie hatte ihn gelehrt, Gold, Leben und Gesundheit in der Praxis zu verkoppeln.

Hart und entbehrungsreich war oft das Leben des Alchimisten, der studierte und experimentierte, weil er den Lehren seiner Wissenschaft glaubte und bestrebt war, sich ein »Mehr« an Wissen zu erarbeiten. Der Charlatan hat sich gar nichts erarbeitet, er übernahm die werbekräftigen Äußerlichkeiten einer Wissenschaft, mit deren Forschung ihn weder Überzeugung noch Opfer verband. Und da er nur auf Gewinn bedacht war, fälschte er das Wissen anderer, indem er es zum eigenen Gebrauch zurechtbog. Der Adept lebte häufig in Armut und zog selten Vorteil aus seinen Kenntnissen, er handelte in gutem Glauben, der Charlatan nicht. Diesen Unterschied drückt sehr deutlich eine moderne Definition der Charlatane aus, die A. Chereau in Dechambres »Dictionnaire des Sciences Médicales« (Paris 1874) gibt: »... promettent ce qu'ils ne peuvent donner, affectent une valeur, une forme, une puissance qu'ils n'ont pas, et font croire aux autres ce qu'ils ne croient pas eux-mêmes; enfin tous ceux qui, destillateurs des mensonges, spéculent sur la crédulité et la bêtise humaine.« Sie versprechen etwas, an dessen Erfüllungsmöglichkeiten sie *nicht* glauben auf Grund eines Wissens, das sie nicht selbst besitzen und an das sie auch nicht glauben, sondern das sie nur für ihre Zwecke ausmünzen. Sie sind Fälscher des Wissens. Hier greifen wir den konkreten Anlaß, der zur allgemeinen Bedeutung sich weitet: die Ausbeutung der Alchimisten zeichnet einen in der Wirklichkeit abgerollten Vorgang, der für einen bestimmten Menschentyp so bezeichnend ist, daß er jenen übertragenen Sinn angibt, in dem ein Mensch von nun an Charlatan genannt wurde. Die Charlatane sind aber auch, wie Chereau so schön und durchaus im Bildbereich seines Themas bleibend sagt, »destillateurs des mensonges«, sie destillieren die Lüge, sie machen sie erst wirksam, als Rohmaterial ist sie für ihre Zwecke unverwendbar. Sie sind also auch Fälscher der Meinung. Als Meinungsfälscher aber priesen sie ihre Mittel und Geheimnisse prahlerisch an, und das unterschied sie mehr als alles andere vom stillen Adepten in seiner Goldküche.

Obgleich die Alchimie im Mittelalter wissenschaftlicher Forschung diente, in der Renaissance eng verwachsen war mit der Allgläubigkeit und der heidnischen Mythologisierung der Natur, gab es doch Menschen, die sich klar darüber waren und voraussahen, welchen obskuren Existenzen und welcher fragwürdigen Ausnutzung diese Pseudowissenschaft Helferdienste leisten sollte. Wenn wir überlegen, wer die Gegner waren, hilft alle versuchte und sicher auch häufig gerechtfertigte Ehrenrettung der Alchimie nichts mehr. Die Ablehnung der Alchimie kommt entweder aus der gefestigten und realen Haltung des echten Christen mit seiner maßvoll abwägenden Wertung von Diesseits- und Jenseitsfreuden oder aus der Unbestechlichkeit objektiver Erkenntnis. Eine »lügnerisch-verderbliche Kunst«, so nannte Leonardo da Vinci, ein großer Wissender der Natur, die Alchimie, Dante aber verdammte die Alchimisten in den achten Höllenkreis unter die *Fälscher*. Nicht nur Fälschern von Metallen und Münzen, sondern auch Wortfälschern begegnet er auf der Höllenwanderung. Er trifft Capocchio, einen Alchimisten, der Ende des 13. Jahrhunderts in Siena verbrannt worden war. Dieser berichtet, daß er die grausamen Qualen der Hölle erdulde, weil er durch Alchimie Metalle zu fälschen versucht habe. »Und wenn du mich wirklich auf Erden gekannt hast, wie du sagst«, so spricht er zu Dante, »dann wirst du dich auch erinnern, daß ich von Natur aus ein vortrefflicher Affe gewesen bin«. Mit diesem Vergleich will Dante jene Menschen kennzeichnen, die, wie der Affe, Komödianten sind, Meister in der Nachahmung von Gesten und Gestalt, denn sie sind es, die jeder Nachahmung, also auch der Fälschung, fähig sind. Es ist merkwürdig, daß Jahrhunderte später David Teniers die Alchimie, »le Plaisir des Fous«, in

9. Le plaisir des Fous. Gest. nach David Teniers d. Ä. (1582–1649). Stecher unbekannt.

tragischem und traurigem Spott, in Gestalt eines federgeschmückten Affen mit glasigem Blick vor den Wunderofen setzt (Abb. 9).

Daß aber sogar in einer im Studium der Geheimwissenschaften erzogenen Generation skeptische Naturen sich den klaren, unterscheidenden Blick bewahren konnten, das beweist keiner stärker als der Mailänder Arzt Girolamo Cardano (1501–1576) in seiner interessanten, von Goethe so gepriesenen Lebensbeschreibung. Er, der sich selbst als den Mann mit dem »kalten Herzen und dem heißen Kopf« bezeichnete, dem der »intellectus«, die sichtende Ordnung den höchsten Wert bedeutete, durfte sich vorwagen in die dunklen Gebiete, ohne daß sein Geist Gefahr lief, verdunkelt zu werden. In dem Leben des durch private Schicksale unglücklichen Mannes haben geheimnisvolle Zeichen und Stimmen eine große Rolle gespielt. Er vermerkt sie nüchtern und bescheiden, ohne bombastische Deutung. Er meinte nur, daß es natürliche Erscheinungen gäbe, die man sich nicht zu erklären wisse. Starker Geruch von Wachskerzen zeigte ihm einmal den nahen Tod eines Nachbarn an. Als sein geliebter Sohn, in einen Giftmordprozeß verstrickt, unter Anklage stand, zeigte sich auf der Hand des Vaters ein rotes Mal in Schwertform, das immer röter und deutlicher wurde. Am Tag der Hinrichtung des Sohnes trat Blut aus diesem Schwertzeichen und es wurde immer blasser, als der Sohn nicht mehr lebte. Cardano registriert das, er machte aber niemals ein Geschäft aus dem Wissen um diese Dinge. Wir hören von dem Unterricht, den er als Kind genossen: »In meiner frühen Jugend, ungefähr in meinem 9. Jahre, unterrichtete mich mein Vater in den Anfangsgründen der Arithmetik in heimlich vertrauter Art, als handle es sich um eine Geheimwissenschaft. Woher er selbst sein Wissen nahm, weiß ich nicht. Bald darauf unterrichtete er mich auch in der arabischen Astrologie und versuchte mir eine künstliche Art des Memorierens beizubringen.« Der in solchem Klima erzogene und später lehrende Girolamo Cardano konnte aber in schöner Distanz und ungetrübt klarem Urteil die folgenden Sätze schreiben: »... Dafür habe ich mich auch nie mit schlechten, schädlichen und sinnlosen Wissenschaften abgegeben, habe daher weder Chiromantik, noch die Wissenschaft des Giftmischens oder Alchimie getrieben. – Ebenso hielt ich mich von der Magie fern, die Zauberei treibt oder böse Geister und die Seelen Verstorbener zitiert.« Auch im Zeitalter der Geheimwissenschaften konnte der denkende und gegen Blendwerk durch die Struktur seines Geistes und Charakters gefeite Mensch sein klares Urteil bewahren; man darf niemals allein das Klima einer Zeit für die Verirrungen der Menschen verantwortlich machen. Aber der diese Sätze schrieb, war ein wahrhaft einsamer alter Mann, ein Einzelner. Gleichzeitig gingen Plätze und Märkte über von großmäuligen Verkäufern der Theriaka, Lebensbalsame und Wundermedizinen, von Magiern, Astrologen und Charlatanen, so daß die Behörden gezwungen waren, mit Verboten und Verordnungen einzuschreiten.

Es scheint uns aber, daß der Hang der Charlatane zur Ungründlichkeit von der Mühelosigkeit, mit der die Äußerlichkeiten der Alchimie zu erlernen waren, ebenso stark angezogen war wie von deren Inhalt. Die schon erwähnte Schrift mit den Lebensläufen der »philosophischen Unholde« macht hierzu aus der Perspektive der Aufklärung eine sehr zutreffende Bemerkung. Es handelt sich um Johann Baptist van Helmont (1577–1664), der mit Recht nicht als Charlatan bezeichnet wird, sondern als »ein theosophischer Arzt«. Die Praktiken und Schriften van Helmonts sind voll von alchimistischen Vorstellungen, so behauptet er z. B., daß es ihm in einem Experiment gelungen sei, Gold herzustellen, indem er einen Gran des

Steines der Weisen auf Quecksilber warf. Von ihm nun wird berichtet: »... Kurz, seine unordentliche und oberflächliche Art zu studieren, die mit seiner lebhaften Einbildungskraft verbundene Ungeduld, bey welcher er gern ohne Mühe berühmt und gelehrt werden wollte, machte ihm in kurzer Zeit alle Gelehrsamkeit verhaßt ... Aus allem siehet man wohl, wo es dem Phantasten gefehlet. Er wollte gern in kurzer Zeit und mit leichter Mühe gelehrt werden, und *rauschte daher über alle Wissenschaften hin, ohne sich bey einer zu verweilen.*« All die charlatanesken Alchimisten hatten jede andere Wissenschaft neben der Alchimie studiert und waren von einer erschreckenden Vielseitigkeit, weit hinausgehend über die übliche »universale« Gelehrtenbildung der Zeit. Sie rauschten eben über alle Wissenschaften hin, und da sie ja just auf das vage Wissen der Menge um die Wissenschaft spekulierten, genügte es ihnen, wenn ihr eigenes Wissen vage war.

Auf diese Verführung der Alchimie zu Ungründlichkeit und Faulheit weist anschaulich eine figurale Darstellung auf einem schönen weiß emaillierten Becherglas hin. Sie wird hier gezeigt, obwohl sie um mehr als ein Jahrhundert später liegt als die Zeitperiode, deren geistige Landschaft uns beschäftigt hat, weil dem ruhigen und festen Vorwurf, den der Vers erhebt, zeitlose Bedeutung zukommt (Abb. 10 und 11). An einem Destillierapparat mit deutlicher Anlehnung an die Form der alchimistischen Öfen ist ein modischer Gelehrter, ein En-vogue-Alchimist beschäftigt. Sein saugender und lauernder Blick scheint mit körperlicher Kraft das junge Paar anzuziehen, das sich genähert hat, um bei seinen Künsten Rat zu holen. Unternehmend und forsch der Mann mit dem magischen Becher, ihn zurückhaltend, ängstlich und doch

10. & 11. Weiß emaillierter Becher mit Darstellung eines Alchimisten an einem Destillationsapparat sowie eines Paares, das einen Alchimisten aufsucht, 1689.

von wohliger Neugier gekitzelt die Frau. Ob hier Gesundheit, Kindersegen oder Gold gewünscht wird, ist nicht zu erkennen. Der Spruch aber verurteilt voll Weisheit eine Besessenheit und Bequemlichkeit der Menschen, wenn er sagt:

> »Mit Rath-schlagen ist es nicht gethan
> wann nicht der Fleiß legt Hand mit an. Anno 1689.«

Ein düsteres Patengeschenk hat die Alchimie ihren charlatanesken Ausbeutern als heimliche Rache mitgegeben. Das Auf und Nieder, das die Existenz des echten alchimistischen Forschers kennzeichnete, mußte der Plagiator mit in das eigene Leben übernehmen. Einem Taumeln vom Entschleiern von Welträtseln in bittere Enttäuschungen entsprach der äußere Ablauf: Schaustellung und Versteck, Erfolg und Verfolgung wechselten ununterbrochen im Leben des Alchimisten und – des Charlatans. Das ist das Körnchen Tragik, das ihn mit den Adepten verband. Der Barockdichter Hofmann von Hofmannswaldau vereint in einem kurzen Vers die kritische Kennzeichnung der entarteten Wissenschaft mit der Andeutung dieser Tragik:

»Was ist die Alchimie, als eine Kunst zu lügen?
Was dient sie anders wohl, als Menschen zu betrügen?
Was bringt sie dir mein Freund, als Asche, Seuffzer, Schweiß,
Als Hoffnung, leeren Wind und Schande vor dem Fleiß?«

Nicht das Goldmachen und nicht das Brauen der Elixiere bringt jene spezifisch charlatanesken Elemente, um deren Klarlegung wir uns bemühen. Diese Ingredienzien enthält nur die Kunst zu lügen, und sie ist es, die die Charlatane bei der Alchimie, ihrer Hilfswissenschaft, der »falsch berühmten Kunst«, wie sie ein Berliner Pamphlet von Tharsander im Jahre 1744 nennt, mit Erfolg studiert haben.

DER GOLDMACHER BRAGADINO
ODER
MACHT ÜBER DEPOSSEDIERTE

Zu Ende des 16. Jahrhunderts vertraute sich der Senat der starken und klugen Republik Venedig, die in ihrer Verfassung und Gesetzgebung ein Muster von bis zur Schönheit gesteigerter Klarheit war, den Künsten eines Goldmachers, eines eingewanderten Cyprioten an. Die Stadt der Handelsherren und Seefahrer, die auf einem Kapitell ihres Dogenpalastes die Köpfe all der Nationen Afrikas und Asiens, mit denen sie Handel trieb, in Stein inventarisierte, stolz darauf, eine »Welt«stadt zu sein, glaubte gegen ihren eigenen Glauben, handelte gegen ihre eigene Vernunft und warf dem Bragadino ihr Gold in Haufen hin, damit er es vervielfältige. Wie ist die Sinnesverwirrung einer solchen Stadt zu erklären?

Venedig war bedroht. Der deutsch-spanische Geist, der in der Welt zur Herrschaft gelangt war, erschütterte in zwiefacher Weise die Sicherheit Italiens und besonders Venedigs. Nach der Entdeckung Amerikas und des Seeweges nach Ostindien war Italien der Konkurrenz der Spanier und Portugiesen, später der Holländer und Engländer nicht gewachsen. Die politischen und wirtschaftlichen Möglichkeiten, die sich den jungen Kolonialmächten boten, waren Italien verschlossen. Sein Handel im Nahen Osten, der vor allem in den Händen Venedigs lag, hatte nicht wieder gutzumachende Verluste erlitten, der Kredit der italienischen Bankhäuser kam langsam erst, dann immer stärker ins Wanken, der politische Einfluß ging zurück, die italienische Valuta fiel im Wert. Lissabon gewann allmählich die Bedeutung, die Venedig gehabt hatte. All dies vollzog sich in langsamer, Jahrzehnte dauernder Entwicklung, die politischen und ökonomischen Kraftreserven der reichen Republik hielten lange stand, und die konkreten Folgen traten erst in der zweiten Hälfte des 16. Jahrhunderts zu Tage. In den 20er und 30er Jahren des Jahrhunderts hatten bedeutende venezianische Bankhäuser falliert, so die Bank der Priuli, und der Senat mußte die Privatbanken unter Staatsaufsicht stellen. Gegen Ende des Jahrhunderts wurde mit der Freiheit der Banken ganz aufgeräumt, 1584 gründete Venedig die erste staatliche Bank, 1619 ging man zum System der Girobanken über. Der Ruin der Privatbanken sowie die Notwendigkeit für den Staat, eine Kontrolle auszuüben, erklären sich daraus, daß die Patrizier, die als Kaufleute Kapital akkumuliert hatten, dieses entgegen dem staatlich-politischen Interesse aus den Privatbanken und aus dem nun weniger rentabel gewordenen Handel zurückzogen, um es zur Erschließung privater, neuer Reichtumsquellen in Immobilien anzulegen. Geldmarktschwierigkeiten begleiteten diese Umstellung in der ökonomischen Struktur und in der Einstellung zum Staat. Die Sicherheit war von der ökonomischen Seite her erschüttert, die für Venedig durch Jahrhunderte kennzeichnende Stabilität wich Valutaschwankungen und mit ihnen Schwankungen im seelischen Gleichgewicht der Venezianer.

Die andere Sicherheitsbedrohung kam aus der Sphäre des Politischen und Geistigen. Italien kannte liberale Tyrannenstaaten und Stadtrepubliken, die im Geiste einer verfeinerten Demokratie regiert wurden. Es kannte nicht den Geist der staatlichen Ordnung und Autorität, der aus den absolutistischen Weltreichen als Sturm herüberwehte. Es kannte die verschlagenen, auf individuelle Leistung (die auch eine Leistung des Gehirnes war) basierten Manöver der Condottieri, es kannte noch nicht die neuen militärischen Formen, die die Kolonisatoren zusammen mit dem neu entdeckten Schießpulver eingeführt hatten. Vor allem aber kannte es zwar die Kultur des »kalten Herzens und des heißen Kopfes«, den klaren Humanismus, jedoch kannte es nicht das Chaos von Mystik und Religionsschwärmerei, das im übrigen Europa zu toben begonnen hatte. Das alles sollte es kennenlernen, in so jähem Umschwung kennenlernen wie kaum ein anderes Land. Eben noch feierte man die strahlenden Feste der Renaissance, die Zeitgenossen der großen Tage waren noch nicht gestorben; es lebten noch Tizian und Palestrina und Torquato Tasso, und schon kamen aus der andern Welt die gedruckten Ergüsse einer neuen volkstümlichen Publizistik und brachten in ein Land, in dem die Buchdruckerkunst bisher Bildung, Kunst und Wissen gedient hatte, die Gärungsstoffe einer Welt, die ein ausgeklügeltes System von Intoleranz, geistige Folge von Reformation und Gegenreformation, in blutige Wirklichkeit umsetzte und so das Ventil der Metaphysik für die Menschen unentbehrlich machte. Die politisch-geistige Sphäre dieser Umwälzungen bedeutete eine profunde Erschütterung der seelischen Sicherheit.

Venedig war nicht nur in das allgemeine italienische Schicksal verstrickt, sondern dazu noch in besonderer Weise in seinem Selbstgefühl getroffen. Die kostspieligen Kriege, die es gegen die Türken mit Erfolg geführt hatte, waren zum Schluss nicht einmal mehr ruhmreich gewesen, 1570 war die wertvollste venezianische Kolonie im Mittelmeer, Cypern, verloren gegangen. Französischer Spott verhöhnte den venezianischen Niedergang, auf die symbolische Vermählung des Dogen mit dem Meer anspielend:

> »… ces vieux coquz vont épouser la mer,
> dont ils sont les maris et le Turc l'adultère.«

Die machtgewohnten Venezianer knirschten. Immer wieder hörten sie von den Goldladungen, die Spanien, der Rivale, mit der neuen Gewalt der Soldateska sich aus den Kolonien holte. Gold also mußte man sich schaffen, wenn die Monarchia, die Weltherrschaft, die man besessen hatte und aus Gründen, die man nicht verstehen konnte und also als ungerecht empfand, nicht mehr besaß, wieder an Venedig fallen sollte. Und eben weil die Vergangenheit der Macht noch so lebendig nahe war, weil eine Generation lebte, die sich ihrer nicht nur erinnern konnte, sondern noch einen Platz in ihr gehabt hatte, stieg aus den Trümmern nicht das Bewußtsein vom Niedergang und das Verständnis für seine Ursachen, was zu den durch die Ratio gebotenen Gegenmaßnahmen, zu Aktivität hätte führen müssen, sondern der Traum von der Monarchia. Je ferner die Verwirklichungsmöglichkeit, desto leuchtender die Farben der Traumlandschaft, mußte doch ihr Glanz das Begreifen der aussichtslosen Lage und der traurigen Wirklichkeit verdrängen. Hoffnung tritt an Stelle der erschütterten Sicherheit, die Illusion vom Reichtum als unverdientem, eigens von Gott für sein auserwähltes Venedig vorbehaltenen Wunder, rechtfertigt jede Passivität. Ein reisender venezianischer Patrizier läßt sich in Polen von einem deutschen Gelehrten, Heinrich, prophezeien, daß Venedig die Weltherrschaft wiedergewinnen würde, wenn es ihm glücken sollte, einen Mann zu finden, der die Kunst, Gold zu machen, verstünde. Und der Ersehnte kam und ward gleich erkannt, eben weil er ersehnt war.

In eine in ihrem Reichtum und ihrer politischen Macht, in ihrem Bewußtsein vom eigenen Prestige und im Geiste einer versickernden Kulturperiode depossedierte Stadt zog Mamugnà, der Cypriote, ein und vorübergehend unterwarf er sie seiner Macht.

Mamugnà wurde zwischen 1545 und 1550 in Cypern geboren, seine Familie stand in einem Schutzverhältnis zu der edlen Familie der Bragadino. Der Schutzherr war Marcantonio Bragadino, der Held der Schlacht von Famagusta (1570) und Verteidiger Cyperns gegen die Türken. Ein Strom von Cyprioten, Flüchtlingen vor der türkischen Herrschaft, hatte sich nach Venedig ergossen, das unter der Plage seiner Auslandsflüchtlinge, die zu erhalten immer kostspieliger wurde, seufzte. Es war üblich, den Namen der Familie anzunehmen, die einen beschirmte, und so nannte sich Mamugnà erst »Mamugnà detto il Bragadino«, 1589 hören wir von »Bragadino detto il Mamugnà«, bald aber läßt er Mamugnà vollkommen wegfallen und nennt sich Marco Bragadino. Der Glanz dieses Adelsnamens gab ihm Kredit bei allen, die seine Herkunft nicht kannten. So beginnt die Laufbahn mit Fälschung, diesmal mit Namensfälschung. Als Mamugnà noch als unbekannter Flüchtling in Venedig lebte, war er eng befreundet mit Girolamo Scotto, einem jener Taschenspieler und Gedankenleser, die man einander von Hof zu Hof weitergab, die ständig Reisenden auch gerne mit diplomatischen Aufträgen betrauend. Selbstverständlich war so ein Mann erfahren in den okkulten Wissenschaften und das Goldmachen verstand er auch. Rudolf II. berief ihn nach Prag, wo er durch einige Jahre Hofalchimist war. Ein besonders schönes Porträt von ihm, das Antonio Abondio auf einer Münze gefertigt hat, bewahrt das Münzkabinett in Berlin. Im Umgang mit diesem Manne schnappte Mamugnà vermutlich etwas von der Alchimie auf, und es ist sehr wahrscheinlich, daß dieser Meister ihm seine Taschenspielertricks beibrachte. Wenn Bragadino kurz vor seinem Tode gesteht, daß all sein Goldmachen nur eine »destrezza di mano«, eine Geschicklichkeit der Hand, Fingerfertigkeit also, gewesen sei, so weist der Ausdruck deutlich auf die Taschenspielerkunststücke hin. Vielleicht stand das Delikt, das ihn zwang, aus Venedig zu verschwinden, mit den praktischen Übungen zu diesem Studium der Fingerfertigkeit in Zusammenhang, jedenfalls war etwas, was er sich zuschulden kommen ließ, der Anlaß zu seinen Reisen nach Florenz und später nach Frankreich. Das Delikt als Anlaß, die Welt zu sehen, und die Notwendigkeit, durch irgend etwas zu imponieren und sich zu beglaubigen, um heimkehren zu dürfen, ist ein immer wiederkehrendes Motiv in der Jugendgeschichte der Charlatane. 1589 tauchte Bragadino wieder in Venedig auf, nicht mehr als armer Flüchtling aus Cypern, sondern als großer Herr. Er ließ sich in Torbiate nieder, einem kleinen Ort im Brescianischen in der Gegend des Lago d'Iseo. Hier hielt er sich eine Anzahl von Dienern, gab kostspielige Gastereien und umgab sich mit einer Leibgarde. Dank der ausgezeichneten Arbeit des Biographen Bragadinos, Ivo Striedinger (s. Literaturverzeichnis), kennt man zahlreiche zeitgenössische Beobachtungen über Bragadino.

So ist es möglich, ein lebendiges Bild zu gewinnen von den Mitteln, mit denen dieser brutale, kraftvolle Mann es verstand, sich Macht und Gefolgschaft zu verschaffen. Sie entbehren völlig jenes Raffinements, das Cagliostro, St. Germain und ihrem Jahrhundert eigen ist, auch fehlt im Charakter Bragadinos jeder neurotische Einschlag. Seine Erscheinung gehört noch durchaus der Renaissance an. Ein Codice Gradenigo schildert das erste Auftreten in Torbiate folgendermaßen: »Er kam nach Torbiate und nach Lovere am Iseosee, wo er gewaltigen Aufwand trieb, so daß sich bald das Gerücht verbreitete, er verstehe es mit Hilfe der Alchimie, Gold zu machen. Von da begab er sich bald nach Torbiate im Brescianischen zurück, um dann Anfang November ganz nach Brescia zu ziehen, woselbst er fortgesetzt das Geld mit vollen Händen hinauswarf und so den Gesprächsstoff in allen umliegenden Städten abgab … Er sagte nicht etwa: ›Ich kann Gold machen‹, sondern er lebte so verschwenderisch, daß die Leute sagten: ›Der muß Gold machen können‹.« Dieses System überzeugt tausendmal mehr als irgendein theoretischer Nachweis der wissenschaftlichen Methoden, auf Grund deren man imstande sei, Gold zu machen. Und so setzte der Cypriote das Mittel der Werbung durch die eigene Person und den eigenen Lebensstil ein, eine klirrende und verführerische Schaustellung, die je nach Charakter zu Bewunderung oder zu

Nachahmung anregt. Diese Werbemethode verpflichtet den Helden lebenslänglich als Schauobjekt und erreicht ihre Perfektion erst in späteren Jahrhunderten, in denen das Erdendasein der Star-Charlatane zu einer Werbevorstellung in Permanenz wird. Bragadino mußte also auch gar nicht erst um Geld zu seinen Experimenten bitten, die Leute brachten es ihm von selbst und baten ihn, es zu nehmen. Auch das ist wieder tief in dieser Werbemethode verankert: Einer, der durch Argumente überzeugen will, verschmäht es nicht zu bitten – und tut häufig Fehlbitten. Einer, der das Faktum seiner Existenz und die Behauptung von seiner Berufung als einziges, zwingendes Argument auf den Spieltisch des Lebens wirft, der gar keinen Versuch macht, zu überzeugen, sondern einfach Gefolgschaft fordert, der bittet nicht und erhält von seiner Gefolgschaft alles, eben weil er nicht bittet.

Die ersten Interessenten aus der großen Welt, die in Brescia auftauchten, waren Condottieri: Marchese Giacomo Malatesta, Marchese von Marignano und Alfonso Piccolomini. Das Condottierewesen war zu Ende des 16. Jahrhunderts nicht mehr zeitgemäß, also überflüssig und degenerierte so in ein regelrechtes Banditenunwesen. Marignano mußte die Unterhandlungen mit dem Goldmacher abbrechen, da er eben wegen Giftmordes eine Gefängnisstrafe anzutreten gezwungen war. Piccolomini aber klammerte sich fest an die Hoffnung, durch das Gold, das ihm Bragadino schaffen sollte, seine Rachefeldzüge gegen den Papst und den Großherzog von Toskana, mit denen er im Streite lag, bezahlen und sich selbst zum Herrn eines großen Fürstentums machen zu können. Er ist der Typus der Menschen, die sich als erste des Charlatans als Werkzeug ihrer ehrgeizigen Pläne zu bemächtigen trachten und, ohne es vorauszusehen, immer zum

Sprungbrett für die Karriere der Charlatane werden. Wiederholt hat der Banditenführer versucht, sich Bragadino durch Waffengewalt zu sichern, dieser hatte sich also nicht umsonst mit einer Leibgarde umgeben. Er brach die Beziehungen zu den Condottieri keineswegs ab, als schon venezianische Senatoren, heimliche Abgesandte der Republik, mit ihm Verhandlungen einleiteten und auch der reiche Herzog von Mantua die ersten Freundschaftsbeweise nach Brescia sandte. Bragadinos Wunsch und Streben war von allem Anfang an einzig und allein die Berufung nach Venedig. Gerade deshalb betonte er die Beziehungen zum Herzog von Mantua und stellte sie zur Schau, denn dem Senat sollte – und früher wäre der Goldmacher niemals nach Venedig gegangen, weil er sich mit Recht nicht hätte sicher fühlen können – die Überzeugung beigebracht werden, daß nicht Bragadino Venedig brauche, sondern Venedig den Bragadino. Hätte er seinen Wohnsitz gleich in Venedig aufgeschlagen, dann hätte die Stadt ihn von vornherein gehabt und auch beobachten lassen können. Deshalb ging der schlaue Cypriote nach Brescia. Er lebte dort das Leben, aus dem jene Legenden aufblühen mußten, um deren Verbreitung in Venedig es ihm zu tun war. Vor allem aber: von Brescia mußte er erst geholt werden, von hier aus konnte er also Bedingungen diktieren.

Es waren vornehme Senatoren, die als erste kamen, Giacomo Contarini, Nicolò Dolfino und Giacomo Alvise Cornaro, eben derselbe, der sich in Polen den goldspendenden Retter Venedigs hatte prophezeien lassen. Am innigsten hing Cornaro an dem Goldmacher, am fanatischsten hat er sich für die Berufung nach Venedig eingesetzt und für ihn geworben. »Böswillig« nannte er die Warner, denn es gab auch Warner; eine Parteigruppierung von Gegnern und Anhängern hatte sich um die Künste des Cyprioten schon in seinen Anfängen in Brescia gebildet, der beste Beweis für die Wirksamkeit und richtige Berechnung seiner Werbung. Es mußte dem Goldmacher jetzt darum zu tun sein, sich diese Senatoren und deren Bekannte zu bedingungslosen Anhängern zu machen, noch bevor Venedig einen offiziellen Abgesandten schickte. Er veranstaltete also Vorführungen im Freundeskreis. Was er zeigte, entbehrte jedes eigenen und neuen Gedankens. Striedinger führt an, was Raimundus Lullus (1234–1315) geschrieben hat und was, zur alchimistischen Tradition geworden, von Bragadino in allen Punkten kopiert wurde: »Nimm von dieser köstlichen Medizin ein Stückchen, so groß wie eine Bohne, wirf es auf tausend Unzen Quecksilber, so wird auch dieses in ein rotes Pulver verwandelt, davon wieder eine Unze auf tausend Unzen Quecksilber geworfen, so wird alles zu Medizin; dies kann noch zweimal wiederholt werden, und zuletzt wird man ein Gold erhalten, das besser ist als alles Gold aus den Bergwerken.« Das war die »Projektion«, ihr angeblicher Erfolg die »Multiplikation«. Jeder Alchimist, ja jeder kleine Charlatan der Jahrmärkte, kannte und praktizierte dieses Verfahren, es gehörte zum Simpelsten, was man damals wissen konnte. Niemals aber wäre es dem gestrengen Senat von Venedig eingefallen, sich irgendeinen kleinen Alchimisten, der nicht weniger, sondern wahrscheinlich viel mehr wußte als Bragadino, auf Staatskosten nach Venedig kommen zu lassen als Retter. Aber der Cypriote wußte das Nichts, das er wußte, so glänzend in Szene zu setzen, daß die tapferen Condottieri und die feinen Senatoren ehrfürchtig und begeistert immer von neuem zuschauten, wenn ihnen wieder und wieder das gleiche vorgeführt wurde. Sicher verstand Mamugnà nicht Gold zu machen, ebenso sicher aber verstand er es, die Menschen, die er durchschaute, richtig zu behandeln. Zeuge bei den Experimenten durfte nur der sein, den Bragadino dazu bestimmte, und er bestimmte schon die für ihn Erwünschten. Es durfte wieder nur ein Diener dieser Zeugen das Quecksilber einkaufen. Viel näher als die Vermutung, daß Tiegel, Instrumente oder irgendwelche mitverwendeten Substanzen betrügerischerweise Gold enthalten haben, ist die Aussage des Senators Andrea Morosini. Dieser behauptet, daß aller Erfolg des Goldmachers auf einem Taschenspielertrick beruhte. In seinem Ärmel, so sagt Morosini, hatte er ein Glasröhrchen mit Goldstaub verborgen, der in einem geeigneten Augenblick, in dem die Aufmerksamkeit der Zuschauer abgelenkt werden mußte, in die Retorte geschmuggelt wurde, in der eben das Quecksilber verdampfte. Morosini vermutet weiter, daß es der Augenblick war, in dem der Goldmacher einen Teil des angeblich unentbehrlichen Ingrediens, um, wie er sagte, dessen Wertlosigkeit zu beweisen, wegwarf, der zur Ausführung des Tricks benutzt wurde. Die gestählten Krieger merkten nichts und die hochweisen Senatoren merkten nichts, sie sahen nur mit gierig staunenden Augen, was sie sich zu sehen wünschten: das Klümpchen Gold, den Erfolg, das fait accompli. Was fragten sie viel nach dem Weg? Nach dem Wege fragen nur Skeptiker, jene interessierte allein das Ziel. 1589 erfolgte im venezianischen Senat die erste Anzeige über die Goldmacherei des Bragadino. Durch alle möglichen Kanäle hatten die überzeugten Senatoren die Meinung schon für Bragadino beeinflußt, Cornaro besonders wußte die Prophezeiung des Deutschen Heinrich in eindrucksvoller Weise mit der Person Bragadinos zu verknüpfen, und so entschloß sich der Senat, einen Vertrauensmann, Martinengo, auch er späterhin ein überzeugter Anhänger des Goldmachers, nach Brescia zu entsenden. Bragadino, so nahe schon dem Ziel seiner Wünsche, hatte die Nerven, sich aus rein propagandistischen Gründen bitten zu lassen, bevor er die Probe vor dem Abgesandten Venedigs ablegte. Mit großem Geschick hatte er für den Augenblick, in dem der Senat einen Entschluß fassen mußte, ein Erpressungsintermezzo vorbereitet, das seinen Wert noch steigern sollte. Der Herzog Vincenz I. von Mantua, ein reicher, prachtliebender und verschwenderischer Fürst, hatte den Bragadino wiederholt in Torbiate besucht. Wenn er sich für das Goldmachen interessierte, so standen hinter diesem Interesse nicht die ernsten Sorgen des venezianischen Staates, sondern lediglich snobistisches Privatvergnügen an einer Mode. Es kommt beinahe aus derselben Sphäre von Perversität wie seine päderastische Beziehung zu dem Cyprioten. Wiederholt hatte Bragadino diesen Fürsten zu Gast geladen, zeigte ihm seine Reichtümer und erstaunte ihn durch bombastische Beschreibungen seiner wunderbaren Fähigkeiten, bis ihm ein glänzendes Angebot gemacht wurde, falls er an den Hof von Mantua kommen wolle. Bragadino hielt den Herzog mit einer Antwort hin, lud ihn aber zu einem prunkvollen Gastmahl, auf dem er ihm die erlesensten Leckerbissen servieren ließ, und beschenkte Vincenz I., der das wahrhaftig nicht nötig hatte, mit reichen Geschenken. Alle Gegengaben des Fürsten, außer einigen wertloseren, schlug er aus. Natürlich sorgte er dafür, daß die venezianischen Unterhändler von diesen Gastereien erfuhren, deren Serie durch ein kleines Fest gekrönt wurde, das einige »Gentildonne« von Brescia zierten. Allen pries Bragadino die ziselierte Uhr und die Kleider mit Goldknöpfen, die sein hoher Gast ihm auf diesem Feste verehrt hatte, aber niemand erfuhr, daß der Herzog ihm auch eine selbst bei dessen Reichtum erstaunlich hohe Summe ausgezahlt hatte. Wie alle Charlatane verhüllte der Goldmacher die Quellen, aus denen in Wahrheit seine Einnahmen flossen, und stand da als der Reiche, der Gebende, der Wohltäter, der auf niemanden angewiesen ist. Als man in Venedig unruhig zu werden begann, ließ er versichern, daß er in Mantua nur eine vierprozentige Steigerung des Goldwertes zu lehren gedenke. Immerhin drückte die Sorge wegen der mantuanischen Konkurrenz stark auf die Abstimmung des Senats, die mit 16 Ja- gegen eine Neinstimme zu Gunsten der Berufung des Bragadino ausfiel. Diese Entscheidung fiel – und das ist bemerkenswert –, *bevor* der Bericht mit der amtlichen Aufklärung aus Brescia eingetroffen war, ja sogar bevor man den greifbaren Beweis, das Goldklümpchen, in Händen hielt. Als dieses eintraf und untersucht wurde, war Bragadino längst in Venedig. Man glaubte, weil man glauben wollte, also verlangte man von der Mehrheit, die im Streit um die Berufung Bragadinos gesiegt hatte, gar nicht erst, daß sie ihren Erfolg unter Beweis stelle.

Während dieser Künstler in der werbemäßigen Beeinflussung der öffentlichen Meinung von Brescia aus seine Schachzüge klug und in logisch berechneter Aufeinanderfolge aufbaute, engagierte er sich einen geschulten Sekretär, Giulio Venturello, der ihm eine erstaunlich systematisch geordnete Briefregistratur einrichten mußte. Sie wird im Bayrischen Staatsarchiv aufbewahrt, und auf diesem komplexen Material baut Striedinger seine Biographie auf. Jedes Zettelchen, jede Rechnung und die merkwürdigsten Briefe sind da zu finden, unter ihnen auch einer des Herzogs von Mantua, der mit kaum wiederzugebender Offenheit die Beziehungen des hohen Herrn zu dem Goldmacher beleuchtet. Der mit der pedantischen Ordnung einer übersichtlichen Briefregistratur operierende Bragadino ist nur scheinbar eine widerspruchsvolle Natur. Ordnung hält jeder Mensch in dem Gebiet, das er versteht und in dem er tatsächlich etwas leisten muß. Der Charlatan ist kein ungeordnet-phantastischer Typ, er versteht es im Gegenteil, durch straffe Werbeorganisation die Sucht nach Phantastischem zu erfassen und auszubeuten. Im Gebiet der psychologisch richtigen, vortrefflich organisierten Propaganda liegt seine wirkliche Leistung, und der Leistung ist die Ordnung zugehörig. Unordnung herrscht im Gebiet der angepriesenen Inhalte, die er nicht beherrscht, Unordnung auch in seinem Stil, in seiner Rede, überall dort, wo die Leere offenkundig wird. Werbemäßig beeinträchtigt diese Unordnung die Wirkung jedoch keineswegs, sie steigert sie sogar manchmal noch. Im besonderen Falle des Goldmachers wird zum Werkzeug der Ordnung die Briefregistratur. Durch sie sind uns, als wertvolle Zeugen der inhaltlichen Unordnung, sauber geordnet, Mamugnàs eigene Mitteilungen erhalten. Das Urteil eines archivalischen Sachverständigen wie Striedinger kennzeichnet in einer Analyse, der kein Wort hinzuzufügen ist, den Stil, den alle Charlatane geschrieben haben, wenn er den einen, Bragadino, unter die Lupe nimmt. Er sagt: »… Das zeigen seine Briefe. Sie sind miserabel geschrieben und unter aller Kritik schlecht stilisiert, ein fortgesetzter Beweis dafür, daß er sich nicht aus Grundsatz, sondern mangels ausreichender Schulbildung an die Regel hielt: ›Schreibe, wie du hörst‹ … Auch schiefe Bilder sind nicht selten, z. B. in dem Brief vom 10. Dez. 1590 ›tronco‹ und ›ramo della pietra‹ (der Stamm und der Ast des Steines). Wenn er ein Wort oder einen Ausdruck gefunden hat, der ihm schön oder bezeichnend erschien, wiederholt er ihn unaufhörlich, um die Armut seines Sprachschatzes zu verhüllen. Vor allem ist er unfähig, seine Gedanken in einer bestimmten logischen Reihenfolge zu entwickeln, schreibt nach der Art ungebildeter Leute schwülstig, voller Wiederholungen und ohne vorbedachte Anordnung, baut endlose Sätze, denen in sich und unter sich der innere Zusammenhang mangelt; häufig läßt er einzelne Worte, manchmal ganze Satzteile aus. Er pflegte weder ein Konzept zu machen noch das Geschriebene zu überlesen.«

Da aber in charlatanesken Karrieren der Erfolg nicht von der Klarheit des mündlichen und schriftlichen Ausdrucks, sondern eher vom Gegenteil abhängt, so zog der schlechtschreibende Bragadino mit dem ihm vom Senat bewilligten bewaffneten Geleit, das er aus Angst vor den Überfällen der Condottieri, die ihn Venedig nicht gönnten, verlangt hatte, in Venedig ein. Tage vorher war die Stadt bereits in hellster Aufregung über die Frage, wie und wo man den Wundermann am besten unterbringen könne. Vorschläge wurden gemacht und wieder verworfen, endlich erhielt er die prächtige Casa Dandolo auf der Giudecca angewiesen. Das zeigt, wie besorgt man war, daß der kostbare Mann geraubt werden oder andern sein Geheimnis verraten könne. Man wählte die Insel, weil die Bewachung dort am einfachsten war. Nun war Bragadino, wo er sein wollte, in einem kostbaren Haus, das er mit seiner Geliebten, Donna Laura, einer Dame von bewegter Vergangenheit, bewohnte; Herr über Sekretäre und Diener, in der Lage, Feste zu feiern und teure Kleider zu tragen, alles auf Kosten der Republik Venedig. Von Goldmachen wurde überhaupt nicht mehr gesprochen. Er richtete sich ein, er tafelte, er knüpfte neue Beziehungen an und übte die Propaganda durch die eigene Person. Der reich gekleidete Mann mit den dunklen Augen unter dichten Brauen zeigte sich immer in Begleitung zweier großer schwarzer Doggen: eine dämonische Erscheinung. Es wurde vorläufig noch kein Gold gemacht, aber das Goldmachen lag in der Luft und war große Mode, Bragadino füllte zwar nicht die Staatskassen, dafür aber die Atmosphäre mit Gold. In einem amtlichen Protokoll vom 17. Dezember 1589 steht zu lesen: »Auf der Bibliothek kann man zur Zeit kein Buch über Alchimie bekommen.« Von Bragadino beraten oder auf eigene Faust experimentierte man und verlor sein Geld. Die Zahl von Bragadinos Anhängern wuchs. Von den Cornaro, die dem höchsten Adel angehörten, wurde er in Patrizierkreise eingeführt, aber nicht sie waren die echten Stützen Bragadinos, sondern die Edelleute vom Schlage des geldarmen, aber töchterreichen Girolamo Contarini oder wieder und immer wieder Cornaro. Und weil das Schicksal einen Einzelnen, Giacomo Alvise Cornaro, in eine Situation gestellt hat, die nicht unähnlich jener Situation ist, in die ein historisch bedingter Ablauf die Gesamtheit der Bürger der depossedierten Stadt Venedig gebracht hat, so soll dieser Anhänger, der in mehr als einer Beziehung typisch ist für die Menschen, die in allen Zeiten zur Gefolgschaft der Charlatane stoßen, genauer betrachtet werden.

Giacomo Alvise Cornaro (geb. 1539) war der Nachkomme eines alten und reichen Adelsgeschlechtes. Er hatte Zutritt beim Dogen und stand in persönlicher Beziehung zu den italienischen Fürsten und dem König von Frankreich. Seine Familie hatte durch Generationen den größten Besitz unter allen Grundbesitzern auf Cypern. Der letzte König von Cypern heiratete Katharina Cornaro (die Tizian malte), eben weil sie zu der Familie dieser Besitzer großer Zuckerplantagen gehörte. 1570 – Giacomo Alvise war 31 Jahre alt – ging Cypern verloren, und keine andere Familie war von diesem Verlust so schwer betroffen wie die seine. Der Entgang von Einkünften soll jährlich 24000

Skudi betragen haben. In einem Bericht, den Crispo, der Agent des Herzogs von Bayern, einschickte, heißt es: »Jetzt kann man diesen Edelmann weder reich noch arm nennen, wenngleich er im Vergleich mit den verlorenen Reichtümern arm ist.« Er befand sich also in derselben Lage wie die Stadt, zu deren Adel er gehörte: depossediert, mit der Erinnerung an den Platz, den er unter den Reichsten eingenommen, träumte er den Traum vom neuen, alten Glanz, dem goldenen Glanz seiner Familie, wie Venedig den Traum der Monarchia träumte. Er suchte die Illusion, die seine mit Ressentiment gemischte Passivität rechtfertigen konnte. Der kinderreiche Mann lebte mit seiner Familie im nahen Padua, wo das Leben weniger kostspielig war als in Venedig, in einem Palast, der noch aus der Glanzzeit der Familie stammte. Der Rahmen entsprach also den nicht mehr bestehenden ökonomischen Voraussetzungen, die Standesehre wieder erforderte, nichts davon merken zu lassen, daß dieser Rahmen keinen Inhalt mehr hatte. Es kann uns gar nicht wundern, wenn wir ihn, den Crispo »mehr leichtgläubig als verschlagen« nennt, unter den eifrigsten Jüngern der Alchimie finden, die das fehlende Gold herschaffen sollte. Er stellte vor allem Arzneien her, kurierte Pferde mit »metallischen Medizinen«, die Chemikalien, die beim Goldmachen versagt hatten, arbeitete er um in »medicina per corpi humani«, und seine kränkliche Gemahlin behandelte er mit Edelsteinen, die in Säuren aufgelöst waren. Keiner schimpfte heftiger auf die verächtliche Wissenschaft der Ärzte als Cornaro; aber siehe da: als er selbst einmal erkrankte, hatte er nichts Eiligeres zu tun, als sich einen Arzt kommen zu lassen. Kaum war er wieder gesund, so vergaß er, daß ihm der Arzt geholfen hatte, und schrieb die Genesung den Mitteln des angebeteten Bragadino zu.

Um diesen Bragadino begannen sich nun leise die Stimmen Venedigs zu rühren. Die Anhänger waren in großer Überzahl. Aus der terra ferma, aber auch aus ferner gelegenen Städten begann eine Wallfahrt nach Venedig, das einen solchen Mann beherbergen durfte. »Böswillig« oder »dumm« wurden die Leute genannt, die Zweifel aussprachen. Zu dieser Gattung von »Dummen« gehörte auch Giovanni Bonifacio, der Trevisaner Jurist und Geschichtsschreiber, der in einem Brief an einen Freund in Verona berichtet, daß es einige Leute gäbe, die den Cyprioten für einen Betrüger, daß die meisten ihn aber für eine Leuchte unter den Alchimisten hielten, der die venezianische Staatskasse mit Gold füllen werde. »Daher gibt es viele hochangesehene Leute, die in der Hoffnung, er werde ihre Schulden bezahlen, ihm nachlaufen, den Hof machen und bis zur Anbetung huldigen. Die geringste Anrede, die sie für ihn haben, ist Illustrissimo (so wurden damals die Kardinäle angesprochen; Cornaro genügte auch das noch nicht und er schrieb ›Vostra Eccellenza‹, ein Titel, den ein Cosimo von Medici erst mit dem Herzogshut angenommen hatte). Von allen Seiten, auch von Fürsten häufen sich die Geschenke. Kohlen, Blasbälge, Destillieröfen, alchimistische Handbücher – alles ist im Preise riesig gestiegen. Jeder bläst in die Glut und treibt das Gewerbe des Mammonmachers. Ich weiß, Sie erwarten jetzt eine Meinungsäußerung von mir: Also ich glaube ganz und gar nicht an ihn, am wenigsten im Fache der Alchimie …«

Bragadino dachte immer noch nicht daran, Gold zu machen. Da trat ein Gegenspieler auf den Plan, vor dem der Wundermann zum ersten Male die Nerven verlor: das Spottlied des Volkes, das man schon nach wenigen Monaten von Balkonen und Gondeln, auf Plätzen und Brücken trällerte. Bragadino, der wie die meisten Charlatane, weil ihnen die Sicherheit fehlt, keinen Spaß verstand, wenn es sich um seine Person handelte, war bar des Humors und kannte keine Selbstironie; so machte er eine Beschwerde-Eingabe beim Senat. Das Murmeln und Raunen der Mißgünstigen raube ihm die Ruhe der Seele, die er zu seinem erhabenen Werke benötige, so schrieb er. Aber er richtete gar nichts aus. Denn in Italien verbot man keine Lieder und keine Witze, weil Verbote gegen die skeptisch-heitere Impulsivität dieses Volkes nichts genützt hätten. Bragadino engagierte also einen Lobpoeten, der in einem elenden Machwerk Frau Laura und ihn pries, und mit derselben Verachtung wie Giacomo Stagni sagt der Autor von sich, daß er auf die Leute pfeife, die es verstünden, anständige Sonette zu machen. So kühn wie die Strophen der Lieder waren die Zweifel im Senat noch lange nicht, immerhin wagten einige der weisen Herren zu äußern, daß Bragadino es wohl verstünde, Gold zu machen, aber nicht in ausreichenden Mengen. Nun blieb Bragadino nichts anderes übrig, er mußte sich wieder einmal als Taschenspieler betätigen. In der Zecca (der Münze) hatte Bragadino eine Flasche des Wundermittels hinterlegt, das imstande sein sollte, die Multiplikation zu bewirken; mit großer Feierlichkeit war sie in Empfang genommen, in einem Schrank des Gewölbes der Zecca verschlossen und über den erhabenen Vorgang ein Protokoll aufgenommen worden. Von »den reichen, in ihrer Dummheit aufgeblasenen Prassern«, wie Bragadino die Zweifler unter den Nobili nannte, gedrängt, entschloß er sich, einen Schritt weiter zu tun, und übersandte unter denselben Zeremonien wie die Flasche die handschriftliche Darstellung seines Verfahrens der Zecca. Sie war verschnürt wie ein Bündel von Briefen und mit vier Lacksiegeln verschlossen. Als man jetzt aber endlich auch Gold zu sehen wünschte, erklärte Martinengo den vom Staate bestellten Sachverständigen, und sprach damit die Meinung der verzauberten Gefolgschaft aus, daß man bei Bragadino mit diesem Drängen gar nichts erreiche. »Man muß ihn immer mit Milde anfassen, das ist die beste Art, mit ihm zu verkehren, man soll ihn der guten Gesinnung dieses Staatswesens versichern, denn er ist so veränderlichen und unbeständigen Geistes, daß oft, wenn er von uns zu einer Sache überredet ist, wir anderen Tages ihn völlig verändert finden, ja nicht einmal von einem Tag auf den anderen, sondern sozusagen von Stunde zu Stunde.« Sachlich aber bemerkte Martinengo im Auftrag Bragadinos, daß er von seinem Mittel nur die in der Zecca befindliche Flasche fertig habe, wenn man ihn zwinge, dieses sofort ganz aufzubrauchen, so würde er es tun, aber er fände das unvernünftig. Seine Absicht sei, das vorhandene Mittel zu vermehren: denn in 45 Monaten gehe die erste Multiplikation vor sich, hierauf in weiteren 45 die zweite, das seien zusammen 90 Monate und eine Vermehrung auf das Dreißigfache, so daß die Flasche einen hohen Betrag an Gold ergeben würde. Neunzig Monate! Siebeneinhalb Jahre würde die Multiplikation, die sich im Schrank – also unkontrolliert – vollziehen sollte, dauern! Das hieß siebeneinhalb Jahre köstliches Leben in Venedig.

Es gab Menschen, die ganz genau wußten, was hier gespielt wurde. Die lachende romanische Skepsis des Volkes sekundierte der klare romanische Geist. P. Sarpi (1552–1623), der berühmte Geschichtsschreiber des Konzils von Trient, war kurz vor dem triumphalen Einzug des Goldmachers nach Venedig heimgekehrt, er vertrat die Republik in dem erbitterten Rechtsstreit, den sie mit der Kurie auszutragen hatte, in überlegener und unwiderlegbarer Art. Sarpi liebte es, die Astrologen zu necken, an deren Künste er nicht glaubte. Als man dem Heimgekehrten zuredete, den Vorführungen des Bragadino beizuwohnen, lachte er nur. Er gehörte zu jenen, die nicht einmal das Interesse zum Hinhören und Hinsehen aufbringen, zu den wirklich Immunen. Da es ihn aber schmerzte, mitanzusehen, wie Venedig sich lächerlich machte, beschloß er das seine zu tun, um das Ansehen des Charlatans zu untergraben, und da er ein Skeptiker war, tat er es nicht mit pathetischen Worten, sondern mit ironischem Scherz. Bei einem Maskenfest statteten auf seinen Rat hin junge Aristokraten eine Gondel mit Retorten, Blasebälgen etc. aus. Einer, als Gott Mammon verkleidet, rief mit der Stimme der Marktschreier: »A tre lire soldo d'oro fine!« das heißt: drei Lire guten Goldes nimmt Bragadino, der Charlatan, und gibt dafür nur einen Soldo vom eigenen Gold. Immer übermütiger kicherte das venezianische Dialektlied. Die Refrainzeile »O che sorte ha sta Città« klang oft trotzig, manchmal spöttisch oder auch drohend. Das entzückende Lied, das hübscheste von allen, die Striedinger veröffentlicht, hat 17 Strophen. Die erste lautet:

»Vogio zente che cantemo
e che Dio noi ringratiemo
che sta ventura ello ne ha dà:
O che sorte ha sta Città;«[1]
(Übersetzungen s. S. 333)

Die Namensfälschung wird erkannt, aufgegriffen und persiflierend der Vorgang umgedreht, wenn es in der 6. Strophe heißt:

»Il signor Marco è il suo nome
Bragadin il suo cognome
Mamugnato el vien chiamà
O che sorte ha sta Città;«[2]

Aber auch das Manöver mit den Hunden wird durchschaut, und die vorletzte Strophe spottet:

»L'ha do cani che sè belli
Et alcuni vuol che quelli
siano tutti indemonià:
O che sorte ha sta Città;«[3]

Die letzte Strophe aber zieht das Fazit:

»Si chè temo grandemente
che del tutto sarà niente
E tutti resterà chiappà
Nè più sorte se haverà
Falalilela, falalilà.«[4]

Falalilela, falalilà, das war der Refrain, mit dem das Volk von Venedig Leute beehrte, die verkracht waren oder vor dem Verkrachen standen. In die Enge getrieben, ließ sich Bragadino dazu hinreißen, ein Versprechen zu geben, daß er für 100000 Skudi Gold machen würde. Als er sich einmal auf so konkrete Versprechungen hatte einlassen müssen, wußte er genau, daß ihm nichts anderes übrig blieb als Flucht aus Venedig, und während er seine »Multiplikation« immer weiter hinausschob, bereitete er seinen Abzug schon vor. Von Tag zu Tag wurde die Stimmung bedrohlicher, das Murmeln und Raunen störte nun ganz ernstlich beim erhabenen Werke, und die Schuldklagen gegen ihn häuften sich. Bragadino verlegte also seinen Wohnsitz nach Padua zum getreuen Cornaro, was einer Flucht gleichkam. Der ganze Hofstaat, Frau Laura, die übrige zahlreiche Familie, Venturello und die Dienerschaft gingen mit nach Padua. Dort erreichte ihn als Rettung in höchster Not eine Einladung des Herzogs Wilhelm V. von Bayern nach München. Die italienischen Fürsten und der König von Frankreich, denen er sich angeboten, hatten dankend abgelehnt. Bragadino zog erst einmal allein über die Alpen. In seinem ersten Brief nach der Heimat spricht er die pathetische Sprache entthronter Potentaten: »Wer zu mir gehen will, soll es tun; wer nicht, bleibe ruhig, wo er ist. Ich rufe jedem Einzelnen meiner Freunde zu: wer mich liebt, folge mir.« Frau Laura und einige Diener kamen dann auch bald nach.

In Bayern wartete ein völlig verschuldeter Hof auf die Künste des Goldmachers. Der Herzog hatte von seinem Vater eine große Schuldenlast übernommen, war selbst sehr verschwenderisch und dazu recht einfältig. Da er hohe Ausgaben ohne Befragen der Hofkammer machte, kam er in Bedrängnis und so erklärt sich die warme Aufforderung an den Wundermann, rasch zu kommen. Der Herzog befand sich in einer viel schlimmeren Situation als Venedig, ihm drohte der Bankrott. Auch erhoffte der kränkliche Mann Heilung von dem Stein der Weisen, den Bragadino besaß. Die Alchimie war in München durch Leonhard Thurneysser in Mode gekommen, der Herzog hatte schon in jüngeren Jahren Interesse für das Goldmachen gezeigt, die Atmosphäre war also einem Bragadino günstig. Sein Einzug in Landshut gestaltete sich noch viel triumphaler als der in Venedig, der nur ein Jahr zurücklag. Auf einem Berberhengst ritt er ein, aus Samt und Seide waren seine Kleider und Strümpfe, er trug die feinste Wäsche, war mit duftenden Wässern besprengt und behängt mit Schmuck. Als er in München eintraf, beschäftigte er sich, wie seinerzeit in Venedig: er richtete sich ein, bestellte sich feine Möbel und Leckereien aus Italien, denn die deutsche Kost behagte ihm gar nicht, und gab Hans von Aachen den Auftrag, sein Porträt zu malen. Es ist erhalten und befindet sich heute in Schloß Ambras bei Innsbruck (Abb. 12). An dem Bild oben rechts ist eine Inschrift, in der sich der Cypriote sogar Erfinder der Goldmacherkunst nennen läßt: Marco Bragadino inventor di far l'oro. Die ganze Erscheinung des Goldmachers ist bestimmt von dem

Diktat der spanischen Mode. Das kurzgeschnittene, hochgekämmte Haar, der kleine Knebelbart, die dunkle seidene Pracht der Kleidung, all das ist spanisch und verhüllt eher die Züge des Individuums, als daß es sie erschließt.

12. Porträt des Goldmachers Marco Bragadino von Hans von Aachen (Johann von Achen, 1552–1618).

Aber der Blick unter den dichten, dunklen Brauen, dieser eiskalte Blick des dämonischen Artisten, der brutale Zug von der Nase herunter zu dem genießerischen Mund, all das ist echter Bragadino. Ein Bild planvoller, energischer Skrupellosigkeit, dem die zurückfliehende Stirn noch einen Ausdruck von Bereitschaft zum Verbrechen verleiht. Daß dieser Mann keinen Spaß verstand, glaubt man.

Die Vorgänge, die sich in Bayern abspielten, sind nicht unähnlich jenen von Venedig, nur daß hier ein einzelner, kränklicher und nicht ganz vollwertiger Mann, der an der Spitze des Staates stand, betört wurde und nicht eine ganze Stadt. Die Intimität mit dem Herzog war groß, fleißig wurde gemeinsam experimentiert. Feinde des Goldmachers waren die bayrischen Staatsmänner und Minister, die Stimme des Volkes blieb hier stumm, nur in romanischen Ländern kann das Spottlied zum entscheidenden Gegner werden. In München wagte Bragadino mehr als in Venedig, er griff in die staatliche Handelspolitik ein, Venedig sollte über Bayern eine große Getreidelieferung verschafft werden. Die italienischen Freunde behandelte er mit Undank, aber der Stadt Venedig war er durch Heimweh verschrieben, eines der wenigen echten Gefühle, das uns immer wieder bei Charlatanen begegnet; nach Venedig zieht es ihn zurück. Ganz kurz nachdem er in Bayern eingetroffen war, schrieb er schon an Cornaro: »Ich hoffe, daß ich, sobald ich erfahre, daß man dort seine Meinung über mich geändert hat, meinem angestammten Fürsten wieder dienen darf, wie ich vorgehabt, und denke, daß in wie weiter Ferne ich auch weilen möge, nichtsdestoweniger die Strahlen der Fähigkeit, welche Gott mir verliehen hat, bis dorthin leuchten werden.« Nach der Getreidesache, in der der Cypriote ebenso betrügerisch vorgegangen war wie in allen seinen anderen Angelegenheiten, zogen sich aber die Wolken über Bragadinos Haupt zusammen. Den Herzog hatte er so weit gebracht, daß er einen Juwelenbetrug an einem bayrischen Edelmann vollführte, und so mußte hinter des betörten Herzogs Rücken der Sturz des Wundermannes vorbereitet werden. Ganz bestürzt schrieb Wilhelm V. an den früheren Oberstkanzler Rudolf von Haslang: »Lieber der von Haslang! Es tragen sich unversehene Sachen zu, den Bragadin betreffend, darin auch zu Teile periculum in mora, vor allen Dingen aber vonnöten, daß Solche noch derzeit in großer Geheim und Still gehalten werde.« Er konnte seinen Günstling nicht mehr retten, und im April 1591 wurde Mamugnà, der Mann, an den Cornaro, als in Venedig längst schon nur mehr Spottlieder sich seiner erinnerten, schrieb: »In Ihrer Person spiegeln sich die wichtigsten Belange des menschlichen Daseins wieder«, mit dem Beil hingerichtet. (Alle Übersetzungen nach J. Striedinger)

LEONHARD THURNEYSSER, EIN CHARLATAN DER WISSENSCHAFT

In die kurze Zeitspanne von wenig mehr als zwei Jahren ist die Geschichte vom Glanz und schmählichen Ende des Cyprioten gefaßt. Die Gedrängtheit dieses Ablaufes ist es, die der Betrachtung Übersicht ermöglicht. Nur selten wieder stehen Held und Gegenspieler, Gefolgschaft und Verführungsmomente der historischen Situation so nahe beieinander und steigern die Aktion zu so dramatischer Konzentriertheit. Die Gestalten, die den Lebensweg der Charlatane gekreuzt haben, verrinnen in der Überlieferung zu kaum mehr erkennbaren Schatten, wenn der zeitliche Rahmen sich weitet. Und so wurden hier die zwei Jahre aus dem Leben des Bragadino mit besonderer Ausführlichkeit wiedergegeben, weil sie wie Lichtstrahlen, die in einer Linse gefangen werden, ein deutliches Bild bieten von des Charlatans Mitteln und von den Vorbedingungen, die, in einer geschichtlichen oder einer menschlichen Situation begründet, die Macht des Charlatans erstarken lassen.

Kennzeichnender für das zeitliche Klima, in dem ein ganzer Lebenslauf als eine Summe charlatanesker Episoden auf der Basis charlatanesken Studiums sich in einem abenteuerlichen Reisedasein abrollen konnte, ist aber die Gesamtgeschichte eines Lebens. Wir wählen die des Baslers Leonhard Thurneysser zum Thurn (1530–1596, Abb. 13) als besonders charakteristisch für den Typus des alchimistischen Charlatans der Renaissance. Er war der Sohn einer Basler Ratsfamilie und erhaschte als Famulus des Arztes Johann Huber etwas von den Lehren des Paracelsus. In der Zeit, in der Thurneysser in Basel und während seiner Reisen in anderen Städten gelegentliche Studien trieb, begann man im Interesse für die philosophische Fakultät, die artes liberales, zu erlahmen. Mit derselben entschlossenen Vorliebe, mit der die Humanisten sich von den scholastischen Problemen des Mittelalters den stilistischen, philologischen und ethischen zugewendet hatten, neigten sich die Zeitgenossen Thurneyssers naturwissenschaftlichen Problemen zu, die oft in naturphilosophische Spekulation mündeten. Im Mittelpunkt dieses Interesses, das für die nun schon alternde Generation der Humanisten unverständlich und in jedem Sinne unklar war, standen mathematische, medizinische und technische Fragen. Die Naturwissenschaften waren im Begriff, zur Modewissenschaft zu werden, und zu jeder Modewissenschaft schlagen Charlatane Pionierbrücken. Da aber diese neuen Inhalte der Wissenschaft auch von einer neuen Lebensauffassung getragen waren, die sich Organisation zur Pflicht machte, wurden sie nicht mehr von universalgebildeten Dilettanten gelehrt, sondern es entstand der Typus des wissenschaftlichen Fachmannes. Man las Kollegien über Kabbala, Chiromantik und Astrologie. Entscheidend aber ist, daß in der zweiten Hälfte des 16. Jahrhunderts Sinn und Aufgabe wissenschaftlicher Arbeit ein bisher noch nie in dieser Art empfundener Ernst zugesprochen wurde. Diese neue Auffassung von Wissenschaft schuf den pedantischen Nichts-als-Gelehrten, der sich »ein sonderbares Ansehen von Würde« gab und in seinem Hörsaal thronte, taub und blind für das reale Leben. Er forderte die verständliche Spottlust der

13. Leonhard Thurneysser zum Thurn.
Kupferstich.

Menge heraus, die dem »neckenden Triumphton gegen Vernunft und Wissenschaft«, wie ihn die Charlatane anschlagen, zu grenzenlosem Erfolg verhalf. Es entstand aber auch der Typ des ernsten und echten, um Erkenntnis ringenden Wissenschaftlers. Dieser Typus des Gelehrten stellt die höchsten Anforderungen an die eigene Leistung, er ist unbestechlich und streng in seiner Arbeit und ihrer Bewertung, bewegt und erfüllt von dem leidenschaftlichen

Streben nach Objektivität. Diese Eigenschaften kennzeichnen ihn und nicht Weltblindheit und »ein sonderbares Ansehen von Würde«. Der Vergleich mit seiner Wesensart gestattet es, einen Menschen im übertragenen Sinne einen Charlatan zu nennen. Der Charlatan in des Wortes weitester Bedeutung zeigt charakteristische Umrisse erst, wenn er sich von diesem Hintergrunde abhebt. Das Intervall zwischen den beiden Gestalten entscheidet. Nicht an Universität und Wissenschaft ist der menschliche Typus, den wir meinen, gebunden, wie der des Charlatans nicht an Markt und Bude. In jedem Lebenskreis bezeichnet er verbindliche Verläßlichkeit, Unbestechlichkeit in allen Fragen der Qualität und menschliche Bescheidenheit, er bedeutet somit ein Maß, an dem gemessen ein Charlatan eben ein Charlatan ist. Das meinen die Definitionen des 18. Jahrhunderts, wenn sie feststellen, daß man in jedem Stande Charlatanen begegnet, daß also etwa Handwerker, Architekten, Künstler, Philosophen, Kaufleute oder Politiker Charlatane sein können. Um von einem Architekten auszusagen: er ist ein Charlatan, muß man auf jenen Architekten hinweisen können, der kein Charlatan ist, sondern als Architekt ganz dieselben Eigenschaften hat, die den ernsten Forscher kennzeichnen. Talmi ist eine goldplattierte Kupfer-Zink-Legierung und dient zur Herstellung goldähnlicher, unechter Schmucksachen. Nur weil das Gold, das Echte, gekannt und geschätzt wird, weil es dieses Metall überhaupt gibt, kann Talmi existieren. Daß es Kunst gibt und daß sie im Urteil der Menschen einen Echtheitswert hat, ist die Voraussetzung dafür, daß Nachfrage nach dem Ersatzprodukt sich regt und, um diese zu befriedigen, Talmi-Kunst entsteht. Die Talmi-Wissenschaft der Charlatane war erst möglich, als die Wissenschaft und ihre Aufgaben durch jenen Ernst gekennzeichnet waren, der nur dem Echten zugeordnet ist. Nur das Vorhandensein des Echten lohnt, es zu fälschen. Die Renaissance hat in ihren Anfängen die Atmosphäre geschaffen, in der der Charlatan sein Leben des »continuo peregrinatur« leben und auf die Menschen wirken konnte. Aber erst als sie sich ihrem Ende zuneigte und sich geistig wandelte, als Galilei bereit war, für die wissenschaftliche Erkenntnis seiner Lehre die Folter zu erdulden, entwuchs ihr die idealtypische Gestalt des echten Forschers, und mit ihr war ein wertbeständiger Vergleichsfaktor geschaffen, der den Begriff von Charlatan und Charlatanerie im übertragenen Sinne erst möglich macht.

Moehsen sagt in seiner Lebensbeschreibung Thurneyssers (Beiträge zur Geschichte der Wissenschaften in der Mark Brandenburg, Berlin und Leipzig 1783): »weil seine Art zu studieren zwar mühsam, aber tumultuarisch und ohne Ordnung war: so hatte er das Schicksal mit allen denen gemein, die ohne Schulunterricht und Methode sich auf Wissenschaften legen. Er sahe alles als neu und unerhört an, was er vorher nicht wußte, und gleichsam zuerst und von sich selbst entdeckt hatte. Aus Mangel an Grundwissenschaften konnte er seine Erfahrungen nicht nutzen, um sich vernünftige Lehrgebäude daraus zu formieren; er machte sich von vielen Dingen falsche Begriffe, die vor ihm niemand gehabt hatte, und gab deshalb fast alles, was er schrieb, für neu und unerhört aus.« Moehsen distanziert hier den methodisch Arbeitenden von dem, der ohne Methode, »tumultuarisch«, sich Kenntnisse (die übrigens gar nicht wissenschaftliche sein müssen) aneignet, und enthüllt damit einen Wesenszug des Charlatans, der ein Feind methodischen Denkens ist. Die Briefregistratur des Bragadino spricht nicht gegen diese Feststellung. Als Fälscher der Meinung, also in der Propaganda und Propagandaorganisation hat keiner soviel Methode wie der Charlatan, methodisch destilliert er die Lüge und macht sie wirksam, ja die Verlegung methodischer Bemühungen auf das Gebiet des Marktschreiertums ist spezifisch charlatanesk. Wichtiger noch ist Moehsens Formulierung von dem »Mangel an Grundwissenschaften«. Das heißt soviel wie ein Fehlen der Maßstäbe, ein Nicht-Einordnen- und Nicht-Dimensionieren-Können. Durch das Fehlen der bildungsmäßigen Basis oder durch die charakterlich begründete Unfähigkeit, Erlebnisse einzuordnen, mit ihnen »fertig zu werden«, entstehen Gleichgewichtsstörungen, die zu Überbewertungen, Übertreibungen und versteiften Vorurteilen führen, so daß zufällig aufgenommene Kenntnisse wie zufällige persönliche Erlebnisse ein für das ganze zukünftige Leben bestimmendes überlebensgroßes Format annehmen.

Ein solches Erlebnis ist in der Jugend des schon mit 17 Jahren mit einer Witwe verheirateten Thurneysser zu verzeichnen. Moehsen berichtet es. Ein Bürger von Basel, Schönengel, der bei den Juden von Wiel Geld geborgt hatte und das verheimlichen wollte, schob Thurneysser vor, der für ihn die Zinsen bezahlte, ohne sich, unordentlich wie er war, Quittungen geben zu lassen. Am Ende des Jahres rechneten die Wucherer dem Thurneysser die Gesamtsumme der Zinsenschuld an. Dieser mußte Pfänder stellen, geriet in Schulden und rächte sich: »Er nahm ein Stückchen Blei, überzog es mit Gold und versetzte es den Juden zu Wiel für reines und feines Gold und ließ sich die Pfänder zurückgeben.« Der Betrug wurde entdeckt und Thurneysser mußte Basel verlassen. Jahre vergehen, Erfolg bestrahlt den abenteuerlichen Lebensweg, und Thurneysser residiert reich und geehrt in Berlin. Er hat erreicht, was er angestrebt, und was war das? »Sein Haus war wie ein

Lombard, und in ihm selbst wohnte die Seele eines großen und geschäftigen Wucherers, die erst eingezogen war, seitdem er hier im Lande Vermögen erworben hatte. Wer Geld brauchte und Geldeswert hatte, schickte es ihm zum Versetzen. Der Churfürst hatte die Juden aus dem Lande gejagt. Thurneysser, der bei den Juden zu Wiel Lehrgeld gegeben, ersetzte jene nach ihrem Abgang: er nahm hohe Zinsen, und hielt die Verfallzeit der abgestandenen, weit höheren Pfänder sehr genau, und ließ sich nicht leicht durch Fürbitten rühren. – Es finden sich dergleichen von vornehmsten Churfürstlichen Räthen.«

Als Thurneysser Basel verlassen mußte, schlug er sich in England und Frankreich durch, trieb sich als Goldschmied – das Handwerk hatte er bei seinem Vater gelernt – und Wappenstecher durch zehn Jahre umher, 1552 war er in Deutschland Landsknecht. Varietas rerum ... In Konstanz löste er seine Ehe und heiratete 28jährig zum zweiten Mal. Mit seiner Frau ging er nach Tirol und gründete in Tarrenz bei Imst ein Bergwerk, eine Schmelz- und Schwefelhütte. Alles, was aus der Erde Eingeweiden kommt, hat die Charlatane aller Zeiten angezogen, häufig finden wir sie als Minenverwalter oder Entdecker heilkräftiger Quellen. Das Unternehmen in Tarrenz hatte solchen Erfolg, daß ihn Erzherzog Ferdinand von Österreich zum Studium des Berg- und Hüttenwesens nach Schottland, Spanien, Portugal und dem Orient sandte. Sein Auftrag für den Orient soll gewesen sein, die Geheimnisse der Adepten zu ergründen. Charlatane haben immer an Höfen ihre Mäzene gefunden, Wissenschaftler selten. Thurneysser scheint sich aber weniger mit den Adepten als mit dem Sammeln von Geheimrezepten und medizinischen Schriften beschäftigt zu haben, sein Interesse an der Heilkunde war wieder erwacht. Als Arzt, ein Verwandelter im Kleide der Fremde und der Wissenschaft, kehrte er 1565 nach Tirol zurück, zum Arzt fühlte er sich berufen. Das ist jenes Gefühl des Berufenseins, das sich bei Charlatanen als Ersatz für jede Legitimation durch Wissen gerne einstellt. Seine Schriften »Archidoxia«, »Quinta Essentia« und »Pison«, die von Absurditäten und mysteriösen Andeutungen strotzen, hatten ihm aber bereits einen neuen fürstlichen Mäzen eingetragen: den entzückten Kurfürsten von Brandenburg. Als Leibarzt wurde er, der nur ein Arzt aus eigener Berufung war, nach Berlin geholt und ihm im Kloster der grauen Brüder ein Laboratorium eingerichtet. Der weitgereiste Heilkünstler hatte beispiellosen Erfolg. Zwölf Sekretäre mußte er sich halten, um seine Korrespondenz erledigen zu können, in seinem prunkvollen gastlichen Hause empfing er den Kurfürsten, Gelehrte, Staatsmänner und Künstler bei festlichen Gelagen. Wie Bragadino wirkte auch er durch die Pracht seines Auftretens. Prunk und großer Train blenden die Menschen und sind ein wichtiges Mittel der Meinungsfälschung. Thurneysser verkaufte Medizinen und Geheimrezepte zu phantastischen Preisen, das heilkräftige »Trinkgold« hatte besonderen Erfolg. In den Flüssen der Mark fischte er Edelsteine. Sehr einträglich war das Nativitätenstellen, in dem er Spezialist war. Hatte er eine Gefahr vorausgesagt, so verkaufte er auch gleich den Talisman, der sie abwenden konnte. Gottfried Graf zu Öttingen übersandte für »die gestellte Nativität und für die Alchymia magna« hundert ganze Reichsgulden. Die Anforderungen dieses Zweiges seiner Tätigkeit konnte Thurneysser bald nicht mehr bewältigen, er stellte Hilfspersonal an und richtete für seine Werke eine eigene Druckerei ein. Die Wissenschaft in Gestalt zweier Professoren brachte ihn zu Fall. Es ist sehr bezeichnend, daß die medizinischen Streitschriften nicht etwa seine Erfolge anzweifelten, sondern ihn der Zauberei und der Hilfe des Teufels ziehen und auf diese Weise nicht nur seine Erfolge erklärten, sondern auch noch bewiesen, daß die löblichen Professoren an diesen Erfolgen gar nicht zweifelten. Da auch die Goldmacherei sich immer mehr als Schwindel entpuppte und die Flüsse der Mark kein ergiebiges Fischwasser mehr waren, mußte Thurneysser fliehen. In seinen Schriften kann man immer wieder von einem geheimnis-

14. Ein angeblich aus den sieben Metallen zusammengesetzter Taler, der verschiedene Krankheiten abwenden soll, von Leonhard Thurneysser hergestellt und verkauft.

vollen Feinde lesen. Alle Charlatane hatten geheimnisvolle Feinde, die herhalten mußten, um ihre Mißerfolge begreiflich zu machen; ihre Bekämpfung erlaubte, manches Unverständliche als Abwehr- und Schutzhandlungen zu erklären. Bei Thurneysser lauerte ein feindlicher versteckter Dämon in einem der zwölf Häuser seiner Nativität, und kein Talisman konnte ihn abwenden. Dieser Dämon war der Heimwehteufel, und er flößte ihm eine außerordentliche Sehnsucht nach Basel ein, der er schwachen Widerstand leistete, bis das Heimweh gar zu heftig ausbrach. Aber die Vaterstadt brachte ihm Unglück. Er heiratete ein drittes Mal, die Tochter eines Basler Junkers, ließ sich wieder scheiden und verlor mit dem Prozeß Vermögen und Ansehen. Von neuem zog er von Stadt zu Stadt, hatte aber nirgends mehr Erfolg und starb 1596 in einem Kloster zu Köln. Das geflügelte Pferd in seiner Wappenzier hält einen Globus: die von Erfolg zu Verfolgung verurteilten Männer vom Schlage Thurneyssers wurden nicht nur aus Wissensdrang, sondern auch aus Not über die Erde getrieben. Aber die Charlatane der Renaissance haben noch nicht mit ihren Reiseberichten die mystischen Erzählungen von einer Jahrhunderte zurückweichenden Vergangenheit und die Behauptung von der Abstammung aus exotischen Ländern verknüpft. Weder Bragadino noch Thurneysser haben mit derlei Geschichten aufgewartet, und ihre Zeitgenossen hätten sie ihnen weder geglaubt noch sie wegen sagenhaften Alters und geheimnisvoller Abstammung bewundert. Das zu tun blieb späteren Zeiten vorbehalten, die in noch viel tieferen Bereichen ihrer Sicherheit erschüttert waren als das 16. Jahrhundert.

II

MACHT

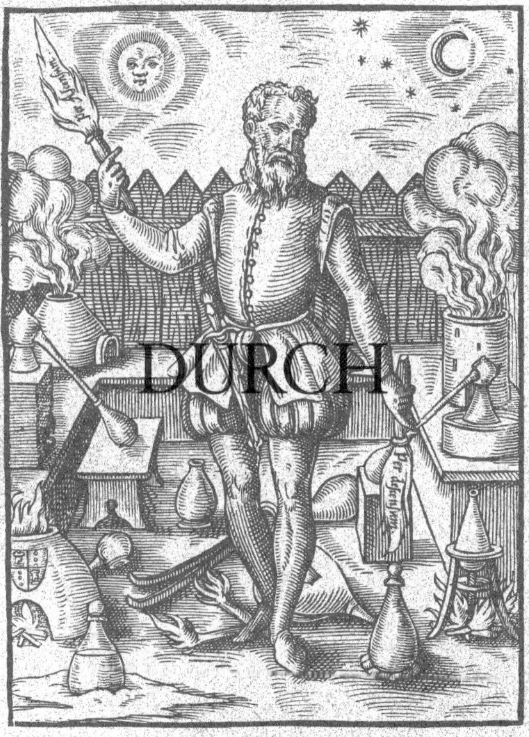

DURCH

PROPAGANDA

JAHRMARKTSWERBUNG

Eine deutliche Unterscheidung zwischen zwei Gruppen von Charlatanen macht F. L. de la Fontaine, Leibchirurg des Königs von Polen, im Siebenten Brief seiner »Chirurgisch-medicinischen Abhandlungen (Breslau und Leipzig bey W. G. Korn, 1792)«. Der Brief berichtet über »Charletans, Betrüger, Ignoranten, Scharfrichter, Hebammen u. s. w.«. Folgender Satz bringt die Unterscheidung: »Das hier Gesagte gilt freylich nur vom höheren Charletanismus; denn der gemeine und alltägliche ist hier häufig genug.« Eine so bewußte und betonte Trennung wie in diesem Brief ist uns in der zeitgenössischen Literatur kein zweites Mal begegnet. Es ist interessant, festzustellen, daß de la Fontaine, wenn er von den höheren Charlatanen spricht, als die er Gestalten vom Schlage Cagliostros auffaßt, sich eines Bildes aus dem Bereich des »gemeinen und alltäglichen Charletanismus« bedient: »Keinem der großen Charletane gelang es hier seine Bude aufzuschlagen.« Weder Cagliostro noch der Graf von St. Germain schlugen jemals eine Bude auf, daß aber sogar ein so präzis formulierender Beobachter wie dieser polnische Leibchirurgus zur Kennzeichnung ein Bild aus dem Leben der Jahrmarkts-Charlatane heranzieht, weist darauf hin, daß man sich der konkreten Vorgänge des Jahrmarktgetriebes deutlich erinnern muß, um die Bedeutung der vergleichenden Bilder zu verstehen, die im übertragenen Sinne gebraucht werden. Auch in Johann Burckhardt Menckes »Charlataneria Eruditorum« (1716), Vorlesungen, in denen es sich lediglich um die Anprangerung von Unsitten handelt, die im Gelehrtenstande überhand genommen hatten, werden wiederholt Vergleiche aus dem Jahrmarktsleben verwendet. Nach einer zusammenfassenden Aufzählung all der Verirrungen, die er zu tadeln hat, sagt Mencke: »... quae cuncta dum recta lance perpendimus, haud aliter profecto comparata videntur, atque Empiricorum deliria, qui ut miseram plebem illiciant, ac fallant, mimos et praestigatorum omne genus, simiasque et mures alpinos alunt, atque inter haec jactantes sua pharmaca, panacaeas, emplastra, spectatorum marsupia calidissime emungunt« (Wenn wir uns all das genau überlegen, so scheint es nichts anderes zu sein als der Derwischtanz der Charlatane, die, um den Pöbel anzulocken, Possen und alle Arten von Gaukeleien vollführen, Affen und Murmeltiere halten und während dieser Vorführungen ihre Tränke rühmen, ihre Pflaster und Allheilmittel anpreisen und den Geldbeutel der Zuhörer schröpfen). Noch deutlicher aber wird Mencke in folgendem Vergleich: »... Charlatani, ut merces suas majori vendant, ceterorum medicamina contemnunt et invidiosissimis tractant nominibus: id quod jam olim proverbio locum fecit: Medicus medico invidet. Quis jam dubitat literatos illos vocare Charlatanos, qui eundem morem sua in arte sequuntur?« (Um ihre Waren mit um so größerem Nutzen zu verkaufen, machen die Charlatane die Medikamente der anderen schlecht und bezeichnen sie mit gehässigen Namen. Dies hat schon lange zu dem Sprichwort Anlaß gegeben: Der Arzt spricht schlecht vom Arzte. Wer also kann noch bezweifeln, daß man jene Gelehrten als Charlatane zu bezeichnen haben wird, die eine solche Methode in ihrem Fache einschlagen?)

Sosehr sich der Typus der »höheren« Charlatane im Lauf der Jahrhunderte gewandelt hat, so unverändert blieben Auftritt und Aufmachung der Jahrmarktskollegen. Was sich wandelte, das waren die Inhalte der Werbung, die den Charlatanen immer Nebensache bedeuteten; sie werden mit geschickter Einfühlung dem Modegeschmack angepaßt. Die Hauptsache, die Werbemethode nämlich, änderte sich nie. Und genau betrachtet änderte sich auch der Typus der »höheren« Charlatane nur in dem Maße, in dem sich der Charakter des Wunschbildes ihrer Zeitgenossen änderte; die Struktur, die einen Menschen zu Charlatanerie überhaupt erst befähigt, bleibt durch alle Zeiten dieselbe.

Was war nun die erste sichtbare Handlung, die ein Charlatan vollführte, wenn er im Getriebe des Marktplatzes erschien? Er wollte gesehen werden, er mußte also die anderen überragen; da ihm das durch seinen natürlichen Wuchs nicht gelang, mußte ein Hilfsmittel her: er sprang auf die Bank und war erhöht. »Saltimbanco«, »saltimbanque«, »mountebank« (der auf die Bank springt), so lauten italienische, französische und englische Synonyme für Charlatan. Jetzt sahen ihn die Leute, und durch seine Kleidung sowie andere Staffage, die noch eingehend geschildert werden soll, war dafür gesorgt, daß sie nicht gleich wieder wegschauen konnten: ihr Blick wurde festgehalten. Nun ist aber das Festhalten der Aufmerksamkeit (und wer festgehalten wird – die Sprache sagt es genau –, ist ergriffen) das Grundgebot jeder Werbung. Auf das Gesehenwerden muß das Gehörtwerden folgen. Kaum stand der Charlatan auf der Bank, begann er auch schon zu reden, nein, zu schreien, denn genau wie an Gestalt, so mußte er auch an Stimme die andern überragen, sonst hörten sie ihm nicht zu. Er mußte also ein Markt*schreier* sein, englisch ein »quack«; Skeat behauptet in seinem »Etymological Dictionary of the English Language«, das sei einer, »who makes a noise like a duck«, einer, der einen Lärm macht wie eine Ente. Sehen wir auf einem deutschen

Kupferstich aus dem 18. Jahrhundert (Abb. 15) und auf einem großen Ölgemälde inmitten des Getriebes auf dem Platz vor dem Mailänder Dom (1650–1660, Abb. 16) die unbefangene Darstellung eines Mannes, der auf die Bank

15. Charlatan, Hanswurst und Medikamentenverkäuferin. Kupferstich, 18. Jahrhundert.

gesprungen ist, an, so bestätigen diese Schilderungen in ihren konkreten Details die schon einmal herangezogene Definition der »source du charlatanisme« aus der Encyclopédie méthodique (Paris, Liège 1787): »Wenn sie [die Imagination] uns die Objekte, die angepriesen werden sollen, mit lebhaften Farben malt, so entreißt sie uns unsere Zustimmung. Die Vernunft bleibt stumm und ist nicht mehr vorhanden. Oft geben wir blind und ohne zu überlegen nach, denn sie beraubt uns der Freiheit zu diskutieren und zu urteilen. Vor allem gelingt es ihr auf dem Weg über Gesicht und Gehör, mit ihrer Magie sanft und schmeichelnd einzudringen.«

Die beiden Marktschreier produzieren nur die bescheidenste aller üblichen Darbietungen, und dennoch werden Augen und Ohren schon hinreichend beschäftigt. Auf dem Domplatz von Mailand wie auf dem deutschen Marktplatz sind neben dem Charlatan eine Frau und ein Hanswurst bestrebt, die Vorübergehenden zum Stehenbleiben anzulocken, und wenn der Chef der kleinen Truppe seine Pflaster und Medizinen anpreist – gelassen-zurückhaltend der Italiener, pompöser in der Geste der Deutsche –, so scheint es beinahe, als wäre es die Absicht der Harlekine und der Volkssängerin, von den Reden des Charlatans abzulenken. Es wird gleichzeitig zum Kauf aufgefordert und vom Kaufe abgelenkt, weil die Leute gerade kaufen werden, wenn sie vergessen, daß sie kaufen sollen! Medizinen, Salben und Pflaster werden angepriesen, aber den Liedern der Sängerin, den Späßen des Hanswursts wird gelauscht, die Künste der Taschenspieler, Seiltänzer und Feuerschlucker werden bestaunt. Hier greift man das Geheimnis dieser Propaganda und ihrer Macht: Mit groß aufgezogenen Darbietungen, deren Inhalte mit dem, um was es dem Anpreisenden zu tun ist – seien es »Elixiere oder Meinungen« –, gar nichts zu schaffen hat, werden die Käufer, wird die Gefolgschaft gewonnen, ohne daß sie sich klar darüber wäre, worum es eigentlich geht. Die charlataneske Aufmachung lockt und spricht von ganz etwas anderem als von dem, was wirklich gemeint ist. Es wäre aber falsch, aus dem Gesagten zu schließen, daß es die präzise Absicht der Marktschreier war, diese Methode bewußt zu benutzen. Im Gegenteil, ganz unbewußt bildete sich die Methode aus den Gebräuchen der Zeit heraus, weil sie sich als wirksam erwies. Nicht anders war es mit den dressierten Tieren, die im Dienste dieser Schaustellungen oder auch mit Aufgaben wie dem Wählen der

16. Charlatan auf einer Bretterbank. Ausschnitt aus dem Gemälde eines unbekannten Malers (Mailand um 1655).

Talismane oder Horoskopzettelchen betraut, vom wahren Ziel, dem Verkauf der Mixturen, ablenkten, indem sie das Interesse auf sich konzentrierten. Mencke spricht von den Affen und Murmeltieren, der Papagei ist als dritter nicht zu vergessen. Ihn zeigt in der ganzen Größe seiner Bedeutung ein Bild des Michelangelo Cerquozzi, auch Michelangelo delle Bambocciate genannt (Abb. 17), jenes römischen Malers, der im 17. Jahrhundert Szenen aus dem Leben der Zwergmenschen darstellte. *[Tatsächlich handelt sich um ein Werk von Faustino Bocchi, Anm. d. Bildred.]* Hier wird offenbar ein Volksfest gefeiert,

17. Der Zahnzieher. Von Faustino Bocchi, genannt Bamboccio (1659–1741).

Buden und Zelte sind im Hintergrund eines Platzes aufgeschlagen, über den das kleine Volk sich eilig bewegt, einer auf einer Schnecke reitend, andere in Wägelchen, die Kaninchen oder Mäuse ziehen. Vorne das Bretterpodium eines Zahnziehers, der eben einen Patienten unter den Fingern hat. Zappelnd vor Angst und Schmerz wendet er sich wie hilfesuchend nach dem Künstler um. Der aber ist mit überlegenem Lächeln über ihn gebeugt, während die Frau, die auch auf dem Zwergenpodium nicht fehlt, eine unnachahmlich leere und konventionelle Geste nach dem Publikum hin macht, eine jener stereotypen Gesten, die Kunstreiterinnen nach der Produktion vollführen, um dem klatschenden Publikum zu danken. Neben dieser Geste wird der Patient zu dem, was er auf all den Buden war: Reklame-Schauobjekt, nicht leidendes Individuum. Aber sehen die Zuschauer denn überhaupt nach dem Armen hin? Sie haben ihn längst vergessen, dafür ist mit Vorbedacht gesorgt, denn er könnte ja schreien, er könnte sogar weinen, und das sollen sie nicht hören und nicht sehen, solche Eindrücke verderben das Geschäft.

All die grotesken kleinen Gesichter heben sich dem Papagei entgegen. Wie ein Idol steht er riesenhaft erhöht. Durch ein Sprachrohr, ein riesiges Sprachrohr, sagt er einem kleinen Edelmann, der sich im Wagen hat hierherfahren lassen, seine Zukunft voraus. Unheimlich ist der Ausdruck von Spannung, Lüsternheit und Grauen, die gierige Sensationslust der vornehmen Zwergendame. Der Vorgang ist so faszinierend, daß auch der Beschauer dieses Bildes völlig vergißt, daß hier Zähne gezogen werden sollen, und dem Bann des Papageis und des Zukunftsgrauens verfällt, ganz wie die Zwergendame.

Das Grauen als Lockmittel haben alle diese Marktschreier auszunutzen verstanden. Ein sehr anschauliches Bild von dem Treiben und der Konkurrenz der Charlatane, aus dem man erkennen kann, ein wie wichtiges Anziehungsmittel im Erwecken des Grauens erblickt wurde, entwirft Tomaso Garzoni in seinem Buch »Piazza universale delle pazzie« (Venedig 1616). Er beschreibt das Auftreten des Mastro Paolo d'Arezzo, der Gegengifte gegen den Biß der Schlangen anpreist: »er erscheint im Felde mit einer großen Fahne, auf der einen Seite trägt sie das Bild des heiligen Paulus, auf der andern ein Schlangennest«, und schon beginnt er die erfundene Geschichte von seiner Abstammung vom heiligen Paulus zu erzählen (der erste Fall einer solchen mystischen Sippenfabel), der seinem Geschlechte allein das Geheimnis vererbt hat, wie man dieses Gegenmittel braut. Er berichtet von allen Erfolgen, die seine Familie errungen hat, von den Mitteln der Konkurrenz, die natürlich wirkungslos sind, er entfaltet eroberte Fahnen, die Zuschauer staunen, und nun greift er in seine Schachteln und zieht hintereinander die schrecklichsten Schlangen hervor und erzählt, wie er sie in wilden Wäldern gefangen. Mastro Paolo d'Arezzo übertrumpft sich dann noch selbst und befördert aus seinen Koffern Rieseneidechsen und ägyptische Krokodile ans Tageslicht. Die Menschen schauern, die Haare stehen ihnen zu Berge, und keiner würde mehr wagen, einen Fuß vor die Tore der Stadt zu setzen, wenn er nicht vorher ein Pulver des heiligen Paulus eingenommen hat. Hier wurde die Gefahr, gegen die das Mittel helfen sollte, leibhaftig vorgeführt, Schaustellung und Reklame verschmolzen in einen einzigen Akt. Die Menschen waren abgestoßen und zugleich angelockt wie von jenen Einblattdrucken, die fabulöse Monstrum-Darstellungen von wilden Tieren und Mißgeburten aus fernen Erdteilen zeigten und als erste Form von Bildnachrichten den Neuigkeitshunger befriedigen mußten. Aber schon beginnt die Produktion im engeren Sinn, der angebliche Nachkomme des heiligen Paulus läßt die Schlange tanzen. Da meldet sich die Konkurrenz, der Nachbar aus Parma, auch er Charlatan, der ein dressiertes Zicklein mitgebracht hat und es auf zwei Beinen gehen, über Stühle springen und auch tanzen läßt. Ein anderer wieder versucht die Aufmerksamkeit auf sich zu lenken, indem er alle möglichen Tiere und auch Menschen imitiert, und der Mailänder Marktschreier hat sich als vornehmer Herr kostümiert. Garzoni berichtet in der Einleitung zu diesem Kapitel auch, wie die Zahl der Charlatane auf Plätzen und Märkten immer stärker anwachse und die Menschen ihnen viel lieber zuhörten als den Verkündern der Worte Gottes oder den Gelehrten auf ihren Kathedern.

Das 17. Jahrhundert verallgemeinerte den Typ des Charlatans. In Scharen zogen die Quacksalber durch die Länder und sie alle verkauften Riechsalze, Rosenkränze, Verjüngungswasser, Seifen, heilige und weniger heilige Bildchen und Geheimmedizinen. Sie waren organisiert wie andere Gewerbe und Berufe, und speziell die medizinischen Charlatane hatten einen ewigen Kampf um Lizenzen mit Obrigkeit und Fakultät auszukämpfen. Immer wieder versuchten Vorschriften, der Plage der Marktschreier Herr zu werden; es sind in allen Sprachen und aus allen Ländern behördliche Verbote der Quacksalberei erhalten. Dekrete der Republik Venedig sind bezeichnend, da die Mehrzahl aller italienischen Charlatane Venezianer waren, also der Senat einen besonders harten Kampf gegen diese Landplage zu führen hatte. Das früheste, aus dem Jahre 1638, erinnert an alle bisher erlassenen Vorschriften, die die Charlatane nicht befolgen, und stellt fest, daß sowohl in der Stadt Venedig wie auf den Landsitzen und am Festlande Elixiere, Pulver, Öle etc. ohne Bewilligung des Ärztekollegiums und ohne Lizenz verkauft würden, und zwar »an Landleute und armes Volk, die sich mit solchen Dingen nicht auskennen und deshalb erheblichen Schaden an ihrer Gesundheit erleiden«. Im 18. Jahrhundert droht ein Dekret (1760) denen, die öffentlich oder privat Geheimmittel vertreiben, Geld- oder Gefängnisstrafen und den Verlust ihrer Geheimmittel an, die sie öffentlich verbrennen müssen. 1768 stellt eine Proklamation fest, daß die unerlaubten Mittel vor allem auf der terra ferma (wo das Landproletariat lebte) verkauft und mit verabscheuungswürdigen Betrügereien den allereinfältigsten Menschen (»dalle genti più idiote«), vor allem den Landleuten Geld herausgelockt und dabei ihrer Gesundheit geschadet werde.

Mit dem schmerzvollen Eifer eines Kämpfers, der sich von vornherein unterlegen weiß, wendet sich Paolo Zacchia, der große Begründer der Gerichtsmedizin, in seinem »Liber Quaestionum Medico Legalium« (1621) gegen die verhängnisvolle Popularität der Marktschreier. Er verlangt, daß ein Arzt oder Quacksalber, der Medikamente verabreicht, ohne vorher die Krankheit und ihre Ursache festgestellt oder gar den Kranken überhaupt gesehen zu haben, mit dem Tode bestraft werde. Erschütternd klingt der Jammer dieses isolierten Wissenden, der klagt, daß bald jeder Mann, jede Frau und vor allem die alten Weiber ein Geheimmittel zu besitzen vorgeben, das alle Krankheiten heile. Zacchia verlangt, daß man die Heilerfolge oder Mißerfolge feststelle, anstatt in Vergessenheit geraten zu lassen, ob das Versprechen (die Illusion) sich erfüllt habe oder der Patient gestorben sei, und daß man die Schuldtragenden zur Verantwortung ziehe. Gerade Verantwortung aber wollen die Charlatane und ihre Gefolgschaft weder kennen noch anerkennen; Zacchia fühlt das und Hoffnungslosigkeit spricht aus seinen Zeilen. Er weiß auch, daß gewisse Ärztekollegien, vor allem aber die Fürsten, diesen Talmiärzten gerne Lizenzen erteilen, und er verlangt Nachprüfung und Entzug. Es ist, als legte er die Hände machtlos in den Schoß, wenn er nach all seinen Vorschlägen, den Vorschlägen, die er aus sachlichem Wissen und als verantwortungsvoller Wissenschaftler macht, ausrufen muß: »Aber wem könnte es auf den Plätzen gelingen, ihren dreisten Redefluß einzudämmen, wenn sie predigen, daß ihre Mittel imstande seien, jede wie immer geartete Krankheit zu vertreiben, und sich nicht entblöden würden, falls ihnen das eben dienlich erschiene, auf ihren Eid zu versichern, daß ihre Mittel auch Tote erwecken können? Und dennoch verlocken sie mit dieser gewissen, ihnen angeborenen wortreichen Beredsamkeit (›quella certa lor naturale verbosa eloquenza‹) nicht nur das leichtgläubige Volk, sondern zwingen es geradezu, ihre Heilmittel zu kaufen.« Die Beredsamkeit, die stundenlangen, wortreichen Reden sind es, denen Zacchia die große und unheilvolle Macht zuschreibt, das Bezwingende, vor dem das Wissen kapitulieren muß. Wie die meisten der lexikalen Definitionen weist auch er auf die Rede und das Wort als gefährlichstes und spezifisch charlataneskes Verführungsmittel hin. Paolo Zacchia ist nicht nur als Forscher, sondern auch als gläubiger Christ aus der Tiefe seiner Überzeugung heraus empört, und er ist es, der sich auf den heiligen Thomas von Aquino beruft und auf sein Verbot der Sünde, die er im Stehenbleiben und Anhören der Charlatane erblickt. Aber gerade vom Glauben her kam im 17. Jahrhundert die Erschütterung der religiösen Sicherheit der Menschen, die ihre maßlose Sehnsucht und Aufnahmebereitschaft für alle Verwandlungsversprechen erklärt. Heimgesucht von Kriegen und Seuchen, erschüttert von den Nachwirkungen der auf die Reformation folgenden konfessionellen Auseinandersetzungen, oft vertrieben aus Haus und Heimatort, überfiel sie eine Unstetigkeit in der Gestaltung ihres Lebens, die wieder eine Labilität des Wünschens und Denkens erzeugte. Es ist das Jahrhundert der Hobbes'schen Staatstheorie, einer Theorie, in der der Satz »Das Volk wird geboren, um bei der Geburt zu sterben« einen entscheidenden Platz einnimmt. In Zeiten großer Not, in denen die Menschen Leiden erdulden müssen, die sie nicht verschuldet haben und die ihnen deshalb unbegreiflich bleiben, drängen sie sich eng und nahe an den, der sie zu trösten vermag. Von ihrem Glauben erwarteten sie Linderung, er sollte Trost spenden. Die Kirche war berufen, diese gnadenreiche Spende den Leidenden vermittelnd darzureichen. Weil aber der Staat sich bemühte, die Kirche politisch unschädlich zu machen und Kirchen- und Kultfragen seiner Hoheit zu unterstellen, war sie von dem ihr aufgezwungenen Behauptungskampf viel zu stark in Anspruch genommen, als daß sie ihrer Aufgabe, Trostspenderin zu sein, hätte gerecht werden können. Sie zeigte nicht das Antlitz der Barmherzigkeit, sondern sie trug die Züge der Inquisition und versuchte, die vom Denken aufgerissenen Abgründe durch das Dogma zu schließen. Die Abgründe, die sich vor dem Jammer der Menschen auftaten, blieben offen. Im Zeitalter des empirischen Pessimismus konnte die Kirche nicht mehr trösten, sondern nur mehr an Tod und Vergänglichkeit mahnen. Der Glaube ging nicht unter, er existierte neben dem Wissen fort, gegenüber dessen Endlichkeit seine Unendlichkeit gerettet worden war, aber der Primat der Hölle, in der man jetzt das Spiegelbild der Ewigkeit erblickte, zeichnete ihn. Himmel und Hölle waren in ihrer wahren Funktion instrumenti regnandi, der Staat versuchte, sich an Stelle der Kirche jenes hohen Amtes zu bemächtigen, das sie bisher als Mittlerin der Tröstung innehatte. Höchster Mittler wurde der König. Der bedrohte Glaube artete in phantastische Vorstellungen aus, so daß zwischen Glaube und Aberglaube fast nichts mehr stand als das staatliche Privileg. Die Menschen vor den charlatanesken Vorspiegelungen einer magischen Phantasiewelt zu schützen, vermochte die Kirche nicht mehr, sie hatten diese Zuflucht und ihre Sicherheit, die ihnen vertraut und gewohnt war, verloren.

Sie brauchten jetzt die Unsicherheit der Charlatan-Versprechungen, weil sie ihnen zumindest die Hoffnung auf Verwandlung und Verbesserung, auf Glück bescherte. So konnte es kommen, daß in einem Zeitalter, dessen scientia regia die Mathematik war und dessen repräsentativer Staatstheoretiker, Hobbes, den Satz »An all dem ist nichts Wunderbares« wiederholte, die Menschen alles wunderbar fanden, selbst das Grauen. In einer Kulturperiode, die das Volk so sehr aus ihren Denkkreisen ausgeschlossen hatte, daß die Dramatiker des französischen Absolutismus keine Volksszenen mehr zeigten, erwachte zum ersten Mal das Grauen vor der chaotischen Masse, das man bis zur Mitte des 17. Jahrhunderts nicht gekannt hat. Hobbes sah die menschliche Seele als Räderwerk, dieses Räderwerk wurde aber so mangelhaft beherrscht, daß eine Zeit, in deren Wertwelt das vorausschauende Wissen den obersten Rang einnahm, zusehen mußte, wie die Abgründe des Aberglaubens die chaotische Masse verschlangen. Da die Masse jetzt als Bedrohung empfunden wurde, so bedrohten auch die Ausgeburten ihrer hypertrophen Phantasie das Denkgebäude des Jahrhunderts der Systeme.

Hatte die Renaissance die Phantasiewelt, das »Fancy«-Reich bejaht, so haftete nun dem Begriff des Phantastischen noch ein Beigeschmack von Verächtlichkeit an. Die Menschen flüchteten aus Erdenleid und Höllendrohung in die Phantasie, aber mit schlechtem Gewissen. Heimlichkeit und Versteck traten an die Stelle der Weltweite, die die Renaissance der Phantasie als Herrschaftsbereich zuerkannt hatte. Wie die Phantasie als Krankheit auf dieselbe Ebene mit der Tollheit gestellt wurde, das zeigt sehr anschaulich im Bild das Wahrzeichen der Apotheke Cosseret in Autun (Abb. 18). Die Aufschrift lautet: »Der Arzt heilt die Phantasie und führt auch durch Drogen die Tollheit ab.« In einem Raum, halb Apotheke, halb Alchimistenküche, ist ein Arzt damit beschäftigt, einem Patienten durch einen Trichter abführende Medikamente einzugeben, eine Prozedur, durch die seine Tollheit geheilt werden soll. Vorne schiebt ein Famulus den an Phantasie

18. Wahrzeichen der Apotheke Cosseret in Autun, 17. Jahrhundert.

Erkrankten mit dem Kopf in den alchimistischen Ofen. Die Alchimie hatte auch in dem Jahrhundert der naturwissenschaftlichen Erkenntnisse nichts an Faszination verloren. Aus den Dämpfen steigen jene Gestalten auf, die als Phantasiegebilde in der Vorstellungswelt des Mannes ihr Wesen getrieben haben und von denen befreit und gereinigt er der Genesung zugeführt werden soll. Nicht alle Figuren kann man erkennen. Man sieht ein weißes Pferd und eine Frau, ein aufgeschlagenes Buch und eine Guitarre, man sieht, kurz gesagt, ein wenig Freude und Glück. Bei der eingeborenen Abneigung, die dieses strenge

Jahrhundert gegen jede optimistische Gefühlsregung hatte, mußte die Vorstellung von Frohsinn sich in die Verstecke der Phantasie flüchten. Glück, das bedeutete einen Verlust an Tiefe, Verflachung drohte den Menschen, denen es gut ging. Der Sehnsucht nach dem verpönten und doch so ersehnten Glück kamen aber die Charlatane mit ihrer Existenz wie mit ihrer Aufmachung entgegen, denn alles, was von ihnen ausging, war anders als der Alltag mit seiner Strenge und seinen Lasten: in flüchtigen, glücklichen Augenblicken waren seine Gesetze aufgehoben. Als eine solche kommerzialisierte Auflockerung der Alltagsstimmung sind viele der Jahrmarktdarbietungen zu verstehen. Oft lag es nur am Kostüm oder an der Geste, die von Schwere und Nüchternheit wegführte. Ein Stich nach einem Bild des Holländers Girardow (Gerard Dou) »Der Quacksalber« (Abb. 19) zeigt einen Charlatan, der ganz allein und ohne Hilfstruppe jenes eigentümliche Fluidum tänzerischer Leichtigkeit mitbringt, das der Schwerkraft der Gesetze spottet und über sie wegschwebend jene Tore in das Glück öffnet, durch die die Phantasiegebilde flattern. Er ist als Harlekin gekleidet, aber nicht das Kostüm macht, daß er, aus einer andern Welt kommend und sie erschließend, so gänzlich anders wirkt als sein Publikum, sondern das macht seine Bewegung. Wie er sich neigt, wie eine graziöse Wendung des Kopfes diese Neigung begleitet, wie er erhöht und schlank aufwächst vor der schlanken Höhe des Hauses, die ganze Geschmeidigkeit seiner Person, das unterscheidet ihn von der massiven Breite, dem der Erde Verhaftetsein seiner Zuhörer. Vor ihm steht ein junges Mädchen mit weißer Haube, man sieht nicht mehr als das Köpfchen, und in ihrer seligen Bezauberung neigt sie das Haupt, leicht und tänzerisch wie er. Zahnpasten verkauft er? Aber natürlich kauft man Zahnpasten, was

19. Le Marchand d'Opiat. Gest. von A. le Grand (1765–1808), nach dem Gemälde »Der Quacksalber« (1652) des Girardow (Gerard Dou, 1613–1675).

kaufte man nicht, wenn einem mit der Ware der kleine Schlüssel zu Glück und Seligkeit in die Hand gelegt wird? Es geht eine Intensität von diesem fremden Manne aus, deren Unbeschwertheit nichts von ihrer Beschwörungskraft einbüßt, ja man konnte sich beinahe vorstellen zu fliegen, so sehr schien das Unmögliche möglich in seinem Anblick, so sehr hob allein seine Erscheinung und Bewegung jegliches Gesetz auf. Ein Verführungskünstler der Gebärde ist auch der in eine Tiergestalt geschlüpfte Char-

20. Der Charlatan. Radierung von Loutherbourg (1695–1762).

latan auf der Radierung von Loutherbourg (Abb. 20). Was er anpreist, das ist nicht deutlich zu erkennen, er zeigt eine Münze, aber wie er die Hände hebt, an unsichtbaren Fäden seine Zuschauer mithebend und haltend, das hat denselben Zauber von Leichtigkeit und Beschwörung, der das kleine holländische Mädchen mit der weißen Haube hinreißt. Er wirkt hier vielleicht noch unwirklicher und überraschender, weil der, der diese bestrickende Bewegung vollführt, kein schlanker Harlekin ist, sondern ein untersetzter Geselle, eine derbe Fastnachtsmaske mit einem Schwert. Doch die Neigung gegen das Publikum, eine Neigung voll Behendigkeit und Verführung, die die Gestalt des sitzenden kleinen Affen noch einmal wiederholt, vergoldet jeden Gegenstand, den eine Hand, die diese verlockend-graziöse Geste zu vollführen vermag, präsentiert. Das Glück, das verflachende und verpönte Glück, es schwebt ungenannt und unbewußt über solchen Vorführungen, und da es, wenn auch noch so flüchtig, als konkrete Möglichkeit vorbeizieht, beschwichtigt es die Hoffnungslosigkeit und füllt die bunten Hüte und Kappen der Einsammelnden mit klingenden Münzen.

Je zahlreicher die Quacksalber im 17. Jahrhundert wurden, desto stärker war der Zwang, die Konkurrenz durch zugkräftige Mittel auszustechen. Bei der Gleichartigkeit der verabreichten Tinkturen mußte der Konkurrenzkampf sich vom Inhalt des Gebotenen auf die Form der Darbietung verlegen. Das Glücksbedürfnis der Menschen verflacht in der Tat häufig zu Unterhaltungsbedürfnis, und dieses befriedigten die Charlatane durch jene Ablenkung, die sich in Kaufanreiz umwandeln läßt. Sie zogen von Ort zu Ort, und das erhöhte ihre Erfolgschance, weil sie dem ständig wechselnden Publikum mit unveränderten Darbietungen immer neu blieben. Daß diese fahrenden Heilkünstler, Goldmacher oder Zahnzieher sich dem Theater verbanden, war gegeben und selbstverständlich. Man muß jede Vorstellung von Trennung zwischen Leben und Theater fallen lassen, um das zu verstehen. Schon im 13. Jahrhundert, in einem Monolog des Pariser Dichters Rutebœuf oder in dem genialen »Jeu de la Feuillée« von Adam de la Halle, dem »bossu d'Arras«, trat ein Quacksalber auf, der von seinen Reisen erzählte. Das erlebnisreiche Dasein, die Welterfahrung, war an und für sich schon Theater für den im kleinsten Kreise eingeschlossenen Menschen des Mittelalters. Im III. Erlauer Passionsspiel schaltete sich in die ermüdende Länge und Traurigkeit als erstes überliefertes Divertimento eine Quacksalberszene ein. Ein Knecht Rubin, Stammvater aller Hanswurste, kündigte den drei Marien, die zum heiligen Grabe ziehen, den Salbenkrämer an: das Publikum jubelte. Vom 15. Jahrhundert an

21. Der Arzt. Von Caspar Suyken (?), um 1700.

wurde die Quacksalberszene zum immer von neuem wiederholten Requisit der Fastnachtspiele. Warum sollte das Leben nicht mit praktischem Erfolg dasselbe agieren wie die Erfolgsszene, die wieder Kopie des Lebens war? Hatte sie doch ein so wesentliches Moment charlatanesker Werbung wie die Ankündigung herausgegriffen und bewies durch das Auf-die-Bühne-Stellen gerade dieses Ausschnittes ihre Wirksamkeit. Denn je weniger die Charlatane dem »gemeinen und alltäglichen Charlatanismus« angehörten, je mehr sie zu der Klasse der »höheren« Charlatane zählten, desto seltener wurden die improvisierten Schaustellungen, von denen wir bisher sprachen. Es ist charlatanesk, nicht zu schweigen und seine Leistungen oder Werke für sich sprechen zu lassen, sondern den Ausrufer, die Reklame, vorauszuschicken mit Beschreibungen, Kommentaren und Belegen für die außergewöhnlichen Fähigkeiten des Wundermannes. Ließ sich der Charlatan in der neuen Stadt durch einen Ausrufer, also eine Theaterfigur, ankündigen, so sprang eine andere Theaterfigur, der Hanswurst, sein Knecht, mit ihm auf die Bank oder auf die Bühne. Was aber vom Theater unterschied, das war, daß hier nicht zweckfreie Schaulust befriedigt wurde, sondern daß der Endzweck dieser Darbietungen etwas war, womit sie gar nichts gemein hatten: der tatsächliche Verkauf der Medizinen, der auf der Bühne nur fingiert wurde.

Auf den vielen Stichen, die die Verbindung von Theater und Charlatan bezeugen, tritt der Charlatan oft völlig zurück, und man sieht im Vordergrund eine Hanswurstszene. Der Tisch mit Medikamenten, das geheimnisvolle Zelt bleiben nur im Hintergrund erkennbar. Bei diesen theatralischen Darbietungen war es sehr viel weniger auf den Kaufanreiz durch Anpreisung abgesehen, sondern es wurde viel mehr auf die Urteilskraft und Willen schwächende Stimmung, in die das Publikum nach der Theaterlust gerät, spekuliert. Denn nachher erst wurden die praktischen Anweisungen zum Goldmachen oder dem Gebrauch der Schönheitswässer erteilt, nachher erst ärztlich behandelt, sei es in einem Zelt oder auf der Bühne. Das zog ebensoviele Zuschauer an wie die Hanswurstszene, war doch auch *das* Theater, weshalb es nicht weiter verwunderlich ist, wenn der Wunderdoktor oft selbst kostümiert auftrat. Eine lebendige Schilderung von diesem Durcheinander an Hanswurst- und chirurgischem Theater aus dem 18. Jahrhundert gibt der große österreichische Barockmaler Franz Anton Maulpertsch auf einem der wenigen Blätter, die sein graphisches Œuvre umfaßt (Abb. 22). Daß die Menschen vor diesem verwirrenden Kunterbunt nicht nur der Verführung durch Hören und Sehen erlagen, sondern daß ihnen Hören und Sehen verging, ist nicht zu verwundern. Von zwei Fässern gestützt,

22. Der fahrende Charlatan. Radierung von Franz Anton Maulpertsch (1724–1796).

sind Bretterboden und Zelt flüchtig und in Eile aufgeschlagen. Die drei Hauptfiguren, der Charlatan in kostbarer und doch unordentlicher Kleidung, Zugehörigkeit zu einem Stand markierend und zugleich verleugnend, der tanzende Harlekin und die Medikamente verkaufende Frau nehmen fast die ganze Breite des Podiums ein. Hinter dem Rücken des Charlatans hält ein kostümierter, wenig vertrauenswürdiger Geselle zwei sich ringelnde Nattern in die Höhe, vermutlich sollen sie im nächsten Augenblick dem schaudernden Publikum gezeigt werden. Zwischen den dreien, Harlekin, Spießgeselle und Charlatan, ist irgend etwas im Gang, eine kleine taschenspielerische List, ein Betrug vielleicht, man kann das nicht genau erkennen. Jedenfalls sucht der Charlatan mit einem Seitenblick Verständigung, während Harlekin ihm, der in angedeutetem Tanzschritt sich dem Rhythmus einfügt, etwas zuzustecken trachtet. Als Nebenhandlung und in die Ecke geschoben, vollzieht sich das Zahnziehen. Ein mit Federhut geschmückter Zahnzieher ist hier Angestellter der Truppe ganz wie der Harlekin, er übt nur eines der vielen attraktiven Schauspiele aus, wenn er dem sich in Schmerz Aufbäumenden einen Zahn zieht. Der kleine Junge rechts vorne ist schon behandelt worden, von der Bühne also abgetreten. Er hat zwar starke Schmerzen, aber sein Auftritt ist vorbei, das geht nun niemanden mehr etwas an. Nur ein kleiner Hund, ein Straßenköter, bezeugt ihm, barmherziger als die in Schaulust gefangenen Menschen, mit den Pfoten die trostreiche Gegenwart eines lebendigen Geschöpfes. Im Hintergrund sieht man einen kleinen Hanswurst auf eine Leiter klettern, und dieses ganze Durcheinander mit seiner tumultuarischen Anhäufung von Vorgängen, Bewegungen und Geräuschen hat etwas Atemberaubendes, und das sollte es auch haben. Der um Atem ringt, kauft ohne Überlegen, eben weil er ohne Atem ist. Auf den Lippen dieser Zuschauer liegt nicht das verzauberte Glückslächeln des kleinen holländischen Mädchens, sondern jenes merkwürdige Gemisch von Abgestoßen- und Angezogensein, von Schrecken und Neugier, dieser Brodem von angenehmem Angstschweiß, der beinahe alle Bilder und Stiche mit der Schilderung des Publikums der Marktschreier durchdringt. Theater? Gewiß, das war Jahrmarktstheater, war Stegreifbühne, aber es war nicht zweckfrei wie diese, und so blieb das erlösende Lachen den Lippen der Zuschauer fern. Ist da nicht mitten in Bewegung und Getriebe ein einziger Unbewegter, Gelassener, in dessen Hand doch alle Fäden zusammenlaufen? Er sitzt an einem Tisch, der zugleich Kasse und Medikamentenverschleiß ist, und für diese Kasse tanzt der Harlekin, die Leute sollen es bloß nicht merken.

Diese Verbindung von Charlatan-Produktion und Theater hat nur auf dem Boden Frankreichs eine wirklich starke und originelle Persönlichkeit hervorgebracht: Jean Salomon Tabarin. Und obwohl Tabarin eigentlich nur der Possenreißer eines medizinischen Charlatans, des Drogisten Mondor, war, ist doch der Name Tabarin allein erhalten und zu einem Theater und Charlatanerie verschmelzenden Begriff geworden. Das kommt daher, daß die Inhalte seiner Improvisationen, die mit Geist und Temperament vorgetragen wurden, typisch charlataneske Lockspeisen für die Phantasie der Menschen waren. Die mystische Sippenfabel, die Befähigung und Bevorzugung nicht aus Wissen, Können, Leistung oder Veranlagung, sondern allein aus der Abstammung, dem göttlichen Blut und der Sippenüberlieferung ableitet, wurde noch nie mit solchem Talent entwickelt wie von Tabarin. Es ist nicht ganz allein seine einzigartige und liebenswerte Persönlichkeit, die erklärt, daß Mondor vergessen wurde und Tabarin lebendig blieb, sondern der Ruf eines Charlatans hing weder für Mitwelt noch Nachwelt jemals davon ab, *was* er anpries, sondern *wie* er das tat. Das »Was«, die Pillen und Tränke, braute Mondor, das »Wie«, die Improvisationen und Fabeln, die braute Tabarin, und er blieb unvergessen.

Wann Tabarin geboren wurde und wo, das können nicht nur seine Biographen nicht aussagen, sondern das wußten auch seine Zeitgenossen nicht, und daß sie es nicht wußten, entsprach Tabarins Absicht. Mit diesem bei Tabarin noch völlig anspruchslosen Schleier von Geheimnis wurden die Leute in ihrem Interesse für einen Augenblick eingefangen: woher stammt er eigentlich? Es wäre doch interessant, das zu wissen; man wurde auf ihn aufmerksam, und genau das wollte er. Lexika wissen solche Dinge besser, und im Larousse kann man lesen, der Possenreißer sei 1584 in Paris geboren, was im Gegensatz zu den Aussagen anderer Autoren steht. Tabarin selbst, in seinen »Gesprächen«, lag es fern, sich oder die Phantasie seines Publikums so weit zu binden. Manchmal sagte er, daß er aus Neapel stamme, was Namenforscher veranlaßt hat, Tabarin von Tabarini abzuleiten, aber ebenso häufig erklärte Tabarin, daß Frankreich seine wirkliche Heimat sei, eine Behauptung, die viel für sich hat, denn der ganze Reiz und Zauber seiner Persönlichkeit ist französisch. Manchmal aber, von der Bühne herunter und sonst wahrscheinlich in weinbeschwingten Augenblicken, enthüllte er die »ganze Wahrheit« über seine Abstammung, in der Variabilität seiner Angaben bereits St. Germain und Cagliostro gleichend. Saturn war dann sein Ahnherr. Dieser habe auf der Flucht vor Jupiter im Lande Latium einen Sohn, Tabarum, gezeugt und seinen Nachkommen diesen Namen vererbt. Wer es nicht glauben wolle, der könne es bei Strabo und Pausanias nachlesen, worauf die Schüler und Ladenboten, denen er das erzählte, vermutlich sofort den Pausanias nachgeschlagen haben, um sich zu überzeugen. Das ist bereits Hohe Schule der Flunkerei. Hier improvisierte der große Improvisator seine eigene Vergangenheit. Als greifbares Attribut dieser Vergangenheit, als pietätvolles Andenken sozusagen, fungierte ein grauer Filzhut, den der geniale Komiker jeden Abend anders formte, ganz wie seine Vergangenheit. Diesen Hut, so erzählte der Enkel, habe Ahnherr Saturn auf der Flucht getragen, um sich unter ihm vor Jupiter zu verstecken.

23. Der Possenreißer J. S. Tabarin. Titelkupfer aus »Les œuvres de Tabarin etc.«, Paris 1622.

Die Produktionen des Tabarin rückten bald so sehr in den Mittelpunkt des Interesses, daß Mondor nur vor und nach der Vorstellung mit seinen Heilmitteln hausieren gehen konnte, und wenn man sie ihm abkaufte, so bezahlte man damit nicht mehr als die Eintrittskarte zu Tabarin. Gespielt wurde auf einer Estrade der Place Dauphine, jenem dreieckigen, belaubten und verwunschenen Platz der Pariser Ile de la Cité, der einen noch heute empfängt wie eine kleine Bühne. Den Hintergrund der Bühne bildete ein Wandteppich, das Ensemble bestand aus fünf Personen: Ein Geigenspieler, ein Musikant mit der alten sechssaitigen Kniegeige und ein Page, der dem lachenden und kauf-lustig gemachten Publikum die Fläschchen und Töpfe herumreichen mußte, die Mondor aus dem charakteristischen truhenartigen Koffer, den alle Charlatane mit sich führten, nahm, um sie während der Pause und nach dem Theater anzupreisen; als fünfter Tabarin, der Protagonist (Abb. 23). Er erschien mit dem phantastischen Hut Saturns und meist in Bluse, weiten Hosen und Mantel aus weißer Leinwand, über die Schulter hatte er ein besonderes Stück Stoff geworfen. Holzschwert und Neptunsbart, langes Silberhaar und tiefe Blässe des Gesichtes vervollständigten die Maske. Er griff Mondor, »le maître«, den er im wirklichen Leben vor Gericht gegen die Angriffe eines zünftigen doctor medicinae, M. de Courval, verteidigt hatte, auf der Bühne an. Wie auf jeder primitiven Stegreifbühne war es ein dialogisches Frage- und Antwortspiel, das das Publikum entzückte. Hier aber traf noch der echte Gegensatz zweier Temperamente aufeinander. Mondor agierte sich selbst in seiner ganzen Steifheit und gab sich »ein seltsames Ansehen von Würde«. Er sprach die ihm eigene »gelehrte« Sprache und war mit Flitterwerk und Gold behängt. Kurzum, er war ein steifer Pathetiker. Gegen dieses dem französischen Volke lächerliche Gehaben richtete Tabarin den ganzen sprühenden Geist seiner Improvisation. Seine Antworten waren derb, aber diese Derbheit war aufgehoben durch den Witz seiner Wortspiele, das Groteske der vertretenen Behauptungen und das Originelle und Pikante seiner Lausbübereien. Er muß ein großer Improvisator und Komiker gewesen sein. Niemals, auch bei den gepfeffertsten Witzen nicht – so wird berichtet – bewegte ein Lächeln die Würde seines blassen Antlitzes. Dafür schüttelte sich sein Publikum von Dienern, Boten, Schülern und Handlungsgehilfen vor Lachen »depuis le talon gauche jusqu'à l'oreille droite«. Am Freitag gab es Extravorstellung, das Medikamenteverkaufen ließ man sein, und Mondor verkleidete sich als Weibsbild mit zwei Gesichtern: »Zierpuppe« und »Dirne«, genannt Francisquine und Isabelle. Mit unnachahmlicher Komik spielte Mondor die »Zierpuppe«, ein Stockschlag Tabarins genügte, und diese verwandelte sich im Augenblick in die verstockte Isabelle, die der Liebe überdrüssig ist und von Tabarin nichts wissen will. Tabarin mimt den schmachtenden Liebhaber, der die Verhärtete zu erweichen sucht. Auf alle seine Beschwörungen und Kosenamen erwidert sie nur:

»Je ne veux point aymer,
ni ne veux que l'on m'ayme.
car l'amour ne fait rien
que troubler le cerveau«.[5]

Das war die beliebteste Programmnummer der Gaukler, und das Theater brachte soviel ein, daß Tabarin sich um 1630 schon als »Landedelmann« auf seine Güter bei Paris zurückziehen konnte, Mondor mußte den Salbenhandel mit Hilfe eines anderen Possenreißers weitertreiben. Tabarin wurde angeblich 1634 von neidischen Nachbarn auf der Jagd erschossen. Ob das wahr ist, ist um so weniger festzustellen, als er schon während seiner Lebzeiten – und das ist wieder ganz charlatanesk – dafür sorgte, daß reichlich Anekdoten über ihn kursierten, wahre und unwahre.

Auch das ist eine Spezialität gauklerischer Propaganda. Viele Fälschungen und Episoden aus seinem Leben, aber nicht von ihm selbst verfaßt, wurden schon zu seinen Lebzeiten von Straßenhändlern feilgeboten, fanden reißend Absatz und brachten ihren Verfassern viel Geld ein. Die von Tabarin geschriebenen Werke wurden vor allem von den vornehmen Damen gelesen. Ihnen verbot die Sitte, die derben Redensarten des Komikers zusammen mit der Menschenmenge, die allabendlich den gewürzten Repliken mit Wonne lauschte, anzuhören, deshalb suchten sie sich durch die Lektüre seiner Schriften schadlos zu halten.

Tabarin verleugnete mit seinem Gehaben vielleicht den göttlichen Ahnherrn Saturn, niemals aber verleugnete er Frankreich. Er ist eine spezifisch französische Figur, Erlebtes, Gesehenes, Beobachtetes mit Grazie zur Kunst gestaltend und eben so gerissen, wie man für dieses Leben sein muß, nicht mehr. Was den deutschen und italienischen Star-Charlatanen meist zu fehlen scheint, Tabarin hat es besessen: Selbstironie.

FÄLSCHER DER MEINUNG

Ich danke meinem Gott, daß ich mehr mit Zungen rede denn ihr alle.

Aber ich will in der Gemeinde lieber fünf Worte reden mit meinem Sinn, auf daß ich auch andere unterweise, denn zehn tausend Worte mit Zungen.

(I. Kor. 14, 18–19)

O Brüder, wenn man die Worte ohne Bedeutung (die meistenteils) und die Worte mit widerspruchsvoller Bedeutung (die gänzlich unser sind) bedenkt …

(Aus Cagliostros Rede an seine Freunde und Mithalunken in der Bastille. In »Das Diamantenhalsband« von *Thomas Carlyle*)

Die »stage quacks« (Podium-Charlatane), wie eine sehr plastische englische Bezeichnung sie nennt, waren durch ihren Beruf gezwungen, ein Wanderleben zu führen. Vom ersten Tag an, an dem sie an einem neuen Ort ihr Zelt aufgeschlagen hatten, mußten sie verdienen. Gewiß, sie waren Improvisateure und ebenso ihre Hanswurste, aber auch für die Wirkung der Improvisation muß der Boden vorbereitet sein. So ließen sie manchmal Tage, oft auch nur einige Stunden vor ihrem Auftreten Reklamezettel verteilen, die sowohl das Vertrauen zu ihren Künsten wie auch die Neugier auf ihre Darbietungen wachrufen sollten. Je vornehmer die Marktschreier waren, um so anspruchsvoller war dieser Apparat; berittene Trompeter kündigten sie als Herolde an, der bedienstete Hanswurst pries in spaßhafter Weise seinen herannahenden Herrn, bis dann der Pomp und Flitterstaat des Einzuges in die Stadt die Vorbereitungen krönte. Dieser eindrucksvolle Akt aus der permanenten Werbevorstellung war auch nichts anderes als eine Voranzeige in Form eines lebenden Bildes. Im 17. und 18. Jahrhundert lebten Männer, die nicht aus Beruf Charlatane und auch nicht in ihrem Beruf, sondern viel eher in ihrer Berufslosigkeit oder durch die Vielfalt ihrer Berufe Charlatane waren, und sie sind es, die de la Fontaine »höhere« Charlatane nennt. Sie mußten bestrebt sein und waren es, nichts so ängstlich zu verbergen, so sorgsam zu verwischen, wie jede zum Vergleich herausfordernde Parallele mit den Marktschreiern. Ja, ihre Verteidigungsposition mußte die einer dauernden Entkräftung der kritischen Bezeichnung »Charlatan«

sein. Durch eine schicksalhafte Wechselwirkung war aber gerade ihnen auferlegt, ebenso wie die Quacksalber, ihrer Person die Ankündigung ihrer wunderbaren Künste vorauszusenden, und nicht aus Beruf, sondern aus bitterem Zwang, der die Strafe für ihre Charlatanerien war, wurden sie zu »fahrenden« Leuten und enthüllten so ungewollt im konkreten Habitus ihrer Existenz genau jene Ähnlichkeit, die sie zu verleugnen eifrig bemüht waren. Weil sie Charlatanerie trieben, wollte ihr Schicksal, daß sie wie Jahrmarkts-Charlatane lebten. Mencke legt in seiner Worterklärung (über deren Ableitung man streiten kann) das entscheidende Gewicht auf den Mangel an Seßhaftigkeit: »latinius utique Circulatorium dicere poteram, cum vox illa ex Hetrusco ciarlare, quod est circulare seu decipere, descendat, unde Ciarlatano seu Cerretano circulator, et Gallicum Charlatan, quod veteres Ciarlatan scripsere …« (Als Lateiner hätte ich Circulaterie sagen können, da diese Bezeichnung aus dem Estruskischen »ciarlare«, d. h. herumstreichen (wandern) oder betrügen, woher auch Ciarlatanus oder Cerretanus, der Marktschreier oder Fahrende kommt, sowie auch das französische Charlatan, das die Leute früher Ciarlatan geschrieben haben.) Immer wieder führt Mencke in seinen Vorlesungen das »continuo peregrinantur«, die ewige Wanderschaft als kennzeichnend an. Nun zogen aber weder ein Borri, noch ein Taylor oder ein Graf von St. Germain von einem Land ins andere, von einem Fürstenhof zum andern, weil sie das so wählten oder wollten, sondern weil sie fliehen mußten. Sie waren nicht auf ewiger Wanderschaft, sondern auf ewiger Flucht begriffen, und des Renaissancemenschen Drang, die Welt zu sehen, war zu einem Zwang, über den Erdball zu fliehen, geworden. Diese Charlatane wußten, daß sie rasch und weit fliehen mußten, denn waren sie auch über die Landesgrenzen der Verfolger entwichen, so wurden sie doch über Land und Meer verfolgt von den Nachrichten. Daß man von diesen langsamer eingeholt werden konnte als in unseren Tagen, erklärt manches, aber lange noch nicht alles über das merkwürdige Phänomen, daß entlarvte Betrüger in einem andern Land oder einer andern Stadt mit Vertrauen aufgenommen werden, Triumphe feiern und mit denselben Mitteln behandeln konnten, die sich an anderen Orten als Schwindel erwiesen hatten.

War ihnen sehr genau bekannt, daß nacheilende Nachrichten schaden, so wußten sie noch viel besser, wie sehr voraneilende Nachrichten nützen konnten. Die »gemeinen und alltäglichen« Charlatane oder die mehr oder weniger charlatanesken Ärzte sandten kostümierte Herolde oder bedienstete Hanswurste mit Reklamezetteln voraus, die »höheren« Charlatane benutzten die private Unterhaltung, das Verbreiten geeigneter Anekdoten, die Beschreibung der prachtvollen Kleidung und der kostbaren Schätze des Wundermannes, das Lob seines guten Herzens und seiner Wohltätigkeit, um die Atmosphäre in geeigneter Weise zu präparieren. Empfehlungsbriefe von hohen und höchsten Herrschaften, selbst redigierte Zeitungsnotizen, vorangereiste Freunde und Anhänger, gesellschaftliche Verbindungen, das tat die Dienste der Herolde und Harlekine. Die Propaganda war neben dem »continuo peregrinantur« das Bindeglied, durch das sich die Star-Charlatane mit ihren Jahrmarktskollegen gemein machten. Und da alle Charlatane, ob »gemeine und alltägliche« oder »höhere«, Meister in der Beeinflussung und Lenkung der Meinung waren, so wußten sie auch, daß der höchste Triumph und auch der einzige wirklich ausschlaggebende Erfolg in der Meinungs-, also in der Massenbeherrschung darin besteht, daß man die Leute soweit bringen muß, Widersprüche nicht mehr als Widersprüche zu empfinden und in der Tat zwei einander ausschließende Behauptungen *gleichzeitig* zu glauben. Das erst bedeutet die erfolgreiche Entthronung der Wahrheit. Eine Gefolgschaft, die man soweit gebracht hat, gleichzeitig zu glauben, daß die Menschheit elend ist, weil Krankheit und Not sie ewig knechten, und daß sie deshalb machtlos ist, und ebenso, daß die Menschheit stark ist, weil sie Krankheit und Not abschüttelt, und daß sie deshalb mächtig ist, die wird nicht mehr irre, wenn sie hört, daß in Paris viele Kranke, die ihr Wunderarzt behandelt hat, gestorben sind. Er ist deshalb in London doch der Wunderarzt, das ist bei einer wirklich kunstgerecht – kunstgerecht im Sinne der Kunst der Meinungsfälschung – bearbeiteten Gefolgschaft durchaus möglich.

Die Verbindung des »stage quack« mit dem Taschenspieler, Seiltänzer und Hanswurst, kurzum mit dem ganzen Betrieb des Jahrmarkttheaters und seiner Ablenkung vom wahren Gegenstand des Verkaufes, das kann zur Not noch als wirksame Werbung gewertet werden. In ein ganz anderes Gebiet, das der »Verwirrung«, fällt der Prunk, mit dem sich die Charlatane umgaben, ihr Erscheinen auf reich gezäumten Pferden oder in vornehmen, nachtschwarzen Kaleschen. Dieses Gebiet ist noch deutlicher gekennzeichnet, wenn daran erinnert wird, daß das Geldnehmen für geleistete Dienste nicht nur nicht zugegeben, sondern abgeleugnet wurde. Man verzichtete auf Honorare, man war Wohltäter der leidenden Menschheit, nur ihr wollte man dienen, im übrigen war man reicher Privatmann. Das war zu lesen auf den Flugblättern mit den Ankündigungen all der bereits erfolgreich durchgeführten Kuren und Operationen, den Goldmacheresultaten des

Wundermannes, die auch namentlich angeführte Große der Welt bescheinigten. All dies war viel mehr Theater als die Hanswurstszene, viel mehr Komödianten- als Schauspielertum. Aber bei allem gauklerischen Anstrich beweist es doch erst, daß man verstand, der Menge Eindruck zu machen, ihr zu imponieren. Das spezifisch Charlataneske kommt erst durch den Trick hinzu, die Menge sich selbst imponieren zu lassen, ihr Bewußtsein zu wecken und es schon im Augenblick des Erwachens zu verfälschen. Denn hat der Charlatan etwa eine neue Art der Metallverwandlung oder einen Heiltrunk entdeckt, dann wendet er sich nicht an Männer vom Fach, an Ärzte, um sie urteilen zu lassen. Nein, er ruft die geschmeichelte Menge auf und verleiht ihr, indem er sie befragt, die medizinische Autorität, die sie nicht besitzt.

Das Selbstbewußtsein der Menge gelang es besonders leicht in den Städten zu erwecken. Verlangten die Städter mehr Raffinement und mehr Abwechslung in den Darbietungen als das Landvolk, zu dessen Anlockung das primitivste Jahrmarkttheater genügte, so konnte man sie doch auch wieder leichter ködern in einer Zeit, in der, wie in der zweiten Hälfte des 17. Jahrhunderts, zum ersten Male Kunst und Wissen anfingen, im Bewußtsein zum Standesbegriff und Standesprivileg zu werden. Wer sagte: »ich weiß nicht«, begann sich sozial auf niedriger Stufe einzureihen, und da die Naturwissenschaften und ihre Pseudowissenschaften im Mittelpunkt des Interesses standen, mußte man vor allem über sie mitreden können. Daß es Dinge und Probleme gibt, über die nur der urteilen kann, der sachliches Wissen besitzt, das sagten die Wissenschafter und erzeugten damit Haß. »Veritas odium parit« (die Wahrheit erzeugt Haß), zitiert Mencke zu Beginn seiner Vorlesungen über Charlatanerie. Daß Fachwissen nicht nötig sei, da es nur *eines* Schlüssels bedarf, der *alles* Wissen erschließt, das lehrten die Alchimisten, deren Universalmittel im Dienste der Medizin, Chemie, Mineralogie und Astronomie etc. standen. Daß *jeder alles* verstehen kann, wenn man es ihm nur mit den richtigen Worten sagt, das behaupteten die Charlatane, und sie hielten ihrer Gefolgschaft lange bombastische Reden, in denen sie sie als Gleichberechtigte und -befähigte Anteil nehmen ließen an den Errungenschaften der Forschung. So sprachen sie über Dinge, die absolut und sachlich nicht jeder verstehen *kann*, in einer Weise, daß jeder sie verstehen konnte. Sie fälschten die Wissensgehalte, indem sie sie popularisierten, und fälschten mit ihnen die Meinung.

»Der Meinende«, so sagt Thomas von Aquino, »ist von innerem Widerspruch keineswegs frei. Noch fürchtet er Unrecht zu haben. Er bangt, daß der *andere* recht hat, um so mehr *will* er recht behalten.« Wenn diese Worte auch zeitlose Gültigkeit haben, so treffen sie doch ganz besonders die geistige Situation von Zeitperioden, denen durch Entdeckungen, rasche Entwicklung der Wissenschaften oder beschleunigte Fortschritte der Technik zuviel an neuem Wissen zugemutet wird. Neben der noch mangelnden Sicherheit des Gemeinten (der Wissenschaft selbst) stand das Mißtrauen der großen Masse der Meinenden, die sich zwar einem objektiven Fürwahrhalten des Neuen nicht verschließen konnte, der aber die Sicherheit der Überzeugung fehlte. Zu der Unsicherheit der Überzeugung kam aber noch das Gefühl sozialer Ausgeschlossenheit, falls man nicht mitreden konnte. Die Stellung der Bürger – und sie waren es, zu denen der Charlatan der Städte zu sprechen hatte – zu Wissenschaft und Bildung bestand aus einem Gemisch von Zweifel und Neid. Hier setzten die Künstler der Meinungsfälschung ein. Die mangelnde Sicherheit wurde durch ihre geheimnisvollen Reden, die von der nüchternen Wissenschaft weg zur pittoresken Scheinwissenschaft führen sollten, in jene haltlose Unsicherheit verwandelt, in der die menschliche Seele Charlatanerien jeder Art so zugänglich ist. Diese Scheinwissenschaft war zwar geheimnisvoll, aber dennoch scheinbar für jeden verständlich. Sie baute also eine handfeste Sicherheit auf dem schwankenden Boden völliger Unsicherheit auf und besaß durch diese Vereinigung die in der Tat geheimnisvolle Macht charlatanesker Propaganda. Und da das einfache Eingeständnis des »ich weiß nicht« in Verruf gekommen war, da man sich über ein solches Eingeständnis aus einer Art sozialem Schamgefühl genierte und sich wie mit Reichtum vortäuschenden künstlichen Steinen mit falschem Wissen behängte, so kam auch die Bescheidenheit in Mißkredit. Diese Diskreditierung, die wieder nur aus einem Gefühl der Unsicherheit stammte, führte zu einer Überwertung des mit Ruhmredigkeit und Unbescheidenheit für sich werbenden Charlatans, die sich im 18. Jahrhundert noch bedeutend steigerte. In der zitierten, neu bearbeiteten deutschen Ausgabe Menckes (1791) tadelt der anonyme Verfasser die Unbescheidenheit und das »seltsame Ansehen von Würde«, das sich Gelehrte und Literaten gerne gaben. Als Beispiel für echte Würde und die mit ihr verbundene Bescheidenheit führt er Lessing, Wieland, Haller, Weiße, Kleist und Mendelssohn an und sagt von ihnen: »... ob man darin eine Spur von Anpreisung ihrer Verdienste, von Selbstlob, von eigener Beurtheilung und Zergliederung der Schönheiten ihrer Schriften, von Ausposaunen ihrer Wichtigkeit und Unentbehrlichkeit antreffen wird. Sie überließen dies andern, traten blos mit ihren Werken auf, und diese zeugten für sie. Sie strahlten im Glanze ihrer

Würde, aber im eignen, nicht durch Kunstfeuer erregten. Sie erwarteten Verehrer, aber ruhig ohne sie zusammen zu treiben. Das ist nun jetzt ganz anders. Ruhmredigkeit und Selbstlob sind an die Stelle jener Bescheidenheit getreten – man verachtet eine Tugend, von der man nur magere und *späte* Vortheile zu erndten glaubt«. Hier wird der Gegensatz charlatanesken Gehabens charakterisiert und eine Welt gezeigt, in der Kunstfeuer nur als Schau-Belustigung galten. Die Macht des Charlatans bestand aber gerade darin, daß er alle Unsicherheiten einer religiösen, geistigen, historischen oder ökonomischen Situation durch mannigfaltige Fälschungen so auszunutzen und zu lenken wußte, daß eine Wertwelt entstand, in der seine eigenen Unwerte zu Werten wurden. Dieser Macht gelang es, Werte wie die, die der anonyme Verfasser der Schrift an einem Lessing oder Mendelssohn preist, völlig außer Kurs zu setzen, sie zu winzigen, isolierten, privaten Liebhaberwerten zu stempeln gegenüber dem Markt-Wert ihrer eigenen Eigenschaften und denen, die sie von ihrer Gefolgschaft forderten und an ihr rühmten.

Betrachten wir das »Kunstfeuer« der Charlatane, von dessen Strahlen der Glanz ihrer Würde vergoldet wurde. Die Reklamezettel, die eine große Rolle in der Bearbeitung der Meinung spielten, waren Nachfolger der Einblattdrucke, die im 16. Jahrhundert den Nachrichtenhunger einer unruhig gewordenen Menschheit zu befriedigen hatten. Diese Einblattdrucke, die sogenannte »Neue Zeitung«, waren Vorläufer der periodischen Presse. Da nur die wenigsten schreiben und lesen konnten, griff man zur allen verständlichen Bildnachricht. »Was G'lahrte durch die Schrift verstahn, das lehrt das G'mähl dem g'meinen Mann«, ist auf der Holzschnittvignette eines Pamphlets aus dem Dreißigjährigen Krieg zu lesen. Das »G'mähl«, das Gemalte, das Bild, das konnte jeder verstehen, und ein Lesekundiger las dann den dazugehörenden, erklärenden Text vor. Mißgeburten, Meerungeheuer, Naturkatastrophen fand man dargestellt, kurzum eine illustrierte Zei-

24. Reklamezettel des Charlatans Dionysio Alberti, Florenz 1625.

tung. Alles Gedruckte bedurfte der behördlichen Genehmigung, so auch die Reklamezettel der Charlatane. Um diese Konzession gab es erbitterte Kämpfe, und wenn die Marktschreier zu frech wurden und behördliche Vorschriften unbeachtet ließen, so bestrafte man sie mit dem Verbot ihrer gedruckten Propaganda. Die Reklamezettel des frühen 17. Jahrhunderts hatten noch den Charakter der Einblattdrucke, sie waren Bildnachrichten mit Werbecharakter. Sieht man auf dem Reklamezettel des Charlatans Dionysio Alberti aus Padua (Abb. 24) das Nilpferd, so denkt man unwillkürlich an Dürers Rhinozeros-Flugblatt, das seine Frau Agnes zusammen mit manchen anderen am Markt verkauft hat. Hier wird aber nicht das absonderliche Tier gezeigt, sondern Alberti preist die gegen verschiedenste Leiden unfehlbar wirkende Heilkraft des Nilpferdzahnes, zeigt den Hippopotamus mit geöffnetem Maul und Prachtexemplaren seiner Wunderzähne am Orte seines Vorkommens, dem Fluß Nil, aus dem, damit doch auch etwas leicht Erschreckendes zu sehen sei, zwei artige Schlangen hervorlugen. Er belegt das Gesagte sowohl mit den Zeugnissen klassischer Schriftsteller als auch zeitgenössischer Mediziner (die zünftige Wissenschaft wurde zur Beglaubigung bemüht, obgleich man als ihr Konkurrent arbeitete) und verkündet, daß er allein diesen wunderkräftigen Zahn, der vom Schädelbruch bis zum verdorbenen Magen einfach alles kuriert, besitzt. Dieser Reklamezettel vereinigt alle Eigenschaften der Bildnachricht und der Werbenachricht und hält sich eben noch in den Grenzen, die die Obrigkeit gestattete.

Vom sauberen Charakter des Einblattdruckes entfernen sich jene Reklamezettel, die ohne Erlaubnis der Obrigkeit in eigener Regie gedruckt und vertrieben wurden, also ohne einengende Rücksichten im Dienste der Methoden standen, die sich für charlataneske Werbung als wirksam erwiesen hatten. Ein englischer Charlatan, John Case, der etwa im Jahre 1660 nach London kam, war ein Meister im Stilisieren seiner Reklamezettel und Werbe-Verschen.

Er übernahm die Praxis des sehr beliebten Charlatans Saffold zusammen mit der des Astrologen Lilly in deren Haus in Black-Friars und wählte den »Golden Ball« als Wahrzeichen seines Hauses. Unter das Wahrzeichen setzte er diesen Vers als Inschrift:

»Within this place
Lives Doctor Case«.[6]

Eine einfache Reklamezeile, die ins Ohr geht und leicht zu merken ist. Wenn überliefert wird, daß dieser Vers so populär wurde, daß er Case viel Patienten, also viel Geld einbrachte, so kann man das glauben. Er bot wie alle Charlatane auf seiner gedruckten Propaganda Gratisbehandlungen an, ebenso diskrete Rechtsberatung mit Hilfe seiner mehr als fünfzehnjährigen Erfahrung als Astrologe. Er kannte die Wirkung der Zahl, die in charlatanesker Propaganda eine so große Rolle spielt, und um seine Pillenschachteln war ein Etikett mit folgender Aufschrift geklebt:

»here's fourteen pills for thirteen pence;
enough in any man's own conscience.«[7]

Vierzehn Pillen für dreizehn pence – das ist meisterhafte Verkaufsreklame. Sein Hauptmittel nannte er Mundus Sanitatus, ein anderes Gutta Stiptica Miraculum Mundi, das Weltwunder, ein anderes wonderful Elixir. Die Namen der Medikamente, sie, die immer wieder genannt wurden, machten also schon großsprecherische Reklame. Einer seiner Reklamezettel zeigt auf einer Holzschnittleiste zwischen chirurgischen Instrumenten zwei Mohren, die in einem Mörser Pulver zerkleinern. Er ist überschrieben

»Good News to the Sick«. Die gute Nachricht für den Kranken besteht darin, daß sein guter alter Freund Dr. Case dort und dort wohnt (Anmerkung: er ist seit 33 Jahren Arzt), bei jedem Übelbefinden gratis berät und seine vorzüglichen Medikamente billig verkauft. Zum Schluß wieder ein ausgezeichneter Reklamevers:

»All ye that are of Venus Race
Apply your selves to Dr. Case;
Who, with a Box or two of PILLS,
Will soon remove your painfull ILLS.«[8]

Der Reim Pills-Ills, der noch durch Großbuchstaben hervorgehoben wird, ist ein kleines Reklamekunstwerk. Vor allem aber wird eine Atmosphäre von vertrauenswürdiger

25. Reklamezettel des Charlatans John Case in London, Ende des 17. Jahrhunderts.

Diskretion gegeben, und das ist für die Geschlechtskranken (Venus Race), an die das Verslein sich wendet, entscheidend. In ein Gebiet der Werbung, das erst spätere

Zeiten und ihre Star-Charlatane in seinen letzten Konsequenzen ausbauen sollten, stößt John Case mit einem Reklamezettel vor, der seine eigene Person zeigt, was viel spezifischer charlatanesk ist als die Darstellung eines Nilpferdes (Abb. 25). Das ganze Kunstfeuer des Geheimnisvollen und der astrologischen Einblicke, die Intimität mit höheren Wesen, aber auch mit Erscheinungen, die ihm untertan sind und seiner Gefolgschaft angenehmen Angstschweiß bedeuten, stellt dieses Bildzettelchen aus. Da sitzt er in einem komfortablen Lehnstuhl, der gute alte Freund der Kranken, und Sonne wie Mond – wie könnten sie auch anders? – senden ihm ihre Strahlen. Neben Retorte und alchimistischem Ofen steht in diesem Laboratorium ein Skelett, mit dem der alte Freund ganz brüderlich zusammenhaust. Eben empfängt er – das scheint bei ihm so üblich – den Besuch eines Engels. Da John Case sich zufällig nicht mit Goldmachen beschäftigt, kann man auf dem Spruchband lesen: »Trachte nicht nach Gold und Silber, sondern schenke dem kranken Leib durch Medizinen Gesundheit«.

Ein französisches Flugblatt, vermutlich aus dem 18. Jahrhundert und mit behördlicher Genehmigung gedruckt, kündigt an, daß der Sieur Ferrand mit zehn namentlich aufgezählten Bestien (unter denen sich ein Zebra von Manilla befindet, das so sicher ein Zebra ist, daß der Sieur Ferrand 500 Goldlouis für die Armen bezahlen will, falls jemand beweist, daß es kein Zebra ist) eintreffen und sich nur vier Tage in der Stadt aufhalten werde. Diese Gelegenheit sollte sich niemand entgehen lassen, der – man glaubt nun, daß an die Leute appelliert werde, die gerne eine Menagerie sehen – an rheumatischen Schmerzen leidet, da er das echte Bärenschmalz zu kaufen bekommt, das seine Übel heilen wird. Das ist eine dem Jahrmarktstheater durchaus adäquate gedruckte Werbung.

Auf eigene Kosten und Gefahr ist der Reklamezettel eines »High-German Doctor« aus dem 17. Jahrhundert gedruckt (Abb. 26). London war überschwemmt von deutschen Charlatanen, und wenn einer von ihnen zu Ansehen

26. Reklamezettel des »High-German Doctor«, London, 17. Jahrhundert.

gelangte, nannte er sich gerne »High-German Doctor«. Der Text lautet: »Der berühmte deutsche Arzt, der den Bruder des Kaisers der Türken, der 13 Jahre lang blind war, geheilt hat«. Alle Charlatane wiesen auf ihre Heilerfolge bei hohen und höchsten Personen hin, und Atteste der hohen Herrschaften gaben den Marktschreiern in den Augen der Menge, der es eben mehr imponierte, wenn ein Prinz als wenn ein Schuster wieder sehen konnte, erst das richtige Ansehen. Charlatane riefen immer allerhand Leute zusammen, die für sie zeugen mußten, es ist also erklärlich, wenn ihr Gehaben im übertragenen Sinn dem Wesen eines Lessing oder Mendelssohn gegenübergestellt wurde, die nur mit ihren Werken auftraten und sie für sich zeugen ließen. Wie Case zeigt sich auch dieser Wundermann in eigener Person und noch dazu in Aktion, was der Gefolgschaft immer besonders imponiert hat. Das türkische Kostüm der umstehenden Personen ist als attraktive Bildnachricht zu werten, aber auch als Vermittlung jenes Schimmers von Weitgereistheit, der gerade im 17. und 18. Jahrhundert die Phantasie der Menschen besonders stark angeregt hat. Dieser High-German Doctor machte sich anheischig, Zeugen dafür beizubringen, daß er 3 Kaiser, 9 Könige, 7 Fürsten usw. behandelt habe, und versprach nicht nur künstliche Zähne aus Elfenbein, Silber oder Gold einzusetzen, sondern auch lose Zähne wieder fest zu machen. Besonders wünschte er aber festzustellen, daß er als Starstecher könne, was kaum ein anderer kann (Ausschließlichkeits-Intoleranz), nämlich Menschen, die blind geboren wurden, in weniger als einer Viertelstunde das Augenlicht wiedergeben. Alle die Starstecher versprachen Heilung binnen 5 Minuten, da aber die Kranken aus Heilungsgründen ihre Verbände noch tagelang vor den Augen zu tragen angehalten wurden, so war der Wundermann meistens schon über alle Berge, wenn sein verzweifeltes Opfer die betrogene Hoffnung erkannte. Dieser Wunsch, sich rasch zu erweisen, für den »spate Erfolge« nicht zählten, hat aber noch viel tiefer in der Existenz der Charlatane begründete Motive, für die die Erklärung noch gegeben werden wird.

Die eigene Person in den Mittelpunkt der Werbung zu stellen, das ist viel kennzeichnender für den Charlatan als die bombastische Anpreisung der Medikamente, die auch üblich war. Gewiß, die Charlatane verabreichten Smaragd,

Topas und Achat, Trinkgold und allerlei Pflanzen, ja sogar menschliche Sekrete. Die Alchimie beeinflußte die Zusammensetzung dieser Medikamente, die übrigens teilweise von der Wissenschaft akzeptiert wurden, wie ja überhaupt ein ständiger Austausch von befruchtenden Anregungen zwischen Wissenschaft und charlatanesken Experimenten stattfand. Die Behörden scheinen ganz genau empfunden

27. Schutzmarke des Lebensbalsams von Abraham Kolb, Augsburg 1733.

zu haben, von woher die Gefahr kam, wenn sie diese privaten Zettelchen verboten und etwa dem Lebensbalsam des Abraham Kolb in Augsburg ihr Privileg erteilten. Das Privileg mit dem schönen Churbayrischen Löwenwappen als Kopf zählt sämtliche Leiden, die ein Mensch überhaupt haben kann, auf, und gegen alle hilft der Lebensbalsam. Die kaiserliche Majestät selbst erteilt die Erlaubnis zum

Verkauf und es wird dafür Sorge getragen, daß der Balsam richtig verwendet wird, und für einige Leiden die geeignete Tropfenzahl angegeben, so daß das Privileg ohne Sensationshascherei sachlichen Rezeptcharakter hat. Für diesen Balsam gab es auch eine Schutzmarke – wir würden heute von einem gesetzlich eingetragenen Warenzeichen sprechen –, die vermutlich auf den Flaschen mit dem Wunderwasser klebte. Sie zeigt (Abb. 27) eine geflügelte Erdkugel, die ein kleines Mädchen, wohl das Leben darstellend, unter seinen Füßen rollt.

Daß die Reklamezettel der Charlatane bei der großen Menge der für die Wirkungen von »Kunstfeuer« disponierten Menschen großen Eindruck machten und den gewünschten Erfolg erzielten, das darf man als sicher annehmen, denn eine erfolglose Werbemethode ist noch niemals beibehalten worden. Immerhin gab es in manchen Ländern auch einfache Leute, die den Zauber durchschauten. Eine Verspottung der Charlatan-Flugblätter findet man im Œuvre des Bolognesers Giuseppe Maria Mitelli, dessen geniale Darstellung der Gefolgschaft der Charlatane schon gezeigt wurde (Abb. 5). Mitelli, der seine Blätter am Markt und im Straßenverkauf als Händler oder durch Händler abzusetzen pflegte, mußte der Zustimmung seiner Käufer vollkommen sicher sein, wenn er ein Sujet wählte. Er empfiehlt und illustriert »Ein unfehlbares Geheimmittel, um niemals zu sterben« (Abb. 28). »Wenn der Tod kommt, um dich zu holen«, so kann man lesen, »mußt du ihm nur sofort ins Gesicht blasen, aber paß gut auf, daß du nicht einen Augenblick zu blasen aufhörst, sonst bist du gleich tot«. Nicht viele der zeichnenden Chronisten haben das Niveau Mitellis erreicht, der ein Künstler war und ein instinktsicherer Publizist. Was er festhält, ist dargestellt mit jenem impetuosen Temperament, aber auch mit jenem Grundton heiterer Skepsis, der die Seele des Volkes auszeichnet, zu dem er sprach und zu dem er gehörte: dem Volke von Italien. Charlatane zogen in Mitellis Jahrhundert in Italien ebenso zahlreich über Straßen und Märkte wie in Deutschland oder den

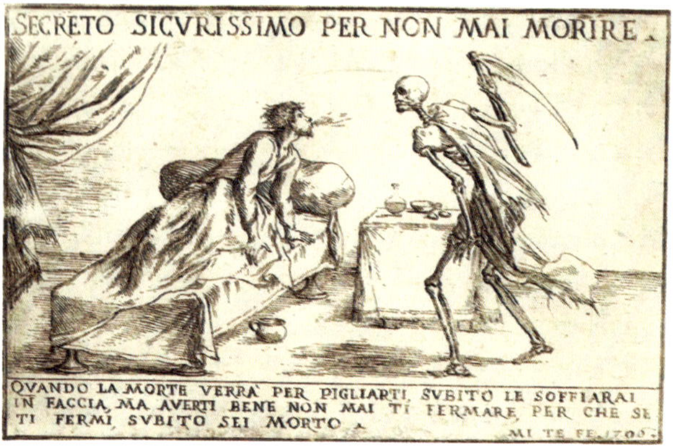

28. »Ein unfehlbares Geheimmittel, um niemals zu sterben« von Giuseppe Maria Mitelli (Bologna, 1634–1718).

Niederlanden. Aber wenn man die Darstellung des Charlatan-Motivs in der deutschen und italienischen Kunst vergleicht (die Stimmung auf dem Stich nach Bern. Mei [Abb. 7] ist eine Ausnahme), so wird man spüren, wie echt gläubig, wie restlos verfallen und hingegeben das deutsche und niederländische Publikum der Charlatane neben den beobachtenden italienischen Typen wirkt, wie sie im 18. Jahrhundert Pietro Longhi oder Tiepolo, zu Beginn des 19. Bartolomeo Pinelli zeigten. Man glaubte auch in Italien, aber mit Abstand von sich selber. Man lächelte in einem verschwiegenen Winkel seines Wesens nicht über den Charlatan, sondern über sich selber, weil man ihm glaubte. Und so konnte Mitelli des Mitempfindens seiner Landsleute und ihres Beifalls sicher sein, wenn er ihnen diese Persiflage auf die Flugblätter der Charlatane mit ihrer Anpreisung unfehlbarer und doch so simpler Geheimmittel zeichnete. Hart neben der Sicherheit, die zum Überfluß noch im Bild gezeigt wird, steht die kleine, aber entscheidende Machtlosigkeit: wenn du zu blasen aufhörst – und wer könnte immerzu blasen? –, dann bist du eben doch tot. So wie auf dem Blatt »Il Gigante« (s. Abb. 5) ist es Mitelli mehr noch als um die Persiflage der großmäuligen Charlatane um die Verspottung der kritiklosen, allzu leicht Gläubigen zu tun. Der in seinem Lauf für einen Augenblick gehemmte Tod – man spürt es – wird zum Schluß doch Sieger bleiben.

Mitelli verspottet die Geheimnistuerei, »Geheimmittel« lautet das erste Wort der Überschrift und ist der Tenor dieser Persiflage. In einer sehr ernst gemeinten Schrift, die sich mit dem Treiben der Charlatane befaßt, »De vulgi erroribus« von J. Primerosio (Rotterdam 1668) wurde mit anderen Mitteln ebenfalls versucht, gegen den Zauber des Geheimnisses einzuwirken. Primerosio macht darauf aufmerksam, daß alle Charlatane in Italien, Frankreich und England immer drei oder vier Medikamente gleicher Art feilbieten, sie als Geheimmittel anpreisen und gerade dadurch das Vertrauen der Käufer gewinnen. Aber es verhalte sich doch im Gegenteil so, daß wenn ein Arzt eine Krankheit richtig erkannt habe, die Methode, sie zu heilen, beherrsche und auch genau wisse, wie die Medizin zusammengesetzt sein müsse, mit der er sie kurieren könne, Geheimmittel gar nicht nötig seien, auch wenn diese noch so sehr angepriesen würden. Primerosio erinnert sich, von einem Professor der medizinisch hochberühmten Universität von Montpellier, Varandeo, sagen gehört zu haben, daß Heilmittel um so besser seien, je bekannter und je weniger »geheim« sie wären; denn nur dann hätten sie sich in Praxis und Erfahrung bewährt. Aber auch dann seien sie »göttliche Hände«, nur wenn man verstünde, sie anzuwenden, sie würden aber zur Lanze in der Hand eines Tollen, wenn sie von einem verabreicht würden, der eine Krankheit und die Methode, sie zu heilen, nicht wirklich beherrsche. Diese Kritik trifft zwar den Kern der Frage, aber nur in bezug auf den Inhalt, und um den ging es ja dem Publikum nicht und nicht er allein stempelt den Charlatan zum Charlatan. Niemals kann mit Argumenten wie denen Primerosios die Macht des Charlatans gebrochen werden. Die Frage, ob diese Macht überhaupt gebrochen werden kann, soll hier offen bleiben, nur die Ansatzmöglichkeiten einer Gegenwehr seien angedeutet. Die Gefolgschaft suchte viel weniger das Mittel als das Geheimnis, und erst, wenn man sie von der Sucht nach Geheimnis, zu der ihr irregeleitetes Bewußtsein sie trieb, befreit hätte, wäre es möglich gewesen, sie von der Qualität der nicht geheimen Mittel zu überzeugen. Eine solche Befreiung kann aber keinesfalls mit den auf den Gegenstand bezüglichen sachlichen, in diesem Falle medizinischen Argumenten unternommen, sondern muß – falls man die Sehnsucht nach Geheimnis nicht als unabänderlich und ewig annehmen will – von einer ganz anderen, viel weniger engen Basis aus versucht werden. Von Primerosios geistiger Position aus kann man zu sehr richtigen Feststellungen kommen, aber niemals zu einer Deutung. Eine solche außerordentlich zutreffende Feststellung aus dem Buch »De vulgi erroribus« ist die, daß viele Menschen, die in der Wahl ihres Arztes außerordentlich heikel sind, so sehr, daß sie sich kaum einem Arzt anvertrauen, der schon lange ortsansässig ist, den ersten besten Charlatan, der sich nur für kurze Zeit in ihrer Stadt aufhält, konsultieren, und daß dieselben Leute, die dem Arzt ihre Armut und die Kargheit ihrer Einkünfte vorrechnen, den Charlatanen eine ganze Menge Geld in die Klauen werfen. Gewiß, das ist »erstaunlich«, wie Primerosio sagt. Aber diese Leute vertrauten sich ja den Propagandamethoden an und nicht dem Können, dem Vertrauensmann des Bruders des Königs der Türken und nicht dem Arzt, wie konnten da die Gegenargumente eines Arztes treffen oder überzeugen? Sie bezahlten hoch, weil sie sich behandeln ließen und richtig behandelt wurden, nämlich psychologisch richtig. Der Charlatan verstand sie richtig anzupacken, festzuhalten, zu ergreifen. Anpacken, Festhalten, Ergreifen – das sind alles Ausdrücke aus dem Bereich physischer Macht, Brachialgewalt, wenn auch psychologisch richtig präparierte und deshalb unmerkbare. Hat ein Arzt jemals einen Patienten festgehalten, hat er ihn angepackt, hat er ihn ergriffen? Nun, dann konnte er auch nicht dieselben Honorarsätze fordern wie ein Charlatan. Der Arzt behandelte Lunge, Magen, Hals, der Charlatan Zweifel, Neid, Eitelkeit, Ambition, und indem er sie befriedigte und ihnen mit dem Geheimmittel der Illusion schmeichelte, linderte er sie und erzielte rasche Erfolge. Der Charlatan besaß seine Gefolgschaft, sie war von ihm »besessen«; wer sich nicht besitzen lassen wollte, weil er sich selbst besaß, d. h. sich selbst und seine Wünsche in der Hand und also in Zucht hielt, der ging erst gar nicht zum Charlatan. Solche Menschen gab es immer nur wenige, es ist die Minderheit der Immunen.

Ein Virtuose auf dem Instrument der Meinungsbeherrschung durch geschickte Propaganda war der berühmte Doktor Eisenbarth, Johann Andreas Eisenbarth (1661–1727), den Deutschen zum Begriff geworden wie Tabarin den Franzosen. Von ihm gibt es verschiedene Bilder, und auf allen (Abb. 29) sieht einen ein kluger, überlegter, energischer Mensch an. Der Blick dieser Augen scheint zu spotten über die Verse unter den Stichen, die er selbst inspiriert hatte. Hier einige Proben dieser Lobgesänge:

> »So ist Herr Eysenbarth in Kupffer
> eingepregt, So kan man Ihm von gold
> und Marmor Seilen Setzen
> Was aber Gottes Hand in seine Brust gelegt
> Kan weder Diamant, noch Stal und pinsel ätzen.«

Oder:

> »Was hier des Künstlers Hand in Kupfer eingegraben,
> Entwirfft zwar sehr genau H. Eysenbarths Gesicht;
> Daß aber dessen Ruhm und ungemeine Gaben
> Entworffen solten seyn, vermag sie gleichwohl nicht.«

Bei keinem kann man sich so deutlich vorstellen wie bei Eisenbarth, daß, wie überliefert wird, die Budenredner, gerade, wenn sie sich am Höhepunkt ihrer Redeextase befanden, wenn ihnen der Schaum vor den Lippen stand, von ihrem Podium herab der delirierenden Gefolgschaft zugerufen haben, daß sie lauter Narren und Dummköpfe seien. Wer die Menschen so durchschaut, wie es die Charlatane getan haben, und ihre Schwächen so erbarmungslos, so jeder christlichen Barmherzigkeit bar ausnutzt, der muß sie verachten. Ja, nur aus einem verachtenden Pessimismus heraus, der an Hoffart grenzt, kann man eine Gefolgschaft so dupieren und so willenlos nach seiner Pfeife tanzen lassen, wie es die Charlatane getan haben. Ein gut Teil der Macht des Charlatans floß aus seiner Menschenverachtung.

Eisenbarth, dieser Mediziner, der nicht fertig studierte, vermutlich weil er nicht die Mittel dazu hatte, soll, wie zeitgenössische Urteile bekräften, in der Tat ein guter Operateur gewesen sein, der sich eigentlich niemals des alchimistischen Zaubers bediente, auch niemals Handel

29. Johann Andreas Eisenbarth. Kupferstich.

mit Parfumeriewaren oder Amuletten betrieben hat. Dafür entwickelte er ein System klug organisierter Propaganda, das seinesgleichen sucht. Er ist unter den Charlatanen das Propagandagenie. Geboren soll er in Viechtach bei Regensburg sein, gestorben zu Minden in Westfalen. Ausgebildet wurde er bei dem privilegierten Okulisten Biller in Bamberg. 1686 prüfte ihn in Altenburg der fürstliche Leibarzt Dr. Klander. Es wurde ihm bescheinigt, daß er, was Augenkuren, Stein-, Krebs- und Bruchschneiden betrifft, zur Genüge erfahren sei. Für diese Spezialgebiete erhielt er ein Privileg. Kuren durfte er nicht ausführen, Apothekerwaren nicht feilhalten. Wir wissen, daß Eisenbarth großen Zulauf hatte, ein wohlhabender Mann war, der Wagen, Pferde und in Magdeburg ein Haus im Werte von 3500 Talern besaß, einen Sekretär und reichlich sonstiges Personal beschäftigte und vom Kurfürsten von Hannover 200 Taler Jahresgehalt zugesichert erhalten hat. Viel mehr als diese Tatsachen sagen aber Eisenbarths Reklamezettel über ihn aus, und sie mögen zu dem bekannten Liede Anlaß gegeben haben, das sonst wenig mit Eisenbarths wirklicher Gestalt zu tun hat. Diese Reklamezettel sandte der Doktor Eisenbarth, der nie einen Doktorgrad erworben hatte, in die Städte voraus, in denen er seine Bude aufzuschlagen gedachte, und erwies sich so als eine Art Zeitungsverleger in eigener Regie. Noch wichtiger war, daß er verstand, sich der Presse – und das war völlig neu – zu Reklamezwecken zu bedienen. 1724 ließ er seine Artikel zum ersten Mal in den *redaktionellen* Teil der »Berlinischen Privilegierten Zeitung« einrücken, was nicht üblich war und wo sie mehr Beachtung fanden. In der Einleitung zu seinem im Jahre 1716 in der »Stettinischen Ordinairen Postzeitung« veröffentlichten »Dienstlichen Memorial« kann man die Sublimierung aller Marktschreierkünste finden. Sie lautet:

»Es ist zum Trost derer Patienten allhier angelangt der hochberühmte Medikus Johann Andreas Eysenbarth, kommet aus Stargardt, allwo er abermal große Wunder-Curen an allerhand Krankheiten glücklich verrichtet in Spezie hat er viele Stockblinde und noch kürzlich den 5. September eine Frau von Landsberg, welche 15 Jahr stockblind gewesen, wiederum sehend gemacht, unterschiedene an großen Leibesbrüchen geschnitten, auch einer ehrbaren Frau von Berlin eine Brust wegen fressenden Krebs mit wenig Schmerzen abgelöst, die nunmehro auch gottlob wieder gesund ist, andrer innerlichen und äußerlichen Krankheiten, die er in abundance curiret, zu geschweigen. Und weilen dessen Name und gute renommé weltkündig ist, als er von vielen hohen Häuptern als Ihro Käys. Mayest. in spezie von Ihro Kön. Majest. von Preußen, Kön. Majest. von Engeland und Churf. Durchl. zu Braunschweig-Lüneburg, mit trefflichen privilegiis begnadigt und als würklicher Landarzt auf und angenommen. Ferner ist er von Sr. Churfürstl. Gnaden zu Mayntz, auch all Durchl. Sächsischen Fürsten, Fürstl. Durchl. von Hessen-Cassel mit guten Privilegiis versehen wie er dann auch von verschiedenen Medizinischen Fakultäten und vielen berühmten Städten herrliche attestata produciren kan, woraus zu ersehen, daß er im gantzen Römischen Reich vortreffliche Proben seiner Kunst und Wissenschaften an den Tag geleget. Daß nur *ein* Eysenbarth ist, solange ihm Gott sein Leben gönnen wird er hat schon 31 Jahre prakticirt und von Gott sonderliche Gnade vielen verlassenen Patienten zu dienen; damit aber die geneigten Leser seine Wissenschaft und Kunst wissen mögen, als werden nur etliche Krankheiten, die er nächst Gott vielfältig curiret hiermit angeführt.«

Hier finden wir alles beisammen: den Wohltäter der Menschen, denn allein zum Trost der Patienten ist er angelangt, die mit eigener Stimme laut verkündete Hochberühmtheit, »weltkündig« ist sein Name, den schimmernden Kranz hoher Häupter, die ihm seine Kuren, die selbstverständlich »große Wunder-Curen« sind, attestieren, die Erinnerung an die nur ihm eigene Unfehlbarkeit, die notwendig Intoleranz zur Folge hat – »hier Elixiere, dort Meinungen« –, und dann die Zahl!: 31 Jahre hat er »prakticiret«. Aus der endlosen Litanei der Leiden, die Eisenbarth heilen kann, seien nur die folgenden angeführt:

»Was Manual-Operationes betrifft, so muß sich deren kein Arzt in Teutschland rühmen, sonderlich in Stein schneiden, deren er etliche 100 geschnitten, Steine von 10 bis 12 bis 14 Loth schwer, aus Menschlicher Blasen Bey Alten und Jungen mit wenig Schmertzen. Alle Leibesbrüche, sie mögen Nahmen haben wie sie wollen, ob solche gleich mit zur Welt gebracht. Kinder und Männer von 60 Jahren hat er Zeit seiner experiensee über 2000 geschnitten, ohne die er aller Orten ohne Schnitt glücklich curiret.«

Auch aus diesen Formulierungen sieht man wieder das Imponieren-Wollen durch Zahlen und das Betonen, daß kein anderer vermag, was er vermag. Und wenn er auch nicht gerade von Wundermitteln spricht, so ist doch nichts anderes gemeint, wenn er sagt »rare und in Teutschland unbekante Medicin«. Am Ende der ganzen Litanei preist er seinen wunderwirkenden und doch recht wohlfeilen Haupt-, Augen- und Gedächtnis-Spiritus, eine Ankündigung, die man übrigens auch in der »Vossischen Zeitung« von 1724 finden kann.

Eisenbarth kannte nicht nur die Macht der Zahlen, sondern er wußte auch, wie sehr Titel wirken, besonders auf seine Landsleute, und er kaufte sich 1717 den Hofratstitel für 200 Taler und nannte sich von da an nur Herr Rath Eisenbarth. Über dieses Ereignis kann man unterm 27. Februar 1717 in den »geschriebenen berliner Zeitungen« von Franz Hermann Ortgies folgende Nachricht lesen: »An die Collegia ist kund gemachet, so einer in oder außer denselben ein höher praedicat verlanget, solches nach einer leidlichen Taxa erhalten solle als dasjenige vom Geheimen Raht von 100 und vom Secretario von 50 rthlr. Andere Tituls sollen nach proportion bezahlet werden. Der berühmte Zahnarzt etc. Eysenbarth hat hievon profitiren wollen und ist Hoffraht worden.« Die Titel haben nicht nur bei Eisenbarth, sondern bei den meisten Charlatanen eine große Rolle gespielt, aus Eitelkeit, und weil sie der Gefolgschaft imponierten. Über das »Illustrissimo« und »Eccellenza«, mit dem Bragadino sich anreden ließ, sprach ganz Venedig, und ein Mann wie Francesco Giuseppe Borri, der den »höheren« Charlatanen zuzuzählen ist, legte den größten Wert darauf, Exzellenz tituliert zu werden. Diese Titelsucht veranlaßte den anonymen Verfasser der deutschen Neubearbeitung Menckes zu einem Vergleich mit der Sucht, pompöse Buchtitel zu wählen: »Es ist endlich auch nicht zu läugnen, daß die Tittel allerdings viel zur Hintergehung der Ungelehrten und Ungeübten beytragen, welches diejenigen wohl wissen, die solche Schriften drucken lassen, bey denen dergleichen Lockspeisen vonnöthen seyn ... Ich schreite also zu denen Büchertiteln, auf denen gewiß die Wahrheit ein seltsames Wildpret ist; sintemahl sie zwar insgemein herrlich eingerichtet sind, und viel großes und sonderbahres versprechen, aber doch in der That selbst die Leser meistentheils hinters Licht führen.«

Eisenbarth machte nicht halt bei der gedruckten Propaganda, sondern verstand, was noch viel wichtiger ist, jene Propaganda, von der die Definition der »source du charlatanisme« sagt, daß sie auf dem Weg über Gesicht und Gehör mit ihrer Magie sanft und schmeichelnd eindringe. Ein Zeitgenosse, der Göttinger Theologieprofessor Heumann, berichtet über ihn: »In meiner Jugend lebte ein damals sehr bekannter Marktarzt, welcher auf allen Märkten herumzog. Ich habe ihn am Ende des vorigen Jahrhunderts, da ich zu Zeitz ein Schüler war, daselbst gesehen, als er mit großer Pracht aufgezogen kam ...« Wie ein solcher prächtiger Aufzug dazumal beschaffen war, das kann man einer Memminger Chronik entnehmen, die sich nicht auf Eisenbarth bezieht: »Am 2. Juli kam ein berühmter Arzt an mit fünf Kutschen, darunter zwei sehr prächtig, hatte bei sich fünfzig Personen, darunter eine Zwergin, zwei Heiducken, zwei Trompeter und verschiedene gute Musikanten, so sich auf den Waldhörnern sehr gut hören ließen, auch achtzehn Pferde und zwei Kamele. Er hatte sein Theatrum auf dem Ratzengraben, verkaufte seine Ware, spielte vor und nach Komödien, hatte höfliche Leute und proper in Kleidern.« Eisenbarth wird als »Arzt« bezeichnet, ob der in Memmingen paradierende Herr in der Tat den Doktorgrad hatte, das wissen wir nicht. Es ist auch ziemlich gleichgültig, denn es war im 17. und 18. Jahrhundert so, daß viele Ärzte in ihrem Auftreten den Charlatan machten und viele Charlatane den Arzt. Der Doktorgrad hat da gar nichts zu bedeuten, die Aufmachung entscheidet. Man konnte mit Doktorgrad Charlatan sein und mußte kein Charlatan sein, weil man den Doktorgrad nicht hatte. Die Aufmachung aber hatte Augen und Ohren genug zu bieten. Wir wissen nicht, was die Musikanten auf ihren Waldhörnern »sehr gut« hören ließen, aber da beschriebene und gezeichnete Aufzüge immer die Jugend zeigen, die hinter dem Zuge einhermarschiert, so werden es wohl Marschlieder gewesen sein. Der Rhythmus hat eine unvorstellbare Macht über die Menschen. Wer sie zwingt, in dem von ihm gewollten und befohlenen Rhythmus sich zu bewegen, dem sind sie nicht weniger verfallen als dem Hypnotiseur, der das Stillstehen oder Armaufheben befehlen kann.

Über Eisenbarths Auftreten erfährt man viel aus den Akten über einen grotesken Skandal, dessen zufälliger Gegenstand er 1704 in Wetzlar wurde, wo sich das Kammergericht befand. Zwei wegen hochpolitischer Gründe verfeindete Beamtenparteien gerieten einander in die Haare, als Eisenbarth seine Bude auf dem Markt aufgeschlagen hatte. Von der einen Partei wurde gegen die andere, Erlaubnis gebende, Anklage erhoben. Bemüht wurde – der Kaiser selbst. »Allergnädigster Kayser, und Herr Herr«, schreibt der »Allerunterthänigster-Treugehorsamster Friedrich Ernst Graff zu Solms«: »... als an welchem Tag ein Jahr-Markt allhier gewesen, aufgerichtet sich befunden, worauff ein Marck-Schreyer nicht nur Artzney verkaufft hätte, sondern auch fast alle Tage Comoedien daselbst gespielet, und auff dem Seil getantzet worden wäre, ja es seye bey der ersten Comoedie oder Schau-Spiel ein Gerichts-Proceß, und andere dergleichen Dinge, vorgestellet worden, dabey der Richter mit einem Scepter gesessen, sich corrumpiren lassen, mit dem Harlequin den Richter-Stuhl und Kleydung verwechselt, und endlich den Harlequin zu henken, das Urthe[i]l gefällt.« Den Namen des Übeltäters verrät der Herr Graf nicht, man könnte meinen, daß es sich um den Direktor eines Wandertheaters handle, wenn man die Bezeichnungen und Klagen dieser Beschwerdeschrift liest. Aus der Antwort der Gegenpartei erfährt man, daß der Arzt nicht mehr als 4 Tage »ausgestanden« sei, das war der übliche Ausdruck. »... übrigens pflegen ja alle Artzten und Marck-Schreyer dergleichen zu thun um die Leute desto füglicher an sich zubringen.« Nun aber holte Eisenbarth zur Rechtfertigung aus, die vor Selbstlob überfloß. Als echtes Propagandatalent wußte er, daß es keinen Augenblick und keinen Anlaß im Leben gibt, der nicht zu Propagandazwecken ausgenutzt werden kann. Was ging es ihn an, ob die Leute zum Reichskammergericht bequem gehen oder sogar mit der Kutsche zufahren konnten oder ob sein Theatrum den Verkehr behinderte? Ein glückliches Geschick hatte ihn zum Mittelpunkt eines Skandals gemacht, alle Augen waren auf ihn gerichtet, alle Ohren hörten ihm zu, er ließ sich also vernehmen: »Ich Johann Andreas Eysenbarth, Kayserlicher- auch verschiedener Chur- und Fürsten hoch privilegierter Medicus und Operator, thue hiemit bekennen und attestiren, daß ohnlängstens meine 2. Diener von Cassel anhero nach Wetzlar auf Johannis Jahr-Marck alda der Gewohnheit nach meine Profession armer Patienten zu Trost zu exerciren abgeschicket, und bey dem Stadt-Magistrat um ein Theatrum aufbauen zu können, ansuchen lassen, welches auch gedachter Magistrat verwilliget ...« Man sieht, Eisenbarth will nichts als Trost spenden, er ist Wohltäter der Menschheit.

Die ersten Worte, die Eisenbarth von seinem Theatrum herab sprach, lauteten: »Hochgeehrte Herren, ich bin der berühmte Eisenbarth«, und damit begann die Rede, von der alle lexikalen Definitionen und alle zeitgenössischen Kritiken als dem stärksten Machtmittel der Charlatane sprechen. Der Text dieser Reden ist natürlich nicht erhalten, und wenn man sich vorzustellen versucht, wie die Charlatane wohl gesprochen haben, um den starken Eindruck auf ihre Gefolgschaft zu erzielen, der einem Trancezustand glich, so ist man auf die wenigen Zeugnisse von Beobachtern angewiesen. Was immer wieder hervorgehoben wird, ist die Länge der Reden und ihr Wortreichtum. Daß eine lange Rede aus vielen Worten besteht, das ist so selbstverständlich, daß es auffallen muß, wenn eine solche Feststellung immer wieder gemacht wird. Die Worte in ihrer Beschaffenheit müssen so gewesen sein, daß sie den Zuhörern aus dem Komplex der Rede, oder eher noch: unabhängig von ihr, als aufdringliche Erinnerung haften blieben. Worte nehmen aber den Charakter einer Anhäufung nur dann an, wenn sie unverstanden oder unverständlich sind, vom sinnschaffenden Satz- und Redegefüge abgebunden wie Glieder, in denen das Blut nicht mehr kreist. Der Gedanke, der einem Satz den Sinn gibt, holt sich die Worte als Steine, aus denen der Satzbau aufgerichtet wird. Ein Wort leuchtet nur dann heraus mit einem Glanz, wie an den alten Kirchenfassaden auf einer weißen Marmorplatte, die ein schräger Strahl der scheidenden Sonne trifft, wenn Gefühl oder Gedanke ihm Akzent verleihen. Ist aber kein Gedanke da und fehlt der Sinn, diese Brücke zwischen den Gedanken, dann werden Worte zu Worten und nichts als Worten, dann kann von der Beredsamkeit, der Eloquenza, gesagt werden, daß sie »verbosa« sei, wie Zacchia schreibt, wenn er von der Plage der Charlatane berichtet. Hier, in ihrer ureigensten Domäne sind die Charlatane nicht mit der Hand, sondern mit dem Munde »più destro« (geschickter) gewesen »che di cervello« (als mit dem Gehirn), und sie vermochten es, die Qualität der Worte in Quantitäten umzufälschen. Daß sie, die Meister im Fälschen, bei der kleinsten Zelle, dem Wort, begannen, zeigt ihre Gründlichkeit in bestimmten Gebieten, und es sei an die gesichteten Zettel und Zettelchen in Bragadinos Briefregistratur erinnert. Mit Wortfälschung beginnt die Meinungsfälschung. Die Charlatane blieben auch nicht stehen bei einer Anhäufung von Fachausdrükken, deren Sinn weder sie noch ihre Gefolgschaft verstanden (von der eine der angeführten Definitionen spricht), sondern sie gossen jenen feinen Tropfen Gift in das Wort, das es schillern macht in vielfältiger und widerspruchsvoller Bedeutung. Die verbindliche Formulierung, der präzise Ausdruck ist wichtig für denjenigen, der verantwortlich für seine Worte einsteht oder der leidenschaftlich darum ringt, seine Gedanken in der genauesten Form zu vermitteln. Wer keine Gedanken hat, wer Verantwortung flieht, der scheut die Klarheit der Sprache, die ihn festzulegen droht. Immer und ganz besonders in seiner sprachlichen Formulierung ist der Charlatan prinzipieller Feind jeder Präzision, auf ständiger Flucht vor jeder Klarheit. An die Stelle der Klarheit setzt er die Deutlichkeit. In diesem Wort steckt schon der Stamm von »deutbar«. Etwas deutlich Gesagtes muß lange noch nicht klar sein. Was hier gemeint ist, drückt Friedrich Nicolai aus, wenn er in seiner »Reise durch die Schweiz« (Anhang zum VIII. Bd.) über Lavater sagt: »Die Hrn. Lavater längst zur Gewohnheit gewordene *deutlich scheinende Undeutlichkeit*, und seine ihm so charakteristisch eigene Manier desultorisch zu denken und zu schreiben, dient ihm auch hier alles untereinander zu mischen, so, daß es meistens schwer ist, recht *klar* zu sehen, worüber er sich beklagt. Er führt einige wahre Sachen an, die aber zum Teil eigentlich nicht einmal zu dem vorhandenen Streite gehören, und läßt andere sehr wesentliche weg.« Ohne daß wir Lavater als Charlatan bezeichnen wollen, müssen Nicolais Worte als ungemein charakteristisch für charlataneske Redemethoden angesehen werden. Das Körnchen Wahrheit, die *halbe* Wahrheit, konnte man im Redeschwall der Charlatane sicher häufig finden, z. B. in dem Verächtlichmachen der lebensfernen Professoren. Daß dieses Körnchen Wahrheit vorhanden war, ist eine für den Erfolg gar nicht hoch genug einzuschätzende Tatsache. Das Weglassen aber, das Redigieren, das Heranziehen von ablenkenden Dingen, die gar nicht zum Thema gehören, das ist jene Fälschung, mit der die Lüge destilliert und marktreif gemacht wird, so wie das Elixier erst durch die Späße des Hanswurst Verkaufsreife erlangte. Das ist die halbe Wahrheit, die auf der Basis halben Wissens dargeboten wurde. Die übergroße Deutlichkeit, von der Nicolai spricht, führt zu jener Umfälschung des für die Menge nicht Verständlichen in Verständliches, zu einer falschen Popularisierung, von den Charlatanen der Wissenschaft mit soviel Erfolg angewandt, über die sich im 17. Jahrhundert die Klagen der Gelehrten häuften. Diese Flut von Worten mit ihren zahlreichen Wiederholungen, die Zacchia, Aretino, Primerosio und ihresgleichen solchen Überdruß erweckten, mußte immerhin Ausdrücke anschwemmen, die sich wiederholen ließen und der Mehrzahl der Zuhörenden nicht Überdruß, sondern Vergnügen bereiteten. Und da es den Charlatanen im Endzweck darauf ankam, ihre Mittel zu verkaufen, darf man wohl annehmen, daß es die Sätze mit den Namen dieser Mittel und der sie schaffenden Wundersubstanzen waren, die immer wiederkehrten. Die Namengebung war denn auch merkwürdig genug, und man spürt sofort die Absicht, sowohl in des Dr. Case lateinischem Schwulst als im 18. Jahrhundert in den »bewußt« deutschen Benennungen der Medizinen des Michael Schüppach. Noch eindrucksvoller waren die Namen aus dem Reich der Alchimie, nicht nur weil das ein nie verstandenes und wundererfülltes Fabelreich war, an das zu erinnern allein schon dem Worte Glanz verlieh, sondern weil es sich hier um ausgesprochene Schlagworte handelt. Ein Schlagwort – die Engländer nennen es »catch-word«, das Einfangwort – muß einfach sein, variabel, wiederholbar und von gefühlsmäßiger Weite, d. h. mit privaten Vorstellungswerten füllbar. Wenn es allen diesen Forderungen entspricht, dann kann dieses Morsezeichen zum Programm werden. »Stein der Weisen«, »Trinkgold« – das waren Schlagworte, unbegrenzt wiederholbar. Jede Wiederholung steigerte noch den traumhaften Zauber der phantastischen Wunschvorstellungen, die jeder nach seinen persönlichen Bedürfnissen aus der schillernden Schale dieses Wortes zu schlürfen wähnte. Unendlich oft wiederholbar sind Worte, die Eindruck machen, ohne der Ausdruck für irgend etwas zu sein. Wird ein Wort bis zu Ende verstanden, hat man es begrifflich abgeschritten, dann ist es nicht mehr variabel. Wieder begegnen sich Charlatan und Gefolgschaft. Während der Charlatan nichts zu Ende versteht, weil er über Wissen und Verstehen »hinwegrauscht«, will das Publikum die ganz zu verstehenden, die klaren Worte gar nicht hören, denn sie wären niemals fähig, die süßen Schauer der phantastischen Wunschvorstellung zu spenden. Die klaren Worte wollen, daß man sich in ihnen finde, die schillernden, daß man sich an sie verliere, und genau das war es, was Charlatan und Gefolgschaft wünschten. Der gefühlsweite Ausdruck wurde besonders gierig eingesogen, wenn man Zukunftsschilderungen lauschte und die Illusion trunken machte. Saubere Beweisführung? Aber die wollte man gar nicht, die mied man, denn sie war illusionsgefährdend. Und so traf die zeitgenössische Kritik nicht ins Schwarze, wenn sie den Charlatanen ihren Wortreichtum, die bombastische Unklarheit ihrer Rede und ihre wiederholungsreiche Länge vorwarf. Als Schüler klassischer Redekunst stießen sich die Kritiker, von der Basis ihrer Bildung urteilend, an Formalem, sie erhoben den Vorwurf mangelnder Bildung und übersahen, daß sie selbst und ihre Bildungspostulate überrannt wurden und daß das schillernde Wort methodisch das wichtigste und erfolgreichste Werbemittel jeder Charlatanerie ist. Die Länge der Reden war für den Erfolg ebenso wichtig wie der unklare Ausdruck. Durch physische Rekordleistung (Stimmband-Akrobatie) wurde physische Ermüdung erzielt, und dieser bedurfte der Charlatan, um gegenüber der erhabenen Inhaltslosigkeit seiner Rede Kritik einzuschläfern. Auch erzeugte diese Länge und Ermüdung jene Gereiztheit des aus dem Dämmerschlaf Gerissenen, die der

Marktschreier brauchte, wenn er in seiner Gefolgschaft Intoleranz gegen den Konkurrenten wachschrie. Dieser Konkurrent wurde zu jenem geheimnisvollen Feind, den alle Charlatane hatten – bei Thurneysser war es der Heimwehteufel –, und in die Zorn- und Rachegefühle, die er gegen den unschuldig Schuldigen entfesselte, waren erst recht alle privaten Gefühlswerte zu gießen. Er machte es seinen ermüdeten Zuhörern bequem, er öffnete dem privaten Unmut jedes Einzelnen Ventile, wie auf den Bänken unter ihm beengende Knöpfe, Bänder und Schnallen geöffnet wurden. Die »gebildeten« Leute, die konnten gerne schmähen, für sie waren diese Reden gar nicht bestimmt. Im Gegenteil wollte man durch die betonte Deutlichkeit sowie die Verquickung von Primitivität mit Bombast nicht nur den »einfältigen« Leuten imponieren, sondern ebenso die gefährlichen »Denkenden« fernhalten. Sie waren die Feinde, und Feinde zu überzeugen, war niemals das Streben der Charlatane, Feinde wurden gemieden und die Abwesenden mit Intoleranz bekämpft.

Seltsamerweise ist die Rede eines Charlatans im Wortlaut dadurch erhalten worden, daß dieser sie der aufkläre-rischen »Berlinischen Monatsschrift«, die einen erbitterten Kampf gegen jede Charlatanerie führte, selbst eingesandt hat. Es handelt sich um Magno-Cavallo, eine ostpreußische Kopie des Cagliostro, über den noch berichtet werden wird. Im November 1790 veröffentlichte die »Berlinische Monatsschrift« ein Blatt, das ihr der Wundermann aus Pommern anläßlich der in diesem Jahre erfolgten Reichenbacher Konvention zugesandt hat. Die politische Situation war die, daß Leopold II., der Bruder und Nachfolger Josephs II., einen Krieg mit Preußen, das sich mit Polen und der Türkei gegen Österreich und Rußland zu verbinden drohte, durch die Verständigung in Reichenbach mit

Erfolg abzuwenden suchte. Das Blatt, das Magno-Cavallo einsandte, stellt den Entwurf zu einer utopischen Rede dar und spiegelt die Stimmung der Kriegsangst in Preußen wider. Das politische Interesse der Charlatane, das für die zweite Hälfte des 18. Jahrhunderts charakteristisch ist, wird uns noch eingehend beschäftigen. Diese Rede ist nicht interessant durch Verkaufswerbung für Wundermittel, um die es sich hier gar nicht handelt, sondern durch den Aufbau und die Wahl der Worte. Sie lautet:

»Bei dem Tod des Kaisers Joseph II. zogen sich zusammen über dem politischen Horizont von Europa solche schwere kriegerische schwarze Wolken, daß es unvermeidlich schien, ein allgemeines Kriegsfeuer und Brunst.

Rußland, Türkei, Schweden, Brabant, befanden sich schon in vollen Flammen; und Frankreich ließ nichts übrig erwarten auf dem ganzen Erdboden, als den Umsturz aller despotischen Monarchien. Bei solchem schwarzen Gesichtspunkt; bei so einem traurigen Ansehen der allgemeinen Statistik, der allgemeinen Ruhe und Wohlfahrt tritt auch Preußen hinzu, läßt mit besonderer Hurtigkeit Armeen, Kriegsschaaren, Kanonen, Mörser, Bomben in gewaltige Bewegung setzen. *Schon* verlassen die schönen Regimenter ihr Quartier; *schon* singen die schönen Kerls ihr biederes Adieu an die Schönen von Berlin; *schon* wimmelt *Kriegs*vorrath, *Kriegs*volk, *Kriegs*vieh, *Kriegs*zurüstungen an allen Grenzen; *schon von* Stunde zu Stunde erwartet man Postillonen mit Lärm *von* Schlachten, *von* Verheerungen, *von* Verwüstungen, *von* Eroberungen. *Schon* zittert Asia, *schon* Europa, *schon* jede Christinn, *schon* jede Türkinn; *schon* weint jedes Weibsbild wegen der Vergießung des theuren Blutes ihres Mannes, ihres Sohnes, ihres Bruders. Jede Braut wird *schon* rasend über den Verlust ihres Bräutigams, jede Freundinn, jede Verliebte ist *schon* verzweifelnd toll über den Verlust ihres Schatzes; jedes zarte Weibsbild mit bethränten Antlitz streckt *schon* seine Arme gen Himmel, seufzend und heulend:

> Ah se in Ciel non è smarrita
> La bpietà. Il mio Ben, la Vita
> Lasciatemi! Sola bandita?
> Ah dammi la morte sorte ardita![9]

Echo: Smarrita? – Vita! – Bandita! – Ardita – ita – ita, – tà! – à!»Aus der Flut dieser Worte wird sofort verständlich, was mit Wortanhäufung gemeint ist und wie sie angewendet wurde. Niemals konnte man in den Reden der Charlatane Sammelnamen finden. »Waffen« – das hätte keiner gesagt, sondern man sprach von »Kanonen, Mörsern, Bomben« und strahlte damit jene Magie aus, die »auf dem Wege über Gesicht und Gehör sanft und schmeichelnd eindringt«. Es ist das Ohr, das sturmreif gemacht und überrannt wird mit den vielen aufeinanderfolgenden »schon«, »von« oder der stattlichen Anzahl der mit dem Wort »Krieg« gebildeten zusammengesetzten Substantiva. Die falschen Bilder Bragadinos werden von dem »schwarzen Gesichtspunkt« beinahe noch in den Schatten gestellt, und wozu unverstandene Fach- oder Fremdworte führen, das zeigt der Gebrauch von »Statistik«. Das Aufschlußreichste aber ist die rein klangliche Ausbeutung des italienischen Liedchens, besonders des Refrains. Die Silben werden voneinander gelöst, einzeln steigen sie in die Luft und schillern, kleine und große, tanzende, fliegende und platzende Seifenblasen. Hier wird einzig Gehör und Gesicht aufgerufen, der Klang und die Erweckung der Vorstellung von Bildern stellen allein die Brücke und den Kontakt zwischen Charlatan und Gefolgschaft her, es ist – wenn man so will – eine dadaistische Charlatanerie und für gewisse ästhetische Ausdruckstendenzen ein lehrreiches Spiegelbild, das zeigt, daß eine nichts als klingende und malende Sprachgestaltung, aus der der Gedanke vertrieben wurde, notwendig zur Charlatanerie wird, gleichgültig aus welchen Motiven der Bannstrahl gegen den »Sinn« geschleudert wird. Eine Propaganda, die genügend Autorität hat, um darauf verzichten zu können, daß ihre Manifestationen »Sinn« haben, die hat es auch nicht nötig, Widersprüche zu scheuen. Sie nimmt jene sieghafte Position ein, von der aus es gelingt, die Gefolgschaft – wir haben das schon einmal festgestellt – zwei einander widersprechende Behauptungen gleichzeitig glauben zu lassen, ohne den Widerspruch zu empfinden. Die Charlatane als echte Künstler der Meinungsfälschung hatten dieses Höchstmaß von Erfolg fast immer zu verzeichnen.

Fehlte den Werbereden Sinn und Zusammenhang, so heißt das noch nicht, daß die Charlatane den Hang der Menschen zur zusammenhängenden Erzählung nicht genau gekannt und zu befriedigen gewußt hätten: sie waren meist sehr gute Geschichtenerzähler. Und es ist merkwürdig, daß der improvisierte äußere Aufzug, die sich zufällig um den Charlatan bildende und von ihm unterhaltene Menschenansammlung ganz eindeutig an Menschengruppen erinnert, die sich um eine ganz andere Art von Geschichtenerzählern gesammelt hat. Auf einem Mezzotintoblatt nach Ostade »Der flämische Rattenfänger« (Abb. 30) steht ein Mann in phantastischer, fremdländischer Kleidung auf einem Schemel, liest oder singt etwas, was er auf einem Zettel aufgeschrieben in der Hand hält, und zeigt mit einem Stab auf einen Bilderbogen. 16 Bilder sind da nebeneinandergesetzt, eine Handlung rollt ab und wird in jeder einzelnen Phase im Bilde vorgeführt und durch Strophen erläutert. Die illustrierte mündliche Erzählung, die Darbietung der Bänkel- und Moritatensänger, ist die primitivste, eindringlichste und wirksamste

30. The Flamish Rattlatcher (oder: Der Bänkelsänger). Kupferstich von Christian Wilhelm Ernst Dietrich nach Adriaen van Ostade (1610–1685).

Form der Erzählung. Die Menschen, die da im sinkenden Abend unter einem Baum stehen geblieben oder herangekommen sind, um zuzuhören, haben einen verträumten, aber stillen und friedvollen Ausdruck, sie ruhen aus in den Geschichten, die sie hören, und nichts entfernt sie von dem Erdboden, auf dem sie stehen und leben. Sie fliegen nicht fort in ihren Vorstellungen, sie lassen sich nur Geschichten erzählen. Der sie ihnen erzählt, muß das gut verstehen, selbst sein kleiner Gehilfe, der sicher schon oft dasselbe gehört hat, ist mit Aufmerksamkeit dabei. Für die Ratten hat dieser Geschichtenerzähler eine Falle bereit, Menschen stellt er keine Falle, er fängt zwar mit seiner Falle Ratten, aber nicht mit seinen Geschichten Menschen. Die sprachliche Formulierung, die im Italienischen den Charlatan auch »Saltimbanco« nennt, wandelt für den Bänkelsänger in »Cantimbanco« ab; dem, der auf die Bank springt, wird der, der auf der Bank singt, an die Seite gestellt. Ein farbiges populäres Blatt aus Neapel (Abb. 31) zeigt einen Harlekin unter schwarzer Maske, wie er singend und mit sprechenden Gesten sein zusammengelaufenes Publikum entzückt. Neben ihm die kostümierte Geigenspielerin, die lockende Frau, auf die auch die Charlatane selten verzichtet haben. Als Hintergrund wieder der Bilderbogen, der deutlich die Atmosphäre malt, aus der auch die Lieder trällern. Das Publikum schmeckt Lustigkeit und Pointe auf der Zunge, es sind Gourmands des Frohsinns, Anhänger der leichten Kost, die Freude macht und nicht beschwert. Dieser Bänkelsänger besitzt seine Zuhörer ebenfalls und will sie besitzen – für einen flüchtigen Augenblick nur, einen Augenblick, dem Witz und Lachen gehören. Bartolomeo Pinelli, der zu Anfang des 19. Jahrhunderts mannigfaltige Szenen aus dem römischen Volksleben dargestellt hat, zeigt die zufällige Menschenansammlung um einen Charlatan auf einem Platz in Rom (Abb. 32), und wenn man nur flüchtig hinschaut, so erinnert die Gruppe stark an Rattenfänger und Bänkelsänger. Auch hier steht einer erhöht auf einem rasch herbeigeholten Stuhl und zeigt mit einem Stab auf einen Bilderbogen. Auch hier stehen Lauschende um ihn herum, aber weder abendlicher Friede

31. Der Bänkelsänger (oder: Pulcinella erzählt Geschichten). Populäre farbige Lithographie, Neapel um 1830.

32. Der Charlatan. Von Bartolomeo Pinelli (Rom, 1781–1835).

noch Lachen liegt auf diesen Gesichtern. Gewiß, der Mann erzählt Geschichten, aber es müssen Schauergeschichten sein! Nattern ringeln sich um seinen Hals, Nattern, Krokodile, Skorpione und zweiköpfige Seeungeheuer zeigt der Bilderbogen, der seine Geschichten untermalt. Wieder, wie schon auf soviel anderen Darstellungen, spiegeln sich Grauen und Lockung gleichzeitig in den Zügen der Zuhörer, eine Frau mit angstgeweiteten Augen hebt erschreckt den Zeigefinger, und auch der kräftige junge Mann rechts hat einen gequälten Ausdruck. Ihnen allen bricht der angenehme Angstschweiß aus, und sie drängen sich zusammen um ihren Charlatan wie eine bedrohte Herde. Sie vergessen dabei, daß er selbst es ist, der die Bilder der Bedrohung heraufbeschwört. Aber da ist noch etwas: dieser Geschichtenerzähler bezweckt etwas mit seinen Geschichten: er hat Amulette und Talismane zu verkaufen, sie hängen ihm über dem Arm. Und je düsterer das Grauen, um so mehr Licht verbreiten die Schutzkräfte der Talismane, um so begehrter werden sie, um so höher machen sie sich bezahlt. Rattenfänger und Bänkelsänger erzählen, um zu erzählen, und was sie sich bezahlen lassen, ist ihre Kunst zu erzählen. Der Charlatan erzählt, um zu verkaufen – hier Elixiere, dort Meinungen – wieder wird klar, aus welchen konkreten Vorgängen die übertragene Bedeutung ihre Bilder nimmt.

Wenn Thomas Sonnet, Sieur de Courval, der Gegner Mondors und Tabarins, in seiner »Satyre contre les charlatans« (Paris 1610) schildert, wie sie ihren Magen präparierten, um nachher unter den Augen ihres Publikums Gift einnehmen zu können, wie sie Kandiszucker anstatt Arsen schluckten, um ihre Gegengifte anzupreisen, wie sie ihre vorher präparierten Hände ins Feuer hielten, um die Qualität ihrer Brandsalben zu demonstrieren, dann beweist er damit jene einzigartige Verbindung von Taschenspielertum mit der Kunst, die Lüge zu destillieren, sie absatzreif und gebrauchsfertig zu machen, die den Charlatan charakterisiert. Denn all die vielen Formen von Meinungsfälschung, sei es der »äußerliche Schein« des pomphaften Aufzuges und der prunkvollen Kleidung, sei es die zum Kaufen anreizende Ablenkung durch amüsante Komödienfiguren oder die Anlockung durch Grauen, all das bedeutet im Endziel nichts anderes als die wortreiche Rede oder die schlau stilisierten Reklamezettel, nämlich immer wieder die Verarbeitung der Lüge als Rohstoff mit ganz bestimmten »Veredlungs«-Methoden, die hier dargelegt wurden: sie sind das spezifisch Charlataneske. Es muß immer wieder darauf hingewiesen werden, daß die Charlatane ihre Gefolgschaft, die sie so meisterhaft zu behandeln wußten, weil sie sie durchschauten, verachteten. Ihre Kunst der Menschenbehandlung ist auf Menschenverachtung gegründet; sie, die es so gut verstanden, ihre Gefolgschaft zu berauschen, blieben hellsichtig nüchtern. Von Mondor und Tabarin erzählt Jean de Gorris in »Discours des moeurs, fraudes et impostures des Ciarlatans etc.« (Paris 1622): »... Wie oft haben wir – waren sie erst wieder in ihren vier Wänden – gehört, wie sie sich über uns, die wir ihre Kassen mit Geld gefüllt und denen sie die Haut abgezogen hatten, mokierten und unsere Einfalt (simplicité) mit Mitleid und Spott belächelten! Aber sie sagen, daß die Not, die kein Gebot kennt, sie zwingt, diese Einfalt auszunutzen, und daß sie in ihrem Berufe mehr verdienen als wir in dem unsern.« Sie nutzten nicht nur die Einfalt der Menschen aus, sondern alle ihre Schwächen. Von den Charlatanen wurden immer nur die negativen Eigenschaften aufgerufen. Sie sahen die Menschen als eine Gesamtheit, nämlich in ihrer speziellen Funktion als Käufer – sei es von Elixieren oder Meinungen –, und beurteilten diese Gesamtheit als eine Menge böser, schwacher und unwissender Individuen. Die psychologische Durchdringung gelang ihnen so vollkommen, eben weil sie sich nur an eine Gesamtheit wendeten und nur auf sie und nicht auf durch divergierende Interessen gespaltene Gruppen einstellten. Das bewahrte vor Zersplitterung und bedeutete die Erfolgschance dieser Werbemethoden, aber nur dann, wenn die Menge unverändert das blieb, als was sie behandelt wurde. Ein Impuls zur Wandlung hätte nur aus einer beim Individuum einsetzenden Massenerziehung kommen können, die aus dem anspruchsvollen Kastengeist des Gelehrtenstandes nicht zu erwarten war. Der Charlatan mußte, wollte er seine Käufertotalität sich so erhalten, wie er sie brauchte, Feind des Erziehungsgedankens sein und den Wissens- und Neuigkeitshunger auf eine anti-pädagogische Weise befriedigen. Und so setzte er an die Stelle der Erziehung die Propaganda.

DAS ENDE DER CHARLATANE

> Aber dabei, meine Freunde und Mithalunken, sind wir nicht ohne Religion, ohne unseren Kultus, der wie der älteste und jeder echte Kultus, ein Kultus der Furcht ist. Die Christen haben ihr Kreuz, die Moslim ihren Halbmond; aber haben nicht auch wir unsern Galgen? Ja, unendlich schrecklich ist der Galgen, welcher mit seiner Gabel über den Abgrund bodenlosen Grauens emporragt!
>
> (Aus Cagliostros Rede an seine Freunde und Mithalunken in der Bastille. In »Das Diamantenhalsband« von *Thomas Carlyle*)

Der Glanz, der wie stechende Sonnenstrahlen vor dem Gewitter kurze Strecken im Leben der Charlatane vergoldete, breitete sich niemals über ihr Ende. Bragadino wurde hingerichtet, Borri und Cagliostro starben im Gefängnis der Inquisition, der »steinreiche« Graf von St. Germain und Leonhard Thurneysser, der Edelsteinfischer, beschlossen ihr Leben in Verlassenheit und dürftigster Armut, von keinem Menschen betreut oder gesucht. Verstanden die Charlatane die aus den mannigfaltigsten Gründen erschütterte Sicherheit ihrer Zeitgenossen richtig einzuschätzen und auszunutzen, so waren sie sich auch wieder ihrer eigenen Unsicherheit durchaus bewußt. Niemand kannte besser als sie selbst die Haltlosigkeit der eigenen Versprechungen, niemand sah deutlicher die stündlich drohende Möglichkeit, daß das Kartenhaus einstürze. Die Flucht vor der ständig drohenden Gefahr nahm diesen Männern die Gelassenheit, sie hatten immer Eile. Sie mußten sich rasch und nachhaltig beweisen, bevor es zu spät war, sie mußten den Augenblick ausbeuten, und so ist es vollkommen begreiflich, wenn sie, wie der anonyme Autor der »Charlatanerie der Gelehrten seit Mencken« sagt, »späte« Erfolge nicht anstrebten; es gab für sie nur Augenblickserfolg oder Entlarvung. Im Leben drohte ihnen Strafe oder Tod, nach dem Tode aber Vergessenheit. So glichen ihre Tage einer Anhäufung von Unternehmungen, bis zum Rande waren sie gefüllt und es galt einzuheimsen und auszukosten – der Galgen drohte.

Ein charlatanesker Arzt der Renaissance, Tommaso Gianotti aus Ravenna, der den Namen Rangone angenommen hat (1493–1577), scheint in seiner Eitelkeit durch die Erkenntnis von der Vergänglichkeit des eigenen Ruhmes besonders stark getroffen worden zu sein. Er hatte Medizin, Astronomie, Physik, Mathematik und Literatur stu-

33. Supraporta der Kirche San Giuliano in Venedig
mit der Gestalt des Charlatans Tommaso Rangone
von Jacopo Sansovino (1486–1570).

diert und kam noch in jungen Jahren nach Venedig, wo er durch den Verkauf von phantastischen und von den Ärzten nicht anerkannten Medikamenten zu großem Reichtum gelangte. Er lebte verschwenderisch und ließ sich zu seinen Lebzeiten zwei Denkmäler setzen, so sehr war er verfolgt von dem Zwang, der Vergänglichkeit seines Andenkens entgegenzuwirken. Rangones Prunksucht machte sich in Bauleidenschaft Luft. Er ließ die Kirche von San Gemi-niano in Venedig restaurieren und seine Büste, aus Bronze von Alessandro Vittoria gefertigt, im Innenraum aufstellen. Die Kirche von San Giuliano ließ er neu aufbauen und über dem Tor von Sansovino seiner eigenen Gestalt für ewige Zeiten ein Denkmal setzen. Auch dieses Denkmal, eines der vollendetsten Werke von Sansovinos Hand, ist aus Bronze (Abb. 33). Der bedeutende Mann ließ sich zwischen einer Himmelskugel und einem Globus darstellen und eine lateinische und eine hebräische Inschrift anbringen, in denen die Verdienste des großen Rangone von ihm selbst gepriesen wurden. Hier wurde noch über das Grab hinaus die Werbung mit der eigenen Person betrieben, Rangone konnte den Gedanken, daß er einmal werde aufhören müssen, die Menschen zum Stehenbleiben und zur Aufmerksamkeit zu zwingen, nicht ertragen. Beinahe dreihundert Jahre später stellt Gabriel de Saint-Aubin einen Charlatan auf dem Pont-Neuf dar (Abb. 34), und wie er lockend und anpreisend von der Höhe seiner Sänfte ein Fläschchen hebt, sieht es aus, als hadere er mit der steinernen Unsterblichkeit des Standbildes Heinrichs IV. Eine solche Vermessenheit und dabei eine so gepeinigte Unrast liegen in dieser Wendung zu dem Monument, daß man Heinrich IV. vermeint mit dem Kopfe nicken zu sehen wie den Komtur, den Don Juan auf dem nächtlichen Friedhof anzurufen wagt. Größe irritiert und Unvergänglichkeit irritiert, wenn man beides anstrebt und nicht besitzt. »Ce charlatan sur la Scène publique, Jouant les médecins, Se croit au-dessus d'eux«, so beginnen die Verse zu diesem Blatt. Je bestimmter eine leise Stimme, die man nicht hören wollte und doch hören mußte, flüsterte, daß der Erfolg nicht dauern würde, weil man sein Haus auf Sand gebaut, um so durstiger wurde man nach dem Applaus des Augenblicks, um so worte- und gestenreicher agierte man auf der »Scène publique«. Es ist, als wollte der Mann auf dem Wagen einen Konkurrenten niederschreien – aber dieser hört und sieht ihn nicht. Und gerade, weil menschliche Größe unberührt bleibt von dem Spiel auf der »Scène publique«, weil sie ihm niemals Aufmerksamkeit schenkt, reizt sie die Charlatane zu immer neuer Begeiferung.

34. Der Charlatan. Radierung von Gabriel de St.-Aubin (Paris, 1742–1780).

Was diese Jongleure mit der Hoffnung und dem Vertrauen der Einfältigen, Schwachen und Leidbeladenen am meisten fürchten mußten, war die Rache der Enttäuschten. Der anonyme Verfasser der »Charlatanerie der Gelehrten seit Mencken« stellt einmal Betrachtungen darüber an, daß »wenn ein Kaufmann Waaren auf seinem Schilde oder seiner Aushängetafel führt, die er nicht in seinem Gewölbe hat«, er sich lächerlich macht, daß das aber keinen Schaden tut, weil die, die nach den Waren fragen, doch zu einem andern Kaufmann gehen können, um ihren Bedarf einzudecken. Wie aber sollen das die Kunden des Charlatans machen, die doch immer wieder zu hören bekommen, daß es sich um einen Monopolverschleiß von Elixieren oder auch Meinungen handle? Daß also kein anderer als der Eine, Einzige ihnen das zu geben vermag, was ihre Hoffnung und ihr Vertrauen ersehnen? *Sie* können nicht einfach zu einem andern Kaufmann gehen, sondern sie stehen vor Leere und Abgrund, wenn sie erst einmal erkannt haben, daß ihr Glauben betrogen wurde. Und grausam wie die Enttäuschung war auch die Rache, wie sie sich in der Lebensgeschichte des Goldmachers Gaetano besonders deutlich abzeichnet.

Gaetano oder, wie er sich nannte, Domenico Gaetano, Conte di Ruggiero, erschien in Berlin etwa um das Jahr 1705 in einer Staatskarosse mit 20 Dienern, gekleidet in Scharlachröcke mit gelben Samtaufschlägen und goldenen Tressen. Es ereignete sich, daß derselbe König Friedrich I. von Preußen, der Sohn des Großen Kurfürsten, der die Universität Halle, an der ein Bekämpfer des Aberglaubens vom Range des Thomasius, an der Stahl und Hoffmann lehrten, und auch die Berliner Akademie der Wissenschaften, deren Präsident Leibniz war, begründet hatte, den Goldmacher anstellte und ihm Vertrauen schenkte. Der Freiherr von Pöllnitz berichtet in seinen Memoiren: »Er (der König) verlangte also diesen Wundermann zu sehen. Man brachte ihn. Da er die Gabe zu sprechen in vollkommenstem Grade besaß, so ward der König bald von ihm überredet, daß er in kurzer Zeit den großen Mogol an Reichthümern übertreffen werde.« Der diese Gabe zu reden in so hohem Maße besaß, war der Sohn eines Bauern aus Pitrabianca bei Neapel, in seiner Jugend Goldschmiedlehrling und Taschenspieler, also in zweifacher Weise richtig vorgebildet für die Rolle, die er in Preußen zu spielen gedachte. 1695 mußte er Italien verlassen, wie er sagte, weil er den vergrabenen Schatz eines Alchimisten zusammen mit einer Anweisung zur Herstellung des Steines der Weisen gefunden hatte. Solche glücklichen Ereignisse stellen sich in der zusammengefabelten Lebensgeschichte der Charlatane häufig für den Augenblick ein, in dem sie – meist aus kriminellen Gründen – Land oder Beruf verloren haben. Gaetano hielt den König, ganz ähnlich wie Bragadino den Senat von Venedig, lange hin, machte dann notgedrungen einige Proben, wußte selbst, wie sehr diese mißlungen waren, und versuchte aus Berlin zu fliehen. Er wurde aber immer wieder festgenommen und zurückgebracht, weil der König, der in seinem Glauben an den Goldmacher nicht wankte, nicht auf ihn verzichten wollte. Aus einer solchen Periode zwischen Zweifel und Glauben des Königs und der beginnenden Furcht des Bauernsohnes aus Pitrabianca erzählt der preußische Hofalchimist Dippel von einem Besuch, den er im Auftrag des Königs bei dem Goldmacher zu machen hatte, und beschreibt in sehr amüsanter Weise dessen Behausung. An den Wänden befanden sich 3–4 geladene Pistolen. Gaetano zitterte. »Ehe wir noch ankamen, so hatte er, wie es die Marktschreyer machen, schon alle seine Testimonia publica und Patenten von seinen häufigen Projectionen an so vielen Höfen auf der Tafel ausgebreitet; er zeigete uns noch ferner einige Handbriefe, sowohl von dem Kayser Leopoldo glorwürdigster Gedächtnuss als dessen Gemahlin und dem Churfürsten von Bayern nebst andern Fürsten, die er alle in einer güldenen Capsul verwahret. Wir mußten die Charlatanerie mit Gedult passieren und dabey uns quasi verwundern, um seine fernere Grace zu menagieren.« Als der König die Geduld verlor, machte er dem Gaetano endlich den Prozeß und ließ ihn hängen. Dippel schreibt über diesen Richtspruch und verrät damit ein tiefes Verstehen für das Wesen der Macht des Charlatans und für die Rache, die an ihm für den Mißbrauch dieser Macht genommen wird: »Man straffte ihn nur wegen seiner im Sinn gehabten Betrügereien und daß die große Hoffnung an ihm fehlgeschlagen und man diesem Halunken allzu

35. Kopf eines fliegenden Blattes mit dem Galgen, an dem der Goldmacher Gaetano 1709 in Berlin hingerichtet wurde.

excessive Ehren und Caressen von Anfang an erwiesen, die anders nicht konnten als mit allerstrengster Rache compensiert werden, wovon Particularia zu erzehlen uns der Respeck verbietet.« Diese Zeilen finden sich in dem Buch »Ein aufrichtiger Protestant«, das Johann Konrad

Dippel 1733 unter dem Pseudonym Cristianus Democritus veröffentlichte. Mit schauerlicher Schärfe zeigt ein fliegendes Blatt, das das Märkische Museum in Berlin bewahrt (Abb. 35), den Charakter der rächerischen Strafe. Gaetano wurde am 23. April 1709 an einem mit goldenem Lahn beschlagenen Galgen, in einem Kleide aus Rauschgold und Flittern aufgeknüpft. Der Kopf des Flugblattes stellt ihn dar, wie er am Galgen hängt, und die lateinische Überschrift lautet: »Fumum vendidi, fune perii« (»Rauch verkaufte ich, durch den Strang kam ich um«), aus seinem Munde aber kommen als grauenvoller Hohn die Worte Neros: »O quantus artifex pereo« (»O welch ein Künstler geht an mir zu Grunde«).

Die Strafe, die über Gaetano verhängt wurde, ist eine »sprechende« Strafe. So wendet sich das Machtmittel der Charlatane, die Werbung durch die eigene Person in einem als attraktive Permanenzvorstellung aufgefaßten Erdendasein, vernichtend gegen sie selbst. Noch am Galgen hängend, werden sie gezwungen, Propaganda zu machen, Propaganda gegen sich selbst. Das Gold, das sie versprochen, die falsche Hoffnung, die sie erweckt, Erkenntnis, die aus Enttäuschung geboren wurde, richtet sie, und ihr Ende ist gekleidet in den Hohn des Rauschgoldes, mit dem sie die Phantasie der Menschen vergiftet, mit dem sie den Echtheitsgehalt der Wahrheit gefälscht haben.

Exkurs

BUONAFEDE VITALI

Im 17. Jahrhundert wurde unter einem neuen und veränderten Aspekt gereist. Nicht mehr innere Unrast, auch nicht die Sehnsucht, die Welt als Abenteuer zu erleben, trieb in die Ferne, sondern der Drang, seine Kenntnisse zu bereichern, neues Wissen zu dem alten sich zu gewinnen. Zum ersten Mal blieb der Reisende Zuschauer, er kam nicht mehr wie der Wanderer der Renaissance, um sein eigenes Leben für eine unbestimmte Zeitspanne dem fremden Rhythmus eines fremden Landes einzufügen, mit ihm zu atmen, sondern er sah zu, beobachtete und trug das Beobachtete als neu erworbenes Wissen nach Hause. Das berufliche Reisedasein des Charlatans stand im Gegensatz zu dieser Art von Reisen, die die Seßhaftigkeit nur zeitweise unterbrachen, während die Existenz des Berufs-Charlatans eine Verneinung der Seßhaftigkeit überhaupt bedeutete. Ein Mensch, der seinem Charakter nach im Protest stand gegen seßhafte Gleichförmigkeit und alle Berufe, die zu dieser Gleichförmigkeit zwingen, konnte sich sehr wohl zu der Lebensweise der Charlatane hingezogen fühlen, ohne Charlatan zu sein. Das ist der Fall eines von den medizinischen Fakultäten dreier italienischer Städte graduierten, zu seiner Zeit hochberühmten Arztes, Buonafede Vitali (1686–1745), der freiwillig, nur dem Gebot der eigenen Natur gehorchend, seine wissenschaftlichen Titel niederlegte und zum »Saltimbanco« wurde. Carlo Goldoni, der einmal mit dem merkwürdigen Mann zusammentraf, erkannte in ihm sofort den »ciarlatano d'una specie molto rara« (eine ganz seltene Spielart des Charlatans). Vitali stammte aus Busseto im Herzogtum Parma, der Heimat Verdis. Mit

12 Jahren schon war er ein so vollendeter Redner, daß er an der Universität von Parma öffentlich philosophische Fragen erörtern und in der Diskussion vertreten durfte. Er soll kurze Zeit lang Mönch gewesen sein, sicher ist, daß er im Regiment seines Vaters Fahnenträger war, dann aber Medizin und Chirurgie studierte ohne die geringste Absicht, die Universitätslaufbahn einzuschlagen. Als Feldscherer trat er wieder in militärische Dienste, machte die Schlachten von Cassano und Turin mit, wurde verwundet und ging, kaum geheilt, nach Canterbury, wo er drei Jahre blieb. Als 1710 in England eine Pestepidemie ausbrach, legte er die Resultate seiner ärztlichen Beobachtungen in einer Schrift nieder. Seiner Meinung nach ist ein parasitischer Wurm als Krankheitserreger anzusehen. Von England ging Vitali nach Frankreich, Belgien, Holland, Hamburg, Lübeck, Danzig, Stockholm und Petersburg. In Lappland wurde er Leiter eines Bergwerkes, aber bald wendete er sich südwärts, und wir finden ihn wieder als Verwalter der Königlichen Bergwerke in Lissabon. 1714 kehrte er nach Italien zurück und legte sich in Genua zum ersten Male den Namen l'Anonimo zu, den er sein Leben lang behalten hat. Es ist merkwürdig, daß Vitali diesen Namen im Augenblick der Heimkehr annimmt. Es ist, als hätten ihn die vielen fremden Länder, die er gesehen, die vielfältigen Leben, die er gelebt, zweifeln lassen, daß die Gestalt des Menschen durch einen Namen umschrieben und festgelegt werden könne. Namenlos wollte er sein und durch keinen Namen gebunden an das Dasein, das er in der Heimat geführt und verlassen hatte. Namenlos wollte er auch bleiben, in genauem Gegensatz zu den vielen wohlklingenden Namen, die große Charlatane – der Graf von St. Germain zum Beispiel – angenommen haben. Die Abenteurer wollten sich hinter ihren Namen wie hinter

einer schimmernden Festung verkriechen, denn sie glaubten immer das Gespenst des Galgens zu sehen. Vitali sah keinen Galgen vor sich, er fühlte sich durch seine Reisen nur ununterbrochen verwandelt, ausgelöscht, um in neuer Gestalt zu erstehen und wieder zu verlöschen. Die Problematik des Schicksals, das dem Menschen Gestalt gibt und wieder nimmt, scheint sich dem Erschütterten in all ihren Tiefen offenbart zu haben, so daß ihn ein Name mehr dünkte, als ein Mensch tragen und verantworten kann.

Der Heimgekehrte trat wie ein Charlatan auf den Plätzen auf und machte sich anheischig, auf jede ihm gestellte Frage, berühre sie welches Gebiet auch immer, aus dem Stegreif zu antworten. Als Redner und als Mensch mit Kenntnis und Lebenserfahrung appellierte er an die Aufmerksamkeit des Publikums – von vornherein nicht als Fachmann und Arzt. Das war als Protestkundgebung gegen die gelehrten Ärzte gemeint, seine eigentlichen Berufsgenossen an den Universitäten. Der Anonimo besuchte die Bäder von Acqui, schrieb über ihre Heilwirkungen und wendete sich dann über Livorno und Civitavecchia nach Rom, wo er im Auftrag des Papstes Clemens XI. Faustina, die Tochter eines berühmten Malers und Gattin des Dichters Zappi, behandelte, und zwar mit bestem Erfolg. Das Aufsehen, das diese Heilung machte, verschaffte ihm in Italien den Ruf eines großen Arztes. Mit offenen Armen nahmen ihn die Neapolitaner auf, und er erlangte so großen Ruhm, daß noch 50 Jahre später ein Textbuch zu einer Oper des Paisiello, »L'Idolo cinese«, einen Salbenkrämer mit der Bezeichnung »il nuovo Anonimo« rühmt.

Aber eine Natur wie die des Vitali verlangte nicht nach Ruhm, sondern nach Erleben. Er verließ Neapel bald, zog durch viele italienische Städte und heilte Papst

Innozenz XIII., der sich gegen alle anderen Ärzte voll Mißtrauen gezeigt hatte. Bald wurde ihm Italien wieder zu eng, er zog nach Lissabon, von dort zurück nach Palermo. In dieser Stadt wurde er 1723 vom Senat zum Dozenten für Chemie, Physik und Philosophie gewählt und zum Direktor der staatlichen Laboratorien bestellt. Um in Sizilien dozieren zu dürfen, mußte er, der 1717 in Parma, 1719 in Bologna als Doctor medicinae promoviert hatte, noch das Doktorexamen an der Universität Catania ablegen. Obgleich in Palermo alle kirchlichen und weltlichen Würdenträger ihn zu halten suchten – der Kardinal war ihm in inniger Zuneigung verbunden –, zog er auch aus dieser Stadt wieder weiter, ja er erzwang entgegen den Wünschen des Senats ein früheres Abreisedatum. So entging er dem fürchterlichen Erdbeben, das nur sehr kurze Zeit nach seinem Abschied Palermo heimsuchte. Im Norden, in Schio (Trient), taucht er wieder als Bergwerksverwalter auf, 1730 aber ist er in Florenz, wo ihn das medizinische Doktorenkollegium zum »maestro di Sapienza« diplomierte. Wieder zog er durch die Städte Italiens, nur in Mailand längeren Aufenthalt nehmend. Den Lebensausschnitt Mailand kennzeichnet ein in Buchform veröffentlichter Brief, in dem Vitali den Beruf des Charlatans verteidigt; in Mailand war es auch, wo er mit Goldoni zusammentraf. Obgleich der Anonimo in seinen Schriften und durch sein ganzes Dasein sich zu dem Beruf des Saltimbanco bekennt und nicht müde wird, Universitätsprofessoren und Ärzte anzugreifen, galt er seinen Zeitgenossen als bedeutender Arzt, den sich die Adligen und Großen der Welt kommen ließen. Über sein Eintreffen in Verona 1743 berichtet Goldoni, daß er mit Jubel begrüßt wurde wie Äskulap in Griechenland. Er hatte während einer in Verona ausgebrochenen Epidemie Heilerfolge, die Stadt ernannte ihn als Dank zum Protomedikus. Sein Ruf bewog den König von Preußen, ihn an die junge Universität Halle mit einem Gehalt von 5000 Gulden zu berufen, aber der Anonimo starb, bevor er diesem Ruf folgen konnte, am 2. Oktober 1745.

»Quel mio genio di viaggiator!« (dieser mein Genius des Reisens!) ruft Vitali einmal aus, und es ist wirklich der Genius des Reisens, der ihn durch die Welt führt. Weder der Zwang zu verdienen noch der Zwang zu fliehen ist bei ihm Anlaß zu dem »continuo peregrinatur«, sondern es ereignet sich, daß bei diesem Charlatan all das ehrlich und wahr ist, was bei den andern nur fingiert wurde oder aus Zwang geschah. Mehr noch: er wählte den Beruf des Charlatans aus Protest gegen jene Zeiterscheinungen, die er im Sinne unserer Definitionen als Charlatanerie empfand. Es ist überraschend und von seltenem Reiz zu beobachten, wie in der Interpretation des Anonimo gerade jene Manifestationen, die wir als spezifisch charlataneske Meinungsfälschung kennengelernt haben, als Protestaktionen aus Ehrlichkeit erscheinen. Dieser Philosoph und Komödiendichter, Schauspieler und leidenschaftliche Liebhaber des Theaters war ein glänzender Redner und ein sehr mäßiger Schriftsteller. Es ist fast rührend, wie ungelenk, wie gänzlich »unaufgemacht« die Sätze dastehen, die die originellsten und erstaunlichsten Ansichten kundtun. Immer wieder lächelt es zwischen diesen Zeilen. Der Anonimo hatte Humor, ihn hätte des Volkes Gemurmel und Geraune niemals gestört wie Bragadino. Die Schrift, die er in Mailand veröffentlichte, trägt den Titel »Lettera in difesa della Professione del Saltimbanco« und verteidigt einem adligen Gönner gegenüber (es soll Scipione Maffei gewesen sein) den Beruf des Charlatans. Schon aus den ersten Zeilen ist erkennbar, daß der dem Anonimo in

Verehrung zugetane Adlige ihn gebeten hat, doch diesen entwürdigenden Beruf, der sich mit seiner Ehre nicht vertrage, aufzugeben. Sofort repliziert Vitali als Frondeur: die Ehre, so meint er, sei nur Ansichtssache, eine subjektive Meinung, nichts mehr, die aus Laune von den Menschen demjenigen zugesprochen werde, der ihnen gerade genehm sei, und die gar nichts zu tun habe mit dem Verdienst eines Menschen, der wirklich und wahrhaftig ehrlich ist. Er gibt zu, daß es viel Gesindel unter den Charlatanen gebe, aber das sei in jedem Beruf so und entehre diesen noch lange nicht. Das Verderben für die medizinische Wissenschaft erblickt er darin, daß sie sich von der Empirie abwendete. Er distanziert die empirische Medizin vom verwerflichen Risiko des Experiments und stellt sie als die einzig wahre Medizin hin, »diese aber ist die Kunst des Saltimbanco, der, was er kann, öffentlich zeigt«, denn kein anständiges Gewerbe scheut die Öffentlichkeit, »und da die Kunst der Medizin die wichtigste ist, scheint es mir Pflicht, sie mehr als jede andere vor den Augen des Volkes auszuüben«. Dieses Streben, mit offenen Karten zu spielen, ist das genaue Gegenteil der Spekulation auf die Sucht nach Geheimnis, die alle anderen Charlatane auszeichnet. Dieser Drang zur Öffentlichkeit, dieser Wunsch nach Kontakt mit dem Volke, hat bei Vitali, dem Theaterliebhaber, etwas Schauspielerisches, denn war der Platz eines Tages etwas weniger voll von Menschen, dann erklärte er, nicht behandeln zu können. Er brauchte, wie der Schauspieler, das Fluidum zwischen sich und dem Publikum. Aber nicht das allein ist der Grund für des Vitali Vorliebe für das Brettergerüst. Wie sein ganzes Wesen, so mußte sein ganzes Gehaben eine ständige Herausforderung sein, ein Protest gegen die Menschenkaste, die er nicht nur verachtete, sondern haßte, die Kaste der vom Leben Abgeschlossenen, die

Universitätsprofessoren, gegen sie konnte er nicht genug eifern. Er wirft ihnen in Schrift und Rede vor, daß sie sich in uferlosen Disputen verlieren, anstatt zuzugreifen und zu helfen, daß sie sich in ihren Hörsälen wie in Festungen verschanzen, um mit der Realität, die sie über ihre Irrtümer aufklären könnte, gar nicht zusammenzutreffen. Hier wendet sich ein menschlicher Typus in offenem Kampf gegen den andern, und Vitali wäre es niemals eingefallen, die Wissenschaft, die er angriff, hinterher mit Attesten für seine Mittelchen zu bemühen. »Die Professoren«, sagt er, »denen ihre Bequemlichkeit zuviel gilt und die die Mühen der Reise scheuen, die weder Klima- noch Luftwechsel an sich selbst erlebt haben und nicht ahnen, wie verschieden auf der Welt die Sitten sind, wie traurige Begegnungen tun und wie einem zumute ist an jenen erfolglosen Tagen, an denen die Menge mit Fingern nach einem zeigt.« Und da er den Professoren Mangel an Lebenserfahrung vorhielt, so konnte er ihnen in ihrer Wissenschaft vorwerfen, daß bei ihnen die Erfahrung zur Magd der Theorie geworden sei, während doch die Theorie dazu da sei, der Erfahrung nachzuhelfen. Er, der ein so hinreißender Redner war, daß zeitgenössische Berichte von ihm sagen, er habe die Gabe gehabt, »mit seinen Worten die Dinge zu malen und faßbar (palpabili) zu machen«, tadelt nichts so wie die wortreichen Dispute der Professoren. In seiner Wertwelt steht die Geistesgegenwart an erster Stelle, und sie verlangt Lebensnähe. Er verachtet diejenigen, die die Bretter – und meint sowohl im wörtlichen Sinn die Bretterbühne als im übertragenen die Bühne des Ruhmes – mit der Hilfe anderer, getragen von fremden Armen, also mühelos ersteigen. »Es ist ja gerade schön«, so ruft er aus, »sich selbst hochzubringen ohne die Hilfe anderer, und das muß der Charlatan jeden Augenblick tun.« Das ist nun wieder das genaue Gegenteil der charlatanesken Gepflogenheiten, immer andere, hohe und höchste Herrschaften oder einfache Patienten zu Zeugen aufzurufen und mit Hilfe ihrer Atteste die Bühne des Ruhmes zu erklimmen. Keiner der Berichte erwähnt Beglaubigungen oder Atteste, die Vitali beigebracht hätte zur eigenen Beweihräucherung.

36. Buonafede Vitali, genannt L'Anonimo, Kupferstich.

Zeitgenössische Biographen behaupten, daß es kein Porträt des Anonimo gebe, und es würde dem Namenlosen durchaus gleichgesehen haben, wenn er keine Bilder von sich hätte anfertigen lassen. Er wird beschrieben als mittelgroß, dick, stattlich aussehend, von lebhafter Gesichtsfarbe und löwenartigen Zügen. Ein Stich (Abb. 36), den zu finden gelungen ist, bestätigt diese Beschreibung, erscheint aber so konventionell, daß gerade noch ein schwacher Glanz von Güte erhalten, Humor und Eigenart des Mannes jedoch kaum zu ahnen sind. Viel lebendiger werden die Züge des Anonimo in dem bezaubernden Porträt, das Carlo Goldoni in seinen Memoiren von ihm entwirft. In der Lebensgeschichte Vitalis, die Goldoni erzählt, heißt es, daß er einen ungestümen Ehrgeiz hatte, die ganze Weite seines Wissens zur Geltung zu bringen (»aveva un' ambizione sfrenata di far valere l'estesa delle sue cognizioni«) und daß er deshalb den Entschluß faßte, seine ehrenvolle Stellung (Universitätsprofessor) aufzugeben und das Brettergerüst zu besteigen, um zum Publikum sprechen zu können. Daß Vitali diesen Ehrgeiz hatte, ist sehr wohl zu glauben, der Grund ist aber darin zu suchen, daß er nicht nur an den Berufskollegen Kritik übte, sondern sich selbst in seinem Beruf unbefriedigt gefühlt hat. Der Hörsaal war ihm zu eng, der Wirkungskreis zu klein. Goldoni erzählt, wie dieser Charlatan auf die schwierigsten Fragen aus jedem Wissensgebiet und über die abstraktesten Probleme (»le materie più astratte«) von seiner Bude herab in der glänzendsten Weise geantwortet hat. Die Medizinen Vitalis lobt Goldoni sehr. Über des Anonimo Aufenthalt in Mailand wird berichtet:

»Der Anonimo hatte in Mailand die Genugtuung, den Platz, auf dem er sich zeigte, voll von Menschen zu Fuß und zu Wagen zu sehen; da unter seinem Publikum die Gebildeten und Gelehrten aber spärlich waren, mußte er Darbietungen bringen, die die unwissende Menge anziehen konnten. So verteilte der neue Hippokrates seine Heilmittel und übte seine Rhetorik umgeben von vier Masken der italienischen Komödie.

Herr Buonafede Vitali war selbst ein Liebhaber der Komödie und unterhielt auf seine Kosten eine vollzählige Truppe von Komikern, die, nachdem sie ihrem Herren geholfen hatten Geld einzunehmen, das ihnen in verknoteten Taschentüchern zugeworfen wurde, die sie wieder mit Medikamenten gefüllt zurückwarfen, eine Komödie in drei Akten aufführten. Sie spielten mit freigebiger Großzügigkeit beim Lichte vieler weißer Wachskerzen.

Ich wünschte den Anonimo kennenzulernen, und dies nicht nur wegen seiner außerordentlichen Eigenschaften, sondern wegen seiner Truppe. Eines Tages suchte ich ihn, unter dem Vorwande, eines seiner Heilmittel kaufen zu wollen, auf. Er fragte mich, an welcher Krankheit ich leide oder zu leiden glaube, und merkte aus meinen Antworten sehr rasch, daß mich nur die Neugierde zu ihm geführt hatte. Er ließ mir eine Tasse guter Chokolade bringen und sagte mir, daß das in meinem Zustande die beste Medizin sei. Ich fand diese Aufmerksamkeit außerordentlich fein (»... la galanteria graziosissima«); als ich mich einige Zeit mit ihm unterhalten hatte, überzeugte ich mich, daß er im Privatleben ebenso liebenswürdig ist wie in seinem öffentlichen Auftreten kenntnisreich.«

Goldoni, der noch jung und unbekannt war und eine Truppe suchte, die eine Komödie von ihm aufführen wollte, fand in Vitali, der selbst eine Komödie geschrieben hatte, einen teilnehmenden Förderer. Die Truppe des Anonimo zählte hervorragende Stegreifkünstler unter ihren Mitgliedern, und für sie schrieb Goldoni dann eine Komödie, den »Gondoliere von Venedig«.

Gegen Fälschung und Lüge trat in offenem Kampf ein sehr origineller Charlatan, Giuseppe Colombani, auf, der durch 24 Jahre auf dem Markusplatz zu Venedig als Zahnzieher tätig war. Wie Vitali war auch er aus Parma (geb. 1670) und begann als Söldner eine militärische Laufbahn. Er kam durch ganz Italien, auch nach Spanien, und brachte es zu einer seltenen Fertigkeit im Spielen der Trompete, Flöte, Oboe und Guitarre, auch hatte er in Spanien die Kastagnettentänze zu tanzen gelernt. Außerdem aber war er ein brillanter Fahnenschwinger und Florettfechter. In Malta wurde ein persischer Wundermann auf ihn aufmerksam und versprach ihm seine Tochter Angelika zur Frau, falls er mit seinen Künsten die Kunden des Persers, der Gegenmittel gegen Schlangengift verkaufte und sich

37. Giuseppe Colombani, ein Zahnzieher.
Kupferstich, Venedig um 1725.

im Besitz des Steines der Weisen rühmte, anlocken wollte. Colombani zog mit dem Perser, als er aber Angelika einmal fragte, ob der Vater auch Gold machen könne, verriet sie ihm, daß alles nur Schwindel sei. Colombani machte hierauf den Ehekontrakt rückgängig und kämpfte sein Leben lang gegen die betrügerischen Charlatane. In einem Buch, das er ganz entgegen der Geheimniskrämerei der Charlatane den »Offenen Schatz, aus dem Jeder Tugend,

Gesundheit und Reichtum gewinnen kann« nannte (Venedig 1724), schuf er die Figur des Aufschneiders, Monsù Guascon, der, wie bei den Charlatanen üblich, sich rühmt, schmerzlos alle Operationen ausführen zu können und dergleichen mehr. Ihm antwortet der »onorato Cavadenti«, der rechtschaffene Zahnzieher, also der Autor selbst, und erklärt ihm, daß es Zähne gebe, die beim Ziehen nicht schmerzen, und andere, die man ohne Schmerz nicht ziehen könne usf. In diesen Wechselreden beweist der »Alfier Lombardo«, so wurde Colombani genannt, viel Fachkenntnis. Auf seinem Bild (Abb. 37) findet man die Worte »Quod Tibi fieri non vis Alteri ne feceris« (was du nicht willst, daß man dir tu', das füg auch keinem andern zu), gewiß ein löbliches Motto für einen Zahnarzt. Daß seine Berufsgenossen auf dem Markusplatz, wo er mit einem auf der Trommel exekutierten Menuett seine Patienten zusammenrief, ihn wütend anfeindeten, ist nicht zu verwundern. Unter ihnen befanden sich Herren, die hoch zu Roß behandelten, und wenn sie einen Zahn beim Ziehen abbrachen, dem Pferd die Schuld gaben, das sich im unrechten Moment geschüttelt habe. Sie mußten es sehr unangenehm empfinden, wenn Colombani seinem Monsù Guascon erklärte, daß die Angehörigen des geschädigten Patienten berechtigt wären, dem Zahnzieher und nicht den widrigen Umständen die Schuld zu geben. Dieser venezianische Zahnarzt war dem Anonimo geistesverwandt, allerdings ohne sein Format zu erreichen.

Vitali war ein Genie, das unter die Charlatane ging, weil es ihr schweifendes Leben liebte, dieses Leben auf den Marktplätzen, das in die erregende Nähe vieler unbekannter Menschen führte, mitten hinein in die lebendige Wirklichkeit. Eine merkwürdige Namenssymbolik will, daß im Namen des Namenlosen Vitalität mitschwingt wie ein Glockenton seines wahren Wesens. Der Mangel an Seßhaftigkeit zog den Anonimo an, die Heimatlosigkeit des Charlatans hatte in seiner Vorstellung etwas Selbstgewähltes und Großes. Aber gerade die Heimatlosigkeit empfanden viele Charlatane als bitteres Geschick. Bragadinos und Thurneyssers Heimweh war echtestes Gefühl. Es war sein immer wacher Protest gegen die Lebensblindheit der Professoren, der Vitali freiwillig unter die Charlatane gehen ließ, die doch nicht mehr als einen »neckenden Triumphton gegen Vernunft und Wissenschaften« anzuschlagen wußten. Der künstlerische Impuls, der zur Kunst der Fälschung gehört, war bei ihm in Persönlichkeit und Lebensgestaltung begründet, niemals hat Vitali Meinung, Wissen und Wahrheit gefälscht. Aber er fälschte sein eigenes Wissen um die Eigenschaften der Charlatane, indem er sie für sich und seine Ideale umdichtete. »Die Welt ist ein Theater«, so schrieb der Anonimo, »das aus Mimen und Zuschauern zusammengesetzt ist. Gespielt wird auf der Bühne der Welt das Leben, und der Autor dieser Vorstellung hat bestimmt, daß jede Figur sich anders kleide …« Und – das war die Meinung des Anonimo – wer Charlatan ist, der soll auch als Charlatan auftreten. Nicht Maskierung, sondern Demaskierung hatte er im Sinne. Wenn er sich Charlatan nannte, so glaubte er sich zu sich selbst zu bekennen, aber er täuschte sich über das Wesen des Charlatans und über sein eigenes.

Der Charlatan wollte anders scheinen als die andern, Vitali *war* anders. Was ihn mit dem Charakter des Charlatans verband, ein charlatanesker Zug seines Wesens, wenn man so will, das war die Überbetonung seiner Besonderheit, die zu einseitiger Betrachtung von Welt und Leben aus der Perspektive des Andersseins führte. So erklärt es sich, daß der vitale Protest dieses genialen Mannes nicht an die Tore der Universitäten pochte und sich in revolutionierende und produktive Mitarbeit umsetzte, sondern in einem ungemein liebenswerten, künstlerisch-schönen, abseitigen und im Grunde unfruchtbaren Charlatan-Dasein seinen Ausdruck fand. So wie der Anonimo sein eigenes Wissen vom Charlatan verfälschte, weil er es nach seiner Sehnsucht umdichtete, so verfälschte er unwissentlich auch das Urteil, das die Kritischen unter seinen Zeitgenossen sich über den Typus des Charlatans gebildet hatten, indem er, der kein Charlatan war, als Charlatan lebte und seine »Protestaktionen aus Ehrlichkeit« mit den charakteristischen Hilfsmitteln charlatanesker Fälscherkunst in Szene setzte.

Von Gottfried Christoph Beireis, der zu Ende des 18. Jahrhunderts als Universitätsprofessor lebte und ein Charlatan war, schreibt W. H. Riehl in »Culturstudien aus drei Jahrhunderten« (Stuttgart 1859, zitiert in Heisters Beireis-Biographie), daß er »jedenfalls ein wunderbarer Virtuos der Persönlichkeit« gewesen ist. Ein »Virtuos der Persönlichkeit« war auch Vitali: ihm war die souveräne Beherrschung aller Lebensäußerungen gegeben, gesteigert zu einer Vollkommenheit und Besonderheit, die die Produktion vor dem Publikum rechtfertigt. Riehls Formulierung weist mit dem Wort Persönlichkeit nicht auf die Umrisse hin, die der Charakter einem Menschen gibt, nicht auf den Kern, sondern auf eine bestimmte Brillanz, mit der sich sein Wesen äußert. Ein »Virtuos der Persönlichkeit« spielt weniger musikalisch als technisch meisterhaft auf der Geige des Lebens. Seine Mitmenschen hören und sehen ihn, und was für sie von seiner Lebensform wahrnehmbar wird, rundet sich zum Bilde dessen, was sie für seine Persönlichkeit halten und bewundern. Virtuosentum bietet immer ästhetischen Genuß. Für ästhetische Genüsse empfänglich, zu Wertungen aus ästhetischen Gesichtspunkten bereit, sind stets dieselben Menschen gewesen, die Verständnis für den Protest gegen alle Lebensblindheit und geistige Hoffart bekunden. Die Versuchung, recht zu geben, wo die Kritik im Negativen zutrifft – und nichts anderes bedeutet das Körnchen Wahrheit in den Reden der Charlatane –, ist ebenso groß wie die, aus Freude an dem »Virtuosentum der Persönlichkeit«, ihm zuzustimmen. In der ausschließlich ästhetischen Wertung liegt eine ernste Gefahr. Weil ihr Verantwortlichkeit und Verbindlichkeit fehlen, nimmt sie keine Rücksicht auf die Folgen, die aus der penetranten Veränderung entstehen, die die Wertwelt erfährt, wenn das charlataneske Prinzip nicht mehr als virtuose Arpeggien, sondern als alltägliche Fingerfertigkeitsübung gespielt wird. Gefährlich wird diese Art der Wertung großen und wertvollen Menschen, oft den Größten, weil sie sie in das Lager der Gefolgschaft des Charlatans führt. Ihr Adel und ihr Name werden auf diese Weise zum Aushängeschild für eine Sache, die nicht wert ist, von solchen Namen geadelt zu werden, und das verführt gerade die Demütigen und Reinen, die Bewunderer der Großen, sich kritiklos und gläubig unter eine Gefolgschaft zu mengen, zu der sie ihrer Art nach nicht gehören. Sie sehen nicht den Charlatan, der die Herde führt, sondern nur ihren bewunderten Helden, der sich der Gefolgschaft der Charlatane angeschlossen hat. Ihm folgen sie. Und so gelangen die Charlatane oft zu Erfolg und Zustimmung, die auf Mißverständnis beruht, und sie verstehen aus ihr, die nur zu bald in schamvolle Enttäuschung umschlägt, propagandistisch Profit zu ziehen.

Die ästhetische Freude, der Genuß an der merkwürdigen Persönlichkeit erklärt Goethes aufzuckendes Interesse an Michael Schüppach, Cagliostro oder den geheimen

Gesellschaften des Freiherrn von Knigge. Bei Betrachtung der Gestalt des Professor Beireis wird gezeigt werden, wie sich dieses Interesse läutert und aus den Schlacken das abgeklärteste und weiseste Urteil über die Charlatane aufsteigt. Friedrich Wilhelm Riemer kommt in seinen »Mittheilungen über Goethe« (Berlin 1841) auf dessen Stellung zum Aberglauben zu sprechen. Die Stelle sei wörtlich nach Riemer zitiert, denn das Wesentliche liegt in der Verflechtung von Goethe-Zitat und Interpretation. Riemer beginnt mit einem Goethewort. (Die Sätze in Anführungszeichen sind von Goethe, die verbindenden Erklärungen von Riemer):

»Der Aberglaube ist die Poesie des Lebens.« Wie also sollte der Poet ohne Aberglauben seyn? wie sollte er ihn nicht wenigstens für seine Poesien nutzen und zu Gute machen, »da er ihm, wie jeder anderen Phantasie blos mentale Giltigkeit verleiht?« »Ihm ist er deswegen nicht schädlich«, und auch anderen nicht, sobald sie sich mit ihm zur geistigen Freiheit des Gedankens zu erheben wissen, um ihn als ein ästhetisches Spiel zu tractieren.

Hier zeigt sich das Unheil, das angerichtet werden kann, noch in der Verschmelzung desselben Satzes. Mit demselben Atemzug wird eine tiefe Erkenntnis präzisiert und interpretierend in das gefahrvolle Gegenteil verfälscht. Die Phantasie, der nur mentale Gültigkeit verliehen wird, mit der ist bei Goethe die Vorstellungswelt der phantasievollen Menschen gemeint, wie sie Hofmannsthals Worte, die diesem Buch vorangestellt wurden, definieren: »Ich lerne immer mehr die phantastischen Menschen von denen unterscheiden, die phantasievoll sind, nämlich imstande, fortwährend die Realität in ein erhöhtes zweites Dasein umzuformen.« Diese »fortwährend Umformenden« meint Goethe, wenn er von den Menschen spricht, denen Aberglaube nicht schaden kann. Dieses Umformen in ein erhöhtes zweites Dasein, das etwas eminent Produktives bedeutet, wird bei Riemer schon zum »Tractieren als ästhetisches Spiel«, also zu einer phantastischen Verantwortungslosigkeit oder zu einer verantwortungslosen Phantasterei. Klarer kann die Gefahr nicht aufgezeigt werden, die aus dem Mißverstehen einer rein künstlerischen Vorliebe und ihrer Wertungen entsteht. Das ästhetische Spiel mit der Sympathie für Protesthandlungen gegen die Meinungen der Wissenschaftler, die sich in einer launenhaften Vorliebe des aufgeklärten 18. Jahrhunderts für Pseudowissenschaften, Sektenwesen, Naturheilmittel, Schäfermedizinen, Magnetiseure und geheime Orden in den oberen Gesellschaftsschichten Luft machte, sanktionierte als Mode den Humbug, den das Volk zu glauben nur allzu bereit war. Es waren die Geistigsten, die wissentlich oder meist unwissentlich, immer aber ohne das genügende Bewußtsein von der Verbindlichkeit ihrer Wertungen, Helferdienste zur Entthronung des Geistes leisteten. Aus der Realität durch ständige Umformung in ein erhöhtes zweites Dasein zu wachsen, das bedeutet das genaue Gegenteil von einer Flucht aus der Realität in Phantasterei und Illusion. Die phantasievollen Menschen haben den Charlatan nicht nötig und durchschauen ihn. Der Macht des Charlatans über phantastische Menschen sind keine Grenzen gesetzt.

III

DIE HÖHEREN CHARLATANE

Francesco Giuseppe Borri aus Mailand, der 1695, also noch im 17. Jahrhundert, starb, nimmt in Persönlichkeit und Lebensgestaltung jenen besonderen Typus des abenteuernden Charlatans vorweg, der erst das 18. Jahrhundert charakterisieren sollte. Das Dixhuitième zeigte wenig Interesse für die Volksausgabe des Marktschreiers, es hat die Luxusausgabe des grandseigneuralen Charlatans, des reisenden Weltbürgers geprägt. Borri gehörte zwar in dem wunderlichen Gemisch von Wissenschaft und Religion, das auf seine Anhänger faszinierend wirkte, noch ganz seiner Zeit an; er war innerlich ein Mensch des 17. Jahrhunderts. Jedoch die Art der Aufmachung seiner Charlatanerien, vor allem die äußere Form seines Lebens ist jene grandseigneurale des maßlos überwerteten und diese Überwertung anstrebenden Kavalier-Charlatans. Dessen Stern ging erst im 18. Jahrhundert strahlend auf, und aus dem Giganten der Marktplätze, wie ihn Mitelli zeichnete (s. Abb. 5), wird der Star Europas, der verwöhnte Liebling der Höfe und der geistreichen Salons.

Den Cagliostro des 17. Jahrhunderts nannte man Borri, seit die Verteidiger Cagliostros im Halsbandprozeß ihren Klienten mit ihm verglichen und damit bewiesen, daß sie die Geistesverwandtschaft erkannt hatten. Borri war 1627 als Sohn eines angesehenen und vermögenden Arztes in Mailand geboren. Namensmystik und Sippenfabel wußte auch er auszunutzen, und schon in seiner Jugend behauptete er auf Grund von Stammbaumforschungen, sein Ahnherr sei Afranius Burrhus, der dem Nero zum Thron verhalf. Nachdem Borri in Rom aus dem Jesuitenkonvikt gewiesen worden war, in dem er seine Erziehung genossen hatte, führte er das Leben eines Verschwenders in den mondänen Kreisen der Stadt und studierte Medizin und Alchimie. Mit plötzlicher Wendung ergab er sich dann einem asketischen Leben mystischer Religiosität. Bald scharte er Anhänger um sich und trat als Sektengründer auf. Er behauptete der Mann zu sein, der die katholische Religion über den ganzen Erdball zu verbreiten berufen sei, die Menschen, ob gläubig oder ungläubig, sollten eine einzige Herde werden, der Papst ihr Hirte. Das war aufstachelnde Kritik an den Schwächen des Papsttums. Borri verkündete, der Erzengel Michael habe ihm, als dem Reformator der Kirche (Capitano Generale der Heere des neuen Papstes nannte er sich), ein Schwert überreicht, auf dem die sieben Elemente abgebildet seien. In der Nacht holen ihn Engel in den Himmel und vertrauen ihm die tiefsten Geheimnisse an, eine innere Flamme sagt ihm, ob die Stimmen von Gott kämen oder nicht. Sein geheimer Orden hatte sechs Grade. Er gab vor, die Seelen seiner Brüder sehen zu können, umgeben mit Strahlen von verschiedenen Farben; ihren Schutzgeist sah er auf ihrer Stirn schweben, wie einen Lichtstrahl. Borri verlangte von seinen Jüngern das Gelübde der Armut und beim Eintritt in seinen Orden ließ er sich all ihr Geld abliefern. Der fromme Mann behandelte gleichzeitig als Arzt in den Patrizierkreisen Roms und verkehrte bei den Liebhabern der Alchimie. Damals schon lernte er die Königin Christina von Schweden kennen, die in ihrem Palais, dem heutigen Palazzo Corsini, Laboratorien für Goldmacher einrichten ließ und die Alchimisten Roms einlud, diese zu benutzen. Borri meldete sich, war aber gezwungen, die Experimente zu unterbrechen, da die römische Inquisition auf ihn aufmerksam geworden war und er fliehen mußte.

Er war ein Meister der Flucht. Immer wieder gelang es ihm, unter Preisgabe seiner Anhänger im letzten Augenblick zu entkommen. Er wendete sich nach Mailand, mußte nach wenigen Jahren von dort nach Deutschland fliehen und wurde von der römischen und mailändischen Inquisition verurteilt und aus der Kirche ausgestoßen. Kurze Zeit hielt er sich in Straßburg auf, seine Glanzperiode aber begann, als er sich in Amsterdam niederließ. Dort hatte er viele Bediente und sechsspännige Equipagen und ließ sich Medico Universale nennen. Der Autor des Buches über die philosophischen Unholde behauptet, daß Holland damals ein besonders guter Boden für Charlatane gewesen sei. Die Patienten strömten ihm zu, aus Paris ließen sich Kranke in Tragsesseln bis nach Amsterdam bringen. Borri nahm von niemandem Bezahlung, verteilte große Summen unter die Armen, erhielt selbst niemals durch die Post oder durch Wechsel Geld. Da er dennoch mit solchem Aufwand lebte, glaubte man ihn unbedingt im Besitze des Steines der Weisen. Plötzlich war der Wohltäter auch aus Amsterdam verschwunden und hatte Geld und Diamanten, die ihm anvertraut waren, mitgenommen. In Hamburg traf er mit Christina von Schweden zusammen, die sich von ihm in die Geheimnisse des Goldmachens einführen ließ und Unsummen Geldes an ihn verlor. Auf die unglückliche Natur der ruhelosen Frau hatte Borri großen Einfluß. Als ihre Mittel erschöpft waren, zog Borri weiter an den dänischen Hof, und in kurzer Zeit gelang es ihm, König Friedrich III. so vollkommen zu beherrschen, daß er sich erlauben durfte, in die Politik einzugreifen, und in einer Schrift »Instruzioni politiche al Re di Danimarca« erteilte er dem König Anweisungen, wie er sein Land zu regieren habe. Zu diesem politischen Einfluß gelangte er – und das ist in hohem Grade bezeichnend für den Charlatan und das Wesen seiner Anhänger – nicht durch Erfahrung oder Kenntnisse, sondern auf dem Wege über die Alchimie. Sie galt dem König als Befähigungsnachweis. Nach dem Tode Friedrichs III. floh Borri wieder rechtzeitig vor Christian V., der ein Feind des Verführers seines Vaters war.

38. Francesco Giuseppe Borri. Gest. von Peter van Schuppen, gen. le petit Nanteuil (1627–1702).

Das Ziel war diesmal die Türkei, aber in Österreich wurde er aufgegriffen und von Leopold I. an die Inquisition unter der Bedingung ausgeliefert, daß man ihn nicht zum Tode verurteile. Borri mußte seiner Irrlehre abschwören und beschloß seine Tage als Gefangener in der Engelsburg. Er wurde sehr milde behandelt, nachdem er das Glück gehabt hatte, den schwer erkrankten Gesandten Frankreichs, den Herzog d'Estrées, der nach ihm verlangt hatte, zu heilen. Von nun an suchten viele Kranke den Gefangenen in der Engelsburg auf und kauften sein Elixier, das er in gewohnter Großsprecherei acqua degli Dei, das Götterwasser, nannte. Borris Bild (Abb. 38) zeigt einen schlauen und eitlen Menschen, dem man alles eher glaubt als Askese und freiwillige Armut.

Der Autor des Buches über die philosophischen Unholde zählt Borri zu den Charlatanen und es ist merkwürdig, daß von ihm in die Kategorie der Charlatane immer wieder Wissenschaftler eingeordnet werden. So J. Becher, etwa 1636 in Speyer geboren, der schon mit 24 Jahren Churfürstlicher Leibarzt und Professor in Mainz war. Seine wissenschaftlichen Verdienste werden gerühmt, aber die Schwäche seines Charakters zwinge dazu, ihn als Charlatan unter die philosophischen Unholde einzureihen. Begründet wird dieses Werturteil damit, daß Becher selbstbereitete Arzneien »auf eine wirklich markschreyerische Art empfahl« und daß seine Vielseitigkeit verdächtig sei. Er betätigte sich als Erfinder eines Perpetuum mobile in Form einer Uhr, die sich selbst aufzog, und legte Pläne zur Rationalisierung verschiedener Manufakturen vor. Auch mit Finanzpolitik befaßte er sich am bayrischen Hofe, wo er, um die Kurfürstlichen Finanzen in Ordnung zu bringen, einen phantastischen Plan aufstellte, wie man Beamte und Bediente durch Abgaben, die sie von ihren Gehältern zu entrichten gezwungen werden sollten, ausbeuten könne. Als gewiegter Propagandist ließ er dieses Projekt als das Gegenteil dessen, was es wirklich war, nämlich unter der Flagge einer neuen glänzenden Gehaltsauszahlung seitens des Hofes segeln. »Wo er etwas Neues sah und hörte, da gab er es, wenn es nur irgend möglich war, für seine Erfindung aus, machte sie so zur wichtigsten Sache von der Welt und erstickte sich fast in dem Weihrauche, welchen er sich brachte, ohne doch so viele *Stätigkeit des Geistes* zu haben, daß er auch nur eine Erfindung ausgearbeitet oder anwendbar gemacht hätte.« Als Charlatan wird auch Joh. R. Glauber, der Erfinder des Glaubersalzes, behandelt, und seinen Bewunderern wird vorgeworfen, daß man an einem Chemiker Kenntnisse in der Chemie nicht bewundern dürfe, die seien selbstverständlich. Nur ein Charlatan verstehe die Kunst, sich für Selbstverständliches bewundern zu lassen. Glauber, der 1604 in Franken geboren wurde, besuchte niemals höhere Schulen und führte ein Reiseleben, auf dem er alchimistische Studien betrieb. Er wurde reich und erlebte, wie Borri, seine Glanzzeit in Holland, wo er ein großes Haus mit sieben feuerfesten Laboratorien und den verschiedensten Öfen besaß. »Zugleich verschickte er seine Arzeneyen durch ganz Europa und posaunte sie als ein Charlatan mit vollen Backen aus.«

Diese Wertungen sind schwankend und geben keine eindeutige Antwort auf die Frage, ob die Inhalte der wissenschaftlichen Betätigung oder der menschliche Habitus oder die Form der Anpreisung einen Menschen zum Charlatan stempeln. Während der Autor des Buches über die philosophischen Unholde niemals fehlgeht, wenn er die Merkmale des Typus oder der Werbemethoden kennzeichnet, ist sein Urteil über die Inhalte der wissenschaftlichen Betätigung nicht zuverlässig. Aus der Perspektive des 18. Jahrhunderts mit seinen gefestigten wissenschaftlichen Erkenntnissen übersieht er, daß an der Schwelle des 17. die Forschungsgrundlagen labil waren, was die Jagd nach der Erfindung des Perpetuum mobile begreiflich macht und so die Grenze zwischen Charlatanerie und Wissenschaft für uns verwischt. Daß aber Naturen wie die der Charlatane jedes Feld der Unsicherheit beackerten und so ein Abenteurertum der Wissenschaft entstand, das ist für das ausgehende 17. Jahrhundert charakteristisch und festzuhalten. In der Art, wie sie sich die Wissenschaft nutzbar machten, waren Borri und Becher durchaus Männer ihrer Zeit, ja auch das religiöse Sektiererwesen Borris entspricht dem 17. Jahrhundert, der Nachwirkung der konfessionellen Auseinandersetzungen und Erschütterungen, der Sehnsucht nach der Entspannung durch Metaphysik. Spezifisch charlatanesk war die Fähigkeit der beiden Männer, diese Sehnsucht ihrer Mitmenschen zugleich zu erkennen und systematisch auszuwerten. Vorläufer des 18. Jahrhunderts ist Borri in seinen religiösen Bestrebungen da, wo sie ins Politische vorstoßen, und besonders in der Einflußnahme auf den König von Dänemark, und Becher, wenn er Industrie-Rationalisierung und Finanzpolitik betreibt. Gerade diese Momente veranlaßten die Höfe, ihre Vertrauensmänner als Berühmtheiten zu lancieren und zu feiern. Es sind dieselben Momente, in denen Ansätze zu dem Typus des Charlatans des Dixhuitième sich bekunden, der nicht mehr ein Einzelschicksal vergolden, sondern Nationen- und Menschheitsbeglücker sein wollte.

Gegenstand des Spottes sind die verschiedenen Stände entsprechend ihrer Einschätzung in verschiedenen Zeitperioden geworden. Während der Reformation ergießt sich der Spott der Zeit über den Mönch, in der zweiten Hälfte des 16. Jahrhunderts über den Gelehrten, mit dem meist der Alchimist gemeint war, im 17. Jahrhundert, während und nach dem Dreißigjährigen Krieg, über Ärzte und Charlatane, die machtlos der Plage der Seuchen gegenüberstanden. Molière hat diesem Hohn dichterischen Ausdruck verliehen; zu Beginn des 18. Jahrhunderts hat Hogarth ihm in seinen Bildern erbarmungslos Gestalt gegeben. Im weiteren Verlauf war dieses Jahrhundert aber so sehr von seinen berühmten Charlatanen besessen, daß es trotz aller Spottlust und Freude an der witzigen Formulierung sich den Advokatenstand als Zielscheibe wählte und so unbewußt zugibt, daß es jene zu ernst nahm, um sie zu verspotten. Es hat Existenz und Erfolg der Charlatane begünstigt wie kein anderes Jahrhundert. Die Gleichzeitigkeit von Aufklärung und Glauben an das Goldmachen, von Voltaire und Cagliostro, wird immer zu den merkwürdigsten geistesgeschichtlichen Erscheinungen gehören. Das 17. Jahrhundert war das Zeitalter der Systeme, das 18. entwickelte sich vom System zum Experiment, von der Deduktion zur Induktion. Das 17. Jahrhundert kannte nur *einen* Ausdruck für einen Gedanken, das 18. drückte ein und denselben Gedanken in den verschiedensten Prägungen aus. Experiment und unfaßbarer, weil nicht eindeutiger Ausdruck: hier sind schon zwei wichtige Momente zur Zerstörung der inneren Sicherheit. Die Relativierung der Begriffe, die mit Montesquieu eingesetzt hatte, zog Wissen und Religiosität mit auf schwankenden Boden. Der Glaube war durch den empirischen Pessimismus des 17. Jahrhunderts nicht mehr Tröster, sondern Mahner an Tod und Vergänglichkeit geworden, Spiegelbild der Ewigkeit die Hölle. Das Ventil der Metaphysik aber, nachdem die menschliche Seele als Ausgleich dieser Jenseitsdrohung verlangte, wurde im 18. Jahrhundert durch die starke Wirkung des Rousseau'schen Pan-Moralismus verstopft. Neue Länder und ihre Rohstoffe wurden erschlossen, die Einfuhr fremder Waren nahm zu, die Manufakturen blühten auf, und in den Menschen wurden nun, da Erwerbszweige auf ihre Befriedigung angewiesen waren, neue Bedürfnisse geweckt. Die Lebensgewohnheiten verfeinerten sich, die Nerven wurden durch Luxus und Vergnügen stärker beansprucht. Das Ergebnis? Das Jahrhundert der Aufklärung, das alles verstehen wollte und alles verstand, verfiel der Macht der Charlatane mindestens ebenso stark wie die Renaissance, die das Unverständliche, das Lächeln der

Mona Lisa, bewundert hat. Es verfiel dieser Macht deshalb noch stärker als sie, weil es auch die Todessicherheit verloren hatte, die Leonardo da Vinci für seine Zeit so formuliert: »Wie ein gut verbrachter Tag einen freudigen Schlaf erzeugt, so zieht auch ein gut verbrachtes Leben einen freudigen Tod nach sich.« Das Leben gut und vor allem genußreich verbringen, das wollte man auch. Einen freudigen Tod zu sterben waren die Menschen dieses Jahrhunderts aber nicht mehr fähig, denn es mangelte ihnen im Leben jene Verantwortlichkeit in ihren Handlungen, die allein dem gläubigen Christen – für den der Himmel nicht mehr in sorglos-antiker Schönheit erstrahlte – erlaubt, ohne Furcht vor den Richterstuhl des Höchsten zu treten. Das Schafott stand als Fatum am Horizont der Zukunft, der Moralismus war ein häßlicher Mahner in der so lustreichen Gegenwart. Reaktion gegen Zukunftsdrohung und Gegenwartsmahnung wird durch Flucht in die Vergangenheit vollzogen. Die übernatürliche Vergangenheit personifizierte der Charlatan: sein Alter zählte nach Jahrhunderten, seine Herkunft war geheimnisvoll. Jetzt gab er mit dem Gold nicht nur Reichtum, sondern mit dem Reichtum Aufstieg in eine andere Klasse, was das erwachende Bewußtsein stürmisch ergriff; jetzt gab er mit der Universalmedizin nicht nur Krankheitsheilung, er gab auch gesteigerte, raffiniertere Fähigkeit zum Lebensgenuß und – das Wichtigste für seine Zeitgenossen – er verlängerte das Leben, so der Todesfurcht Aufschub gewährend. Deshalb wurde er zur Sensation, zur Mode, sie trug ihn, und wie die Mode, so beherrschte auch der Charlatan diese Zeit. Wieder kommt aus der Minorität der Immunen die richtige Zeitdiagnose. In einem wenig bekannten Artikel »Über die neuesten Modearzneyen und Charlatanerien« in Bertuchs »Journal des Luxus und der Moden« vom Oktober 1789 zeigt der berühmte Arzt Chr. W. Hufeland mit erstaunlicher Hellsichtigkeit die Zusammenhänge auf, wie sie das späte 18. Jahrhundert kennzeichnen. Er spricht von Modekrankheiten und Modearzneien: »... Beides Effekte der medizinischen Halbaufklärung. Die Welt will betrogen seyn, das Sprichwort war nie wahrer als jetzt. Man will durchaus etwas neues Wunderbares, Glänzendes haben; die gewöhnliche Medizin ist ein langweiliges, übellauniges Wesen, unverträglich mit dem Schmetterlingsleben unserer Tage. Und so wagt denn dieses Heer von Ignoranten, Betrügern und Schiefköpfen immer neue, immer vielversprechendere Sachen auszuposaunen, und unsere Gesundheit und Beutel auf die jämmerlichste Art zu mißhandeln.« Der Artikel berührt auch das verfälschende Moment der Popularisierung: »Wir leben in den Zeiten der Popularität, und selbst die ernsthaftesten Wissenschaften haben jetzt so gut ihre pedantische Miene ablegen und sich in ein gefälliges Modegewand kleiden gelernt, daß ihnen in keiner Damengesellschaft mehr der Zutritt verwehrt wird. Sie haben sich wirklich unentbehrlich gemacht, und wo ist noch ein Zirkel von gutem Ton, in dem man nicht von Elementar-Feuer, Magnetismus, Elektrizität, den Ursachen der Dinge, ja von den abstraktesten Gegenständen der Metaphysik mit einer Leichtigkeit und einem Interesse sprechen hört, die in Erstaunen setzt.«

War in früheren Jahrhunderten Charlatanerie auf den von der Alchimie gewiesenen Gebieten des Goldmachens und der »chymischen« Medizinen mit Hilfe von Taschenspielerei betrieben worden, so bezog das 18. Jahrhundert viel weitere Gebiete ein, und doch benutzte es zur Meinungsfälschung immer wieder dieselben Reizmittel für die Einbildungskraft der Gefolgschaft, die die Charlatane seit den Zeiten der Renaissance anwendeten. Politik wurde zu einem begehrten ästhetischen Spiel, in das Alchimie wie Erotik verwoben waren mit glitzernden Fäden. Frauenhände knüpften, alchimistische Charlatane schürzten den Knoten oder versuchten wenigstens, ihn zu schürzen. St. Germain wie Cagliostro, ja sogar eine so groteske Erscheinung wie Magno-Cavallo hatten ihre Finger in der Politik, und wenn sich bisher nur Wissenschaftler, vor allem Ärzte, gegen die Plage der Charlatane zur Wehr zu setzen gehabt hatten, so mußten sich nun Staatsmänner verteidigen und nicht weniger Industrielle. Erfindungen hatten das Aufblühen der verschiedenartigen Manufakturen begünstigt, man »machte« jetzt Gold nicht mehr, indem man Gold machte, sondern indem man geheime industrielle Herstellungsmethoden verkaufte. Die diversen göttlichen Ahnherren hatten jetzt nicht mehr nur Rezepte von Lebenselixieren verraten, sondern Färbemethoden, Seidenspinnanweisungen oder Tonbrennereigeheimnisse. Die Industrie wurde mythologisiert. Und da es hier wieder viel Unverstandenes gab, da neuerlich eine zu rasche Überlastung mit Kenntnissen die Menschheit bedrängte und neue Erfüllungsmöglichkeiten neue Wunschphantasmagorien erzeugten, riefen die Allesglauber nach dem Alleswisser und schlürften das Schauspiel der mythologisierten Industrie. Begonnen hatte diese Entwicklung schon im frühen 18. Jahrhundert, als der Schotte John Law die »Compagnie des Indes« gründete und (da auch Indien nicht mehr exotisch genug war für die Phantasie der Betörten) seine Papiergeldemission, die zu dem großen französischen Finanzkrach führte, durch die Vorstellung von sagenhaften Besitzungen am Mississippi deckte, so traditionelle Fälschermethoden der Charlatane mit modernen Entdeckungsvorstellungen wirksam verknüpfend. Zum ersten Male werden auch auf dieser Ebene Anweisungen auf nicht vorhandene Werte ausgegeben. Es ist interessant, wie offen hier im 18. Jahrhundert der rein materielle Geldeswert in den Mittelpunkt charlatanesker Bemühungen tritt.

Eine durchaus materialistische Gesellschaftsschicht verliebte sich in Irrationales und erhoffte sich mit dessen

39. Le Charlatan. Gest. von Simon Charles Miger (1736–1820) nach Touzet (tätig ab 1774, gest. 1809).

Hilfe die Befriedigung ihrer rein materialistischen Wünsche. Noch nie haben Materialismus und Schwärmerei für Irrationales einander ausgeschlossen. Ein Stich vom Ende des 18. Jahrhunderts, von Miger nach Touzet, einem Schüler von Greuze, gestochen (Abb. 39), zeigt das Geld im Zentrum einer Charlatan-Szene, und die erste Zeile der Verse sagt schon: »L'argent fait à chacun jouer ici son rôle.« Der kriegerische Charlatan, hoch zu Wagen, benutzt den Säbel als Zahnzange, während die Schöne neben ihm Wunderwasser feilbietet. Die allgemeine Aufregung, das leichte Fieber benutzt ein Grenadier, um einen jungen Menschen anzuwerben (»... Par l'appas des écus perdant sa liberté, Du métier des héros va faire apprentissage«), während ein anderer, den man am Fenster sieht, mit einem neu Angeworbenen zecht. Im Hintergrund sorgt eine Harlekinszene dafür, die Neugier der Passanten anzustacheln. Wie sehr unerwarteter, durch mystischen Glückszufall bescherter Geldbesitz in das Gebiet charlatanesker Versprechungsmanöver fällt, das zeigt die Gleichstellung der Lotterie mit der Pestseuche (beide, Seuche wie Glück, gab der Charlatan vor, beschwören zu können) in einem kleinen Vers, der der »Berlinischen Monatsschrift« im Oktober 1793 aus Wien eingesandt wurde:

»Die Pest gab die Natur dem Oriente.
Unbillig ist sie nie.
Dafür gab sie dem Occidente
Die Zahlenlotterie.«

Die Lotterie erweckte immer kabbalistische Vorstellungen, und der Einsender berichtet auch, daß in den »Beilagen unserer Wienerzeitung ein Neuer noch nie im Druck erschienener Kabbalistischer Schneck« erschienen sei. Auf einem Cagliostro-Stich (Abb. 40) kann man sehen, wie der große Mann seinen vornehmen Besucherinnen auf Grund kabbalistischer Kenntnisse die Nummern angibt, die in der Lotterie bestimmt gezogen würden. Die Macht eines Mannes, der solche Fähigkeiten besaß, war natürlich unbegrenzt.

Die Unterströme, die das 18. Jahrhundert nicht weniger charakterisieren als die Aufklärung und die ihre Gegenströmungen bedeuteten, sind durch Herders Bemühungen um die Erweckung alter Überlieferungen, durch

40. Cagliostro von drei Besucherinnen nach den Nummern befragt, die in der nächsten Ziehung der Lotterie herauskommen werden. Populärer französischer Kupferstich, vermutlich um 1785–1788.

die Gestalt Joh. Georg Hamanns, des »Magus des Nordens«, durch Lavater gekennzeichnet und zeigen sich in allen Verästelungen der Schwärmerzirkel und Sekten. Eine Auseinandersetzung von höchster Bedeutung unter den großen Geistern der Zeit führte in den Kreisen, in denen Zeitströmungen nur nachgefühlt und popularisiert zu werden pflegen, zu einem modisch betonten Dualismus von Geist und Seele. Hier bot sich charlatanesker Meinungsfälschung ein neues, willkommenes Instrument. Die Seele wurde verzärtelt und eine Wertwelt errichtet, in der das Gefühl einen schönen und heldischen Kampf gegen den häßlichen, kritischen Verstand zu führen und zu triumphieren berufen war. Immer wieder wendete sich Cagliostro und seinesgleichen an das Herz seiner Schutzbefohlenen, an ihre Seele und rief sie auf gegen die böse Kritik, die der Verstand an ihrem Meister übte. Hölderlins »Guter Rat« an die von diesem Dualismus Verwirrten lautete:

> »Hast du Verstand und ein Herz, so zeige nur eines von beiden.
> Beides verdammen sie dir, zeigest du beides zugleich.«

Die magnetischen Heilsysteme, die sich um Franz Mesmers tierischen Magnetismus entwickelten und durch die Namen Johann Gaßner und Johann Georg Schrepfer gekennzeichnet sind, haben von dieser Neigung zur Gefühlstrunkenheit, dem Wissen um die zwischen Magnetiseur und Magnetisiertem schwingende Empfindung profitiert. Sie gehören aber, wenn auch manche von ihnen charlataneske Züge aufweisen, nicht unbedingt zu den Charlatanerien, denn was sie kennzeichnet, ist das von Mesmer übernommene Gut des Mesmerismus, nicht die charlatanesken Methoden, derer sie sich bedienten, und Mesmerismus gehört in ein anderes Gebiet. Im übrigen fanden die Appelle dieser magnetischen Behandlungen, ebenso wie das unmäßig beliebte Horoskopstellen, in der Erotisierung der zweiten Hälfte des 18. Jahrhunderts den günstigsten Resonanzboden. Man betrachte den jungen venezianischen Astrologen, den Maggiotto darstellt

(Abb. 41), wie er mit feinen Fingerspitzen die ihm geöffnete Hand des Mädchens berührt und ihren Blick einfängt zu zärtlicher Hörigkeit. Die Fragen an die Zukunft waren Fragen der Liebe, der sie zu beantworten hatte, brachte die

41. Der Astrologe. Gest. von Francesco Maggiotto (Venedig, 1738/50–1805) nach Domenico Maggiotto (Venedig, 1713–1794).

Atmosphäre mit sich, aus der die Wünsche kamen und in die sie mündeten. Die Ströme zwischen den Menschen, die Macht der Berührung waren von der Mode des Magnetismus in das Deckblatt einer objektiven Gefühlswissenschaft eingerollt worden, die die Gewissen angenehm beschwichtigte.

Der Quacksalber der Märkte charakterisierte dieses Jahrhundert nicht mehr, deutlich weisen jedoch die Jahrmarktsgebräuche auf den repräsentativen Charlatan-Typus des Jahrhunderts hin, der unaufhörlich auf der

42. Der Ciurmator. Von Giandomenico Tiepolo (1727–1804).

Wanderschaft, bald im Glanze fürstlicher Gunst, bald im Elend untertauchend, in ständigem Wandel von Namen und Gestalt durch ganz Europa zog. Tiepolo zeigt den Ciurmator (ciurmare = Zaubertränke bereiten, zaubern), der über dem typischen Arzneikoffer auf einer Art Prozessionsfahne sein eigenes Bild zur Schau stellt (Abb. 42).

Das geheimnisvolle und geheimnislüsterne Maskengetriebe, die mediumistische weiße Frau im Zentrum, das Seiltänzerplakat und der fähnchenschwingende Harlekin – da ist all das vereinigt, was Charlatane und ihr Treiben zeichnet. Der Höhepunkt in der Kunst der Massenbezauberung und der Schamlosigkeit war jetzt erreicht: werbende Schaustellung der eigenen Gesichtszüge, des eigenen Privatlebens. Der Doktor Eisenbarth rühmte noch seine unzähligen erfolgreichen Operationen, seinen wunderkräftigen Spiritus, er rühmte, wenn auch übertreibend, seine Kenntnisse. Die Charlatane, die auf Fahnen, Bildern und Plakaten immer wieder das eigene Gesicht, die eigene Person, anekdotische Enthüllungen aus ihrem Privatleben für sich werben ließen, die rühmten nur mehr die Außergewöhnlichkeit eines Mannes und seiner Lebensgewohnheiten, die Besonderheit seines Milieus und der ihm nahestehenden Menschen. Das war die Methode der klassischen Abenteurer des 18. Jahrhunderts, die genau wußten, daß ihr Publikum gleichgültig geworden war gegen jede Art von Kenntnissen und nur Befriedigung genäschiger Neugier und des unsterblichen Aberglaubens an dämonische Menschen suchte. Wie anders als Giuseppe Colombani in seiner Sachlichkeit arbeitet ein Zahnzieher, den Maggiotto darstellt, angesichts seines eigenen Porträts (Abb. 43), das triumphierend auf den gezogenen Zahn zeigt. Die Verse sagen, daß unter Hunderten nicht einer diesem Zahnkünstler gleiche. »Fama volat« konnte man auf dem Porträtplakat, einem Musterbeispiel der Personenreklame, lesen.

Die richtig dosierte Mischung von Schaustellung und Geheimnis gab dem Charlatan die Macht. Die interessanteste Charlatan-Figur des 18. Jahrhunderts, der Graf von St. Germain, verstand sich auf diese Mischung wie keiner und wußte die besonderen Ausbeutungsmöglichkeiten seiner Zeit souverän durch Geheimnisse zu verkoppeln. Woher er stammte, das wußte und weiß man nicht, es heißt, daß er in Mexiko durch Heirat zu großem Vermögen

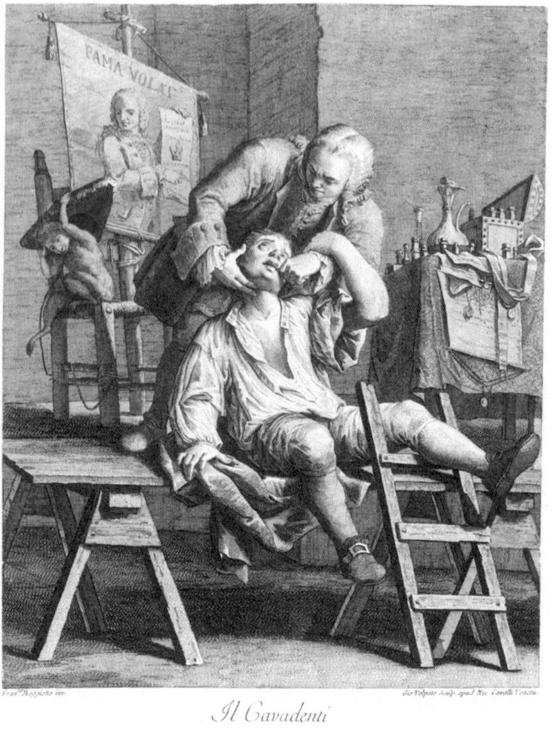

43. Der Zahnzieher. Gest. von A. S., einem Kopisten Giov. Volpatos nach Francesco Maggiotto (Sohn von Dom. Maggiotto).

gelangt und damit nach Konstantinopel durchgebrannt sei. Andere, ebenso wenig begründete Überlieferungen wollen wissen, daß er ein portugiesischer Jude gewesen sei. »Der berühmte Alchimist« wird er auf dem einzigen Porträt genannt, das wir kennen (Abb. 44); es zeigt ein zeitloses und hintergründiges Gesicht. Die zahlreichen Aufzeichnungen seiner Zeitgenossen beschäftigen sich vor allem mit seinen Goldmacherkünsten und den Reinigungsverfahren an Diamanten; solche Dinge haben die Phantasie immer am stärksten angeregt. So treten in Briefen

44. Der Graf von St. Germain. Porträt von N. Thomas.

und Memoiren seine politischen und industriellen Charlatanerien, die viel interessanter, weil viel kennzeichnender für seine Gestalt und seine Zeit sind, in den Hintergrund. Der Graf erzählte gern, daß er mit den Gästen der Hochzeit von Kanaa zu Tisch gesessen. Dann wieder wollte er aus dem spanischen Königshause oder von den Fürsten Rakoczy abstammen. Er beherrschte zahlreiche Sprachen, bereiste viele Länder, und seine Anekdoten sprangen munter durch die Jahrhunderte. Dabei wechselte er ständig den Namen, hieß Marquis de la Croix noire, Graf Surmont, auch Graf Welldone. Er soll gut gegeigt haben und »beschäftigte« sich gelegentlich mit Bilderfälschung, was in allen Zeiten Charlatane magisch angezogen hat. 1735 ist sein Aufenthalt im Haag nachweisbar. 1744 war er in England, 1759 in Frankreich, gewann durch sein Verjüngungswasser die Gunst der Pompadour und spielte dann eine unaufgeklärte Rolle bei den Friedensverhandlungen zwischen Frankreich und England im Haag. Der Herzog von Choiseul brach seinen Einfluß, worauf der Abenteurer verschwand. Man weiß durch Jahre nichts von ihm, dann tauchte er in Rußland und Italien auf, versuchte mit einem großangelegten Plan zur Errichtung von Manufakturen, die nach seinen Geheimverfahren in Preußen arbeiten sollten, Friedrich den Großen zu gewinnen, was mißlang, und starb sehr heruntergekommen und verarmt 1784 in Eckernförde. Ärztlich hat er sich kaum betätigt. Immerhin braute er ein kostspieliges Lebenselixier, den noch heute als St.-Germain-Tee verbreiteten Abführtee. Er besteht zur Hauptsache aus Sennesblättern. Der Graf wußte seinen Verehrern einzureden, daß ein großer Unbekannter, sein Feind, ihn verfolge und schädige; Thurneyssers Heimwehteufel wird bei St. Germain zum großen Unbekannten, der ihn über den Erdball verfolgte. Er wollte ihm den Stein der Weisen und all die vielen Geheimnisse der Färberei, der Lederbearbeitung und Seidenspinnerei entwenden, die er zu besitzen vorgab.

Ein lebendiges Bild des Wundermannes und unbewußt auch der eigenen Reaktion auf ihn, der typischen Reaktion des Disponierten, gibt Baron von Gleichen (1733–1807), Diplomat und theosophischer Schöngeist, in seinen »Erinnerungen«. »... Bei meiner Rückkehr nach Paris im Jahre 1759 besuchte ich die Witwe des Chevalier Lambert, eine alte Bekannte. Nach mir sah ich einen mittelgroßen, sehr stämmigen Mann eintreten, der mit gesuchter, prächtiger Einfachheit gekleidet war. Er warf Hut und Degen auf das Bett der Hausfrau, setzte sich auf einen Lehnstuhl am Kamin und unterbrach den gerade redenden Herrn mit den Worten: ›Sie wissen nicht, was Sie reden. Für diese

Frage bin ich allein zuständig. Ich habe sie erschöpft, so gut wie die Musik, die ich aufgegeben habe, weil ich bis zur äußersten Grenze gelangt war‹.« Dieses Auftreten erinnert in verblüffender Weise an das der Marktschreier. Wie wichtig es ist, daß der erste Satz effektvoll ausfällt und Eindruck macht, das alles wird vollkommen verstanden und gepackt. Man springt ins Rampenlicht, unberührt davon, ob Blicke des Wohlwollens oder des Mißfallens einen treffen, denn zunächst ist nur eines wichtig: daß man gesehen wird. Gleichen erfährt, dieser Kavalier sei der berühmte Graf St. Germain, der König habe ihm, der ganze Abende in Versailles verbringt, eine Wohnung in Schloß Chambord eingeräumt. Die Hausfrau lädt Gleichen für den nächsten Tag ein und rühmt sich, den Wundermann unter ihre Gäste zählen zu dürfen. In der geistreichen Gesellschaft wurden Charlatane als attraktive Gäste geschätzt, sie schmückten jedes Heim, weil ihre Anwesenheit das Selbstvertrauen der Familie in dieses Heim hob. »Die Dreistigkeit des Mannes«, fährt Gleichen fort, »hielt mich bei diesem Diner lange in respektvollem Schweigen.« Anlaß und Wirkung, die richtig berechnet war, sind hier bemerkenswert. Einige bescheidene Äußerungen Gleichens gefielen dem Grafen. »›Ich bin zufrieden‹, sagte er zu mir …« und nun entfaltete er in klug abgewogener Steigerung seine Schätze, erst Bilder, dann einen Opal von ungeheuerlicher Größe, dann farbige Diamanten von erstaunlicher Vollendung. »Ich glaubte die Schätze von Aladins Wunderlampe zu sehen«, sagt Gleichen, unwillkürlich den Vergleich aus der orientalischen Märchenwelt wählend. »Ich blieb bis Mitternacht bei ihm und verließ ihn als sein getreuer Anhänger. Sechs Monate lang folgte ich ihm mit der unterwürfigsten Beharrlichkeit, und ich habe nichts von ihm gelernt als die Praktiken und die Eigenart des Charlatanismus. Kein Mensch besaß wie er die Gabe, die Neugier zu stacheln und die Leichtgläubigkeit auszunutzen. Er wußte seine Wundergeschichten je nach dem Maße der Empfänglichkeit seiner Zuhörer abzustimmen. Erzählte er einem Dummkopf eine Begebenheit aus der Zeit Karls V., so vertraute er ihm offen an, daß er dabei gewesen sei. Sprach er mit einem etwas weniger Leichtgläubigen, so schilderte er bloß die kleinsten Umstände, Miene und Gebärde der Sprechenden, ja selbst das Zimmer und den Fleck, an dem sie standen, mit allen Einzelheiten und einer Lebendigkeit, daß man den Eindruck erhielt, einen wirklichen Augenzeugen des Vorganges zu hören. Bisweilen, wenn er eine Rede Franz' I. oder Heinrichs VIII. wiedergab, spielte er den Zerstreuten und sagte: ›Der König wandte sich an mich …‹, verbesserte sich aber rasch und fuhr, wie ein Mann, der sich verschnappt hat, hastig fort: ›wandte sich an den Herzog …‹« Ein solcher Meister in der Berechnung der Wirkung versagte auch nicht, wenn er anstatt Menschen Nationen bezaubern wollte. Der französische Gelehrte Pierre Jean Grosley (1718–1785) schreibt: »Geschickt erfaßt er die Lieblingsneigung jeder Nation, bei der er sich zeigt; dadurch hat er sich überall anziehend und angenehm zu machen gewußt. Bei seiner ersten Reise nach England fand er eine große Vorliebe für Musik vor und entzückte uns durch sein Geigenspiel … Italien fand ihn seinen Virtuosen ebenbürtig, ebenso seinen feinsten Kennern der alten und neueren Kunst. Deutschland stellte ihn auf gleiche Stufe mit seinen geübtesten Chemikern …« Dann verstand er wieder modische Vorlieben zu erfassen und Horace Walpole, Lord von Oxford (1717–1797), erzählt sehr interessant über eine Begegnung, die er im Salon der für Geheimwissenschaften schwärmenden

Madame d'Urfé mit St. Germain hatte. »Frau von Urfé trug am Halse als Schmuckstück einen großen Magneten. Eines Tages, so behauptete sie, würde dieser Magnet den Blitz anziehen, und sie würde auf diese Weise zur Sonne aufsteigen. Der berühmte Schwindler versicherte ihr sofort, die Sache sei unfehlbar, aber er allein besäße die Macht, den Magneten ums Tausendfache zu verstärken.« Man sieht, wie unverstandene naturwissenschaftliche Vorstellungen ins Modisch-Phantastische umgebogen werden können und wie günstig das Klima der Zeit den charlatanesken Vorspiegelungen war. Walpole ließ sich nicht umgarnen, er berichtet aber über den Mann, den er ablehnt: »Allerdings konnte man nicht besser sprechen als er.«

Von seinen Geheimmitteln, den medizinischen wie industriellen, bemerkte der Graf einmal, daß er sie für die russische Zarin bestimme, die er besonders verehre. Ihre Herstellung sollte dem Handelsverkehr zwischen Sachsen und Rußland und für die gegenseitige politische Verbindung dienen. Beide Länder sollten durch die Erwerbung dieser Geheimmittel zu vollkommenem Glück und zum Überfluß gelangen, so daß sie sich gegenseitig nicht mehr entbehren und ohne einander nicht glücklich werden könnten. Das ist in der Tat ein höchst merkwürdiges Gemisch von Großsprecherei, Weltbeglückungsplänen und der richtigen, fast vorausblickenden Erkenntnis, wie stark die Bündnispolitik der Staaten in Zukunft von handelspolitischen Gesichtspunkten mitbestimmt werden wird. Ob und mit welchen Aufträgen der König von Frankreich und Madame de Pompadour den Abenteurer 1760 zu den Friedensverhandlungen nach dem Haag schickten, ist nicht festzustellen. Die Gesandten der fremden Mächte berichteten in ihren ersten Schreiben distanzierend, aber

immerhin so, als sollte man diesen Grafen ganz ernst nehmen. Der russische Gesandte, Graf Bentinck, zeigte sogar eine ziemliche Wertschätzung für den sagenhaft reichen Mann, der angeblich alle seine Schätze als winziges Etwas von unbekannter Form mit sich führte; das bewahrte ihn davor, schnödes Geld nehmen zu müssen, was Charlatane niemals gerne öffentlich taten. Die Herren Gesandten im Haag schrieben sehr weltmännisch geläufige Briefe nach Hause. Von ihren hurtigen Zeilen hebt sich der vorsichtige und vergilbte Briefstil des österreichischen Gesandten, Freiherrn Thaddäus Reischach, ab. Der Botschafter Maria Theresias ließ sich als einziger nicht dupieren, und die Immunität dieses Mannes zeigt viel Verwandtschaft mit der Immunität seiner Kaiserin. Er schreibt am 18. März 1760: »... Er ist in der Musik und sonderbar in Spielung der Violine sehr erfahren, und scheinet aus seinem Umgang, daß er allerorten die große Welt frequentieret habe ... Es fehlet ihm an der Leichtigkeit, sich zu explicieren, und an Geist nicht. Wann er aber mit Geschäften beladen, so gedeucht mich, daß er zu viel rede und seine Discours nicht genügsam nach den Reglen der Prudenz abmesse ... Was mir von der Conduite und Verrichtungen des sogenannten Comte de Saint Germain beigebracht, höre ich zwar an, jedoch hüte mich einigermaßen, in Sachen mich einzumischen, die mich nicht weiter interessieren können, als davon die Wissenschaft zu haben.«
»Die Reglen der Prudenz«, die vielverlästerten, waren auch hier die verläßlichste Sicherheit gegen die Fallen des Charlatans! Den feindlichen Einflüssen in Paris wollte der Abenteurer vorbeugen und schrieb an Madame de Pompadour: »... Ich war so erfolgreich, daß ich glaube, Frankreich hat keinen verständigeren, treueren und beständigeren Freund. Des seien Sie versichert, gnädige Frau, wenn

Sie auch das Gegenteil davon hören sollten ... Sie können Europa ohne die Verdrießlichkeiten und Schwierigkeiten eines Kongresses den Frieden geben ...« Die Pompadour ließ sich zwar gerne Verjüngungswasser von dem großen Alchimisten brauen, in der Politik aber leitete sie ihr gesunder Menschenverstand, sie lieferte die Briefe ihrem Minister, dem Herzog von Choiseul aus, der St. Germain völlig desavouierte. Mit Schimpf und Schande mußte er aus dem Haag verschwinden, und die Herren Gesandten berichteten ihren Regierungen hurtig und weltmännisch, als hätten sie das nie anders erwartet.

Christina von Schweden, der König von Dänemark und viele andere Fürsten hatten früher als fleißige Schüler im Goldmachen am Ofen gestanden, jetzt verstand St. Germain industrielle Herstellungsmöglichkeiten so zu mythologisieren, daß geldbedürftige Fürsten bei ihm zu Lehrjungen verschiedener Handwerke wurden. Ein Vertrauter des Markgrafen von Ansbach, an dessen Hof St. Germain sich von 1774 bis 1776 aufhielt, berichtet: »... den Fürsten und Vertrauten in einer Werkstatt zum Gerber und Färber umgeformt zu sehen ... Schon hatte man mit leichter Mühe und geringen Kosten den schönsten Korduan hervorgebracht, und in der Freude seines Herzens ließ sich der Verfasser Schuhe daraus anfertigen, die sehr gut ausfielen, aber in den ersten 24 Stunden in Stücken zersprangen.«

Die merkwürdige Gestalt dieses seine Zeit in all ihren Schwächen, aber auch in ihren Zukunftsmöglichkeiten erkennenden Abenteurers, der ein ganz moderner Mensch in altertümlicher Verkleidung und sicher von außergewöhnlicher Intelligenz war, wird hell beleuchtet in einem Briefwechsel zwischen dem österreichischen Staatskanzler Fürsten Kaunitz und dem bevollmächtigten

Minister in den österreichischen Niederlanden, Graf Karl Cobenzl. Die Briefe aus dem Jahre 1763, die wir, wie auch die anderen zeitgenössischen Äußerungen über St. Germain, der ausgezeichneten Biographie von G. B. Volz (s. Literaturverzeichnis) entnehmen, zeigen den Abenteurer auf seinem ureigensten Betätigungsfeld. Die beiden Korrespondenten aber verkörpern den Typus des Disponierten und Immunen in solcher Klarheit, daß das urewige Spiel wie im intimen Rahmen einer Kammerbühne vor unseren Augen vorbeizieht.

Der erste Brief, der von Brüssel nach Wien geht, berichtet: »Vor etwa drei Monaten ist der unter dem Namen Saint-Germain bekannte Mann hier durchgekommen und hat mich aufgesucht. Ich fand in ihm den seltsamsten Menschen, der mir im Leben begegnet ist. Seine Herkunft kenne ich noch nicht genau; ich glaube jedoch, daß er einer heimlichen Verbindung aus einem mächtigen und berühmten Hause entsprossen ist. Er ist im Besitze großer Mittel, lebt aber äußerst einfach. Er weiß alles und zeigt eine bewundernswerte Rechtschaffenheit und Seelengüte. In meinem zahlreichen Bekanntenkreise hat er vor meinen Augen einige Versuche gemacht ...« Es folgt eine Aufzählung von St. Germains Künsten: Metallverwandlung (Goldmachen also), Lederbearbeitung, Seiden- und Wollfärberei, Färben von Hölzern, Herstellung von Malfarben und schließlich eines Verfahrens zur Ölerzeugung, das aus Rüböl das beste Provenceöl gewinnt. Man sieht, es handelt sich mit wenigen Ausnahmen um die Gewinnung von Ersatzstoffen, also um eine sanktionierte Variante der Fälschung. »Alle diese Erzeugnisse sind vor meinen Augen hergestellt und befinden sich in meinen Händen. Ich habe sie aufs schärfste prüfen lassen, und da ich einen Millionengewinn darin erblicke, habe ich die Freundschaft, die er mir erweist, dazu benutzt, ihm alle seine Geheimnisse zu entlocken. Er überläßt sie mir und verlangt nur einen angemessenen Gewinnanteil, wohlverstanden, erst wenn ein Gewinn da ist.«

Die Antwort des Staatskanzlers beginnt: »Ich will heute nur auf die Wunder eingehen, die der berüchtigte Graf Saint-Germain aus Freundschaft für E. E. vollbringen will. Ich sehe die Dinge aus der Entfernung und somit ohne den Zauber der Aufmachung. Aber Sie schreiben mir von Tatsachen, von unter Ihren Augen gemachten Versuchen …« Kaunitz' Ironie erblickt sofort den Freundschaftsköder, und seine Distanz zu den Dingen ist nicht nur eine räumliche. Tatsachen aber flößen einer Natur wie der seinen Respekt ein, und er ist nicht ohne weiteres bereit zu glauben, daß Tatsachen, die ein Charlatan vor Zeugen vorführt, aufhören können, Tatsachen zu sein. »Ohne die von Ihnen angeführten Tatsachen hätte die Sache mich eher belustigt als mir Eindruck gemacht.« Jedenfalls empfiehlt er Vorsicht, sendet den Bericht eines Vertrauensmannes über die in Paris aufgedeckten Betrügereien des Grafen ein, was Cobenzl nicht den geringsten Eindruck machte, wagte aber doch nicht, die mögliche Chance ganz aus der Hand zu geben, dem leichtgläubigen Minister von vornherein mit einem Verbot entgegenzutreten. Er verlangte »positivere« Auskünfte über die Art der Reichtümer des Wundermannes und berichtete sofort an Maria Theresia in sehr abfälliger Weise, er zeigte aber auch ihr die Möglichkeit, daß an einem oder dem anderen der Wundermittel doch etwas Auswertbares sein könnte. Das Urteil der Kaiserin ist sogleich eindeutig und geradlinig. Eigenhändiges Marginal Maria Theresias: »Ich bin völlig überzeugt, daß das von Ihnen entworfene Bild mehr zutrifft als das Cobenzl'sche und daß diese Torheit geheim gehalten werden muß. Ich wünschte, der Minister wäre von ihr geheilt.«

Den Minister beirrte all dies nicht im geringsten. Aus der beseligten und besserwissenden Isolierung des Eingeweihten meinte er, daß die Wunder zugleich so groß und so einfach seien, »daß es mich gar nicht wundern würde, wenn E. E. nicht daran glauben wollten«. Eine neue Beschreibung der demonstrierten Wunder fällt noch viel enthusiastischer aus als die erste, auch der Finanzierungsplan wird entwickelt, die Kosten seien »nicht übermäßig« und die Inhaberin eines großen Handelshauses, Madame Nettine, zur Beteiligung bereit. Zur Beglaubigung des Grafen wird von den Briefen des Allerchristlichsten Königs und der Pompadour berichtet, was das erlauchte Haus betreffe, aus dem er stamme, so dürfe Cobenzl die Schweigepflicht der Freundschaft nicht brechen. »Er hat tausend Chemikalien in seinem Zimmer, mit denen er gar nichts macht. Er streut sie umher, damit man nicht auf die kommt, die er wirklich benutzt.« Nur durch Freundschaft, niemals durch Überrumpelung, sei einem Charakter wie dem seinen ein Geheimnis zu entlocken. »Er spricht von seinen Reichtümern und muß große besitzen; denn überall, wo er war, hat er prachtvolle Geschenke gemacht, viel ausgegeben und nie jemand um etwas gebeten …«

Das kühle Echo aus Wien: »Die Auskünfte E. E. zur Behebung meiner Zweifel an all den Wundern, die Herr von Surmont zugunsten unserer Finanzen wirken soll, vermehren nur meine Überraschung.« Für diesmal – der Kanzler hatte noch keine Proben gesehen – begnügte er sich, auf die Widersprüche innerhalb der Berichte hinzuweisen, als ob Widersprüche die Anhänger des Charlatans schon jemals gestört hätten. Wo Kaunitz »verwendbar« sagt, sagt Cobenzl »wunderbar«, sie konnten einander nicht verstehen. »Ich bin nicht überzeugt, aber ich möchte es werden«, schreibt Kaunitz noch einmal in leiser Ironie, setzt jedoch einschränkend hinzu: »Aber der Charakter des sonderbaren Mannes, der mehr geeignet ist, die Menschen zu betören als sie zu überzeugen, flößt mir kein Vertrauen ein …« Die Frage nach des Grafen Reichtümern wird dringlicher: »Welche Gewißheit haben Sie darüber? Welcher Art sind diese Reichtümer? Bestehen sie in Geld, Wertpapieren, Landbesitz, Handelseffekten? Hier sind viele Nebel zu verscheuchen, bevor wir klar sehen …« Inzwischen waren die Proben von des Grafen Erzeugnissen in Wien eingetroffen (der Minister, in beginnender Unsicherheit, begleitete sie mit den Worten: »Wenn die Sache auch nicht so großartig ist, wie ich geglaubt habe …«) und hatten sich als völlig wertlos erwiesen: »Die Vorstellung, die Sie immer noch von den angeblichen Geheimnissen Ihres Adepten haben, steigert sich nachgerade zur Begeisterung. Es geht über meine Begriffe … Ihre Hölzer und Metalle sind nur Armseligkeiten – verzeihen Sie mir den Ausdruck, lieber Graf! … Welche Sicherheit haben Sie, auch nur die Anlage-, Verwaltungs- und Betriebskosten zu decken? … Wie ich mir Ihren Abenteurer vorstelle, muß ich glauben, daß es ihm gelingen wird, Ihnen auch hierbei wie bei allem übrigen etwas vorzumachen. Wie, Herr Graf? Jemand, der anderthalb Millionen Vermögen und so wunderbare Geheimmittel besitzt, sollte nicht selbst Gebrauch davon machen, sondern Ihnen aus purer Freundschaft seine Reichtümer ausliefern? … Aber seine Geheimnisse werden teuer zu stehen kommen, so sagen E. E. jetzt selbst, und doch soll ihre Ausbeutung spottbillig sein.« In leidenschaftlichem Eifer versucht Kaunitz wieder, durch die Aufdeckung von Widersprüchen zu überzeugen. Als denkendem Menschen erscheint es ihm unmöglich, daß Widersprüche als zwei getrennte Wahrheiten geglaubt werden können. Die Antworten aus Brüssel werden schüchterner und enthüllen dabei manchmal ungewollt die Methoden, mit denen der Minister hereingelegt wurde: »... Je weiter wir mit ihm kamen, desto mehr erkannten wir, daß seine seltenen Gaben Hand in Hand mit äußerstem Eigensinn gingen, daß er unseren Wünschen nur entgegenkam, damit wir uns den seinen anbequemten, und daß es kein anderes Mittel gäbe, seine Geheimmittel zu erlangen, als in die Anlage einer Fabrik zu willigen ...« Und er sendet eine Vertragskopie, in dem der Graf lebenslänglich an den in Tournai inzwischen von Cobenzl und Madame Nettine errichteten Manufakturen zur Hälfte beteiligt wird. In die Enge gedrängt, verfällt Cobenzl selbst auf die unsinnigsten Pläne: »Ich sehe ein, daß er mir sein Geheimverfahren überlassen hat, weil er in größter Not war und es selbst nicht verwerten konnte ... Würde dies Unternehmen mit dem Lotto und der Lotterie verbunden, so wird sich hoffentlich bald zeigen, daß diese drei Unternehmungen eine beträchtliche Einnahmequelle für die Staatsfinanzen bilden.«

Nun aber ist es Kaunitz zuviel. Auf den Brief aus Brüssel mit den »ärgerlichen Einzelheiten« hält er seinem Minister vor: »War doch Ihre stete Antwort auf meine Warnungen: ›Was kümmern uns seine Fehler, wenn wir nur seine Geheimmittel haben!‹« Der Kanzler zeigt hier schöne moralische Maßstäbe, die bestimmte Fehler so bemessen, daß er auf die Vorteile, die ein mit solchen Fehlern behaftetes Individuum zu bieten vermag, von vornherein verzichtet. Endlich läßt Kaunitz die Zahlen sprechen, sie, die die Charlatane und ihre Anhänger ob ihrer unangenehmen Präzision niemals erwähnen: »Wie ist es möglich, daß Sie diesem Elenden auf seine schönen Augen hin 81720 Gulden vorschießen konnten? Wie konnten Sie Ihrerseits zusehen, daß er 12280 Gulden blos für Reisen und Verpflegung vertan hat? Wie konnte man sich abgesehen von alledem auf eine Ausgabe von 99935 Gulden einlassen, ohne daß bisher für einen Pfennig Betriebsmittel oder Rohstoffe für Ihre Fabriken angeschafft sind, ja ohne von dem Betrüger die Geheimnisse erfahren zu haben …? Doch nach allem, was ich Ihnen darüber geschrieben habe, ist jede weitere Aussprache zwecklos.«

Jetzt griff die Kaiserin ein und teilte ihrem Schwager, dem Prinzen Karl von Lothringen, der als Statthalter der Niederlande das Vorgehen Cobenzls gebilligt hatte, mit, daß sie das Unternehmen nicht auf Staatskosten betreiben wolle, der Staat auch für die bisher gemachten Ausgaben nicht aufkommen werde, da es »eine große Zahl meiner getreuen Untertanen zu Grunde richten würde«. St. Germain reiste ab und ließ – Gipfelpunkt des Zynismus – seine Geheimverfahren als Pfand zurück. Cobenzls Neffe, Graf Philipp Cobenzl, erzählt in seinen »Erinnerungen« über St. Germain: »Er redete wenig und so, daß man mehr erriet als begriff. Durch diese Art von Marktschreierei hatte der gewandte Mann das Vertrauen meines Oheims zu gewinnen verstanden.« Das ist dieselbe Lockung durch Geheimnis, die der Abenteurer anwandte, wenn er als einen Punkt einer Liste von Produktionsverfahren hinsetzte: »Herstellung anderer nützlicher Dinge, über die ich schweige.« Oder: »Über einen weiteren Punkt kann hier aus mancherlei Gründen nichts gesagt werden. Er bleibt vorbehalten.«

Die erstaunlichste Gestalt in dem Kammerspiel der Charlatanerie, das die Szene in den Niederlanden enthüllt, ist Maria Theresia. Messen wir sie an einer anderen Szene, die ihren Gegenspieler, Friedrich den Großen, in seinen

Beziehungen zu den Goldmachern zeigt, die sich um sein Faktotum Fredersdorf scharten. Diese Begebenheit aus dem Jahre 1753 liegt genau 10 Jahre früher als das Auftreten St. Germains in Brüssel. Der König verhielt sich völlig ablehnend gegen die Goldmacherin Nothnagel, die man ihm geschickt hatte. In seiner großartigen Formulierungskunst schrieb er an Fredersdorf: »Die Person betriget sich selber oder wil uns betrigen. Ohnmögliche Dinge kann man nicht möglich machen.« Dennoch ließ er die Goldmacherin in »Mans-Kleidern« zu sich kommen, um Aufsehen zu vermeiden. Es gelang der Frau immer mehr, Friedrich den Großen zu interessieren, er ließ das Gold in die Münze bringen zur Prüfung: »So kan keiner uns in die Carten kuken!« schrieb er an Fredersdorf und schon im nächsten Brief: »... was du mihr von der Frau gesaget hast, gibt mihr würklich hoffnung.« Bebend vor Spannung erwartete er das Urteil der Münze. Wie konnte es geschehen, daß dieser Freund Voltaires plötzlich »Ohnmögliches« für möglich hielt? Er sagt selber, daß sich inzwischen »lauter stürmische aspecten hervorthun«, ein Angriffskrieg Englands und Rußlands bedrohte Preußen. Mit vor Erregung zitternden Schriftzügen rechnet er Fredersdorf vor, daß eine Heeresvermehrung von 17000 Mann 1154000 Thaler kosten werde, und erhofft sich diese Summe aus den Goldküchen. Den Vertrag, den ihm die Nothnagel vorlegt, unterschreibt er und findet »die Conditionen sehr billich«. Wenige Monate später schon ist der König völlig kuriert und schreibt: »ich habe mir sehr geschämet und mihr alle die Narrenspossen aus dem Kopf geschlagen«, auf die Projekte St. Germains ist er nicht mehr hereingefallen. Man kann also sagen, daß der große Friedrich in einem Augenblick der Bedrängnis den Kopf verlor, und man kann sich mit dieser Erklärung zufriedengeben.

War aber der Augenblick, in dem Kaiserin Maria Theresia mit drei Zeilen der Versuchung widerstand, ihrem Lande Reichtümer zu gewinnen, nicht auch ein Augenblick höchster Bedrängnis? 1763 war der siebenjährige Krieg zu Ende gegangen, Schlesien war für Österreich verloren, und man weiß, daß die Kaiserin bittere Tränen um dieses Land weinte. Österreichs politische und wirtschaftliche Lage war denkbar ungünstig, die Staatsfinanzen hätten dringend des goldenen Jungbrunnens bedurft. Und dennoch zögerte Maria Theresia nicht und wendete sich mit Bestimmtheit sogar gegen den Prinzen von Lothringen, den sie als Bruder ihres geliebten Gatten sonst immer protegierte. Sie kannte den ungezügelten Wunsch auch in der Stunde der Not nicht; da sie niemals »Ohnmögliches« wünschte, verfiel sie in keinem Augenblick ihres Lebens der Versuchung, Ohnmögliches für möglich zu halten, nur weil sie es wünschte. Mit ganzer Seele war sie Katholikin und Österreicherin. Ihr Glaube und ihr Land versinnbildlichen zugleich mit den »Reglen der Prudenz« jenes durch Leid zur Weisheit geläuterte Gefühl für Maß, jenes jeglichem Exzeß abholde Bescheiden, das nur auf einem einzigen Boden gedeiht: dem Boden der gefährlichen Mitte. Nur wer auf diesem Boden steht, ist gefeit gegen charlataneske Lockungen, nur wer auf diesem Boden kämpft, kann die Macht des Charlatans brechen.

CHARLATANE ALS NATURBURSCHEN UND REGISSEURE

Mit Rousseau hatten Naturbetrachtung und Geschmack an der Natur einen bisher nie vorhandenen Raum im Gefühls- und Geistesleben eingenommen, und die modischen Reisen zeigten unter solchen Einflüssen neuerlich ein verändertes Bild. Man entdeckte die Schönheit der Berge, während bisher das klassische Landschaftsideal von Meer und Ebene dominiert hatte, und nichts war stärker en vogue, als Reisen in die Schweiz zu machen. In Briefen, Tagebüchern und Reisebeschreibungen berichten Menschen des 18. Jahrhunderts über ihre Schweizer Eindrücke. Es gehört durchaus zu dieser Entwicklung, wenn in Langnau im Emmental sich ein Wunderdoktor und Charlatan auftun konnte und dieselbe Klientel von Aristokraten und Schöngeistern sein eigen nennen wie die reisenden Weltbürger unter seinen Kollegen, ohne daß er sein Bergdorf jemals hätte verlassen müssen. Als Kuriosität etablierte er sich und mußte besucht und konsultiert werden, so wie es notwendig war, Jungfrau und Rigi gesehen zu haben. Man pflückte seine bieder-derben Worte, als wären sie Alpenblumen.

Michael Schüppach, auch der Schärermicheli genannt, profitierte von dem populären Wunderglauben an magnetische Ströme, vor allem aber von der Naturschwärmerei der Rousseau-Jünger, die ein Klima schuf, das sich allen Arten von Naturheilverfahren günstig zeigte. Daß er ein Bergdoktor war, das rührte an die Herzen seiner Zeitgenossen, deren modische Neigungen zu einer neuen Art von Verfälschung, jener der Natur durch Überbetonung des Natürlichen, verleiteten. Dieser Naturbursche unter den Charlatanen wurde 1707 im Kanton Bern geboren und zeigte in früher Jugend naturwissenschaftlich-medizinische Neigungen. Das teure Universitätsstudium konnten seine Eltern nicht bezahlen, und so wurde er zu einem Dorfarzt in die Lehre gegeben. Er probierte die Rezepte der Kräuterbücher aus, zeigte viel Interesse für Sezieren und kaufte sich, sobald er selbst verdiente, anatomische Bücher. Sehr früh begann er genau die Krankengeschichten seiner Patienten aufzuzeichnen. Beim Studium bewies Schüppach viel Ernst und es scheint, daß ihn erst seine späteren Erfolge zum Charlatan gemacht haben. Charlataneske Naturen sind den Verführungen des Erfolges nicht gewachsen. Von

45. Michael Schüppach. Kupferstich.

St. Germain, einem dem Naturburschen völlig entgegengesetzen Typ, erzählt Gleichen: »... Anfangs übertrieb er nur wenig. Als er jedoch sah, daß man alles bewundernd aufnahm ...« Der Typus des Charlatans agierte meist planlos, und Erfolge konnten ihn entscheidend bestimmen. Empfand er in seiner Verachtung die Masse als weibisch, so war seine eigene Reaktion auf die Äußerungen der Masse erst recht weibisch. Dem Bergdoktor zum Beispiel stiegen seine mit den Jahren zunehmenden Erfolge und sein Ruf, der sich, durch Legenden genährt, in Europa verbreitete, zu Kopf und er ließ sich zu echten Charlatanerien verführen, als die vor allem seine zahlreichen Fernbehandlungen zu betrachten sind. 80 und mehr Boten mit Uringläsern kamen in der Glanzzeit des Michael täglich aus aller Welt. Auf allen Porträts (Abb. 45) sieht man Schüppach mit einem Uringlas dargestellt, denn in der Diagnose aus der Harnbeschauung bestand seine größte Kunst. Er ließ dann dem Patienten in der fernen Stadt genau sagen, was ihm fehle und wie er sein Übel kurieren müsse. De la Fontaine erzählt von einem Bauerndoktor in der Gegend von Krakau mit ungeheurem Zulauf von Patienten, der auch Fernbehandlungen betrieb, allerdings auf andere Art als der Schweizer. Er verachtete das Begucken von Urin. Ihm mußte man das Hemd des Kranken vorweisen, »dies beriecht er sehr bedächtlich und giebt als dann seine Orakelsprüche. Für diese Consultation und die daraufhin verordneten Mittel bezahlte man 12 polnische Gulden, und so fertiget er die Krankenboten mit der beschnüffelten schwarzen Wäsche wieder nach Hause ab.«

Schüppachs kritische Beobachter behaupteten, daß, während er die Patienten befragte, er sie mit einem Auge beobachtete und nur mit dem anderen das Glas anblickte, in dem er die Diagnose und Therapie erschaute. 80 bis 100 Patienten drängten sich täglich in seine Apotheke. Die Medizinen hatten die merkwürdigsten Namen: Freudenöl, Blümlisherz, für's Untier, Der Stärkere ist Meister, Maria Theresia, König von Preußen usf. Diese Benennungen sind unstreitig propagandistisch die größte Leistung des Micheli gewesen, sie enthielten jenen »neckenden

Triumphton gegen die Wissenschaften«, der viele Herzen höher schlagen ließ. Verstanden doch weder seine Patienten noch er selbst Latein, und es mag dem Sohn der armen Eltern, die das Studium nicht bezahlen konnten, oft bitter gewesen sein, wenn er die lateinischen Ausdrücke seiner

46. Michael Schüppach ordiniert. Holzschnitt nach Gottfr. Locher (1730–1795).

akademischen Kollegen nicht verstehen konnte. Nun schuf er Namen, die diese nicht verstanden. Beliebt machte sich der Bergdoktor durch Humor und Jovialität und vor allem dadurch, daß er die wohlhabenden Patienten genau so lange warten ließ wie die mittellosen. Von den merkwürdigen Behandlungsmethoden kursierten mancherlei Berichte. Einen reichen Bauern, der behauptete, von sieben Teufeln besessen zu sein, heilte der Micheli durch starke elektrische Schläge, bei denen er sich stellte, als sähe er die Teufel aus dem erkrankten Leib fahren. Einen anderen Bauern, der sich eingebildet hatte, einen Heuwagen mit Fuhrmann verschluckt zu haben, horchte er ab und versicherte, das Peitschenknallen im Bauche zu vernehmen. Dann bekam er Brech- und Schlafmittel und flugs wurde ein Heuwagen bestellt. Als der Kranke erwachte und erbrach, fuhr der Kutscher mit Peitschenknallen davon. Michael aber hatte

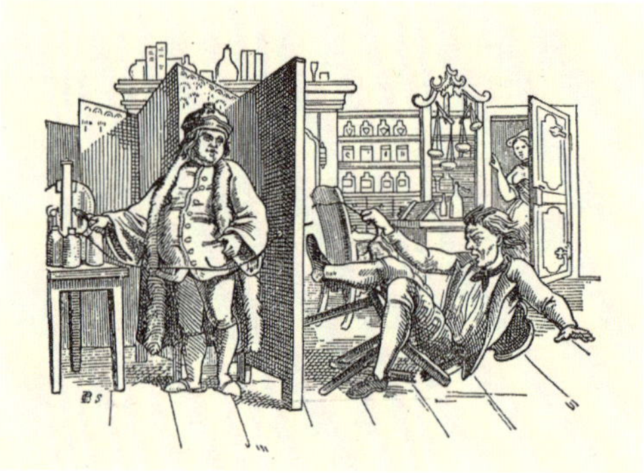

47. Michael Schüppach heilt einen Bauern durch elektrische Schläge. Nach einer Zeichnung in »Helvetia«, Schweizerischer Volkskalender für 1852, Zürich.

durch seine Kunst den Bauern den Heuwagen erbrechen lassen, eine nicht gerade gelinde Form von Wissensfälschung. Eine Beschreibung des Zürcher Professors Leonhard Meister vom »Taubenschlag« des Bergdoktors und seiner schönen Frau und Gehilfin zeigt, daß auch theatralische Lockmittel nicht ganz fehlten: »... Man steht oder man sitzt zusammen, man spielt Karten, bald mit einem Mädchen; bald wird ein Konzert, bald ein Frühstück oder Abendessen gegeben, bald ein kleines Ballett gehalten. Überall wird sehr glücklich die Freiheit der Natur mit den

Ergötzungen der schönen Welt vereinigt, und wenn der Arzt keine Krankheit zu heilen imstande ist, so heilt er doch Hypochonder und Vapeurs.« Als Schüppach 1781 hochgeehrt, betrauert von seinen entzückten Besuchern, in schwärmerischen Versen von Lavater besungen, starb, hinterließ er 170000 Franken nebst mehreren Besitzungen mit Vieh und reichem Land. Im Langnauer Gästebuch fand man Namen berühmter Gelehrter neben denen von Prinzessinnen. Auch der Kardinal Rohan fehlte nicht. 1779 kam Goethe, fand den Michael bei schlechter Laune, weil er Honig gegessen hatte, den er nicht vertrug. Immerhin scheint Goethe von dem Bergdoktor, dessen »grosseur monstrueuse« alle Besucher erstaunte, einen gewissen Eindruck gehabt zu haben. Er berichtet in einem Brief an Frau von Stein von Oktober 1779: »... doch ist sein Auge das gegenwärtigste, das ich glaube gesehen zu haben. Blau, offen, vorstehend, ohne Anstrengung beobachtend ...« Womit Schüppach seine Popularität errungen hat, wird wohl am deutlichsten klar in einem Vers, der im Volksmund kursierte und ihn gegen den großen Gelehrten und Arzt Tissot ausspielt. Er lautet: »Tissot écrit, Schüppach guérit.«

Der Dualismus Leib–Seele war ebenso zum modischen Plauderstoff geworden wie der Dualismus Herz–Geist. St. Germain predigte, wie Graf Lehndorff in seinen Tagebüchern über den Aufenthalt des Abenteurers in Sachsen aufzeichnet, unaufhörlich von dem richtigen Gleichgewicht zwischen Leib und Seele und sagte, wenn man dieses Gleichgewicht beobachte, so könne die Lebensmaschine niemals in Unordnung geraten. Ganz sicher erkannte St. Germain mit seiner starken Intelligenz, daß dieser Behauptung Wahres zugrunde liegt. Wichtiger war für ihn aber die Auswertbarkeit einer solchen Lehre im Kreise einer gefühlstrunkenen vornehmen Gesellschaft. Wenn Hufeland in seinem Artikel über die Modewissenschaften sagt: »Die Medizin war eine der ersten, die die Ehre hatte in Cours zu kommen«, so ist das sehr verständlich. Welch reizvolles und abwechslungsreiches Gesellschaftsspiel mußte einer erotisierten Grand Monde die zur Pflicht erhobene Selbstheilung bedeuten, die einen ununterbrochen mit sich selbst und damit beschäftigte, die nuancierten Bedürfnisse von Seele und Leib aufeinander abzustimmen und miteinander in Einklang zu bringen! Erdhafte Gebirgsmenschen, wie Schüppach, standen der Natur näher als die Stadtärzte; zu ihren Ratschlägen in Dingen des komplizierten Übereinstimmungsverfahrens hatte man Zutrauen, galt es doch, die Lebensmaschine nicht in Unordnung geraten zu lassen. Diese Aufgabe mußte einer daseinsverklammerten Zeit als die allerhöchste erscheinen, und so erklärt sich auch die große Wichtigkeit, die den Lebenselixieren beigemessen wurde. Horace Walpole berichtet über diesen Zweig von St. Germains Betriebsamkeit: »Er war gelehrt, beherrschte die meisten Sprachen, war ein großer Musiker und Chemiker, hatte ein angenehmes Gesicht und verstand alle Frauen zu kirren; denn er gab ihnen zugleich Schminken und Schönheitsmittel und schmeichelte ihnen mit der Hoffnung nicht, sie zu verjüngen – denn er war so bescheiden, daß er dies nicht vermöchte – wohl aber, sie in ihrem jetzigen Zustande zu erhalten, und zwar mittels eines Wassers, das er ihnen schenkte, obwohl es ihn selbst, wie er sagte, viel Geld kostete.« Mit Hilfe dieses Wassers wußte St. Germain die Gunst der Pompadour zu erobern. Aber nicht nur schöne Frauen interessierten sich für Verjüngungswasser und Universalmedizinen. In einem Berliner Zeitungsbericht von 1779 hören wir noch von ganz anderen Interessenten: »In London schrieb ein Chymikus ohnlängst ein langes und breites von einer Universalmedicin, welche er gefunden zu haben vorgab, und reichte seine Schrift versiegelt im Oberhaus des Parlaments ein. Die jungen Lords meinten sämtlich, daß man diese Sache ans Unterhaus weisen und sich nur Bericht davon müsse abstatten lassen, allein die älteren waren der Meynung, eine so wichtige Entdeckung verdiente wohl, daß man sich damit beschäftige, und es sey der Mühe wert sichs etwas sauer werden zu lassen, wenn man dadurch 150 Jahre alt werden könne.«

Eine amüsante Probe davon, wie die Charlatane nicht nur die Heilkräfte der Natur zu nutzen, sondern sie in Gestalt der wilden Bestie auch zu bändigen verstanden, gibt ein populärer französischer Stich vom Ende des 18. Jahrhunderts, zwischen dessen Figuren die Ironie leise kichert. Der Gros Thomas, ein populärer französischer Charlatan, zieht eben einem Tiger, der in den wilden Wäldern von Fontainebleau sein Wesen getrieben hat, einen Zahn, während das Faktotum, Jocrist, die Krallen des Raubtiers beschneidet (Abb. 48). Daß das Erstaunen dieses Publikums der unteren Stände ein ironisierendes Staunen ist, das eher einen unter ihnen nicht vertretenen Stand und seine modischen Kaprizen verspottet, als daß es echte Bewunderung bedeutet, darüber kann kaum ein Zweifel bestehen. Die Natur ist auch noch durch Schmetterlinge vertreten, und eine Libelle ziert den Medikamentenschrank. Wie aber der Tiger, die Pranken auf die Armlehnen eines Samtfauteuils gestützt, Platz genommen hat und sich von Gros Thomas den Rachen aufsperren läßt, das ist von bezwingender Komik.

Will der polnische Leibarzt de la Fontaine schildern, welchen Erfolg der Hemden beriechende Wunderdoktor von Krakau hatte, so schreibt er: »... welcher wegen der

Neuheit seiner Art von Kenntnis nicht weniger Zulauf hat als ehemals der gutmüthige launige Michael Schüppach in Langnau, oder der finstere grobe Monddoktor in Berlin.«

48. Le Gros Thomas zieht einem Tiger die Zähne.
Populärer französischer Kupferstich,
Ende des 18. Jahrhunderts.

Neben dem Schärermicheli scheint also ein heute fast vergessener Berliner Wundermann den weitest verbreiteten Ruf genossen zu haben. Wer war der Monddoktor?

Er hieß Weisleder und war ein Strumpfwirker gewesen, den folgende Natur-Behandlungsmethode um das Jahr 1780 zur Berühmtheit der aufgeklärten preußischen Hauptstadt gemacht hat: er ließ die schmerzende Körperstelle entblößen und gegen den Mond, der im ersten zunehmenden Viertel sein mußte, halten; dann berührte er den erkrankten Körperteil mit der einen Hand, indem er die andere nebst dem Gesicht zum Monde wendete, einige unverständliche Worte murmelnd. Im April 1783 brachte die »Berlinische Monatsschrift« einen Artikel des Stadtphysikus Pyl, der versucht hatte, den Behandlungsmethoden seines berühmteren Kollegen nachzugehen: »Ich habe nur wenige Fälle untersuchen können, wegen des erstaunlichen Eigensinns und Enthusiasmus der Leute, wobei ich Grobheiten und Mißhandlungen befürchten mußte. Der Enthusiasmus sonst auch kluger Leute für diesen Menschen geht so weit, daß sie sich selbst durch den Schein betrügen und nicht leiden können, daß man ihnen ihren Irrthum benehme. Auch weigern sich die meisten schlechterdings einer Besichtigung. Mehrere beschreiben ihren gehabten Schaden anfangs höchst gefährlich; aber bei genauerm Nachfragen nehmen sie dann vieles zurück. Fast alle sind so eigensinnig, daß sie durchaus nicht sagen wollen, welchen Arzt oder Wundarzt sie vorher gebraucht haben.« Was hier gestreift wird, ist die Tatsache, daß von den Anhängern aus einem Trieb der Selbstachtung jene Legenden produziert wurden, die den Ruf des Charlatans befestigten.

»Der Meinende ist von Zweifeln nicht frei«, sagt Thomas von Aquino. Gehört dieser Meinende zu den Disponierten, dann verdrängt er seine Zweifel dadurch, daß er die Bedeutung der Person oder des Vorgangs, an dem er zweifelt, noch steigert. Damit *er* sich nicht geirrt hat, muß der Charlatan recht behalten. Zu seiner eigenen Beschwichtigung verbittet er sich die Zweifelsäußerungen der Skeptiker, deshalb kann er es »nicht leiden, daß man ihm seinen Irrthum benehme«, und erfindet zu seiner Beruhigung jene Übertreibungen, die als Legenden dem Charlatan immer neue Anhänger werben. Die Willigen eines allzu leichten Glaubens sind des Charlatans Herolde.

Aus einem mit D. H. gezeichneten Brief an Biester, den

Herausgeber der »Berlinischen Monatsschrift« (veröffentlicht unter dem Titel »Die Wallfahrt zum Monddoktor in Berlin«), lernen wir diesen merkwürdigen Monddoktor als einen ganz hervorragenden Regisseur der eigenen Wirkung kennen.

»Ob ich der Monddoktorszene, der ich beiwohnte, mich noch zu erinnern weiß, um sie Ihnen mittheilen zu können? fragen Sie, mein lieber Biester. – Ob ich!«, so beginnt dieser Brief und zeichnet nicht nur den Monddoktor, sondern auch den Selbstbetrug der Aufklärung vortrefflich, wenn er sagt: »… Allein, wenn man dann auf einmal aus der süßen Phantasie, mit der man sich unter den Menschen eingewiegt, durch einen solchen *tumultuarischen* Aufruhr herausgerissen wird; wenn man eine Menge, die an die Tausend reicht, einhellig mit einem schwärmerischen Eifer auf Kosten des Lebens und der Gesundheit, den ganzen Adel der Menschheit, die Vernunft schamlos entehren, mit Füßen treten siehet, es in Berlin siehet, das der Hauptsitz der Weisheit, des gesunden Verstandes, des guten Geschmacks, der Duldung, und des höchsten Grades von Kultur sein soll …

Der Wunderkerl … forderte ja nichts, außer was die Kranken bei jedem Besuche für das Eingangsbillett freiwillig geben mußten, und hernach seiner Frau freiwillig geben wollten … Er trieb sein Wesen schon viele Jahre in seinem Schenkensprengel mit vielem Erfolg, nur niemand wußte in der Hauptstadt etwas Rechtes davon; was man davon hörte, war doch von keinem Einflusse.« Der Briefschreiber schildert dann, wie dem Monddoktor die Heilung einer wohlhabenden Berlinerin gelang und damit sein Stern zu steigen begann: »Der Ruf verbreitete sich von Haus zu Haus, von Straße zu Straße, von Stand zu Stand, und was ihm die schnellsten Flügel und die meiste Wirkung gab, war, daß allgemein von großen Häuptern erzählt wurde, die ihn besuchten oder sich von ihm besuchen ließen, um sie sehend, hörend oder ganz zu machen … Das Alberne und Thörichte erscheint selten in seinem Glanze auf der Bühne, außer hinter einem Herolde mit einem Ordensbande. Die Zeugnisse der Marktschreier bestehen nie aus etwas anderm als aus Dankbriefen von kurierten Lords, Marquis oder Grafen.«

Der Briefschreiber wurde von Freunden gebeten, einen Tauben zum Monddoktor zu begleiten, und berichtet über diesen Besuch:

»… Wir gingen nach der Kommandantenstraße, und stellten uns an die Ecke der Jakobstraße, die zum Äskulaptempel brachte, um mit Verwunderung die Menge Elende zu betrachten, die aus allen Querstraßen dahin zogen. Die ganze Gegend wimmelte fast von Blinden und Hinkenden, die mit einem Eifer und einer Zuversicht, die man ihnen auf dem Gesichte lesen konnte, in die Jakobstraße sich hineindrängten und hineingeleitet wurden. Man hätte glauben sollen, die ganze Gegend machte nur einen großen Hospitalhof aus; so sehr war man überall von Krüppeln umgeben. Dieser Trieb kuriert zu werden, ging sogar bis zur Eitelkeit. Wir sahen unter einer Gesellschaft von Lahmen auch eine Person sich mit Eifer drängen, an deren körperlichem Bau wir nicht die mindeste Unförmlichkeit entdecken konnten, außer daß der rechte Fuß sehr wenig einwärts gebogen war. Der Mann hat recht, sagte einer von uns, er will auch diese kleine Verunstaltung loswerden; *er kann es ja haben!* – Von da begaben wir uns nach dem Tempel selbst, einem elenden Bierhause von der niedrigsten Klasse, das aus einem langen Flur, einem weitläufigen Hofraum und Garten und einer großen geräumigen Bierstube bestand. Alles war voll angepfropft von Leuten mit offenbaren und heimlichen Verstümmelungen, von Leuten aller Alter und aller Geschlechter, aller Religionen und aller Stände. Alles wimmelte da untereinander, unterhielt sich von den stadtkundigen Kuren des Mondpriesters und von der eigenen Erleichterung, die jedes von ihnen mit einer Wärme, die mir bald durch die Seele ging, bald ein unwillkührliches Lächeln mir abzwang, das ich mit Gewalt zu unterdrücken suchte. Meine Lippen haben tüchtig herhalten müssen; ein offenbares Lachen hätte mir das Leben kosten können. Alles harrte mit einer peinlichen Ungeduld auf die Ankunft des Priesters, der heute länger als gewöhnlich ausblieb, wie eine vom Gewissen gefolterte Seele auf den Augenblick ihrer Auflösung harrt. Endlich verbreitete sich ein allgemeines Geräusch, daß vor neun Uhr nichts daraus würde, indem der Herr erst vor einer Stunde in einem sechsspännigen Wagen zu der Prinzessin *** geholt worden, von der er noch zu dem Prinzen *** müßte ...«

Der taube Patient mußte also weggehen, und erst im nächsten Monat, als die richtige Mondperiode gekommen war, wiederholte sich der Besuch: »Wir kamen Nachmittag gegen fünf Uhr in die Jakobstraße, die wir voll der prächtigsten Equipagen fanden, durch die wir uns mit vielem Ungemach drängen mußten. In dem Hause selbst waren Flur und Hof und Stube mit einer erstaunlichen Menge Menschen angefüllt, die weit enger ineinander standen als bei der ersten Brokmannischen Vorstellung des Hamlets. Ich zählte einige hundert. Wenn man nur bedenkt, daß hier ein beständiger Ab- und Zugang von Kranken war, und daß die Operation jedesmal von vier Uhr nachmittags bis Mitternacht anhielte, so müssen, angenommen, daß jede einzelne Kur eine Minute dauerte, wenigstens an die fünfhundert, ja tausend täglich sich hier eingefunden haben; eine ungeheure Anzahl Gebrechliche, aber wahrscheinlich eine weit ungeheurere Anzahl Narren im Verhältnis mit der Volksmenge in unserer Stadt! ... Es war keine Versammlung von niedrigstem Pöbel ... sondern fast nichts als reich und wohlgekleidete Herren und prächtig aufgesetzte Damen, fast nichts als Leute, deren Anzug und Miene Rang und Stand verriethen.

Als wir in die Thüre kamen, so war es uns anfangs kaum möglich, wegen der ungeheuren Menge einige Schritte in die Stube zu thun. Wir sahen ganze Haufen abziehen, die theils die Kur schon genossen, theils unverrichteter Sache zurückgingen, weil sie nicht durchkonnten, aber eben so viele Haufen kamen immer von neuem wieder an ... An dem einen Ende der Stube war eine Treppe, die nach dem zweiten Stockwerke des Hauses, dem eigentlichen Sitze der Gottheit führte; auf welcher ein wachhabender Soldat sich befand, der immer nur zu zwölfen (an derselben Krankheit Leidende) vorließ. Die Wache rief nun gerade: ›Sind die Brüche nun alle? die Tauben herauf!‹ Ich stellte mich auf die Zehe, und hielt ihm ein Achtgroschenstück auf die Höhe: ›Ha, ha, rief er, Sie haben einen Bruch? Platz da!‹« (So kam der Taube, den der Briefschreiber zu begleiten hatte, als erster daran).

»Auf dem obern Flur waren zwei Stuben, die Fenster der einen gingen südwärts, die der andern nordwärts. Die Thüre der letzten öffnete sich von ungefähr, und ich erblickte eine unzählige Menge Damen, die hier versammelt waren, um von der Frau Doktorin, der ihr Mann die Wundermacht mitgetheilt hat, sich kurieren zu lassen. Vor der andern Thüre stand ein Mädchen mit einer Handvoll Billete, die man lösen mußte, um eingelassen zu werden. Auf die Frage: was dafür zu bezahlen? antwortete sie: was ihnen beliebt; aber unter zwei Groschen ward nicht angenommen ... Als wir hineinkamen fand ich eine leere schmutzige niedrige Stube eines gemeinen Handwerkers. Ich sah einen bejahrten langen hagern Mann mit ausgekämmten Haaren, einem blauen groben Kleide, der ganz ungeniert mit seiner Tabakspfeife in der Stube herum ging. Und dies war der Doktor selbst ... Nun legte er die Pfeife nieder: ›Wir wollen nun dabei gehen‹, sagte er, ›es wird spät‹ ... Darauf rief er einen sehr hübschen Knaben von ungefähr vier Jahren zu sich, der von seinem Vater, einem jungen, dem Scheine nach wohlhabenden und vernünftigen Manne, geführt ward, stellte ihn zur linken Seite aufs Fenster, öfnete ihm die Beinkleider, nahm das Band herunter, legte die linke Hand auf die verletzte Stelle, während der Zeit er den Mond, der in der That gar nicht zu sehen war, anzugaffen schien, und einige Worte murmelte. Darauf faltete er beide Hände gegen den Mond, sprach wiederum einige leise Worte, und damit war es aus. Er setzte den Knaben herunter, der Vater nahm ihn auf die Seite, und verband ihn wiederum; und ich hörte, wirklich mit einer Art von Wehmuth, diesen gesetzten Mann das Kind fragen: ›Wie ist es, mein Sohn, thut es noch so wehe, wie vorher?‹ ›O ja, Papa!‹ erwiderte dieser.

... wie denn auch im Grunde die Sichtbarkeit des Mondes bei der Kur gar nicht nothwendig gewesen sein muß, da die Frau Doktorin zu derselben Zeit mit demselben Monde durch ein Fenster nach der entgegengesetzten Seite kurirte ... Noch eins muß ich Ihnen sagen. Der Mann hatte auch ordentlich seine Kundschafter. Als ich während der Operation in der Stube war, sagte einer, der in Bedientenlivree an der Thüre stand (und, wie ich hernach hörte, der Eigenthümer des Wirtshauses war, der keine geringe Einkünfte von diesem Gaukelspiel hatte), zu seinem Nachbar ziemlich laut: ›Ja wahrhaftig, wer hieher kömmt, um den Herrn zu vexieren, der kömmt nicht gut weg, das kann man mir glauben; und es soll so einer in der Gesellschaft sein, ein Doktor, aber er mag sich hüten!‹ Ich muß es gestehen, mein Herz fing an zu pochen, überzeugt, daß wenn ich mich da durch den kleinsten Wink verriethe, ich ganz gewiß meinen Rückweg durch's Fenster hätte nehmen müssen.«

Dieser Bericht vermittelt die Atmosphäre zwischen Charlatan und Gefolgschaft in eindringlichster Weise. Wie diese von Hoffnung und Erwartung schon überhitzten Menschen vorsätzlich zu langem Warten gemeinsam eingeschlossen werden, um in solch engem räumlichen Kontakt mit der Unentrinnbarkeit der Infektion die phantastischen Verwirrungskeime aufeinander zu übertragen; wie dieser aufs höchste gespannten und erregten Menge noch ein neuer Brocken zugeworfen wird durch die Meldungen über Besuche bei Prinzen und Prinzessinnen, so die Gestalt des Erwarteten mit aktuellster Gloriole umgebend, das beweist eine instinktsichere Beherrschung der Regie. Daß der Mond nur *eine* Hausseite zu bescheinen vermag, das ist für eine so kunstgerecht präparierte Gefolgschaft eine bekämpfenswerte Neidäußerung des bösen Feindes. Nord und Süd sind keine Gegensätze mehr, wo ein Monddoktor herrscht. Wie spürt man in diesen Berichten das Bedrohliche der verbohrten und rohen Intoleranz, wie ist die Luft mit Abwehrkräften gegen Geist und Klarheit geladen: Totschlag lauert hinter den Türen dieses Bierhauses.

Die Ärmlichkeit des Milieus, in dem der Monddoktor behandelte, bedeutete derselben Gesellschaftsschicht Sensation, die die Charlatane sonst mit raffiniertem Luxus köderten. Es sind die Menschen, für die man Extreme schaffen muß, um sie zu Bewunderung und Demut zu bringen. Mit mysteriösem Luxus gewann ein Schotte, James

Graham, sich genau um dieselbe Zeit wie der Monddoktor in Berlin, nämlich um das Jahr 1780, in London Anhänger und Reichtum. Er errichtete ein Wunderheil-Etablissement, das er Gesundheitstempel nannte. Dort wurden sein elektrischer Äther, seine Lebenselixiere etc. verkauft. Der Clou dieses Hauses aber war ein magnetisches Prachtbett, auf dem, wie Graham behauptete, himmlisch schöne Kinder empfangen würden. Der Raum, in dem Graham behandelte und seine Vorlesungen hielt (Abb. 49), wurde »Great Apollo Apartment« genannt. Allabendlich war dieser Gesundheitstempel, dessen Besuch große Mode war, gesteckt voll von Gästen; um das Prachtbett zu benutzen, das auch sämtliche Krankheiten heilen konnte, mußte man sich Wochen vorher anmelden und 50 Pfund pro Nacht im voraus einsenden, wofür man eine Einlaßkarte erhielt. Haus und Bett werden in der »Geschichte der Magie« von J. Ennemoser (Leipzig 1844) folgendermaßen beschrieben: »Sein Haus nannte er einen Gesundheitstempel, in welchem er Nützliches mit dem Angenehmen verband. Allenthalben herrschte die äußerste Pracht. Schon in dem Vorhof schien nach Versicherung eines Augenzeugen, Kunst, Erfindung und Reichtum erschöpft zu sein. An den Seitenwänden, in den Kammern verbreiteten künstliche elektrische Feuer bogenartige Schimmer (s. Abb. 49), Sternstrahlen sprühten aus, durchscheinende Gläser von allen Farben waren mit kluger Wahl und vielem Geschmack angebracht. Alles dieses, versichert jener Augenzeuge, ist hinreißend und spannt die Vorstellungskraft aufs Höchste. Sein Hauptmittel nun war nebst einem gedruckten Zettel von Lebensregeln und einer Flasche Medizin, sein magnetisch elastisches Bette. Dies stand in einem prächtigen Zimmer, wohin aus einem benachbarten Cabinet ein Cylinder führte, durch welchen die heilenden Ströme in das Schlafzimmer geleitet wurden, sowie auch sonst allerhand Wohlgerüche stärkender Arzneien und morgenländischer Rauchwerke durch gläserne Röhren dahin geführt wurden. Das himmlische Bette selbst ruhte auf sechs festen durchscheinenden Säulen, die Bettücher von Purpur und

49. Der schottische Charlatan James Graham spricht zu seinen Anhängern. Nach einer zeitgenössischen Zeichnung von John Kay (1742–1826).

himmelblauem Atlas waren über Matratzen, mit arabischen und morgenländischen Riechwässern durchdrungen, gebreitet und zwar im Geschmack des persischen Hofes. Das Zimmer, in welchem es war, nannte er das Heiligtum der Heiligen (Sanctum Sanctorum).

Niemandem zeigt er das Bette, welchem er auch alles

Übrige zeigte; denn, sagte er, wer könnte dem Vergnügen und der Entzückung widerstehen, die dieser bezaubernde Ort erregt? Zu diesem allen kommen noch die melodischen Töne der Harmonika, sanfte Flöten, angenehme Stimmen und eine große Orgel. Er sagte mit Recht, nichts gäbe den angegriffenen Nerven alle ihre Kräfte erstaunungswürdiger wieder, als dieses himmlische Bette.«

Dieser offenbar für die raffinierten Bedürfnisse der Vornehmen arbeitende Charlatan war auch Erfinder von Erdbädern. Sie sollten den Menschen ermöglichen, ohne Essen ein gesundes und langes Leben zu führen. Die Poren der Haut sollten die Nahrungssäfte der Erde einsaugen. Die praktische Auswertung dieser Erfindung, die Graham vorschlug, lag auf militärischem Gebiete. Soldaten in belagerten Garnisonen oder Festungen vermöchten mit Hilfe der Erdbäder viele Monate lang dem Hunger zu trotzen. In diesem Jahrhundert wollte man nicht dem Individuum, sondern der Menschheit nutzen, weil man verstand, daß der Staat ein zahlkräftigerer Abnehmer ist als der Einzelne; das galt für Erdbäder ebenso wie für industrielle Geheimverfahren oder Metallverwandlung. Ein Spottbild (Abb. 50) zeigt James Graham zwischen den Riesen Gog und Magog, mit denen die beiden Türhüter gemeint waren, die vor dem »Temple of Health« standen, um Reklameschriften zu verteilen. Die Ente, die der Affe am Bein hält, ruft: »Quack, Quack«, was auf englisch Quacksalber oder Charlatan bedeutet. Graham, mit dem Affen auf der Schulter (man denkt dabei an Dantes Vergleich mit dem Affen und Teniers Darstellung der Alchimie, s. Abb. 9), hält in der Hand eine Schachtel seiner »Aetherical Pills«. Kinder zeigen lachend mit Fingern auf den Charlatan, und unter dem Bild befinden sich Verse und Noten eines Spottliedes.

Waren Schüppach, Graham und der Monddoktor Lokalkuriosa, die mehr oder weniger Weltberühmtheit erlangten, so kann man den Chevalier John Taylor einen Virtuosen der Reiseregie nennen. Kein anderer hat das Requisit der Kutsche so einzusetzen gewußt wie er. Die seine wurde von vier Schimmeln gezogen, sie war

50. Spottbild und Spottlied auf James Graham.

geschmückt mit Augenbildern und Attesten. Weit sichtbar prangte vorne, einem Plakat gleich, die Aufschrift: »Qui visum dat, dat vitam« (Wer Augenlicht schenkt, schenkt Leben). Der Ritter Taylor (1708–1772), ein Engländer, war unter den vielen betrügerischen Starstechern der imposanteste Schwindler. Seine Studien führten ihn nach Basel und Paris. In Basel promovierte er und wurde in das medizinische Doktorenkollegium aufgenommen.

Seine Starstechertourneen führten ihn nicht nur durch ganz Europa, sondern auch nach Kleinasien und Persien. Wie Eisenbarth, so wirkte auch er durch seine zahlreichen Titel, die er nach Einzug in die Stadt bekanntgeben ließ. Er nannte sich: »Der Chevalier John Taylor, Päpstlicher, Kaiserlicher und Königlicher Ophtalmologe, der Papst Benedikt XIV., August III., König von Polen, Friedrich V., König von Dänemark, und Friedrich Adolph, König von Schweden, behandelt hat.« Er war ein gefährlicher Patron, der viele Menschen blind machte. Nach der Operation legte er sofort Verbände an und wies die Patienten an, diese 3–4 Tage zu tragen. Wenn sie sie dann abnahmen und ihr Unglück merkten, war er längst über alle Berge. Eine traurige Erfahrung in dieser Richtung machte 1751 der Großherzog von Mecklenburg, und die Zeitungsstimmen vor und nach dem Besuch des Wunderarztes zeigen den Umschlag von Hoffnung zu empörter Enttäuschung. Daß die an Geld oder Gesundheit Geschädigten Taylor nachstellten, das erfahren wir aus einem Bericht aus London, den die »Vossische Zeitung« im Jahre 1757 veröffentlichte: »... denn derselbe ist bei Nacht und ohne Laterne ausgezogen; er hat alles, was er fortbringen können, aus seiner Wohnung zu Suffolkstreet ausgeräumet, und ist wohl eine Meile davon in eine andere gezogen, wo er aber nur wie die Fledermäuse ausflüget, weil er des Tages denen Gerichtlichen Menschen-Fischern nicht trauet, die ihm auf den Dienst lauren. Er hat gerne Schulden gemachet und krafft seiner Charlatanerie in England über 10000 Personen blind gemacht ...« Gleichzeitig mit solchen Zeitungsnotizen konnte Taylor Triumphe feiern und an englischen Universitäten Vorlesungen halten. Das verdankte er dem »äußerlichen Schein« seines Auftretens, auf den er sich glänzend verstand, was schon aus der Aufmachung der eigenen Person (Abb. 51) zu erkennen ist. Die Züge des vornehmen Herren zeigen ein nicht alltägliches Maß von Kälte, Skrupellosigkeit und Einbildung. Dieser Hofokulist König Georgs II. ließ bei seinem Eintreffen in einer Stadt Zettel mit Bildern und Attesten verteilen, besuchte

51. John Taylor. Kupferstich.

dann persönlich die bekannten Ärzte und Personen von Stand und lud sie zu einer Versammlung ein, bei der er eine prahlerische Rede in Form eines wissenschaftlichen Vortrages hielt und seine kostbaren mit Gold und Silber verzierten Instrumente bewundern ließ. Erst nach dieser Schaustellung begann er zu operieren. Für seine Vorträge legte er ein schwarzes Kleid und eine lange weiße Perücke an. Er bestieg das Podium und stand hinter einem großen Tisch, über den ein Stück alten Gobelins gebreitet war.

Vier hohe Kerzen beleuchteten den Redner, der Wasserkaraffe und Glas vor sich stehen hatte. Seine Reden zeigen all den Wortreichtum, den charlataneske Sprachmanöver zu produzieren verstehen. Auch das Wort-Spiel liebte er, ganz wie Magno-Cavallo, und erreichte eine große Fertigkeit darin, mit solchen Wortspielen die Aufmerksamkeit der Verblüfften zu erwecken. So sagte er z. B. gerne: »the eye, on the wonders lecture will I«. (Unübersetzbares Wortspiel)

Taylors Vorträge waren auswendig gelernt. Eine charakteristische Probe gibt der Anfang der Rede, die er an der Universität Oxford über das Auge hielt:

»Das Auge, ihr erlauchten Musensöhne, ihr hochwissenden Studenten Oxfords, deren Ruhm ich in allen Teilen der Erde verkünden hörte – das Auge, dieses erstaunliche, überraschende, dieses alles fassende und selbst unfaßbare, wunderbare Organ, ist der Proteus der Leidenschaften, der Herold des Verstandes, der Dolmetsch des Herzens und das Fenster der Seele. Das Auge hat die Herrschaft über alle Dinge inne. Die Welt ward für das Auge geschaffen und das Auge für die Welt.

Mein Thema ist das Licht, hochberühmte Söhne der Literatur, das geistige Licht. Ah! mein philosophisches, mein metaphysisches, mein klassisches, mein mathematisches, mein mechanisches, mein theologisches, mein kritisches Auditorium, mein Thema ist das Auge.

Ihr seid das Auge Englands!

England hat zwei Augen – Oxford und Cambridge. Ihr seid das rechte Auge Englands, die ältere der beiden Schwestern und der tiefste Brunnen des Wissens in ganz Europa.

Das Auge ist der Gatte der Seele!«

Wie man sieht, ist das wahre Thema dieses Vortrages

keineswegs das Auge, sondern die werbende Beweihräucherung des Publikums, die bombastische captatio benevolentiae. In dem ewigen Streit der beiden Universitäten wegen der kurzen Spanne von Jahren, die die eine früher gegründet war als die andere, spielt Taylor Oxford für Oxford aus und sicherlich in Cambridge Cambridge für Cambridge. Auch er bläst, raffinierter und gewandter als Magno-Cavallo, die Worte wie Seifenblasen in die Luft und läßt die schwebenden schillern und tanzen. Auch er macht durch Wortwiederholung und Anhäufung das Ohr sturmreif. Die Zuhörer solcher Reden atmeten geschmeichelt den Weihrauch ein, der ihnen dargebracht wurde, und ihre Köpfe waren viel zu umnebelt, als daß sie gemerkt hätten, daß aus der Wolke nur einem der Glanz blieb: dem Charlatan. Taylor, der Ritter, der in einem Kloster zu Prag starb, hat sich selbst eine Grabschrift entworfen, die die Weihrauchfässer vorsorglich noch um die Gruft aufstellt:

»Hier ruhen die Gebeine eines Mannes, welcher der ausgezeichnetste seines Jahrhunderts war durch seine Fähigkeiten in einer Kunst, die die nutzbringendste ist für das Menschengeschlecht und als deren Pfleger, nein, als deren Schöpfer er von der Vorsehung bestimmt schien. Sein Verstand erhellte die Finsternis, seine Hand drang in die tiefsten Geheimnisse und schien durch den Geist selbst geleitet zu sein, der den Bau des Körpers geschaffen …«

»DER CHARLATAN DER CHARLATANE«

Cagliostro war der berühmteste aller Charlatane des 18. Jahrhunderts. Keiner ist so eng wie er verbunden mit den Ereignissen, die das Antlitz seiner Zeit geprägt haben, keiner hat die repräsentativen Persönlichkeiten so stark angeregt wie er: zu Kritik, zu Bewunderung, zu dichterischer Gestaltung. Goethe, Schiller, Tieck, Dumas machten ihn zum Helden von Dichtungen, er war eine wirklich populäre Figur, mit der sich die Besten seiner Zeit auseinandersetzten. Casanova, der Abenteurer, der ihm begegnete, durchschaute und verachtete ihn, weil er ihm platt und grob erschien. Casanova war eben ein abenteuernder Lebemann, ein Typ, der vollkommen seinem Jahrhundert entsprach, sowie auch St. Germain ein intelligenter Mensch von modernem Weitblick war, jedoch als kultivierter und raffinierter, in seinen Allüren aristokratischer Weltmann durchaus dem Dixhuitième angehörte. Cagliostro aber war Prolet und blieb auch als falscher Graf noch Prolet; in ihm grollte und drohte eine neue Zeit, ein neuer Stand, mit dem man zu kämpfen oder sich abzufinden haben würde. Cagliostro hatte das Qualitätsgefühl nicht mitbekommen, das einen St. Germain ganz genau darüber unterrichtete, wieviel er wußte oder nicht wußte. Aus dieser Bewußtheit entsprang eine souveräne Klarheit im Schwindeln, während Beppo (Giuseppe) Balsamo, alias Graf Alexander Cagliostro, zwar schlau, aber ganz kritiklos im Objektiven war, so daß er sehr wohl manchmal seiner eigenen Suggestion unterliegen konnte und in solchen Augenblicken sogar glaubte, was er sagte. Er hatte zweifellos echte und unberechnende Momente, in denen er jenem Durcheinander verschiedener Wirklichkeitsbilder verfiel, von dem wir aus ganz andern Gründen als charakteristisch für die Renaissancemenschen gesprochen haben. Sicher waren es diese Momente, in denen es ihm gelang, zu überzeugen und ebenso sicher war es niemandem klar, daß, was an diesem groben Grafen so geheimnisvoll beunruhigte und anzog, die Zukunft war.

Cagliostros Lebensweg ist so bekannt, daß er hier nur in Kürze wiedergegeben werden soll. Er wurde 1743 in Palermo geboren, seine Jugend ist die eines gerissenen, halb verkommenen, intelligenten Gassenjungen gewesen. Im Seminar des hl. Rochus lernte er schreiben und lesen; als er dort durchgebrannt war, nahm ihn ein Kloster zu Hilfsdiensten in der Apotheke auf, von da stammen die medizinischen Kenntnisse des großen Wunderarztes. Beauftragt, den Brüdern während der Mahlzeiten aus einer Martyrologie vorzulesen, setzte er die Namen stadtbekannter Huren ein und wurde weggejagt. Er betätigte sich dann als Maler niedrigsten Grades; Malen, Zeichnen und Fälschen, das lag für ihn dicht nebeneinander, und er wurde gerne aufgesucht, wenn es galt, ein Patent, ein Testament oder auch nur das Eintrittsbillet in ein Theater zu fälschen. Auch als Schatzgräber in Meereshöhlen ließ er sich dingen und verdiente zumindest genug, um gut zu essen, und das tat er sein Leben lang gerne. Die erworbenen Reichtümer für Essen und Trinken auszugeben, das beweist durchaus den proletarischen Ursprung. Je höher gezüchtet, je komplizierter die Charlatane waren, um so weniger schlemmerhaft lebten sie. St. Germain war äußerst mäßig, angeblich verdankte er dieser Lebensweise sein bis ins hohe Alter jugendliches Aussehen, und Beireis, der sehr reich war, lebte in geiziger Kargheit. Das Ansammeln von Gütern und somit auch der Reiz des Sammelns überhaupt bedeutete nur in jenen sozialen Schichten etwas Anstrebenswertes, aus denen Cagliostro nicht kam. Die vergleichenden Bilder, die dieser Charlatan wählte, stammten immer aus der Sphäre seiner Kindheit. Biester erzählt in der »Berlinischen Monatsschrift« vom November 1787, wie er den damals in Biel lebenden Cagliostro besuchte, und meint noch nie einen so »plumpen und gemeinen

Charlatan« getroffen zu haben. »Vorzüglich auffallend war es, wenn er mit Nachdruck versicherte: ›pour soulager l'humanité je travaille comme un Bœuf‹. Man muß die ganze Figur des Unholds, seine breiten Schultern und dicken Hals, worin er den podolischen Stieren wirklich ähnlich ist, dazu sehen, um das Passende des Bildes ganz zu empfinden.«

Flucht vor Verhaftung war auch bei ihm, der in ständigen Händeln mit Polizei und Gönnern lebte, der Anlaß für seine erste Reise. In Messina und Malta lernte er hervorragende Alchimisten kennen, die ihn in ihre Geheimnisse einweihten. Cagliostro hat das später nach Zeitgeschmack redigiert und er, der Held der sizilianischen Gosse, wurde zum unglücklichen Sohn des letzten Herrschers von Trapezunt, der in die Verbannung fliehen mußte. Dort, so wurde das Märchen weitergesponnen, wurde er von einem edlen Sheriff erzogen, der ihn »unglückliches Kind der Natur« taufte. Später erst traf das unglückliche Kind mit dem Hohenpriester aller arkanischen Weisheit, Althotas, zusammen und wurde dessen Schüler, der sich bald gezwungen sah, den Meister zu ermorden, ein peinlicher Zwischenfall, der nur diskret angedeutet wurde. In Wahrheit mußte Cagliostro nach Fälschung eines Oberstenpatentes wieder einmal fliehen, wurde aber bereits von seiner Frau und begabten Mitverschworenen, Lorenza Feliciani, Tochter eines römischen Handschuhmachers, begleitet. Lorenza war sehr schön und die Liebe eines in die Frau verliebten Jahrhunderts lag der geheimnisvollen Gräfin zu Füßen. Ihre Rolle in der Wirkung auf die Anhänger des Charlatans war groß und von ihrem kupplerischen Gemahl richtig berechnet. Die Figur der zum Kauf von Zaubertränken anlockenden Frau, die immer neben dem Quacksalber der Märkte erschien, fehlte auch in der

Sphäre der höheren Charlatane nicht. Im übrigen gefiel sich der Graf in Verachtung des weiblichen Geschlechtes. Die Freiin von der Recke, aus deren wertvollen Aufzeichnungen wir viel über den Abenteurer erfahren, erklärt das für einen »Kunstgriff ... um sich solchergestalt der Dankbarkeit und des Enthusiasmus derjenigen Frauenzimmer um desto mehr zu vergewissern, die er zu den Ausnahmen zählte«. Nun nannte Balsamo sich schon Graf Cagliostro; mit seiner Frau schlug er sich durch, hatte Erfolg, schwindelte, mußte wieder fliehen, so wechselte die Szene zwischen London, Paris, Deutschland, Italien. Leichtgläubige Gönner waren immer wieder als Retter zur Stelle. Cagliostro war der vielseitigste aller Charlatane, war Goldmacher, Urkundenfälscher, Taschenspieler, Quacksalber, Geisterbeschwörer und Kuppler. In den Zeiten, die dem Ruhm vorausgingen, als er mit Lorenza noch von Stadt zu Stadt zog, erwarben die beiden alle Kenntnisse ihres Metiers. Hatten sie in einer Stadt eine Materialisierung des Teufels vorgeführt, so warteten sie in der nächsten mit den traditionellen, aber aktualisierten Verwandlungen der Zauberkunst auf: Hanf wurde in Seide, Kieselsteine in Perlen, Pulver in Rosen verwandelt. Sehr beliebt war die Kristallkugel, in die man so lange blickte, bis man irisierende Bilder sah: Schlafzimmer-Interieurs, exotische Landschaften, Gestalten der Vergangenheit und Zukunft. Auch eine Alraunenwurzel in atlasgefütterter Truhe führte das Paar mit sich. Der zweite Londoner Aufenthalt brachte den großen Coup. Frech drang Balsamo in die Freimaurerlogen, erwarb sich Anhänger und gelangte zu großem Ruhm. Jetzt erst war er wirklich Graf Alexander Cagliostro, der Lakaien, Kuriere und Kammerdiener beschäftigte. In vornehmer, schwarzer Kutsche mit mattgoldenem Monogramm, Eisenbarths bewährtem Reklamemittel, fuhr er umjubelt in die Städte, aus denen er dann bei Nacht und Nebel floh. London, Brüssel, Haag, Kurland war die Route. Er besuchte Rußland und Deutschland und traf dann in Straßburg mit dem Kardinal Rohan zusammen. Diesen Gönner wußte er vollkommen zu bezaubern. In Lyon gründete er, da ihm die erwachende Skepsis der Freimaurer unerwünscht war, 1784 eine neue ägyptische Loge eigener Observanz. Es waren nicht nur die erotischen Exzesse der nächtlichen Versammlungen, die später in Paris solchen Zulauf hatten (Lorenza präsidierte den Zusammenkünften der vornehmen Damen), die den beispiellosen Erfolg erklären, den Cagliostro mit seiner Loge in allen Teilen Europas hatte. Der Kult, den er einführte, war durch Erlangung der Unsterblichkeit für die Seele gekrönt. Als vorzüglicher Diagnostiker seiner Zeit und mit der grausamen Schärfe des Blicks einer aufsteigenden Klasse für die Schwächezustände einer vergehenden hatte Cagliostro erkannt, daß von dem modernen Magier nicht mehr Rauschgift gegen Lebensüberdruß, nicht mehr der Weg zur Weltflucht verlangt wurde, sondern Flucht vor dem Grabe. Die Todesangst der Zeit verlangte nach dem seelischen und leiblichen Lebenselixier, Cagliostro gewährte es den Mitgliedern seiner Loge. In dem Brief eines Logenbruders kann man lesen, wie sich der Spender solcher Elixiere vergöttern zu lassen wußte: »Mein Meister und nach dem Ewigen, mein Alles! Es scheint, daß sich das Meer der Trennung widersetze, zu welcher ich gezwungen wurde … Aber, mein Meister, ich habe das Glück gehabt, Sie diese Nacht zu sehen. Der Ewige hat den Segen erfüllt, den ich gestern erhielt. Ach, mein Meister, nach Gott sind Sie meine Glückseligkeit …«

1785 zog Cagliostro triumphal in Paris ein. Die Pariser Jahre stellen den Höhepunkt des Ruhmes in seinem

Leben dar und es wurde ihm sehr schwer, die Stadt nach dem Halsbandprozeß zu verlassen. Er fühlte, daß es jetzt nur noch bergab gehen konnte. Nie wieder war die Luft so sehr die Luft des sizilianischen Gassenjungen als in dem Paris der sich ankündigenden Revolution. In seiner Studie »Das Diamantenhalsband« schildert Thomas Carlyle den geschichtlichen Hintergrund der Begebnisse: »Betrachte erst, was wir die Beleuchtung, das Orchester und den allgemeinen Bau des Theaters nennen möchten, sowie die Stimmung und den Zustand der Zuhörer. Das Theater ist die Welt mit ihrem rastlosen wahnsinnigen Treiben; ganz in der Nähe erhebt sich die königliche Dame von Versailles, Geheimnis umschwebt sie, und der Hintergrund ist eine tausendjährige Erinnerung. Am Strande der Seine wandelt bleich und abgezehrt ein Jouaillier-Bijoutier de la Reine mit dem Halsband in der Tasche. Das Publikum ist ein betrunkener Christoph Sly in der passendsten Laune. Eine fixe Idee, die ihn kopfüber steile Stellen hinabtreibt wie die Säue der Gardarener, hat in ihm gleichsam verzweifelte Leichtgläubigkeit erzeugt, die nach einem Strohhalm hascht.« Verzweifelte Leichtgläubigkeit ist ein Symptom der vollkommenen und universalen Sicherheitserschütterung. Neben der religiösen und der Todessicherheit war auch die soziale zutiefst gelockert. Die Stände zerfielen, sie waren im Begriff, zur sozialen Klasse zu werden, eine neue ökonomische und soziale Struktur zeichnete sich deutlich und deutlicher ab, und mit ihr wuchs das stürmische Verlangen nach neuen Rechten. Die Daseinsverklammerten schlossen die Augen, und es spielte sich jener Halsbandprozeß ab, der ungerecht über eine Königin und gerecht über eine Gesellschaftsschicht das Unheil hereinbrechen ließ. Der Hauptakteur dieses Monstreprozesses war der Kardinal

Rohan, den Maria Theresia mit ihrem untrüglichen Instinkt für Charlatane und Charlatan-Anhänger so sehr haßte und verachtete, daß sie unablässig seine Abberufung aus Wien betrieb. Ihn schildert Carlyle und in ihm den Typus des Charlatan-Anhängers: »... was konnte wohl der arme Rohan auch leisten? Zu jeder Leistung gehört Kraft und ein fester, klarer Standpunkt, was ihm alles versagt ist ... Noch ein Wort wollen wir sagen: Cagliostro prophezeit ihm! Der Charlatan der Charlatane hat ihn nun schon seit Jahren am Gängelbande geführt. Er übersendet ihm Prophezeiungen in Geheimschrift; befragt vor hieroglyphischen Schreinen Kolumbinen im Stande der Unschuld nach Lebenselixieren und dem Stein der Weisen; enthüllt im russigen Helldunkel eine eingebildete Majestät der Natur und isoliert ihn dadurch immer mehr und mehr von allen Menschen, die nicht besessen sind. War es nicht genug, daß der arme Rohan ein dissoluter, schläfrig-heftiger, fortwährend dampfender Schlammvulkan geworden war; muß sich auch noch die schwarze ägyptische Magie seiner bemächtigen!« Cagliostro, der von der Gräfin la Motte, der wirklichen Betrügerin im Halsbandprozeß, halb gegen seinen Willen in die Affäre gezogen worden war, hatte in der Bastille sein Urteil abzuwarten. Daß er begnadigt wurde, bedeutete einen Sieg der Feinde Marie Antoinettes und seine Befreiung glich einem Triumphzug. Paris war aufgewühlt, das erste Beben der Revolution erschütterte die Stadt, und der Adel, den die Katastrophe vernichten sollte, gefiel sich noch im Intrigenspiel gegen die verhaßte Österreicherin. Cagliostro verabscheute im Innersten diese Gesellschaft, die ihn feierte, und betörte, mit feiner Witterung für das »Morgen«, die Besitzlosen. Einen Krüppel ließ er vor dem Fiaker herlaufen, der ihn aus der Bastille abholte, und dieser Krüppel verteilte Medizinflaschen an die Armen. Die Zehntausende, die den Wagen jubelnd begleiteten und am nächsten Morgen vor dem Hause des Befreiten in stürmische Ovationen ausbrachen, verstanden diese Sprache. Aber auch der Adel stand auf Seiten des sizilianischen Gassenjungen. Die noch vor ihrem Gatten befreite Lorenza mußte eine Liste auslegen, in die sich alle Besucher eintragen konnten. »Il est exactement de bon ton d'avoir passé à l'hôtel de Cagliostro«, schreibt ein Zeitgenosse. Unmittelbar nach der Befreiung des Grafen erfolgte seine Ausweisung aus Paris. Eine begeisterte Menschenmenge zu Fuß und zu Wagen begleitete den Abenteurer nach Passy, wo er Quartier nahm. Brenner, ein reisender Basler, sah voll Erstaunen die Kette von Wagen zwischen Paris und Passy und schrieb an eine Freundin: »Ganz Frankreich kam und kommt, um ihn zu sehen. Ganz Paris spricht nur von ihm und wünscht, daß dem geliebten Manne Rehabilitierung und Gerechtigkeit widerfahre ... Man sieht hier überall Tabatièren und Fächer à la Cagliostro.« Döschen, Pendulen und Fächer à la Cagliostro beweisen jenen Höchstgrad an Massenwirkung, der sich in allen Zeiten dadurch dokumentiert, daß Bild und Legende des Helden ins Kunstgewerbe übergehen. Der Exilierte schrieb sofort nach seiner Ankunft in London einen Brief an das Volk von Paris, in dem er mit glutvollem Haß die Grauen der Bastille schildert. In unzähligen Exemplaren wurde das verbotene Pamphlet verkauft. Die Worte Beppo Balsamos entzündeten diejenigen, die später die Bastille stürmen sollten, und bescherten gleichzeitig einer mit der eigenen Schwäche spielenden Gesellschaft dieselben wollüstigen Schauer, die sie empfand, wenn Madame Legros ihnen die Leiden des unschuldig in der Bastille schmachtenden Gefangenen schilderte.

Auf einem der Fächer (Abb. 52) erscheint auch Cagliostro als solch unschuldig schmachtender Gefangener. Daß die Einkerkerung dieses »Wohltäters« der Menschheit die Legenden, die in der Vorstellung seiner Anhänger das Bild seiner Persönlichkeit umrankten, nicht zerstören konnte, sondern ihnen im Gegenteil noch Märtyrerglanz verlieh, das beweist dieser Fächer aus Basler Privatbesitz. Im Medaillon links wird der verkannte Graf gezeigt, der in der Bastille schmachtet, das Medaillon rechts erinnert an all die wunderbaren Krankheitsheilungen, die er vollbracht hat. Das Mittelbild stellt die vornehmen Besucher des Wundermannes dar. Hinter dem Wandschirm wird ein kleines Mädchen sichtbar, eines der vielen Kinder-Medien, die Cagliostro sich für seine Vorführungen von übernatürlichen Stimmen abgerichtet hat. Ein französisches Gedicht, das auf die Rückseite des Fächers geschrieben ist, spricht von der »injustice«, die den »Aimable Comte« in Ketten gelegt hat, diese »âme généreuse et tendre«. Sicherlich, so meint der Poet, leidet dieser edle Menschenfreund unter nichts so sehr, als daß er den Unglücklichen nicht mehr beistehen kann. Die Verse geben der Hoffnung Ausdruck, daß der »scavant désinteressé«, der selbstlose Weise, der Menschheit wiedergeschenkt werde, und vergleicht die Wirkung dieser heiß ersehnten Wiederkehr der nach langer Verfinsterung endlich wieder in hellem Lichte erstrahlenden Sonne. Auch als wohltätiger Wunderarzt wurde der verbannte Hetzer auf den Fächern dargestellt (Abb. 53). Auf dem hier abgebildeten sieht man links die Abreise Cagliostros aus seiner magischen Heimat. Er ist morgenländisch gekleidet. Nichts illustriert die fließenden und ungenauen Grenzen zwischen Rationalismus und Romantik lebendiger als die Schwärmerei des 18. Jahrhunderts für persische Motive (Montesquieu: Lettres Per-

52. Fächer mit Darstellung des in der Bastille eingekerkerten Cagliostro und Schilderungen der Wohltaten, die er den Menschen erwiesen hat. 1788.

53. Fächer mit den Porträts von Cagliostro und Lorenza und Darstellungen aus seinem Leben. Vermutlich aus der Zeit von Cagliostros Aufenthalt in Paris 1785–1788.

sanes) und für Chinoiserien. Die Phantasie dieser Zeit sah ihre Charlatane am liebsten in exotischen Gewändern wie auf diesem Fächer. In seiner Mitte die Porträts Cagliostros und Lorenzas, rechts wird eine Kranke auf einer Bahre und eine andere Frau, die die Hände des heilenden Wohltäters küßt, gezeigt. Die Verse unter dem Bild lauten, wie auf dem bekannten Porträtstich von Guerin: »Il prolonge la vie, il secourt l'indigence, Le plaisir d'être utile, est seul sa recompense.« Beim Geldverdienen ließen sich Graf Cagliostro und Gemahlin ebenso wenig ertappen wie alle ihre Vorgänger, und kam der Graf in eine Stadt, so logierte er vorerst als reicher, wohltätiger Fremder im Gasthof und gab sich später erst als Arzt zu erkennen. Dann besuchte er die Armenhäuser – das war wieder eine Mischung von Reklame und echtem Solidaritätsgefühl – und verabreichte kostenlos Medikamente. Über deren Armseligkeit hat Hufeland ausführlich geschrieben, über ihre Gefährlichkeit Elisa von der Recke: »Er pflegt z. B. sehr häufig den Extrait de Saturne und zwar in sehr großen Dosen (wie überhaupt seine Medizinen) zu verordnen; man hat gezeigt, daß dieser Bleizucker zwar im Augenblick von guter Wirkung sei, bei Wunden und anderen Zufällen, wo schleunig Hilfe nötig ist, daß er aber auch oft eine gewisse Steifheit zurücklasse, und innerlich gebraucht, nicht selten die unglückliche Colique de Poitou verursache.« Seinen Ärger über die Ärzte suchte der Straßenjunge, der sich selbst geadelt hatte, gar nicht zu bemänteln und wurde bei jeder Gelegenheit in urwüchsigem Gekläffe ausfällig. Für Ärzte kannte er keine anderen Benennungen als solche aus dem Tierreich. Eine ergiebige Einnahmequelle Cagliostros waren die Talismane, die er in großen Mengen teuer verkaufte. De la Fontaine veröffentlicht einen, den Cagliostro während seines Aufenthaltes in Warschau vertrieben hatte; der polnische Leibarzt besaß ihn im Original und vermutet, daß es derselbe sei, der später während des Prozesses in Rom verbrannt wurde (Abb. 54). »Diese Zauberzüge sollten Erscheinungen der Geister, Verwandlungen der Metalle, Vergrößerung der Brillanten, den Stein der Weisen und

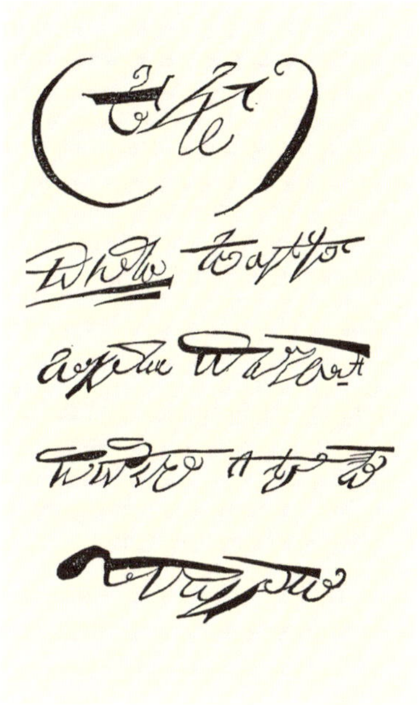

54. Ein Talisman, den Cagliostro in Warschau verkauft hat.

ewige Jugend bewirken«. De la Fontaine setzt hinzu: »Aus dem unbegränzten Hange zum Wunderbaren läßt es sich nur einigermaßen erklären, wie es möglich war, daß Leute von der feinsten Erziehung und nicht mittelmäßigen Geisteskräften sich von einem so dummdreisten, groben Betrüger hintergehen lassen konnten ...«

Nach den Triumphen auf Pariser Boden neigte sich Cagliostros Stern. Von London reiste er nach Basel und Turin; sein letztes dürftiges Auftreten als Wunderdoktor ist in Trient und Rovereto nachweisbar, 1789 kehrte er heim nach Rom. Not trieb ihn, seine alten Praktiken wieder aufzunehmen, aber die Inquisition ergriff ihn, machte ihm den Prozeß und verurteilte ihn zu lebenslänglichem Kerker. 1795 starb er in trotziger Auflehnung gegen seinen katholischen Glauben, den er mit dem letzten Atemzug abschwört. Angesichts des Todes ist der Abenteurer nicht mehr Cagliostro und nicht mehr die vielbewunderte »empfindsame Seele«, sondern wieder Beppo Balsamo, der die Sprache der Bastillenstürmer spricht. Er war kein Revolutionär, sondern er gehörte zu jenen vorrevolutionären Existenzen, die wie geschäftige Mäuse an den Fundamenten einer Gesellschaftsschicht nagen, die sie ausbeuten und an die neuen Herren ausliefern, sobald diese zur Macht gelangen.

Wie sah die Mitwelt diesen »Charlatan der Charlatane«? Sie sah ihn mit den Augen Houdons (Abb. 55) als genialisch schwärmenden Philosophen und Grandseigneur, ihre eigene verzweifelte Leichtgläubigkeit in ihm idealisierend, und sie sah ihn auch wieder mit Chodowieckis Augen in all seiner Häßlichkeit und scheinheiligen Pose (Abb. 56) als den podolischen Stier, als den Biester ihn schildert. Aber ob man den wunderwirkenden Grafen als Idealgestalt oder als gemeinen Betrüger sah, die ganze Welt beschäftigte sich mit ihm. Kein Charlatan hat wie er Europa gezwungen aufzumerken. Man weiß, daß Goethe im »Großkophta«, Schiller im »Geisterseher« sich mit ihm auseinandergesetzt haben, und daß Goethe, als er in Italien war, die Familie des vermeintlichen Grafen aufsuchte. Mit der Einsicht in Cagliostros Wesen schwand auch Goethes

Interesse an dem Abenteurer und er schrieb nach dem Prozeß der Inquisition: »Wer hätte geglaubt, daß Rom einmal zur Aufklärung der Welt, zur völligen Entlarvung eines Betrügers soviel beitragen sollte, als es durch Herausgabe jenes Auszuges aus den Prozeßakten geschehen ist. Denn

55. Cagliostro. Porträtbüste von
Jean Antoine Houdon (1741–1828).

obgleich diese Schrift weit interessanter sein könnte und sollte, so bleibt sie doch immer ein schönes Dokument in den Händen eines jeden Vernünftigen, der es mit Verdruß ansehen mußte, daß Betrogene, Halbbetrogene und Betrüger diesen Menschen und seine Possenspiele jahrelang verehrten, sich durch die Gemeinschaft mit ihm über andere erhaben fühlten und von der Höhe ihres gläubigen Dünkels den gesunden Menschenverstand bedauerten, wo nicht gering schätzten.«

Die schärfsten Angriffe gegen Cagliostro kamen aus den Reihen der Aufklärung. Eine junge baltische Edel-

56. Cagliostro. Kupferstich aus dem Berliner Genealogischen Kalender auf das Jahr 1789 von Daniel Chodowiecki (1726–1801).

frau, Elisa von der Recke, veröffentlichte ihre Erlebnisse mit Cagliostro in Buchform, und diese Aufzeichnungen benutzten die Aufklärer immer wieder in ihrer Polemik. Elisa schildert, wie sie, erschüttert durch persönliche traurige Erlebnisse, den Lehren des Schwindlers aufgeschlossen war und erlag und wie ihr dann langsam, Schritt für Schritt, die Erkenntnis kam, daß und womit sie betrogen wurde. Ihre Schrift hat den Ehrlichkeitswert einer Selbstanalyse und ist außerdem reich an Details, an sachlichen Beobachtungen und psychologischen Folgerungen. Wer nur sich gegen Charlatanerie erklären wollte, tat es in Zustimmungsschreiben an Elisa. »Nicht genug vermag ich der Würdigen Verfasserin zu verdanken«, schreibt Prinz Eugen von Württemberg, und: »Die zweite von Ihnen erhaltene Schrift hat mir eben soviel Vergnügen wie die erste gemacht. Beide tragen das Gepräge eines für die Wahrheit tief fühlenden Herzens und zugleich eines aufgeklärten und viel umfassenden Geistes an sich«, schreibt Katharina II. Sie hatte den Abenteurer sehr rasch aus Rußland ausweisen lassen, nicht genug damit, hatte sie drei Lustspiele verfaßt, die ihn lächerlich machen sollten. Nicolai übersetzte und verlegte sie. Vor der Premiere des »Betrügers« in Petersburg wurden Zettel mit einem Text verteilt, den wahrscheinlich die Kaiserin verfaßt hat: »Obwohl unser Jahrhundert von allen Seiten das Kompliment erhält, das philosophische Jahrhundert zu heißen, und obwohl wir demselben das große Wort Aufklärung schon zum Voraus zur Grabschrift bestellen: so werden dennoch überall eine Menge Köpfe von einem so anhaltenden Schwindel ergriffen, daß die Göttin der Weisheit sich genötigt sieht, die komische Muse um Arznei für diese Kranken zu bitten. Ein lachendes Lustspiel reicht hin, die schwindelnden Köpfe zu heilen und die gesunden auf immer zu präservieren. Das bezauberte Schloß, gegen welches allerorten Justiz und Philosophie mit Katapulten und Ballisten anzieht, wird hier mit dem Knallpulver des Witzes gesprengt.«

Die kluge Katharina übersah genau so wie ihre aufklärerischen Freunde, daß diejenigen, die auf »der Höhe ihres gläubigen Dünkels« thronen, das Lachen längst verlernt haben und den Charlatanen gar nicht verfallen wären, wenn sie noch vermocht hätten, Witz zu verstehen und Lächerlichkeit zu bemerken. Cagliostro beherrschte die Gemüter so sehr, daß noch seine Kopie Erfolg haben konnte. Eine solche war in Pommern Magno-Cavallo (das große Pferd), und die »Berlinische Monatsschrift« berichtet über ihn im September 1786: »Dieser Wundermann, dessen Stand und eigentlichen Namen Niemand weiß (so wenig wie von dem Parisischen Cagliostro) …« Er nannte sich: »Mursa dux Tartarus, Philosopho-Medicus-Botanicus-Chymicus-Pharmaceuticus-Poeta-Propheta-Lama-Lamorum-Pontifex-Pontificum« (Abb. 57). »Philosopher, c'est regner; regner, c'est philosopher«, war in seiner Petschaft eingraviert. In türkischem Kostüm mit Säbel und Muff befuhr er in der Gondel die Flüsse Pommerns. Seine wunderärztliche Tätigkeit beschränkte sich auf Entdeckung der Unfruchtbarkeit heilenden Quellen von Bad Kenz (Pommern). Er betrieb Spielbanken und Wahrsagebuden, versuchte gelegentlich, sich in die Politik zu mischen, wie in der Rede anläßlich der Reichenbacher Konvention, und gab in Stralsund eine auf rosenrotem oder brandgelbem Papier gedruckte »Neue Lesezeitung zur Bildung des Gemüths, des Genies, des Verstandes und Witzes der schönen und geistreichen Damen« heraus. Die Städte seiner Wirksamkeit wurden Braunschweig und Celle; zu europäischem Ruf gelangte er nie.

Carlyle beschließt seine Studie »Das Diamantenhalsband« mit einer Rede, die er Cagliostro halten läßt und die tiefste Einblicke in das abgründige Wesen der Charlatane beweist. Sie trägt folgende Überschrift: »Gelegenheitsrede des Grafen Alessandro Cagliostro, Thaumaturgen, Propheten und Erz-Charlatans, gehalten in der Bastille im

Jahre Lucifers 5789, der mohammedanischen Hegira von Palermo 24, der gemeinen Aera 1785.«

»Freunde und Mithalunken! ... Ja, Brüder, soweit als die Sonne scheint, erstreckt sich unser Reich, weiter als das des alten Rom in seiner blühendsten Aera. Ich bin weit

57. Magno-Cavallo. Titelbild seiner 1798 niedergeschriebenen und im 19. Jahrhundert herausgegebenen »Blicke ins 19. Jahrhundert«.

gewesen in meinem Leben, im eisigen Rußland, im heißen Kalabrien, im Osten, im Westen, überall, wo der Himmel sich über zivilisierten Menschen wölbt, und nirgends sah ich, daß ich ein Fremdling gewesen wäre; ich befand mich stets in dem Bereiche des Halunkentums. Sagt nicht von alters her die Gegenpartei: *Alle* Menschen sind Lügner? Spricht sie nicht (und zwar keineswegs ›übereilt‹) greinend von ›einem einzigen Gerechten‹ (wie man ihn nennt) und beklagt sich, daß die übrigen tausend weniger einem es mit unserer Partei halten? So entschieden ist unsere Majorität. (Beifall.)

... Das große Problem aber ist, wie ihr wohl wißt, die Vermählung der Wahrheit und des Scheins, so daß sie *ein* Fleisch, Mann und Weib werden ... Wunderbar in der Tat spielen Wahrheit und Täuschung ineinander; die Wirklichkeit beruht auf Traum. Die Wahrheit ist nur die Haut des unergründlich Unwahren, und von Zeit zu Zeit streift das Unwahre sie ab und die veraltete Wahrheit selbst wird zur Fabel. So fallen alle feindseligen Dinge zerbröckelnd zurück in unser Reich und das Wachstum derselben hat kein Ende. O Brüder, wenn man die Worte ohne Bedeutung (die meistenteils) und die Worte mit widerspruchsvoller Bedeutung (die gänzlich unser sind) bedenkt ...«

Daß der Charlatan seiner Gefolgschaft eine Art populärer Ethik zusammenbraute, in der die Wahrheit nur zur »Haut des unergründlich Unwahren« wurde und der Unterschied von Lüge und Wahrheit so vollkommen verschwand, daß er übersehen werden durfte, darin lag eines der tiefsten Geheimnisse seiner Macht. Wird die Wahrheit zur Fabel, dann gibt es kein Zurückschrecken mehr vor der Fälschung. Alle Maßstäbe und mit ihnen alle Wertungen, sittliche wie sachlich-qualitative, werden »verrückt« und können so mühelos bis zur Unkenntlichkeit relativiert werden. Nicht das Bemühen um die Erkenntnis von der Wandelbarkeit der Wahrheit ist hier am Werke, sondern es agiert die souveräne Herrschaft der Lüge, die Fälschung und Fälscher sanktioniert. Die gefälschten Worte, sie, die in widerspruchsvoller Bedeutung schillern, sind ihre Helfershelfer. Wo die Wahrheit nicht mehr als verbindlicher Maßstab gilt, da wird auch Echtheit weder anerkannt noch gesucht, Ersatzwerte treten an Stelle der echten. Erst sie geben dem Charlatan die entscheidende Macht in die Hand, mit ihrer Hilfe gelingt es ihm, der Lüge den Charakter der Lügenhaftigkeit, ihren echten Charakter, zu nehmen und sie zum Wahrheitsersatz zu machen. Die Lüge klingt verführerisch, sie ist bequem, und häufig würde sie gerne akzeptiert, wenn der verbindliche Maßstab der Wahrheit nicht dazu zwänge, sie als Lüge zu erkennen. Die Verbindlichkeit dieses Maßstabes setzte der Charlatan ebenso außer Kurs wie die Achtung vor jenen Menschen, die – »unverrückt« – mit ihrem Leben für Wahrheit einstehen, so, daß ihr Dasein selbst zu einem moralisch verbindlichen Maßstab wird. Der Charlatan gestattete zu glauben, was man sich zu glauben wünschte, ohne den peinlichen Zwang, sich eingestehen zu müssen, daß, was man glaubte, gar nicht wahr sei. Daß er die Lüge nicht mehr als Lüge, und wenn auch nicht als Wahrheit, so doch als Wahrheitsersatz so zu präsentieren verstand, daß die Illusion vollkommen wurde, darin war die Macht des Charlatans, des Künstlers der Fälschung, begründet.

IV

DIE WUNDER-MECHANIK

ALS NEUE ALCHIMIE

Wundermechaniker machten sich in den letzten drei Jahrzehnten des 18. Jahrhunderts und mit immer wachsendem Erfolg um die Jahrhundertwende auf den Jahrmärkten bemerkbar; ihnen galt ein ganz besonderes, neu erwecktes Interesse des Publikums. Was sie zeigten, waren nicht allein jene experimentellen Kunststückchen aus dem Bereich der Elektrizität, der »curiösen Perspektiv«, der mechanischen Spiele oder optischen Tricks, die sich ob ihrer Auge oder Ohr beschäftigenden bizarren Manifestationen in besonderem Maße für die Magie der Vorführungen eignen. Diese waren nur Beiwerk, und die Hauptattraktion stellten die hölzernen und wächsernen Figürchen oder lebensgroßen Figuren dar, die sich, von verborgenen Rädern und Federn getrieben, erfüllt von geheimnisvollem Geiste, auf eine absonderliche Art bewegten, musikalisch produzierten oder gar sprachen und mit wunderbarem Hauch Orakelweisheiten flüsterten. Sie hatten in fernen Jahrhunderten an Sultanshöfen, dann wieder im Mittelalter ihre große Zeit gehabt; jetzt erlebten sie ihre Auferstehung in einem Augenblick, in dem der Hauch des Mythisch-Märchenhaften, der das mechanische Spielzeug umweht, die Menschen in einer besonderen und bedeutungsvollen Art berührte. Etwas von der Sensation der Verbrechergeschichten, ein Aroma von billigem Gruseln dringt in die Jahrmarktsszene, wenn Maulpertsch einen fahrenden Quacksalber mit vielversprechender Geste einen Vorhangfetzen vor seinem Guckkasten wegziehen und einen winzigen Harlekin enthüllen läßt (Abb. 58), dem ein weißes Kind – oder ist es eine Kindesleiche? – in den Armen liegt. Das törichte kleine Mädchen mit der Puppe in der Hand ist bis zur Verblödung des Gesichtsausdruckes verloren an die Gestalt, die aus dem Dunkel hervortritt, und der Mann, der vorne auf dem Boden sitzt, zeigt unwillkürlich mit dem Finger auf die Szene, nach der ohnehin alle sehen. Sicherlich konnte sich dieser Harlekin bewegen, aber er ist ein sehr primitiver Kumpan unter den präziösen Gestalten, die man zu sehen liebte und deren Anziehungskraft mit der Kompliziertheit ihrer Konstruktion wuchs.

Dieselben Männer, die unentwegt gegen Charlatanerie kämpften, Nicolai, Biester, der Kreis um die »Berlinische Monatsschrift«, kämpften auch gegen die Welt der Automaten, die die Wundermechaniker erfanden, konstruierten und produzierten. Dabei fällt häufig, aber ohne anders als ganz oberflächlich begründet zu werden, der Ausdruck »Taschenspieler«, weit häufiger noch »Charlatan« für Männer, die weder Gold machten noch Lebenselixiere feilboten, sondern Automaten zeigten.

Voltaire sagt von Vaucanson, dem berühmtesten Automatenkonstrukteur seiner Zeit:

> »Le hardi Vaucanson, rival de Prométhée
> Semblait, de la nature imitant les ressorts,
> Prendre le feu des cieux pour animer les corps.«[10]

Einem Nachahmer, einem Fälscher der Natur – das schwingt in diesen Zeilen trotz des Vergleiches aus dem griechischen Mythos mit – wird der Konstrukteur jenes berühmten mechanischen Flötenspielers, jener kleinen automatischen Ente, der man zusehen konnte, wie sie Körner fraß und verdaute, verglichen, zweier Kunstwerke, mit denen sich nicht nur die öffentliche Meinung der Zeit, son-

58. Der fahrende Gaukler mit seinem Guckkasten.
Radierung von Franz Anton Maulpertsch
(1724–1796).

dern auch die französische Akademie der Wissenschaften höchst ernsthaft befaßte. Gekleidet waren diese Automatenfiguren wie Türken, persische Zauberer, orientalische Magier. Sie saßen entweder lebensgroß in kostbaren Stühlen oder sie traten auf einen bestimmten Glockenschlag winzig klein aus Pendulen oder Wetterhäuschen hervor, um mit Wort oder Gebärde die geheimnisvolle Zukunft zu erhellen. Eine Ähnlichkeit mit der exotischen Aufmachung der Charlatane bestand also sehr wohl, ebenso wurden teilweise die konkreten Darbietungen charlatanesker Praktiken, das Nativitätenstellen nämlich, von dem lebenden Menschen – sicher widerwillig – an den mechanischen Menschen abgetreten. Charakteristisch ist, daß die rätselhafte Beantwortung dunkler Fragen und auch die Zukunftsenthüllung aus dem Munde der Automatenfigur wunderbarer und transzendenter klingen mochten und deshalb mehr Erfolg haben konnten als aus dem menschlichen Munde selbst eines geheimnisvollen Weitgereisten. Diese sehr merkwürdige Erscheinung zu deuten, soll in den folgenden Ausführungen versucht werden.

Im Augustheft der »Berlinischen Monatsschrift« von 1789 schildert Herr Bergassessor Karsten, ein Fachmann auf mechanischem Gebiet, den Mechanikus L. Müller, der eine Sprechmaschine auf Messen und Jahrmärkten zeigte, als »herumreisenden Wundermechaniker«. Continuo peregrinantur ... man sieht, ein wichtiges Charakteristikum der Charlatane trifft zu. »Sein Anschlagzettel besagt, daß er, wie sich versteht, nicht sowohl aus Interesse, als vielmehr um die Ehre zu haben an diesen Ort kommt.« Auch die Anpreisung bleibt im alten Rahmen des Eisenbarthsschen Schemas. Eine weibliche Figur, die der Mechaniker Müller produzierte, sah folgendermaßen aus: »Man sieht das Kopf- und Bruststück eines kleinen Frauenzimmers, welches ungefähr wie eine Zofe geputzt ist, und eine große Trompete vor ihrem Munde hält.« Ein Gespräch mit diesem Frauenzimmerchen aus Leder und Holz, das sich durch die Trompete unterhielt, genau wie der Papagei (s. Abb. 17), der durch ein Sprachrohr mit der Zwergendame konversiert, verlief wie folgt:

»Frage: Gefällt es Ihnen hier in Halle, meine schöne Karoline?

Antwort: Bis itzt so ziemlich.

Fr.: Sind Sie schon in Leipzig gewesen?

A.: Nein, noch nicht.

Fr.: Werden Sie noch hingehen?

A.: Vielleicht zur Messe.

Fr.: Wie alt sind Sie?
A.: Es ist nicht galant eine Dame so zu fragen.
Fr.: Welcher Religion sind Sie zugethan?
A.: Der meines Meisters.
Fr.: Zu welcher Kirche bekennt sich dieser?
A.: Zur Katholischen.
Fr.: Hat Ihnen noch Niemand Ihre Künste abgelernt?
A.: Die Gelehrtesten schossen immer am weitesten fehl etc.«

Karsten schließt: »Ginge H. Müller nicht so ausnehmend anmaßlich zu Werke, und hätte er etwas mehr Achtung gegen die Vernunft der Personen, welche zu ihm kommen; so würde man auch ihn so gleichgültig ansehen können, als jeden Taschenspieler, welcher einen Ring zum Fenster herausschießt, den hernach eine Person in der Gesellschaft wieder am Finger findet. Aber bei seinem Betragen verdient er, wie ich glaube, wenigstens den Namen eines Charlatans: indem er nicht nur die Welt überreden will, seine Maschine könne artikulierte Töne hervorbringen und zusammensetzen; sondern sogar behauptet, er wirke auf unsichtbare Art (durch einen gewissen Magnetismus) in diese Maschine, und bringe dadurch die vernünftigen Antworten hervor ... Dergleichen Dinge nähren den Aberglauben aufs stärkste. Und es giebt noch immer eine Menge Menschen, die gern und mit einer Art von neckendem Triumphton gegen die Vernunft und Wissenschaften sogleich von denen, welche diese Erscheinungen – das, was sie sind – Trug nennen, befriedigende Erklärungen verlangen, und, wenn es nicht möglich ist, diese unmittelbar bei der Hand zu haben, dann bedeutende Redensarten über die Unerklärbarkeit derselben hören lassen.«

Die Betrachtungen des Herrn Bergassessors enthalten eine richtige, aber zeitbedingt »aufklärerische« Diagnose und zeigen deutlich, warum die Kampfposition der Aufklärung eine falsche war, die alle ihre Waffen stumpf machen mußte.

Die schöne Karoline schlägt mit ihrer kokett-schnippischen Replik: »Die Gelehrtesten schossen immer am weitesten fehl« jenen »neckenden Triumphton gegen die Vernunft und Wissenschaften« an, welcher, das beobachtet Karsten vollkommen richtig, auf »der Höhe gläubigen Dünkels« besonders starke Wirkungen erzielt und der zu den unfehlbaren Machtinstrumenten des Charlatans gehört. Sehr zutreffend ist auch die Beobachtung, daß die prädestinierten Charlatan-Anhänger sofort mit Fragen bei der Hand sind, meist mit solchen, auf die es keine Antworten gibt – wir haben das bei Kennzeichnung der Halbgebildeten ausgeführt – und sich nur zu glücklich fühlen, als berufene Professoren an der Fakultät des Unerklärbaren nun die gelehrten Herren verachten zu dürfen, von denen sie sich in nagendem Ressentiment immer verachtet glauben. Nach Erklärung verlangten sie – und die Aufklärer nahmen dieses Verlangen, das doch nur durch Nicht erfüllen befriedigt werden konnte, ernst –, riefen den Fachmann zu Hilfe und begannen zu erklären und zu erklären – und erklärten sich um ihren Kopf.

1779 erschien der erste Band von Johann Christian Wieglebs »Unterricht in der natürlichen Magie oder zu allerhand belustigenden und nützlichen Kunststücken«, ein Werk, das große Verbreitung fand, aber zu wirklichem Ruhm und nachhaltiger Wirkung erst gelangte, als es später die Romantiker lasen. Ein höchst merkwürdiger Erfolg! Die Aufklärung erklärt, um mit natürlichen Wundern hausierenden Charlatanen das Handwerk zu legen, und inspiriert mit ihren Erklärungen E. T. A. Hoffmann zu seinen phantastischsten Spukgeschichten! Da muß ein Trugschluß vorliegen und ihn gilt es aufzufinden. Wenn Wiegleb das Wort Magie in den Titel seines Werkes setzte, so geschah das im paracelsischen Sinne, im Sinne des Forschers und Suchers, des Trägers der »weißen Magie«, während die Welt, die Hoffmanns häufig durch die Lektüre Wieglebs angeregte Phantasie erschließt, viel eher die Pforten zu einem Reich der teufelsbündlerischen Schwarzmagier öffnet, der Schwarzmagier im Empiregewand der Empfindungen, versteht sich, ohne das unentrinnbare Grauen seines mittelalterlichen Ursprungs. Was diese zwanzig in ihrer Zeit soviel gelesenen Bände enthielten, das waren, fein säuberlich rubriziert und mit lehrhaften Kupfern veranschaulicht, die Beschreibungen elektrischer, magnetischer, optischer, chemischer, mechanischer, ökonomischer Kunststücke, wozu jeweils ein Kapitel über Kartenkünste, Spiele, »Die curiöse Perspektiv, das unbegreifliche Perspektiv« traten. Was da gelehrt wird, sind genau dieselben Dinge, die, wie aus den Gazetten zu entnehmen, die herumreisenden Wundermechaniker auf den Messen zeigten. Man erfährt, wie der berühmte menschliche Schachspieler des Herrn von Kempelen, jener Automat, der, am russischen Kaiserhof produziert, die Zarin im Schachspiel schlug, gebaut war, wie die so überaus moderne Laterna magica zusammengesetzt ist, wie das Zauberorakel oder der kleine Wahrsagertempel, wie man es anstellen kann, an vollbesetzter Tafel durch einen jähen Farbwechsel seiner Kleidung zu brillieren, und dergleichen um soviel mehr, als zwanzig Bände eben fassen. Was die Herausgeber bezweckten, das entnehmen wir den Vorreden. In jener zum ersten Band wird über den Begriff der Magie gehandelt: »Wenn wir auf den gemeinen Sprachgebrauch sehen, so werden wir wahrnehmen, daß man alle wunderbare Begebenheiten, die sich aus den unbekannten

Naturgesetzen nicht wohl von uns erklären lassen, eine Hexerey oder Magie zu nennen pflegt. Ein Taschenspieler zeigt einem Bauren einen zerrissenen Bindfaden, er bläst darauf, und in dem Augenblick ist der Bindfaden wieder ganz. Der Baur, welcher nicht glaubt, daß sich dieses aus denen ihm bekannten Naturkräften erklären lasse, ruft aus: Das geht nicht mit rechten Dingen zu! Der Kerl ist ein Hexenmeister! Dieses ist der Grund der Benennung des Zaubertrichters, Zauberbechers, Zauberbrunnens, der Zaubertonne und der Zauberlaterne. Die Magie im weitläufigen Sinn ist also eine Kunst, Begebenheiten hervorzubringen, welche die natürlichen Kräfte des Körpers zu übertreffen scheinen.« Aus der Vorrede zum dritten Bande nun ist zu entnehmen, daß dieser zwanzigbändige Leitfaden nichts anderes bezweckt, als »dem Bauren« klarzumachen, daß es sehr wohl mit rechten Dingen zugehe, wenn man nur die Beschaffenheit der Dinge richtig verstehen lernt: »Die Kenntnis von dem versteckten natürlichen Zusammenhange wird seine Neugierde befriedigen und ihn dabey vergnügen. Dies wird noch dabey den Nutzen haben, daß man Gaukeleyen und Taschenspielereyen nicht vor unbekannte Kräfte der Natur ausgeben wird. Und wenn sollte dies nöthiger seyn, als zu unserer Zeit, die einen Schröpfer, Gassner, Cagliostro, die Wunderkräfte des Magnetismus zeugte.«

Die Erklärung der geheimen Zusammenhänge der Natur, ihre Entlarvung sollte, so meinte die Aufklärung, den Glauben an eine eingebildete Magie und ihre Charlatane – der Name Cagliostros, des Erz-Charlatans, wird genannt – zerstören und den Wundermechanikern ihren Zulauf nehmen. Es ist ein Trugschluß der Aufklärung, daß Wissen und Verstehen »geheimer« Vorgänge erforderlich seien und die Kraft hätten, als Gegengifte gegen Wunderglauben zu wirken. Die nüchternen Erklärungen wirkten wie Steine, die anstatt Brot ausgeteilt werden, und vergnügten niemanden. Von der Aufklärung wurde die moderne Wissenschaft, die Kenntnis von Mechanik und Maschine, von Technik also, als Helfer aufgerufen im Streit gegen die dumpfe Tiefe der Gefolgsbereitschaft, aus der sich die Macht des Charlatans speist. Aber die aufgescheuchte und ausgetriebene Mythologie versteckte und verschanzte sich dort, wo die Aufklärer es am wenigsten erwarteten und wo sie deshalb am sichersten unerkannt und verborgen bleiben konnte: hinter der modernen Wissenschaft selbst, in Mechanik und Technik, die mit einer höchst verführerischen und bestrickenden Magie auf die Menschen wirkten, sie mit einem Zuviel an neuen Erfindungen und dem Zukunftsblick in die Perspektiven, die so eröffnet wurden, in einem Maße blendend und bedrängend, wie es in der Geschichte niemals vorher zu verzeichnen war. In einem viel tieferen Sinn, als er sich den Aufklärern offenbarte, wurden Trichter, Becher, Brunnen, Tonne und Laterne zu Zaubertrichter, Zauberbecher, Zauberbrunnen, Zaubertonne und Zauberlaterne, jene »magische Verwandlung« vorgaukelnd, an deren Flamme sich menschlicher Traum und menschliche Sehnsucht von neuem entzünden konnte. Sie figuriert im XI. Band von Wiegleb in tragikomischer Blindheit als Titel einer harmlosen Beschreibung: »Die magische Verwandlung: Das Äußere stellet ein viereckichtes Kästgen vor, das 11 Zoll breit und lang und 5 Zoll hoch ist, und mit einer Schublade versehen.«

Man weiß, welch seltsamen Zauber Spieluhren und Döschen auf die Menschen dieser Zeit ausgeübt haben. Hier sang mit dünnem, geisterhaftem Stimmchen, in einem anspruchslosen und dennoch zwingenden Rhythmus, dem Rhythmus der Monotonie, ein Unsichtbares in enger Nähe und doch so weiter Ferne. Maschinen-Musik klang aus Pendulen und Döschen. Der Akzent des Wunderbaren lag aber nicht auf Musik, sondern auf Maschine. Und da der Charlatan sich immer jene Wissenschaft zur Hilfswissenschaft ausersah, der es an Klarheit noch gebrach und deren Vorstellungswelt die Hoffnung auf jene Verwandlungsmöglichkeit gewährte, die wieder dem ungezügelten Wunsch das tropische Klima unbegrenzter Möglichkeiten bieten konnte, so gebrauchte er die junge Wissenschaft der Mechanik, die sich zur Technik zu weiten begann, als Hilfswissenschaft: sie wurde mit ihren geheimnisvollen Fachausdrücken zur neuen Alchimie in einer Zeit, die den ersten Heißluftballon der Brüder Montgolfier (1783) in die Lüfte steigen sah.

Die Aufklärung erklärte und belehrte unentwegt. Sie entlarvte den Charlatan und erreichte damit ebensowenig wie der getreue Eckarth, der zu Beginn dieses Jahrhunderts der Charlatane versucht hatte, den Affenkopf unter des Wundermanns, »Apollo aller Zeiten«, lächelndem Antlitz zu enthüllen (Des getreuen Eckarths Medicinischer Maul-Affe oder der Entlarvte Marckt-Schreyer, Frankfurth 1719, Titelbild). Der Affenkopf war aber nicht weniger geheimnisvoll, ja sogar voll eines gruseligeren Geheimnisses als das glatte Gesicht unter der Perücke. Entlarvungen brechen durchaus nicht immer den Zauber, oft verleihen sie ihm noch einen besonderen morbiden Reiz. Bis in die Reklame hinein läßt sich der Einfluß des aufklärerischen Glaubens an die Überzeugungskraft des handgreiflichen, augenfälligen Beweises, an die exakte Probe auf das Exempel, die unwiderlegbare Macht der Tatsachen verfolgen. Ein Reklamezettelchen für das heilkräftige Wasser von Pouhon (Abb. 59) vom Ende des 18. Jahrhunderts scheint uns eine lachende Illustration für diese Art von Glauben zu sein, mit der die die Charlatanerie bekämpfende Aufklärung selbst in gefährliche Grenzbezirke der Charlatanerie gerät. Die Wasser von Pouhon, die wundertätigen, in denen Delphine hüpfen, sprudeln kaskadengleich in

59. Reklamezettel für das heilkräftige Wasser von Pouhon. Originalgröße. Ende des 18. Jahrhunderts.

Gläser, die kleine Putten halten, sprudeln nieder auf jenes französische »Insecte« und holländische »Gedierte«, das in Originalgröße abgebildet, ein prächtiges Lehrstück aus der Zoologie, aus den Nieren einer Frau geschwommen kam, die das Wasser von Pouhon getrunken.

Über all die Erklärungen, die Proben und Beweise, über die ganze zwingende Macht der Tatsachen stolzierten mit sprödem Kichern in steifer Lebendigkeit und lebendiger Steifheit, den ganzen Plunder von Erklärungen unter ihre Füßchen tretend, die Automaten. Wiegleb beschreibt, wie man einen sprechenden hölzernen Kopf »einrichten«

kann, der »auf alle vorgelegten Fragen Antwort ertheilt; gemeiniglich des Cicero Kopf genannt«. Noch immer wollen die Allesglauber den Alleswisser, und daß ihnen kein Mensch, sondern ein Räderwerk die Antwort sagte, das erhöhte noch die Faszination. Viel entzückender noch als der alte Cicero waren die reizenden Mädchen, die tanzten oder sangen, Orakel hauchten oder Klavier spielten. Es war die Kunst der geschickten Genfer Uhrmacher, der es zu Ende des 18. Jahrhunderts gelang, die Automaten, die bisher nur als Jacquemarts auf den Kirchtürmen oder als steifer Apostelreigen um Glockenspiele sich bewegten, billiger und zahlreicher herzustellen. Sie rührten jene ganz besondere Saite in der Seele der Menschen an, von der wir sprachen, und so kam man auch auf die bizarrsten Einfälle bei der Erfindung der beweglichen Figuren. Perlmäuschen liefen hurtig über Bonbonnieren, auf zierlichen Windmühlen verbeugten sich adrette Handwerker, Frösche, trommelnde Bären, Krebse und Eidechsen, alle sehr künstlich gefertigt, konnten einem ebenso unversehens aus Nähschachteln, Taschenuhren, Tabakdosen oder andern Gebrauchsgegenständen entgegenkommen wie die morgenländischen Magier. Sehr beliebt waren die zwitschernden Vögelchen. Es gab um 1800 einen höchst berühmten Automaten in Pistolenform, die Waffe in Gold, Email und Perlen kostbar eingelegt. Spannte man den Hahn zum Schuß, so flog ein süßes Vögelchen auf. Es war mit Federn bekleidet, schlug mit den Flügeln und konnte das winzige Schnäbelchen bewegen. Es flötete ein kurzes Lied und kehrte, hatte es das Gemüt der Zuhörer erlabt, in sein friedliches Nestchen, die Pistole eben, zurück.

Die Natur durch Automatenfiguren zu kopieren, das war ein Wunsch, der aus der Welt des Materialismus kam, der Mensch oder das Tier mit all ihren Organen sollten fabriziert werden. Metaphysische Vorstellungen wollte man verdrängen, aber gerade diese magischen kleinen Kopien und die verborgenen Kräfte, die sie trieben, wurden zum Sitz der Gottheit, die verscheucht werden sollte.

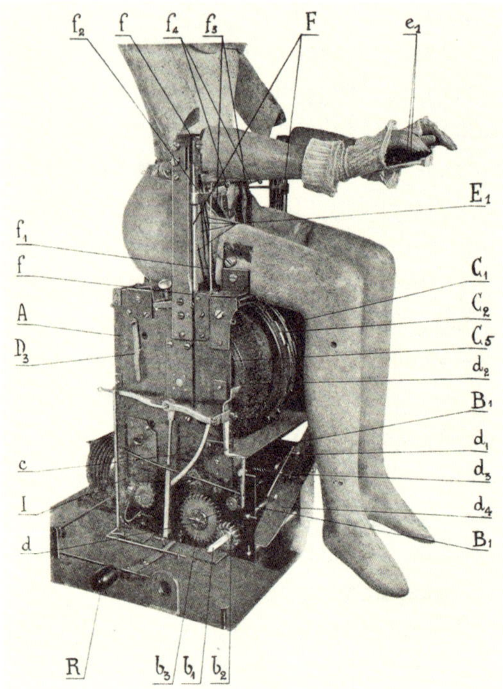

60. Die »Musicienne«, Automatenfigur von Pierre Jaquet-Droz. Ende des 18. Jahrhunderts.

Welche irdische Frau hatte den perversen Reiz der »Musicienne«, die der Schweizer Pierre Jaquet-Droz aus La Chaux-de-Fonds konstruierte (Abb. 60), auf mächtigen Rädern thronend, über das technische Kunstwerk gebietend wie eine unnahbare und aufreizende Göttin, die mit zarten, langen Fingern, über die Spitzenmanchetten fallen, die Tasten anschlägt? Konnte ein Charlatan dieser Zeit mit ihr den disponierten Anhänger nicht besser anlocken als mit Trinkgold oder dem Stein der Weisen? Auch die Leidenschaft für Automaten findet in der Reklame, die immer jene Gestalten ausstellt, denen sie mit gutem Grund die stärkste Anzie-

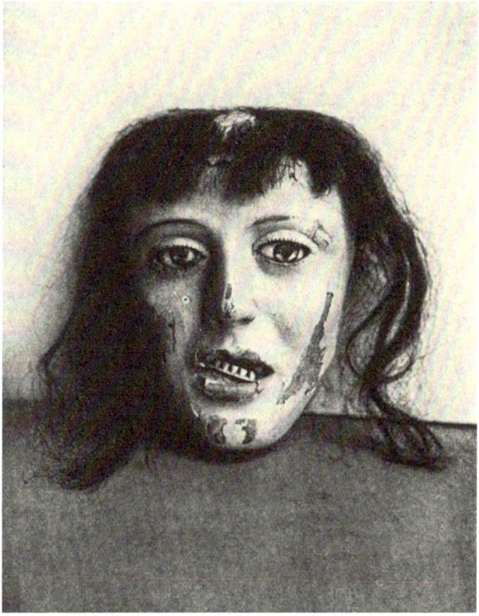

61. Bemalter Kopf aus Holz. Automat, Frankreich, Anfang des 19. Jahrhunderts.

hungskraft zutraut, ihren Niederschlag. Ein bemalter Kopf aus Holz, wie ihn zu Anfang des 19. Jahrhunderts französische Zahnärzte gerne zu Reklamezwecken verwendeten (Abb. 61), entsprach in hohem Maße dem Geschmack der Zeit. Er ist nicht größer als ein Säuglingskopf, von zartestem Fleischton und hat wohl nicht immer das erschreckende Aussehen gehabt, das die Zeit ihm durch Beschädigungen und Kratzer in der Lasur verliehen hat. Dennoch muß das Gesicht mit den spröden dunklen Haaren und den starren Wimpern über glasighellen Augen und dem schiefen Gebiß auch in unbeschädigtem Zustand etwas Gespenstisches gehabt haben, das die Beweglichkeit der Zähne und Augen noch zu erhöhen geeignet war. Das Gespenstische aber war es gerade, was den Automaten die große Anziehungskraft verlieh. Die Wundermechanik, die Technik, die all diese Püppchen spielen, singen und agieren ließ, war in ein stürmisches Entwicklungstempo geraten – wir sagten es schon – und bedeutete den Menschen Romantik, eine Lust zwischen Anmut und Gruseln, den angenehmen Angstschweiß – erinnern wir uns an das Publikum des Charlatans von Siena (s. Abb. 7) und seiner zahlreichen Kollegen –, cachiert durch graziösen »äußerlichen Schein«. Wachsfigurenkabinette wetteiferten mit den Automaten, um einer desillusionierten Welt Schauer und Illusion zu verschaffen. Dagegen konnte die Aufklärung mit ihren Erklärungen der natürlichen Zusammenhänge nichts ausrichten, ja sie hatte die Erscheinungen, gegen die sie nichts ausrichten konnte, geradezu selbst heraufbeschworen: Eine enttäuschte Gesellschaft suchte die entbehrte, übersinnliche Welt in der Technik wiederzufinden. Achim von Arnim stand seltsam ergriffen vor einem Panorama, das mit den technischen Mitteln der curiösen Perspektiv Ferne vortäuschte, und die Illustration zu einem nüchternen und ernüchternden Lehrbuch, das Wiegleb sein wollte, wirkt gespensterhafter als alle Gespenster, die E. T. A. Hoffmann gezeichnet hat. Diese Anleitung zum »elektrischen Tanz« (Abb. 62) läßt an das in einer Glaskugel eingeschlossene Mädchen denken, von dem die Romantiker so häufig erzählen und das die Aufklärung zu entlarven versuchte. Das mächtige Auge des unheimlichen Zauberers, den Hoffmann so oft geschildert hat, scheint das zitternde Mensch-

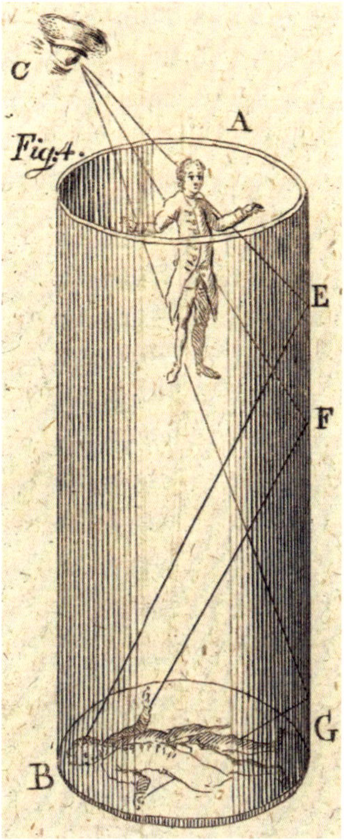

62. »Der elektrische Tanz«. Abbildung aus Joh. Chr. Wiegleb »Unterricht in der natürlichen Magie«, Berlin und Stettin 1779–1805.

lein in Bann und Schwebe zu halten, und die ganze Figur wäre in jenem Saal mit den verhexten Spiegeln, in dem ein lebender Mensch mit Olympia, der leblosen Automatenpuppe, tanzt, viel besser am Platz denn als lehrhaftes Kupfer. Daß in einer Zeit wie dieser ein wichtiger Teil der Funktionen des Charlatans vom Menschen auf die Maschine, die Menschenmaschine übergehen mußte, ist nicht mehr verwunderlich. Naturwissenschaften und Technik wurden mythologisiert und charlatanisiert. Und es war möglich, daß ein Charlatan sich auf seiner Visitenkarte als Professor der experimentellen Physik bezeichnete und bei der Ausführung von Kunststücken im Bilde zeigte, zu welcher die Anleitung bei Wiegleb zu finden ist. Giuseppe Tallinucci

63. Visitenkarte des Charlatans Tallinucci. Kupferstich von Antonio Zacco (Catania), erschienen in Decremp »Die entlarvte weiße Magie«, Messina 1743.

hat das Kupfer, dem er die Ehre gab, seine Visitenkarte zu schmücken (Abb. 63), übrigens aus einem Lehrbuch der Magie gestohlen. Der Aufklärung wurde nichts so gefährlich, als daß sie die Macht der Halbaufklärung, von der Hufeland spricht, und ihre Gefahren nicht richtig einschätzte. Wiegleb hatte viele Leser, aber noch viel mehr hatte das »Feen-Geister-Geheimnis und Zaubereyjournal, veranstaltet durch drey Feen ...«.

Die »Berlinische Monatsschrift« wird nicht müde, in all jene Sprechmaschinen zu leuchten, in denen ein armer, kleiner Mensch saß, der die Züge des Schachspielers oder die geheimnisvollen Orakelantworten zu produzieren hatte. Der Herr Mechanikus ließ den Gehilfen meist eine erbärmliche Existenz führen, brachte ihm seine dürftige Nahrung selbst und schloß ihn vollkommen von der Welt ab, um so das Geheimnis zu wahren. Diese bedauernswürdigen Helfer starben nicht selten den Erstickungstod. Was sie zwang, sich mit einem Nichts an Raum in der Puppe zu begnügen, war der Umstand, daß ein kompliziertes Räderwerk auch dann angebracht und gezeigt werden mußte, wenn es gar keine Funktion hatte, weil dem Publikum nichts mehr wunderbar erschienen wäre, wenn man ihm den Einblick in die maschinellen Eingeweide verwehrt hätte. Und so mußte der Mensch sich verkriechen und – großartig schauerliches Gleichnis – der Fiktion der Maschine Platz machen, die ihn erstickte – zu Nutzen des Charlatans und seiner Einnahmen.

Im IX. Band von Wiegleb findet sich eine Beschreibung »Die redende Figur des Antonio Gigli«, die Steigerung und den letzten Trumpf der Automaten-Charlatanerie lebendig veranschaulicht: »Dieser Uhr- und Maschinenmacher zu Genua hat eine Figur verfertigt, welche einen Sinesen in natürlicher Größe vorstellt, der auf einem großen Kissen sitzt, und ringsumher die versammelten Zuschauer begrüßet, mit seinen beweglichen Augen jeden insbesondere ansiehet, den Mund öffnet und schließt, und einige Worte in sinesischer Sprache hervorbringt. (Der Gedanke, sinesisch reden zu lassen, ist gut ausgedacht, es wird hierdurch ein Gespräch vermieden. Es mag aber diese Figur wirklich sinesisch gesprochen haben, und dieses kann nicht anders als durch Täuschung geschehen. Anm. Wieglebs). Währenddem kriecht eine Maus aus den Falten des Kleides hervor, die ihm am Arme herab bis an die Hand läuft. Hierauf setzt er sich in die gehörige Stellung und schlägt eine Sonate auf dem Cymbal. Auf den ersten Schlag, den er mit der Hand macht, kehret die Maus wieder in ihren Schlupfwinkel zurück. Wenn er mit der Sonate fertig ist, dankt er den Zuschauern, und macht ihnen im Kreise eine Verbeugung, wobey er wieder einige Worte spricht, die von einem Glockenspiel begleitet werden. Nach all diesen Verrichtungen öffnet sich endlich der Bauch dieser Figur von selbst, und das Maschinenwerk, welches sie gleichsam zu beleben schien, zeiget sich den Zuschauern.«

Als letzter und höchster Triumph der *Zauber*darbietungen, die auf dem Wege über Auge und Ohr sich mit sanfter Magie einschmeicheln, offenbart sich also »das Maschinenwerk«. Wieder wird das vage Wissen der Menschen um die Wissenschaft – diesmal die technische – von den Charlatanen, den Künstlern der Fälschung, zur Wissensfälschung ausgenützt. Das Leben zu vergolden und, indem sie es leichter gestaltet, zu verlängern, das versprach die Technik genau so wie die multiplizierende Alchimie. So eignete auch sie sich vorzüglich zur Hilfswissenschaft der Charlatane. Wer sich ihrer Kräfte zu bedienen wußte, sollte über die Menschen herrschen, wie das Gold ja auch nur dazu verhelfen sollte, Menschen und Leben zu beherrschen. Und genau wie das gelbe Metall, so machte auch die Technik die Betörten, die sich im Traum schon als ihre Beherrscher sahen, zu ihren Sklaven.

Aus dem Gemisch von Widerwillen und geheimer Lust ergab sich ein Zwiespalt in Beurteilung der »das Menschliche in Bildung und Bewegung nachäffenden Figuren« (E. T. A. Hoffmann), der die innere Sicherheit zersetzen und die Widerstandskraft gegen Charlatanerien schwächen mußte. Dieser Zwiespalt ist nirgends mit so atemraubender Genauigkeit gestaltet wie in E. T. A. Hoffmanns 1814 geschriebener Erzählung »Die Automate«. Sie setzt folgendermaßen ein:

»Der redende Türke machte allgemeines Aufsehen, ja er brachte die ganze Stadt in Bewegung, denn Jung und Alt, Vornehm und Gering, strömten vom Morgen bis in die Nacht hinzu, um die Orakelsprüche zu vernehmen, die von den starren Lippen der wunderlichen lebendigtoten Figur den Neugierigen zugeflüstert wurden … Die ganze Figur war, wie gesagt, in richtigen Verhältnissen wohlgestaltet, allein vorzüglich war der Kopf gelungen; eine wahrhaft orientalisch geistreiche Physiognomie gab dem Ganzen ein Leben, wie man es selten bei Wachsbildern, wenn sie selbst den charaktervollen Gesichtern geistreicher Menschen nachgeformt sind, findet. Ein leichtes Geländer umschloß das Kunstwerk und wehrte den Anwesenden das nahe Hinzutreten, denn nur *der,* welcher sich von der Struktur des Ganzen, soweit es der Künstler sehen lassen konnte, ohne sein Geheimnis zu verraten, überzeugen wollte, oder der eben Fragende durfte in das Innere und dicht an die Figur treten … Nächst der Bewegung des Kopfes, die jedesmal vor der Antwort geschah, pflegte der Türke auch zuweilen den rechten Arm zu erheben und entweder mit dem Finger zu drohen oder mit der ganzen Hand gleichsam die Frage abzuweisen. Geschah dieses, so konnte nur das wiederholte Andringen des Fragers eine mehrenteils zweideutige oder verdrießliche Antwort bewirken, und eben auf diese Bewegungen des Kopfs und Armes mochte sich wohl jenes Räderwerk beziehen, unerachtet auch hier die Rückwirkung eines denkenden Wesens unerläßlich schien … Unerachtet der geschmackvollen Einrichtung und des höchst Rätselhaften, Wunderbaren, was in dem ganzen Kunstwerke lag, hätte das Interesse des Publikums daran doch wohl bald nachgelassen, wäre es dem Künstler nicht möglich gewesen, auf eine andere Weise die Zuschauer immer aufs neue an sich zu ziehen. Dieses lag nun in den Antworten selbst, welche der Türke erteilte, und die jedesmal mit tiefem Blick in die Individualität des Fragenden bald trocken, bald ziemlich grob spaßhaft und dann wieder voll Geist und Scharfsinn und wunderbarerweise bis zum Schmerzhaften treffend waren. Oft überraschte ein mystischer Blick in die Zukunft, der aber nur von dem Standpunkt möglich war, wie ihn sich der Fragende selbst tief im Gemüt gestellt hatte.«

Der Türke oder der »Professor«, der ihn lenkte, war also ein ebenso vorzüglicher Menschenkenner wie alle übrigen Charlatane. Zwei Freunde, Ludwig und Ferdinand, hören bei einer Abendgesellschaft von der Attraktion. »Beide mußten zu ihrer Schande eingestehen, den Türken noch nicht besucht zu haben, ungeachtet es gewissermaßen zum guten Ton gehörte, hinzugehen und die mirakulösen Antworten, die man auf verfängliche Fragen erhalten, überall aufzutischen.« Ludwig äußert seine Skepsis gegenüber dem Türken und seinesgleichen, während Ferdinand eher dazu neigt, solchen Erscheinungen anheimzufallen. Immerhin vermutet er: »Seine, nach der Beschreibung aller, die ihn sahen, höchst ansehnliche, ehrwürdige Figur ist etwas ganz Untergeordnetes und sein Augenverdrehen und Kopfwenden gewiß nur da, um unsere Aufmerksamkeit ganz auf *ihn,* wo gerade der Schlüssel des Geheimnisses *nicht* zu finden ist, hinzulenken. Daß der Hauch aus dem Munde des Türken strömt, ist möglich oder vielleicht gewiß, da die Erfahrung es beweist; hieraus folgt aber noch nicht, daß jener Hauch wirklich von den gesprochenen Worten erregt wird. Es ist gar kein Zweifel, daß ein menschliches Wesen, vermöge uns verborgener und unbekannter akustischer und optischer Vorrichtungen mit dem Fragenden in solcher Verbindung steht, daß es ihn sieht, ihn hört und ihm wieder Antworten zuflüstern kann ... Was mir aber viel wunderbarer scheint und mich in der Tat recht anzieht, das ist die geistige Macht des unbekannten menschlichen Wesens, vermöge deren es in die Tiefe des Gemüts des Fragenden zu dringen scheint – es herrscht oft eine Kraft des Scharfsinns und zugleich ein grausenhaftes Helldunkel in den Antworten, wodurch sie zu Orakelsprüchen im strengsten Sinn des Wortes werden.« Ferdinand überredet Ludwig, der immun ist und sich deshalb sträubt, ihn in das Reich der doppelten Bedeutung, des zweifachen Lichtes, des Zwielichts, des grausenhaften Helldunkels zu begleiten, und sie machen sich auf zum Besuch des Türken. Dieser verhält sich zuerst sehr ablehnend, gibt aber endlich Ferdinand auf eine leise Frage eine Antwort, die diesen erbleichen läßt. Nach einem geheimnisumwebten geliebten Mädchen hatte er gefragt und die Antwort erhalten: »Unglücklicher! in dem Augenblick, wenn Du sie wieder siehst, hast Du sie verloren!« Er vertraut dem Freund die dunkle Geschichte seiner Liebe an, in die das Zwielicht der Orakelantwort düstere Ahnungen geworfen. Ludwig rät eine Besichtigung der Automate, einen Besuch bei dem Professor und hofft so, das Geheimnis der Antwort, die seinen Ferdinand so sehr verstört, zu ergründen. Der alte Herr begrüßt die Freunde: »... ‚Nun, Sie finden bei mir, was Sie in ganz Europa, ja in der ganzen bekannten Welt vergebens suchen.‹ Des Professors Stimme hatte etwas höchst Widriges, es war ein hoher kreischender, dissonierender Tenor, der gerade zu der marktschreierischen Art paßte, womit er seine Kunstwerke ankündigte.« Ludwig stellt Fragen, die dem Schicksal seines Freundes gelten, aber der Professor winkt nur, ihm, der mit großen Schlüsseln vorangeht, zu folgen, und schließt das Reich der Automaten auf: »Der Professor ging nur flüchtig an dem Orchestrion und den Spieluhren vorüber und berührte kaum merklich die Automate; dann setzte er sich aber an den Flügel und fing pianissimo ein marschmäßiges Andante an; bei der Reprise setzte der Flötenbläser die Flöte an den Mund und spielte das Thema, nun paukte der Knabe richtig im Takte ganz leise auf der Trommel, indem der andere einen Triangel kaum hörbar berührte. Bald darauf fiel das Frauenzimmer mit vollgriffigen Akkorden ein, indem sie durch Niederdrücken der Tasten einen harmonikaähnlichen Ton hervorbrachte! Aber nun wurde es immer reger und lebendiger im ganzen Saal, die Spieluhren fielen nacheinander mit der größten rhythmischen Genauigkeit ein, der Knabe schlug immer stärker seine Trommel, der Triangel gellte durch das Zimmer, und zuletzt trompetete und paukte das Orchestrion im Fortissimo dazu, daß alles zitterte und bebte, bis der Professor mit seinen Maschinen auf einen Schlag im Schluß-Akkord endete.« Ganz benommen verlassen die Freunde »Mechaniker und Maschinen« und Ludwig bricht wütend aus, weil er merkt, daß er über all dem Zauber um die Aufschlüsse, um derentwillen er gekommen, geprellt worden ist. Ferdinand, der wie alle Disponierten sein Ziel längst aus den Augen verloren hat, rühmt die mechanischen Kunstwerke, die der Professor vorgeführt, die wohllautenden Töne, die wunderbare »Verbindung der Maschinen«. Dagegen Ludwig: »Das alles ist es eben, was mich ganz toll machte! Ich bin von all der Maschinen-Musik, wozu ich auch des Professors Spiel auf dem Flügel rechne, ordentlich durchgewalkt und durchgeknetet, daß ich es in allen Gliedern fühle und lange nicht verwinden werde.« Er geht dann streng ins Gericht mit dem »unsinnigen Versuch, die Mittel allein das vollbringen zu lassen, was sie nur durch die innere Kraft des Gemüts belebt … Das Streben der Mechaniker, immer mehr und mehr die menschlichen Organe zum Hervorbringen musikalischer Töne nachzuahmen oder durch mechanische Mittel zu ersetzen, ist mir der erklärte Krieg gegen das geistige Prinzip, dessen Macht nur noch glänzender siegt, je mehr scheinbare Kräfte ihm entgegengesetzt werden; eben darum ist mir gerade die nach mechanischen Begriffen vollkommenste Maschine der Art eben die verächtlichste, und eine einfache Drehorgel, die im Mechanischen nur das Mechanische bezweckt, immer noch lieber als der Vaucanson'sche Flötenbläser und die Harmonikaspielerin.«

Ludwig hat sehr wohl verstanden, daß erst das Hereinziehen von Dingen in den Bereich des Mechanischen, die nichts mit ihm zu tun haben, Charlatanerie bedeutet. Wenn im Mechanischen nur Mechanisches bezweckt wird, bedeutet es für den Charlatan Rohmaterial, das erst in der Retorte der Lüge destilliert werden muß. E. T. A. Hoffmann, der zwischen den Gestalten, die er geschaffen, zwischen Ludwig und Ferdinand schwankte, läßt Ferdinand aus der Stadt verschwinden und dem Freund einen Brief schreiben, in dem durch die Ereignisse das Orakel des Professors bestätigt wird. Doch hat die Erzählung kein Ende, sie schwankt unentschlossen wie ihr Dichter, läßt jede Lösung offen, bricht ab und bleibt Fragment.

Es ist viel darüber geschrieben worden, warum E. T. A. Hoffmann »Die Automate« nicht beendet habe. Uns scheint, als gefiele sich die Erzählung darin, ein »Räthsel unter Räthseln« zu bleiben, wie der Graf in Achim von Arnims »Gräfin Dolores« sich schmeichelt, ein »Räthsel unter Räthseln« zu sein, als er, ein vornehmer Reisender, an einem heißen Abend nach Helmstedt kommt, wo das Urbild von Hoffmanns Professor lebte: Gottfried Christoph Beireis.

GOTTFRIED CHRISTOPH BEIREIS, EIN BEAMTETER CHARLATAN

»… Wir aber wurden durch die Aussicht eines eigenen Abenteuers angezogen. Der wunderliche, in manchem Sinne viele Jahre durch schon bekannte problematische Mann, Hofrath Beireis in Helmstädt, war mir schon so oft genannt, seine Umgebung, sein merkwürdiger Besitz, sein sonderbares Betragen, so wie das Geheimnis, das über allem diesen waltete, hatte schon längst auf mich und meine Freunde beunruhigend gewirkt, und man mußte sich schelten, daß man eine so einzig merkwürdige Persönlichkeit, die auf eine frühere, vorübergehende Epoche hindeutete, nicht mit Augen gesehen, nicht im Umgang einigermaßen erforscht habe.«

Goethe, der diese Zeilen in den Annalen und Jahrbüchern von 1805 notiert, fängt das ganze Aroma jener nicht völlig ungewollten und von dem »problematischen Mann« durch gut erzählte, in Geheimnis mündende Anekdoten genährten Fama ein, die, indem sie beunruhigt, neugierig macht und anzieht. Beireis wurde 1730 geboren und Familiennachrichten über ihn besagen, er sei ein unfleißiger Besucher des Gymnasiums gewesen, dennoch aber immer Klassenprimus und Liebling der Lehrer. Ein Wunderkind also, ein Tausendsassa, der es schon irgendwie schafft, wenn es auch nicht mit rechten Dingen zugeht. Ist einer faul, weil er trotz Befähigung keinen Ehrgeiz hat, in der Schule zu glänzen, so ist das ein nicht unsympathischer Zug. Ist einer aber zwar unfleißig, jedoch nicht ohne Ehrgeiz und schwingt er sich quasi, ohne es zu wollen, mit der linken Hand stolz zum Klassenprimus und Liebling der Lehrer auf, dann geht etwas nicht mit rechten Dingen zu, und in der Tat gilt der Stolz meist nicht der Würde des

Klassenprimus, sondern den Künsten des Hexenmeisters, den unrechten Dingen. In Beireis' Leben ging es wiederholt nicht mit rechten Dingen zu. Er studierte 1750 in Jena und legte als Student betonten Wert auf körperliches Training, war guter Reiter, brillanter Fechter und stählte bis ins hohe Alter hinein seine Körper- und Muskelkräfte. Der Medizinstudent hegte eine Vorliebe für die Alchimie. Mit 23 Jahren begab sich Gottfried Christoph Beireis auf Reisen, arm wie eine Kirchenmaus, und kam nach drei Jahren wieder als der steinreiche und durch den Reichtum geheimnisvolle, problematische Mann, der er von nun an blieb. Wieder war etwas nicht mit rechten Dingen zugegangen, aber wenn die Dinge, die sich begeben hatten, auch vor dem unbewußt moralischen Richterspruch der Sprache nicht die rechten gewesen sein mögen, so waren sie doch wieder so sehr die rechten, daß der Heimgekehrte sich sogleich ein Rittergut kaufen konnte. Spanien, Frankreich, Holland, Italien und Ägypten soll er besucht haben – Sicheres ist nicht zu behaupten, da er selbst von diesen Reisen nicht gerne sprach, und wenn er es tat, so verschwanden die Geschehnisse eher noch tiefer ins Dunkel, als daß sie durch seine Worte erhellt worden wären. Böse Skeptiker wunderten sich über die mangelnden Sprachkenntnisse des Weitgereisten, die aber wieder durch Orts- und Personenkenntnis wettgemacht wurden. Ja, genau aus dieser Kenntnis entsprangen die reizenden Geschichtchen, die später der Herr Hofrat so vortrefflich zu erzählen und in Umlauf zu setzen wußte. In Versailles, so plauderte er gelegentlich, habe er ein paar Spitzenmanchetten, die dem König von Frankreich zu teuer gewesen, erstanden. »Aber, Herr Hofrat, wo sind denn die geblieben?« – »Ja, sehen Sie, Mademoiselle, neulich war ich beim Herzog zur Tafel befohlen, da hatte ich die Manschetten angelegt. Man muß doch bei der Menagerie vorbei. Ich lasse mich verleiten, mit dem Affen zu spielen. Einer dieser Bösewichter reißt mir die eine Manschette ab, und zornig, wie ich werde, werfe ich ihm die andere an den Kopf.«

Die Reisen sind nicht das einzige Geheimnis des problematischen Mannes, sondern da ist noch das Geheimnis um das Goldmachen. Mit 26 Jahren schon erlaubte ihm sein Wohlstand jede Laune, er war unabhängig und frei. Die Vermutung, daß Beireis Gold zu machen verstehe, lag in der Luft. Er bestätigte sie nicht, er stellte sie auch nicht in Abrede, aber er wußte in seine Geschichten einzuflechten, daß er viele Tage und Nächte vor dem Schmelzofen verbringe, ununterbrochen den Schlaf fliehend, um seine geheimen Operationen ausführen zu können. Er gab sich also den Anschein, ein Adept zu sein, wurde er aber mit Fragen bedrängt, so wehrte er ab, kehrte auch wohl den Universitätsprofessor heraus und rückte von seinen selbst verbreiteten Gerüchten ab. »Was das von Ew. H. geäußerte Verlangen betrifft«, schrieb er z. B., »durch mich Mittel zu erfahren, wodurch Sie Ihre jetzige Lage verbessern können, so muß ich Ew. H. gehorsamst melden, daß ich schon vor sechs Jahren, als ich zwei Familien dadurch zugrunde richtete, daß ich ihnen dergleichen Mittel mitgeteilt habe, den festen Entschluß gefaßt habe, nie wieder, auch selbst nächsten Verwandten dergleichen Dinge mitzuteilen ...« Allem Anschein nach gab es trotz Wiegleb noch genug Leute, die an das Goldmachen, die alte Alchimie, glaubten. Wir werden sehen, daß, was den Herrn Professor Beireis angeht, er zwar nicht allzu ernst nahm, was er über das Goldmachen schwatzte, daß er dagegen ein beinahe manischer Verehrer der neuen Alchimie gewesen ist. Es ist sehr wahrscheinlich, daß dem mittellosen Studenten in Jena bei seinen alchimistischen Versuchen die Herstellung von Farben geglückt ist und er während seiner »Reisen« die Erfindung verkauft hat. Man machte damals eben schon lange nicht mehr Gold, indem man Gold »machte«. Sein ganzes Leben lang stand er in eifrigem Briefwechsel mit Farbenfabriken, es ergab sich aus dieser Korrespondenz die Notwendigkeit zu neuen Experimenten, und es scheint, daß der in seinen positiven Kenntnissen viel ernster zu nehmende Deutsche erreichte, was der Graf von St. Germain nur angestrebt hat: die Exploitierung der erblühenden Industrie durch Verkauf von Geheimverfahren. Aber nicht aus seinen Fachkenntnissen, sondern ganz einfach aus der Lektüre von Wieglebs »Natürlicher Magie« bezog er die Rezepte zu seinen eindrucksvollen und bestaunten Kunststückchen. Als er einmal zum Herzog von Braunschweig zur Tafel befohlen war, trat er im roten Rock ein. Während man dinierte, wurde dieser Rock vor den Augen der Geladenen, denen der angenehme Angstschweiß ausbrach ob der Sensation, ganz schwarz und zerfiel in Stücke. Dem Bischof von Hildesheim, der unter den Gästen bei Tische saß, verwandelte sich der Wein im Glas zu Essig. Wie man das »einrichten« kann, das ist alles bei Wiegleb nachzulesen.

Bevor wir über Beireis als Universitätsprofessor und Sammler berichten, soll gezeigt werden, daß zwar die Gestalt des problematischen Mannes eine typisch deutsche Gestalt war, daß hingegen die kommerzialisierte Ausnutzung des vagen Wissens um Naturwissenschaften und Technik, die ganze Wolke von Mythologisierung, die über Magnetismus und Elektrizität lag, eine internationale Erscheinung war. Aus der großen Anzahl der um die Jahrhundertwende als »modern« zu bezeichnenden Charlatanerien wählen wir die höchst originelle Erfindung eines Amerikaners, die »Metallic Tractors« von Elisha Perkins.

Perkins war Student der Yale University gewesen und hatte in Norwich (Connecticut) als Arzt praktiziert. Um 1795 datiert seine Entdeckung, daß Metallen, auch bei äußerlicher Anwendung, Heilwirkung innewohne, und er konstruierte ein Behandlungsinstrument, das er »Tractors« nannte. Es bestand aus einem Paar von Stäben aus Messing und Eisen, etwa 3 Zoll lang, an einem Ende spitz, an dem andern rund. Die Gravierung besagte: »Perkins Patent Tractors.« Der Erfinder behauptete, daß bei richtiger Behandlung mit diesem Instrument – einer Art elektrischer Massage – jede Krankheit geheilt werden könne. Er stellte das Wunderinstrument selbst her, und da er behauptete, der eine Stab sei aus Kupfer, Zink und Gold gemacht, der andere aus Eisen, dem Silber und Platin beigemengt ist, so nahm man den hohen Preis von 5 Guinees für das Paar hin, das wohl eigentlich kaum ein Sixpence wert war. In Norwich, wo man sich wahrscheinlich ein genaues Bild von den Qualitäten des Herrn Perkins gemacht hatte, war man skeptisch, und so ging der Erfinderarzt nach Philadelphia, wo er mit offenen Armen aufgenommen wurde und in Spitälern seine Tractorbehandlung demonstrieren konnte. Die Mitglieder des Kongresses, der eben tagte, glaubten den wunderbaren Gerüchten, die ihnen über Perkins zu Ohren gekommen waren, und sogar George Washington erwarb ein Paar der Tractors zum Gebrauch für seine Familie. Im Februar 1796 nahm der Erfinder ein Patent und verkaufte in allen Weltgegenden der Vereinigten Staaten große Posten von seinem Wunderinstrument. Nur die Herren Kollegen in Norwich blieben mißtrauisch, ja sie ziehen Perkins der Charlatanerie und schlossen ihn aus der Medical Society of Connecticut aus. Als der Erfinder merkte, daß sein Ruhm in Amerika im Begriff war zu verblassen, sandte er seinen Sohn Benjamin Douglas nach England, Tractors zu verkaufen. Der Sohn pries in einer Schrift die Erfindung des Vaters und der Erfolg in England war groß. Eine ganze Lehre, der Perkinismus, entstand. Der Karikaturist Gillray zeigt die Tractors, die

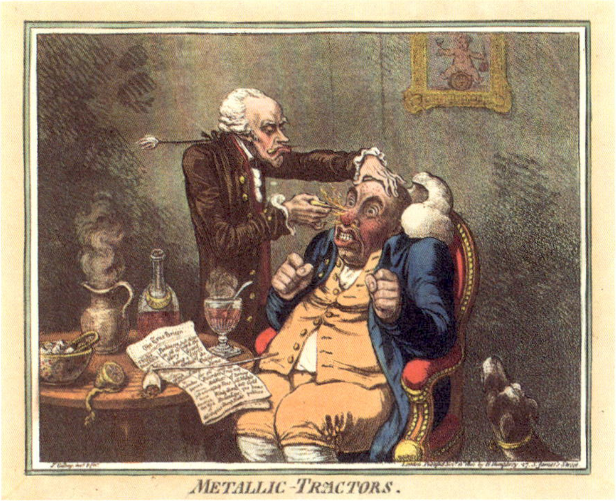

64. Anwendung der Metallic-Tractors, einer Erfindung des Amerikaners Elisha Perkins. Karikatur von James Gillray (1757–1815).

angeblich jede Brandwunde binnen 5 Minuten heilen konnten, in Anwendung (Abb. 64). Aus der flammenden Nase eines Trinkers werden bei der Behandlung Funken gezogen, offenbar sollte sie hierauf ihre frühere Form wieder annehmen. Aber England lachte keineswegs, sondern es wurde ein »Perkins Institute and Dispensary« für die Armen gegründet und die Royal Society akzeptierte die Erfindung. Einem bescheidenen praktischen Arzt, Dr. John Maygarth, in Bath, kamen Zweifel und er stellte zusammen mit einem Freund, Dr. Falconer, Tractors aus Holz her, die genau so aussahen wie die aus Metall. Sie sandten diese hölzernen Imitationen an etliche bekannte Ärzte, die die erstaunlichen Resultate, die sie mit diesen Instrumenten erzielten, veröffentlichten. Nun deckten die beiden Freunde aus Bath ihre Karten auf und Benjamin Douglas mußte England verlassen. Er brachte dem Vater das runde Sümmchen von 50000 Dollar nach Hause.

Viel versteckter und schamhafter und in Wahrheit viel problematischer als der massive Tractor-Schwindel in der Neuen Welt war das geheime Einheimsen der von seinen Bankiers auf Wunsch in Goldbarren ausgezahlten Vermögenszinsen des deutschen Gelehrten. In sehr jungen Jahren war Beireis Professor der Philosophie und Medizin in Helmstedt geworden, besaß ein schönes, großes Haus mit Garten und konnte sich seiner Sammelleidenschaft hingeben. Als er in die kleine Universitätsstadt kam, da machte er in jeder Hinsicht Aufsehen. Heister gibt ein sehr anschauliches Bild von dem Leben, das Beireis' Kollegen geführt haben: »Die Gelehrten schieden sich völlig von den übrigen Ständen, – in Leipzig – und so mag es auf den meisten Universitäten gewesen sein – hatte bis weit in das 18. Jahrhundert hinein, entfernt ein Professor nicht Umgang mit einem Magister oder mit einem Extraordinarius –, da bei diesen höhere Bildung Seltenheit war. Alles Vermittelnde zwischen Wissenschaft und Volksleben fehlte. Von populären Schriften, Journalen, Vorträgen keine Rede; ... deutsche Werke wurden lateinisch rezensiert. Theologen hielten das Lesen von Zeitungen dem Stande unangemessen. Ein akademischer Lehrer war als Mensch harmlos wie ein Kind, als Priester der Wissenschaft maßlos stolz, im literarischen Streit grob wie ein Klotz. Das Volk blickte aus weitem Abstande mit Ehrfurcht hin auf die Träger der Wissenschaft ...« In die muffige Luft dieser weltfremden Herren trat Beireis, ein vermögender, soigniert gekleideter junger Herr, der bei Fürsten ein- und ausgegangen, der mit der Welt der Industrie – mit einem anderen Stern in den Augen der Herren Amtskollegen – in ständigem Kontakt lebte, weltmännische Manieren hatte, galante Beziehungen zu einer eleganten Witwe, der Frau Kabinettsrat Glaser, pflegte, seine Vorlesungen in freier Rede hielt und – Krone aller Neuerungen – keine Perücke trug! Als sollte Beireis' Einzug in Helmstedt illustriert werden, so mutet das Titelkupfer der oft zitierten Schrift »Charlatanerie der Gelehrten seit Mencken« an (Abb. 65). Über den Köpfen der aufgestörten Perücken-Professoren, Masken und Narren, eilt strahlend und frei, durch die Steifheit der Stelzen in der beschwingten Bewegung keineswegs gehindert, der Neuerer ohne Perücke. Vorne versucht die Weisheit mit ihrer Fackel vergebens ein Licht im Kopfe eines Gelehrten anzuzünden.

»Jetzt kommt der Bewußte«, so schrieb ein Student dem andern auf einem Zettelchen, wenn der perückenlose Mann das Katheder bestieg. Beireis schuf durch das Aufsehen, das er erregte, sofort einen Meinungsstreit – also Propaganda – um sich. Das Merkwürdige und seiner Person Eigentümliche aber ist, daß er sein Leben lang dieselben Mittel beibehielt, um die Aufmerksamkeit zu erregen. Die Perücke fiel, aber es blieb der Zopf. Beireis war ein in der Neuerung erstarrter Neuerer, und als Goethe ihn 4 Jahre vor seinem Tode besuchte, spricht der 85jährige stolz noch immer von derselben Frisur: »… Wie er nun aber zu solchen Geschäften Tag und Nacht bereit seyn könne, und sie doch mit immer gleicher äußerer Würde zu vollbringen im Stande sey, machte er auf seine Frisur aufmerksam, er trug nämlich rollenartige Locken, länglich mit Nadeln gesteckt, fest gepicht über beiden Ohren. Das Vorderhaupt war mit einem Touppe geschmückt, alles fest, glatt und tüchtig gepudert. Auf diese Weise, sagte er, lasse er sich alle Abend frisiren, lege sich, die Haare festgebunden, zu Bette, und welche Stunde er denn auch zu einem Kranken gerufen werde, erscheine er doch so anständig, eben als

65. Titelkupfer zu »Über die Charlatanerie der Gelehrten seit Mencken«, Leipzig 1791.

wie er in jede Gesellschaft komme.« 1759, als junger Professor, hatte Beireis einen blaugrauen breitschößigen Rock ohne Kragen getragen, eine weiße Halsbinde von einer Silberschnalle gehalten, Strümpfe von weißer Seide, Schuhe mit silbernen Schnallen, einen mit Wachstuch überzogenen

Chapeau-bas und einen Stock mit schönem Knopf. 1806, als er den Offizieren der französischen Einquartierung die Türe öffnete, trug er sich immer noch unverändert und sie wichen betreten vor dem alten Mann zurück, als wäre er ein Gespenst aus verronnenen Zeiten.

Nicht nur das Äußere des jungen Professors hatte für Helmstedt eine Sensation bedeutet, sondern auch seine Kenntnisse auf dem Gebiet der Naturwissenschaften, die an dieser, auf humanistische Bildung gerichteten Universität, wie Heister schreibt, »ein wenig bearbeitetes Fach« bedeuteten. Beireis war sicherlich ein guter und opferbereiter Arzt, eifrig bemüht, die »Lebens-Maschine«, die ihn interessierte, in Gang zu halten, er hatte eine große Praxis, dankbare Patienten. Marktschreierisch rühmte er sich aber auch, daß kein anderer so gute Ärzte ausbilde wie er, und gegenüber einem Buch von Zimmermann behauptet er von seiner eigenen Schrift: »... Wenn sie aber das elegante Buch gelesen haben, so werden sie die Überzeugung gewinnen, daß es weder nach Lehre noch Schlußfolgerung meinem Schriftchen zu vergleichen ist.« Doch war die Medizin nicht mehr der modernen Charlatanerien adäquate Boden und wir lernen auch Beireis auf ganz anderen Gebieten als Charlatan kennen. Der reiche Mann hatte große Sammlungen angelegt. Er besaß Instrumente, Naturalien, Edelsteine, anatomische Präparate, Münzen, Gemmen, Gemälde und – Automaten. Zunächst offenbart sich hier eine Freude am Zurschaustellen des eigenen Reichtums, die in seltsamem Kontrast zu der kargen Lebensführung steht. Hastig wurden am Mittag etwas alter Zwieback oder Kuchen, einige Mohrrüben und abends eine Wassersuppe verzehrt, und die einzige Schwäche war die für Süßigkeiten. Noch in den Rheinwein wurden die geliebten Zuckerstücke getaucht, die man sonst gerne trocken knabberte. Dieser karg lebende Mann kleidete sich bei festlichen Gelegenheiten in Westen von weißem Atlas, kostbarste Spitzen im Jabot, Schnallen und Knöpfe aus Brillanten und Schuhe aus Corduan. Er trug zwei goldene Uhrketten und ließ die Handschuhe weg, um die Brillantringe an beiden Händen zu zeigen, jeder war hundert Dukaten wert. Herr Hofrat Beireis stellte sich selbst aus wie ein kostbares Museumsstück und liebte es noch weit mehr, sein eigenes Museum herzuzeigen. Hier nun konnte man manches von selbst hergestellten Edelsteinen, halb angedeutetem alchimistischen Geheimwissen oder einem Diamanten von 6400 Karat Gewicht hören, den angeblich der Kaiser von China bei Beireis versetzt hatte. Daß es diesem Sammler vor allem um das Herzeigen seiner Schätze zu tun war, merkte Goethe sogleich: »Die Art seine Bilder vorzuweisen war seltsam genug, und schien gewissermaßen absichtlich; sie hingen nämlich nicht etwa an den hellen breiten Wänden seiner oberen Stockwerke wohlgenießbar nebeneinander, sie standen vielmehr in seinem Schlafzimmer um das große Thronhimmelbette an den Wänden geschichtet übereinander, von wo er, alle Hülfleistung ablehnend, sie selbst herholte.« Die Prahlerei des Herrn Hofrat, während er die Bilder zeigte, und vor allem solche malerische Leistungen rühmte, wie etwa die Darstellung eines Brotes auf dem Tische der Jünger zu Emmaus, das so natürlich gelungen, daß eine Dogge es angebellt habe, war so arg, daß Goethes Begleiter, Prof. Wolf, die Geduld riß und er wegging. »Es war mir wirklich angenehm, denn solche Qualen der Unvernunft ertragen sich leichter allein.« Goethe meint, daß der Sammler nur von dem Wunsche geleitet sei, in seinen Besitzungen genau wie in seiner Person »einzig« zu sein, und konstatiert seufzend: »... daß einem die Gedanken vergingen, wie es zu geschehen pflegt, wenn uns das handgreiflich Unwahre als etwas das sich von selbst versteht, zutraulich vorgesprochen wird, wo man denn weder den Selbstbetrug noch die Unverschämtheit in solchem Grade für möglich hält.«

Wie aber verhielt es sich mit der Automatensammlung? Als Beireis als Kind, begleitet von seinem Vater, die berühmten Automaten Vaucansons, die eben in Deutschland gezeigt wurden, ansah, da hatte er ausgerufen: »Die Automaten muß ich besitzen!« Der Vater, wenn man der Legende glauben darf, züchtigte ihn ob dieser Vermessenheit, aber der Knabe beharrte: »Ich werde sie besitzen!«, und der reiche Mann erfüllte sich den Kinderwunsch und kaufte 1785 die Automaten, die nach mannigfaltigen Irrfahrten und Schicksalen in Deutschland zur Versteigerung kamen. Er stellte sie in seinem feuchten Gartenpavillon auf und beschäftigte die teuersten Mechaniker, um die durch Rost beschädigten in Stand setzen, dem Flötenspieler eine neue Walze einverleiben zu lassen. Der Hofrat besaß Vaucansons Trommler, Flötenspieler und Ente, die Hahn'sche Rechenmaschine, die Droz'sche Zauberuhr, eine hölzerne Teufelsfigur, die die Zunge herausstrecken konnte und an der Beireis vor den erstaunten Besuchern ein Stück Holz in Brand steckte. Als Herrscher in diesem Zauberreich gab der Professor der Philosophie und gesamten Heilkunde seine Vorstellungen vor geladenen Gästen, ganz wie Bragadino zwei Jahrhunderte früher den Condottieri und Senatoren in Brescia das Goldmachen vorführte. Wieglebs Anleitung zu magischer Bastelei gab erwünschte Fingerzeige, und Vaucanson selbst, der durchaus ernst zu nehmende Webstuhlverbesserer, wurde in der Vorstellung der Zeit zum Bastler (Abb. 66). Der Herr Hofrat war verliebt in seine Automaten, dem Trommler und dem Flötenspieler ließ er Kleider von Gold und Silber anfertigen und rühmte dem Besucher die wertvollen Stoffe. Der Knabe wünschte einst die künstlichen Figuren zu besitzen, der alte Mann war von ihnen besessen und wollte andere durch sie besitzen. Wenn Beireis geheimnisvoll raunt, sein

66. Jacques Vaucanson bastelt an einem Uhrenautomaten. Lithographie des 19. Jahrhunderts nach einer zeitgenössischen Zeichnung.

Flötenspieler könne jedes ihm vorgelegte Stück vom Blatt spielen, oder seine Zauberuhr, ein Stäbchen in der Hand, »woran ein Mohrenkopf von Metall« – vermutlich eine Magnetnadel – solange still stehen oder schlagen ließ, als der *stumme* Wunsch seines Gastes es verlangte, so ist das eine ganz merkwürdige Mischung von Zaubern und Verzaubertsein durch die Maschinen: ein Besitzen, Besessenmachen und gleichzeitig Besessensein.

Die alchimistischen Anspielungen, die im Stil des 17. Jahrhunderts geschriebenen Gedichte und manch andere kokette Altertümlichkeit des Professors haben zu der Ansicht beigetragen, daß seine Gestalt, wie Goethe das formulierte und wie vor kurzer Zeit ein moderner Interpret sich festzustellen bemühte, keine Gestalt des 18. Jahrhunderts sei, sondern auf eine »frühere, vorübergehende Epoche« hinweise. Auch uns scheint Beireis wenig charakteristisch für das Dixhuitième, auch uns scheint er auf eine andere Epoche hinzuweisen, aber nicht auf vergangene, sondern auf kommende Zeiten. Der mit Industrie und Banken verquickte, sportbeflissene, bei allen Schrullen hochintelligente Mann eilte in der Bewunderung der Maschine und in der Erkenntnis der Kräfte, die ihr innewohnen, und jener, die sie sich dienstbar zu machen vermag, seiner Zeit voraus. Und wenn diese Erkenntnis ihn zu einem Besessensein von Räderchen und Triebfedern, zu einer Mythologisierung und Charlatanisierung der technischen Kräfte im Silberstaat der Flitterpuppen verführte, denen er bewundernd liebevoll-hörig war, so nimmt er auch damit nur die Schwärmerei einer kommenden Generation vorweg. E. T. A. Hoffmann läßt seinen Ferdinand sagen, daß die äußerlichen Kunststücke des Türken nur dazu da seien, »um unsere Aufmerksamkeit ganz auf *ihn*, wo gerade der Schlüssel des Geheimnisses *nicht* zu finden ist, hinzulenken«. Die altertümlichen Allüren Beireis' waren ebenfalls nur dazu da, die Aufmerksamkeit dorthin zu lenken, wo gerade der Schlüssel des Geheimnisses nicht zu finden war; haben die Charlatane auf den Bretterbuden der Märkte etwas anderes getan als die Aufmerksamkeit vom Verkauf wegzulenken auf Harlekin und Lautenspielerin? Es kann eingewendet werden, daß der reiche Beireis weder sich bereichern noch etwas verkaufen wollte.

Gewiß, so einfach lagen hier die Dinge nicht. Beireis war ein höherer Charlatan, seine Konzeptionen waren komplizierter, er dachte nicht nur an Verdienst, er empfand sich als Wegbereiter der Weltmacht der Maschine, einer Macht, deren Kommen er ahnte. Im Dienste dieser Macht wurden die charlatanesken Künste der Meinungsfälschung nie verschmäht. Man brauchte sie, um den Menschen Befreiung durch jene Kräfte der Maschine vorzugaukeln, die man entschlossen war, niemals freizulassen, während in Wahrheit Kräfte entfesselt wurden, die die Menschen versklavten.

Klarer als in Beireis' halb unbewußter Intention läßt sich das Gesagte an der Wirkung auf die Besucher nachweisen. Goethe legte der ganzen Automatensammlung wenig Wert bei, sie interessierte ihn nicht, er bemerkt lediglich, daß die Figuren verkommen und verrostet seien, und der Herr Hofrat, der merken mochte, daß dieser Besucher immun gegen die Wirkungen der Wundermechanik war, erfand eine dramatische Geschichte, um nicht gezwungen zu sein, das magnetische Hokuspokus zu produzieren. Hören wir sie mit Goethes Worten: »Das magische Orakel jedoch war verstummt; Beireis hatte geschworen, die gehorsame Uhr nicht wieder aufzuziehen, die auf seine, des Entferntstehenden, Befehle bald still hielt, bald fortging. Ein Offizier, den man wegen Erzählung solcher Wunder Lügen gestraft, sey im Duell erstochen worden, und seit der Zeit habe er sich fest vorgenommen, seine Bewunderer nie solcher Gefahr wieder auszusetzen, noch die Ungläubigen zu so übereilten Gräuelthaten zu veranlassen.« Goethe schüttelt den Kopf darüber, daß der alte Mann halbverrosteten Dingen einen so großen Wert beimesse, »als wenn seit der Zeit die höhere Mechanik nichts frisches Bedeutendes hervorgebracht hätte«. Goethe empfindet nicht die Symbolkraft, die der Zucker knabbernde Alte in seinen Automaten spürt, aber ein anderer, der ausgegangen war, den Hofrat zu verspotten, ein Romantiker, hat diese hintergründige Bezüglichkeit sehr wohl empfunden. Achim von Arnim widmet das 9. Kapitel seiner »Gräfin Dolores« der wunderlichen Gestalt des Helmstedter Professors. Seine Darstellung ist atmosphärisch ganz vortrefflich, ohne allerdings von der künstlerischen Kraft E. T. A. Hoffmanns durchströmt zu sein. Mit der distanzierenden und relativierenden Ironie der Romantiker betrachtet er das Phänomen Beireis. Wo Goethes Urteil hart ist, ist seines spitz, wo Goethe interesselos vorbeigeht, an den Automaten nämlich, da bleibt er stehen, in seinen Ohren tönt das Schnarren der Räder »belebt und ängstlich« und er wandelt, im Zwielicht des Zweifels über Beseeltheit oder Leblosigkeit der Menschen-Maschinen, durch des Professors Haus. Er gehört einer Generation an, die die neuen mechanischen Kräfte noch ironisieren möchte und doch längst von ihrer Rätselhaftigkeit ergriffen ist.

Arnim läßt seinen Grafen eines Abends in Helmstedt absteigen. »Erst jetzt erinnerte sich der Graf, daß er unbemerkt in die Atmosphäre eines Wundermannes gerathen, der allen Menschen genug auf zu rathen gegeben seit beinahe funfzig Jahren, ungeachtet dieses halbe Jahrhundert alle Räthsel und Wunder gänzlich verwirft. – Kann er mir auch nicht helfen, dachte er in sich, so bin ich doch dort ein ›Räthsel unter Räthseln‹«. Er läßt sich zum Hause des Wundermannes führen: »Der Bediente klopfte an die Thüre dreymal, ein Mann in schwarzen feinen Kleidern, in einer wunderlich festen weißen Perücke aus Glas gesponnen, mit breiter Stirn, mit tiefen grauen freundlichen Augen, alle Finger voll prächtiger Ringe, fragte nach dem Anliegen.« Freundlich läßt der Professor den Fremden ein, entschuldigt sich aber, da er einen Patienten besuchen müsse, und entfernt sich. »Der Graf sah um sich in dem farbig erhellten Zimmer; über ihm hingen an der Decke statt der Kronleuchter sehr kunstreiche Planetenuhren, in denen die Sonne mit einem wunderlichen Glanze leuchtete; der ganze Spiegel steckte voll lobpreisender Gedichte und Briefe von Menschen, denen der Doktor geholfen; auf der Seite stand eine Uhr als Urne auf einem Grabmahle und die Stunden drehten sich schön gebildet als Mädchen daran umher. Die Uhr rückte zum Schlagen in sich, da trat ein Knochengerippe aus der Wand hervor und schlug mit seiner harten Hand die siebente Stunde an der klingenden Urne; ein metallener Vogel, der auf der Urne zu schlafen schien, regte seine Flügel und sang ein Abendlied; durch alle Zimmer zuckten Drähte, die von dieser Uhr ausgingen und eine Menge Geklingel, Rauschen und Singen in Bewegung setzten. Nun war es ganz still, aber das Knochengerippe war noch nicht verschwunden; es rückte an einer Rechenmaschine, die neben ihm auf einem Tische stand; die Räder schnarrten ängstlich in dem runden Kasten, endlich wurde es still und das Gerippe verschwand. Der Graf sah jetzt nach der Rechenmaschine und fand darauf die Zahl sechs und zwanzig: es war sein Alter und er lachte über den Zufall; doch wurde es ihm ängstlich in dem schwarzen Zimmer; es war die Zeit des Zwielichtes, wo die Unendlichkeit des Sehens sich leicht auch der inneren Empfindung mittheilen kann.«

Arnim schrieb diese romanhafte Schilderung des Wundermannes von Helmstedt mit der klaren Absicht einer Persiflage, aber das geschilderte Objekt erwies sich stärker als der Schilderer. Goethe poltert einfach los gegen »die Qualen der Unvernunft«, die ihm zugemutet werden. Arnim ist wider Willen ergriffen von der listig tarnenden Poesie der Maschinen. Die zwiefache Beleuchtung, das Zwielicht, hatte einen zu bestrickenden ästhetischen Reiz, als daß die innere Empfindung ihm hätte widerstehen können. Aber hören wir die Fortsetzung des Erlebnisses des Grafen: »... Er trat aus dem schmalen Garten in ein großes Gartenhaus ...; in der Mitte hing über einem eisernen Gitter ein kleiner Glaskasten, aus welchem vier Trompeten von Silber ausliefen. Der Kasten hing an einem dünnen Drahte; auf der einen Seite stand eine lebensgroße Figur, die eine Flöte in Händen trug, auf der andern Seite schwamm auf einem Quecksilberbecken eine metallene Ente. Noch peinigte ihn das Gefühl, ganz fremde und einsam in der Gesellschaft fühlloser Maschinen zu seyn, die von dem Menschen geschaffen, leicht die Obergewalt über ihn bekommen könnten; er sagte trotzig laut: Spiel Flötenspieler, wenn du was kannst! – Der Flötenspieler setzte die Flöte sogleich an und spielte zwar etwas steif und unbequem, aber sehr künstliche Conzerte, wobei die Ente im Wasser fröhlich rauschte und von den Körnern, die an der Seite lagen, mit großer Begierde fraß. Der Graf schloß beide Augen mit seinen Händen und rief verwundert: ›Wer hört hier, wer läßt sich hören, bin ich närrisch, oder ist alles nicht wahr?‹ Eine zarte weibliche Stimme antwortete ihm: ›Närrisch sind wir alle, ich kann dich hören, du kannst mich hören‹.« Nach dieser Antwort wendet der Graf sich wieder an den Flötenspieler, der ein Lied hören läßt, dessen letzte Strophe lautet:

»Herrschen nicht und auch nicht dienen
Zweifel war mein Weltgeschick,
Nur beschwören, nicht verdienen
Läßt sich jedes Götterglück.«

Die Möglichkeit der Beschwörung des Glücks, Endziel aller charlatanesken Versprechungen, kehrt hier wieder aus dem Munde einer singenden Maschine, der Sirene einer neuen Zeit. Die Nachforschungen des Grafen ergeben dann, daß das Mädchen und der Flötenspieler in einem Hinterstübchen hausen und durch eine Art Sprachrohr sprechen und singen. Sie vertrauen ihm ihre Geschichte an und – das ist nun echteste und schönste Empfindung der Romantiker – das Wunderbare ist plötzlich im menschlichen Schicksal beschlossen, die Maschinen treten zurück, ihre Wirkung und Wichtigkeit verblaßt. Da die Romantiker in ihrer Sicherheit erschüttert waren, unreif neben Goethes Reife, Zweifler neben seiner Gelassenheit, fingen sie auch die Sturmzeichen der drohenden Erschütterung mit empfindlicheren Nerven auf als er. »Maschinen, die von dem Menschen geschaffen, leicht die Obergewalt über ihn bekommen könnten …«

Wie sah der Herrscher im Zauberreich der künstlichen Menschen aus? Goethe schildert ihn: »… allein Beireis belebte durch seine heitere Gegenwart jedes Fest. Nicht groß, wohl und beweglich gebaut, konnte man eben die Legenden seiner Fechterkünste gelten lassen; eine unglaublich hohe und gewölbte Stirn, ganz im Mißverhältnis der untern fein zusammengezogenen Theile, deutete auf einen Mann von besonderen Geisteskräften …« Uns will scheinen, als wohne um die verkniffenen Lippen dieses zahnlosen Mundes neiderfüllte Bosheit (Abb. 67). Und in der Tat gibt es Züge von böswilliger Kleinlichkeit in Beireis' Charakter. Von Leibniz und Lavoisier sprach er gehässig und verächtlich, und in einer Rede über Kupferstecherkunst behauptet er, Michelangelo habe aus Neid alle Bilder und Kupferstiche Albrecht Dürers vernichten lassen, eine so unsinnige Erfindung, daß sie den Charakter des

Erfindenden beleuchtet. Die Geliebte, jene elegante Witwe, betrog ihn, sein Hund hatte ihn durch Bellen aufmerksam gemacht, so daß er den Rivalen im Zimmer der Frau Kabinettsrat überraschen konnte. Der Hund erhielt ein Ehrengrab, Beireis blieb Junggeselle und liebte Hunde mit der

67. Gottfried Christoph Beireis. Kupferstich.

ganzen Glut seines Hasses gegen die Ungetreue. All dies sind Züge, die in das Reich jener übersteigerten Einbildung und Intoleranz führen, die wir bei Charlatanen angetroffen haben. Hierher gehören auch die Quantitätsleistungen; der Herr Professor rühmte sich, 14 Stunden täglich Kolleg zu lesen. Heister schreibt: »Die Natur hatte ihn mit einer vortrefflichen Brust ausgestattet. Er konnte stundenlang ohne Ermüdung reden und erfrischte sich nur ab und zu mit einem Stückchen Zucker.« Beireis scheint – und auch das ist charlatanesk – ein Künstler im Erfinden und Erzählen von Geschichten und Legenden über seine Person gewesen zu sein. Sehr treffend sagt Goethe über eine Mitteilung, die ihm über Beireis zugetragen worden, er halte das »für eine im Geist und Geschmack des alten Wunderthäters erfundene Legende«. Auf einem Spaziergang zum Gute des Grafen von Veltheim wurde Goethe eine stattliche Zahl solcher Legenden erzählt: »Auf dem Rückwege nun wie auf dem Hinwege«, so erzählt er und bannt in einen einzigen Genitiv mehr von des Hofrats Wesen als viele Worte zu sagen vermögen, »hatten wir denn mancherlei von *des alten uns geleitenden Zauberers* Großthaten zu hören. Nun vernahmen wir aus dessen Munde, was uns schon aus seinen früheren Tagen durch Überlieferung zugekommen war; doch genau besehen fand sich in der Legende dieses Heiligen eine merkliche Monotonie. Als Knabe jugendlich muthiger Entschluß, als Schüler rasche Selbstvertheidigung, akademische Händel, Rappierfertigkeit, kunstmäßige Geschicklichkeit im Reiten, und sonstige körperliche Vorzüge, Muth und Gewandtheit, Kraft und Ausdauer, Beständigkeit und Thatlust; alles dieses lag rückwärts in dunklen Zeiten; dreyjährige Reisen bleiben geheimnisvoll, und sonst noch manches im Vortrag, gewiß aber in der Erörterung unbestimmt.«

Mit der bewußten Unterscheidung zwischen Vortrag und Erörterung und der Kennzeichnung, daß so manches in der Erörterung unbestimmt sei, gerät Goethe in jenen Bereich in Beireis' Leben, in dem es nicht mit rechten Dingen zuging, in den Bereich des Charlatans. Die Monotonie, die Goethe in der biographischen Legende auffällt, findet sich in allen selbst erzählten Lebensgeschichten der Charlatane. Dadurch, daß immer nur das herausgestellt wird, was auf eine Anhängerschaft von ganz bestimmter Artung wirken soll, entstand ein Schema, das durch Jahrhunderte das gleiche blieb und Erfolg hatte. Was geändert wurde, waren Details, modische Arabesken, die Struktur blieb unverändert. Gewiß war dies alles arm an Einfällen, aber man sprach in allen Jahrhunderten dieselbe Gesamtheit böser, schwacher und unwissender Individuen an, man hatte Varianten nicht nötig. Goethe charakterisiert den Erfolg eines verbürgerlichten und beamteten Charlatan-Typs, den nicht mehr, wie in früheren Zeiten, der Galgen bedrohte, dessen Gefolgschaft jedoch nicht um ein Haar anders reagierte als die zurückliegender Jahrhunderte, wenn er von Beireis sagt:

»Weil jedoch das auffallende Resultat seines Lebensganges ein unübersehlicher Besitz von Kostbarkeiten, ein unschätzbarer Geldreichthum zu seyn schien, so konnte es ihm an Gläubigen, an Verehrern gar nicht fehlen. Jene beiden sind eine Art von Hausgöttern, nach welchen die Menge andächtig und gierig die Augen wendet. Ist nun ein solcher Besitz nicht etwa ererbt und offenbaren Herkommens, sondern im Geheimniß selbst erworben, so gibt man im Dunkel alles übrige Wunderbare zu, man läßt ihn sein märchenhaftes Wesen treiben: denn eine Masse gemünztes Gold und Silber verleiht selbst dem Unwahren Ansehen und Gewicht ...«

Der tatsächlich bestehende Besitz an Kostbarkeiten ist aber nur Rohmaterial, das erst von der Lüge verklärt, durch dosierte Schaustellung und Anpreisung ausmünzbar gemacht, jenen Glanz gewinnt, der um die Altäre aller Hausgötter im Gebäude des Charlatans schimmert. Und so münden unsere Betrachtungen bei jenem Kernproblem, in dem die große und verhängnisvolle Macht des Charlatans beschlossen ist: der Verschmelzung von Wahrheit und Lüge zum Wahrheitsersatz. Wir beschließen diesen Abschnitt mit der Weisheit Goethes über Begattung von Wahrheit und Lüge:

»... Nach allem diesem aber ist das sittliche Element zu bedenken, worin und worauf es gewirkt hat, ich meine die Zeit, den eigentlichen Sinn, das Bedürfniß derselben. Die Communication der Weltbürger ging noch nicht so schnell wie gegenwärtig, noch konnte jemand, der an entferntem Orte wie Swedenborg, oder auf einer beschränkten Universität wie Beireis seinen Aufenthalt nahm, immer die beste Gelegenheit finden, sich in geheimnisvolles Dunkel zu hüllen, Geister zu berufen, und am Stein der Weisen zu arbeiten. Haben wir nicht in den neuen Tagen Cagliostro gesehen, wie er große Räume eilig durchstreifend, wechselweise im Süden, Norden, Westen seine Taschenspielereyen treiben und überall Anhänger finden konnte? Ist es denn zuviel gesagt, daß ein gewisser Aberglaube an dämonische Menschen niemals aufhören, ja daß zu jeder Zeit sich immer ein Local finden wird, wo das problematisch Wahre, vor dem wir in der Theorie allein Respect haben, sich in der Ausübung mit der Lüge auf das allerbequemste begatten kann.«

SCHLUSSWORT

SCHLUSSWORT

Die Macht des Charlatans ist auf Fälschung gegründet: frevelnd nimmt er Wahrheit, Wissen und Wort ihren Echtheitsgehalt. Die Macht des Charlatans wird wie »der Aberglaube an dämonische Menschen« niemals aufhören zu bestehen, solange allzu leicht Gläubige, dabei noch überzeugt, die Lüge zu verabscheuen, sich danach sehnen, die Augen zu schließen vor der *ganzen* Wahrheit, um sie vor den bunten Bildern der *halben* Wahrheit gläubig und staunend zu öffnen. Solche Gläubige sind Ungläubige im Geiste des Christentums. »Im Glauben und nicht im Schauen« (2. Kor., 5, 7) ist der Christ bereit, das Wunder zu empfangen. Es heißt im Johannesevangelium (20, 27–29):

> »Darnach spricht er zu Thomas: Reiche deine Finger her, und lege sie in meine Seite, und sei nicht ungläubig, sondern gläubig.
> Thomas antwortete und sprach zu ihm: Mein Herr und mein Gott!
> Spricht Jesus zu ihm: Dieweil du mich gesehen hast, Thomas, so glaubst du. Selig sind, die nicht sehen und doch glauben.«

Thomas wird für alle Zeiten zum »ungläubigen Thomas«, weil er erst glaubte, als er das Wunder gesehen und mit Händen gegriffen hatte.

Des Charlatans »ungläubige« Gläubige fliegen wie taumelnde Falter in das Licht des magisch bestrahlten Wunders. Sehen, hören und betasten wollen sie es, ihr Wundermann weiß das genau. Deshalb produziert er eine Dauervorstellung greifbarer Wunder und fordert zum Zuschauen und Dabeisein auf. Weil er seine Anhänger ununterbrochen sehen und hören läßt, was er vermag, glauben sie ihm und glauben an ihn. Sie wünschen diese Beweise des »äußerlichen Scheines«, um sich von ihnen in Sicherheit wiegen zu lassen, sie verteidigen ihre Schein-Beweise vor jeder kritischen Prüfung und zittern vor der Bedrohung des ihnen verheißenen und zugesicherten Glükkes durch den verhaßten greifbaren Gegenbeweis. Vor ihm flüchten sie in die Illusion. So kommt es, daß sie von ihrem Wundermann zwar verlangen, daß er sich stündlich greifbar beweise, jedoch gleichzeitig – jeden greifbaren Beweis verachtend – ihr Vertrauen bedingungslos *dem* schenken, der die Illusion zu erwecken und lebendig zu erhalten versteht. Als Illusionist wird der Taschenspieler bezeichnet, als einer, der erfahren und gewandt ist im Erzeugen von Illusionen. Als Illusionist versteht der taschenspielerische Charlatan, seinen Anhängern die Illusion – ihre Sehnsucht ließe sich mühelos verwirklichen – in den bunten Bildern einer *halben* Wahrheit so greifbar vorzuführen, daß diese ungläubigen »Gläubigen« überzeugt sind, der Erfüllung ihrer Wünsche leibhaftig beizuwohnen, sie zu erleben und zu genießen. Hat die Illusion die Menschen einmal trunken gemacht, dann verachten sie nicht nur störende Gegenbeweise, sondern den greifbaren Beweis überhaupt. Nicht etwa weil sie »nicht sehen und doch glauben«, sondern *weil sie glauben und nicht sehen wollen.* Der Charlatan vermag den sichtbaren Hokuspokus ebenso meisterhaft vorzuzaubern wie die trügerischen Bilder der Illusion. Sein Wesen vereinigt Fähigkeiten, kraft derer er imstande ist, die einander nur scheinbar widersprechenden Wünsche seiner »ungläubigen Gläubigen« zu befriedigen. Das erklärt die geheimnisvolle Macht, die ihm über die Menschen gegeben ist.

Die erste Abbildung dieses Buches zeigt Luigi Pergola (Abb. 1), den Marktschreier, der Geheimmittel feilbietet, die letzte den Charlatan, dem Fama und Narrheit voraneilen (Abb. 68). Den ganzen Weg von einfacher Berufsbezeichnung zur übertragenen Bedeutung des Wortes »Charlatan« erhellt der Vergleich dieser Darstellungen. Auf dem Ballon der Fama, den Bewunderer eifrig aufblasen, zeigt die satirische Aquatinta einen Kavalier-Charlatan zum Mond aufsteigen. In den Weihrauchwolken, die aus Fässern dampfen, wird die Maske der Fama sichtbar. Die Tollheit krönt den Charlatan und hält ihm eine Narrenpuppe ans Ohr. Sie selbst, die Törin mit der Schellenkappe, hängt in den Tauen eines Luftballons. Gierig geworden durch die phantastischen Möglichkeiten, die technische Entdeckungen eröffnen, macht sie sich die letzte Neuheit der Technik dienstbar. Durch die Lupe bestaunen Kavaliere – und mit ihnen ein kleiner Pudel – die neueste Erfindung, ein Perpetuum mobile in Gestalt einer Uhr. Im Vordergrund wird eine Dame bedeutungsvoll getroffen von den kühlen Mondesstrahlen, die sie dem Charlatan verbinden, und zugleich von dem Schall der Trompete, die seinen Ruhm verkündet. Ein Amorkind mit Bocksfüßen nimmt einen Pfeil aus dem Köcher und verwundet die Schöne.

Dieses Blatt scheint der Atmosphäre der Automaten-Charlatanerie zu entstammen, einer Zeit, die sich von ihren rasch erworbenen Kenntnissen befreien wollte, indem sie sie mythologisierte. Ein Zuviel an neuem Wissen hatte sie in ein Lebenstempo gehetzt, das sie schwindlig machte. Wenn wir unsere Betrachtungen mit dem beginnenden 19. Jahrhundert schließen, so schließen wir sie mit einer Periode, die uns manches von den Charlatanerien kommender Zeiten vorwegzunehmen scheint.

Wäre die Macht des Charlatans auf Betrug und nicht auf Fälschung gegründet, sie wäre leichter zu erkennen. Denn der Betrüger ersetzt »Ja« durch »Nein«, die Wahr-

68. Fama und Narrheit im Dienste des Renommées der Charlatane.
Italienische satirische Aquatinta, 18. Jahrhundert.

heit durch die Lüge. Gelingt es, ihm die Maske abzunehmen, so wird sein Betrug für jeden sichtbar. Der Charlatan bietet anstatt »Ja« nicht »Nein«, sondern einen »Ja«-Ersatz, anstatt Wahrheit nicht Lüge, sondern einen Wahrheitsersatz; nimmt man ihm die Maske ab, so mag ein Affenkopf sichtbar werden, wie auf dem Titelkupfer vom »Entlarvten Marktschreier« (Titelbild), aber noch dieser Affe imitiert Wissen und Wahrheit täuschend. Daß mit der Entlarvung allein gegen den geschickten Fälscher, den Illusionisten wenig auszurichten ist, das mußten immer wieder die Ärzte erfahren, deren klare Beweisführung erfolglos blieb gegen die Behandlungsmethoden der Charlatane und gegen die Verführungsmacht ihrer Versprechungen. Der Mensch wird, wenn er krank ist, besonders leicht zum Opfer charlatanesker Täuschungsmanöver. Weil körperliche Leiden ihn verzweifelt, leichtgläubig und schwach machen, gibt er sich dem Glauben an die Versprechungen des Wundermannes – der sich nicht scheut, Not und Schwäche zu mißbrauchen – willig hin. Dem Arzt glaubten immer nur jene Menschen, die, gegen charlataneske Fälscherkünste gefeit, auch in der Krankheit überhaupt nicht auf den Gedanken verfielen, den Versprechungen eines Charlatans Glauben zu schenken.

Genau wie der Mensch, so wird auch die Menschheit in den Krankheits- und Schwächeperioden ihrer Geschichte immer wieder zum Opfer von Charlatanen, die sich als Ärzte für die Leiden ihrer Zeit anbieten. »Der Aberglaube an dämonische Menschen« ist nie so stark, als wenn der Mensch oder die Menschheit schwach werden. Und wie in der Prüfung durch körperliche Leiden, so bleiben auch in der Prüfung durch all die mannigfachen Leiden, die Menschheitsschicksal sind, nur jene wenigen unerreichbar für die Verführung durch den Charlatan, die gefeit sind und deshalb den Charlatan gar nicht ansehen, sondern nur die ihm Verfallenen, die Infizierten. Hieronymus Bosch hat das entsetzte Lächeln gezeigt, das ein so erschütternder Anblick den Gefeiten abzwingt (Abb. 4).

Die klare Beweisführung der Ärzte mußte gegen Charlatane erfolglos bleiben. Die wenigen Gefeiten bedurften ihrer nicht, denn sie sahen von selbst und ohne die Ermahnungen des wissenden Fachmannes hinter des Charlatans Maske. Die vielen »Gläubigen« aber konnte eine Entlarvung ihres Wundermannes niemals überzeugen, ja sein entlarvtes Gesicht erschien ihnen noch geheimnisvoller als die Maske, die es verbarg. Sie *wollten* ihm glauben und haßten seine Entlarver mit ihren Beweisen. Es waren Ärzte, die Leonhard Thurneysser, den Charlatan, entlarven und die von ihm Betrogenen aufklären wollten. Aber da das Doktordiplom, das sie von ihm unterschied, im Kampf gegen den Charlatan gar nichts, hingegen ihre Wesensart, die sie mit ihm verband, alles zu bedeuten hat, fanden sie nichts anderes, ihm vorzuwerfen, als daß seine Erfolge, die sie ihm neideten, Einflüsterungen des Teufels zuzuschreiben seien. Sie klärten die Opfer über die Verbindung ihres Wundermannes mit dem Teufel auf, aber sie ließen Thurneyssers ganze Wesensart unangegriffen und bestätigten so noch seine Schein-Erfolge, anstatt sie zu widerlegen. Weder den Medizinern noch den Ärzten, die sich der Leiden der schwachen und kranken Menschheit annehmen, war jemals durch ihr fachliches Besserwissen allein Erfolg im Kampf gegen den Charlatan beschieden; ihre Bemühungen um die Irregeleiteten waren nur dann von Erfolg gekrönt, wenn sie zugleich getragen waren von der Überzeugungskraft einer Persönlichkeit.

Im Verlaufe unserer Untersuchung sind uns nur wenige Menschen begegnet, auf die die Machtentfaltung des Charlatans ohne Eindruck geblieben ist. Die Immunen, gegen die Lockungen des Charlatans Gefeiten, waren immer in der Minderzahl, und dennoch gelang es nur ihnen, die unheilvolle Macht des Charlatans zu erschüttern. Nicht indem sie als »eifrige Entlarver« agierten, zwangen sie die »Betrogenen und Halbbetrogenen« zu Innehalten und Nachdenken, sondern indem sie das Faktum ihres Lebens und ihrer Handlungen als konkretes Wahrzeichen einer Wertwelt setzten, über der unangetastet die Wahrheit thront und in der ein Charlatan nichts als ein Charlatan ist. So wirkte Österreichs Kaiserin, die große Maria Theresia, so wirkte Pietro Sarpi, der geistvoll-klare romanische Gelehrte. Beide haben die Charlatane ihrer Zeit »schweigend«, allein durch die Überzeugungskraft ihrer Persönlichkeit bekämpft und besiegt und auf jede aufklärerische Taktik im Kampf gegen diese Plage der Menschheit verzichtet.

Selten kam die wirksame Verneinung charlatanesker Prinzipien – wie bei Sarpi – aus der Gelehrtenkaste, seltener noch – wie bei Maria Theresia – aus der Höhe von Königsthronen. Am häufigsten fand sie sich bei jener kleinen Anzahl immuner Menschen, die unbekannt, ja sogar gemieden, als wären *sie* die Infizierten, neben der Herde der »Gläubigen« lebte. Diese wenigen gegen des Charlatans glitzernde Lockungen Gefeiten, deren Persönlichkeit beispielgebende Kraft besaß, standen mit beiden Füßen auf der Erde, aber sie klebten nicht an ihr, wie des Charlatans Anhänger. Um zu fliegen, bedurften sie keines Luftballons. Weil sie imstande waren, »die Realität fortwährend in ein erhöhtes zweites Dasein umzuformen«, konnte ihnen der Charlatan nichts anhaben. Sie, die unter ihren Mitmenschen Isolierten, waren zu allen Zeiten berufen zum Kampf gegen seine Macht.

ÜBERSETZUNGEN FREMDSPRACHIGER TEXTE

(Es wurde auf Übersetzung in Versen verzichtet, um dem Leser den genauen Sinn wörtlich zu vermitteln.)

SEITE 74 (1) Ich will, ihr Leute, daß wir singen und Gott dafür danken, daß er uns so begünstigt hat: o welch' Glück hat diese Stadt.
SEITE 74 (2) Herr Marco so heißt er, sein Nachname ist Bragadin. Genannt wird er der Mamugnat, o welch' Glück hat diese Stadt.
SEITE 75 (3) Er hat zwei Hunde, die sind schön, und manche sagen, die seien besessen, o welch' Glück hat diese Stadt.
SEITE 75 (4) Ach, ich fürchte leider stark, daß bei dem allen gar nichts herausschauen wird und alle hereingelegt sein werden und niemand mehr Glück haben wird.
SEITE 119 (5) Ich will gar nicht lieben – Und will auch nicht, daß man mich liebe. – Denn die Liebe kann doch gar nichts – Als das Gehirn verwirren.
SEITE 131 (6) In diesem Haus / Wohnt Doktor Case.
SEITE 131 (7) Hier sind vierzehn Pillen für dreizehn Pence – genug für jedermanns Gewissen.
SEITE 132 (8) All' ihr, die ihr von Venus' Rasse – Wendet euch an Doktor Case; – Der mit ein oder zwei Schachteln seiner Pillen – Euer schmerzhaftes Leiden bald heilen wird.
SEITE 157 (9) Ah, wenn es im Himmel noch Erbarmen gibt, – laßt mir mein Alles, ihn, mein Leben! – Allein und ausgestoßen soll ich bleiben? – Ah, gib mir den Tod, du grausames Schicksal!
SEITE 277 (10) Der kühne Vaucanson, des Prometheus Rivale – Schien, indem er die Fähigkeiten der Natur nachahmte, – Sich das Feuer vom Himmel zu holen, – um menschliche Körper mit ihm zu beleben.

LITERATURVERZEICHNIS VON GRETE DE FRANCESCO

(Das Verzeichnis gibt eine Auswahl aus der benutzten Literatur)

Werke, die im Verlaufe der Arbeit herangezogen wurden:
Berlinische Monatsschrift, herausgegeben von Gedike und Biester, Jahrgänge 1782–1798.
Buchner, Eberhard: Ärzte und Kurpfuscher, München 1922.
Corsini, Andrea: Medici Ciarlatani e Ciarlatani Medici, Bologna 1922. (Enthält Auszüge aus Zacchia, Aretino, Primerosio etc.)
Ebstein, Dr. Wilhelm: Charlatanerie und Kurpfuscher im Deutschen Reich, Stuttgart 1905.
Fontaine, F. L. de la: Chirurgisch-medizinische Abhandlungen verschiedenen Inhalts Polen betreffend, Breslau und Leipzig 1792. (Siebenter Brief: über Charletans, Betrüger, Ignoranten, Scharfrichter, Hebammen usw.)
Geschichte der menschlichen Narrheit oder Lebensbeschreibungen berühmter Schwarzkünstler, Goldmacher, Teufelsbanner, Zeichen- und Liniendeuter, Schwärmer, Wahrsager und anderer philosophischer Unholden (3 Bde.). Anonym, Leipzig 1785.
Günther, Johannes von: Der Erzzauberer Cagliostro, die Dokumente über ihn, München 1919. (Enthält die Aufzeichnungen der Elisa von der Recke, »Das Diamantenhalsband« von Th. Carlyle etc.)
Mencke, Johann Burckhardt: De Charlataneria Eruditorum, Editio tertia, Amsterdam 1716.
Über die Charlatanerie der Gelehrten seit Mencken, Posthume Betrachtungen über Ms. Buch, aufgefrischt mit Aktualitäten. Anonym, Leipzig 1791.

Einleitung: GESTALT UND WIRKUNG

Zedler, Johann Heinrich: Großes Universal Lexikon Aller Wissenschaften und Künste, Halle und Leipzig 1733 (Artikel »Charlatanerie«).

Encyclopédie ou dictionnaire raisonné des sciences des arts et des métiers, Diderot, Paris 1751 (Artikel: »charlatan, charlatanerie«).

Encyclopédie ou dictionnaire universel des connaissances humaines, ed. M. de Félice, Yverdon 1770–1780 (Artikel: »Charlatan«, »charlatanerie« etc., Bd. 9, 1771).

Encyclopédie Méthodique, ed. M. Vicq. d'Azy et Moreau, Paris, Liège 1787–1825 (Tome IV »Médecine«, Artikel: »Charlatan«, »Charlatanerie« von M. de Brieude).

Dechambre, A.: Dictionnaire des sciences médicales, Paris 1874 (Artikel: »Charlatanisme« von A. Chereau).

Vocabolario degli Accademici della Crusca, Florenz 1878 (Artikel: »Ciarlatano«).

I. DIE ALCHIMIE UND IHRE CHARLATANE

Cardano, Girolamo: Lebensbeschreibung, übertragen und eingeleitet von Hermann Hefele, Jena 1914.

Moehsen: Beiträge zur Geschichte der Wissenschaften in der Mark Brandenburg, Berlin und Leipzig 1783. (Enthält ausführliche Beschreibung des Lebens von Leonhard Thurneysser.)

Molmenti, Pompeo: La storia di Venezia nella vita privata dalle origini alla Caduta della Repubblica, VI. Edizione, Bergamo 1922.

Oppeln-Bronikowski, Friedrich von: Vorwort zu: Abenteurer am preußischen Hofe 1700 bis 1800, Berlin 1927.

Striedinger, Ivo: Der Goldmacher Marco Bragadino. Archivkundliche Studie zur Kulturgeschichte des 16. Jahrhunderts in »Archivalische Zeitschrift«, herausgegeben vom Bayr. Hauptstaatsarchiv, II. Beiheft, München 1928.

Tharsander: Adeptus Ineptus oder Entdeckung der falsch berühmten Kunst Alchimie genannt, Berlin 1744.

II. MACHT DURCH PROPAGANDA

Garzoni, Tomaso: Piazza universale delle pazzic, Venezia 1616.

Gorris, Jean de: Discours des mœurs, fraudes et impostures des Ciarlatans etc., Paris 1622.

Hiller, J. E.: Kurpfuscher und Marktschreier im 17. Jahrhundert. In »Gesundheitslehrer«, Heft 10 (1933).

Sonnet, Thomas, Sieur de Courval: Satyre contre les charlatans, Paris 1610.

Thompson, C. J. S.: The Quacks of Old London, London 1928 (Case S. 47ff., High-German Doctor S. 142ff.).

Aventin, Gustave (A. Veinant): Préface zur Neuausgabe von: Œuvres complètes de Tabarin, Paris 1858.

d'Harmonville, Georges: Préface zur Neuausgabe von: Les œuvres de Tabarin, Paris 1858.

Leber, M.: Plaisantes Recherches d'un homme grave sur un farceur (Tabarin), Paris 1835, 1856.

Kopp, Dr. Arthur: Eisenbart im Leben und Liede, 1900.

Der Goldmacher Cajetan, in »Berlinische Monatsschrift«, Dezember 1791.

Oppeln-Bronikowski, Friedr. von: Abenteurer am preußischen Hofe 1700–1800, Berlin 1927 (Kapitel: Der Goldmacher Cajetan).

EXKURS: BUONAFEDE VITALI

D'Ancona, Alessandro: Viaggiatori ed Awenturieri, Firenze, Sansoni.

Cavenago, Vittorio: Di un onorato Cavadente e awenturiero italiano del Primo Settecento, Venezia, Zanetti.

Goldoni, Carlo: Memorie, Vol. I, Cap. 29.

La vita di Buonafede Vitali. In: Raccolta di opuscoli scientifici e letterarii, Tomo Terzo, Ferrara 1779.

Vitali, Buonafede: Lettera ad un Cavaliere suo Padrone dall'Anonimo in difesa della Professione del Salimbanco coll'aggiunta in fine di una Raccolta di Segreti utili ecc., Firenze 1730, Milano 1732.

Novelle letterarie di Firenze (über Buonafede Vitali). Jahrg. 1746, S. 826. Jahrg. 1750, S. 47.
Novelle letterarie di Venezia (über Buonafede Vitali). Jahrg. 1734, S. 170. Jahrg. 1740, S. 18. Jahrg. 1743, S. 284.
Riemer, Friedrich Wilhelm: Mittheilungen über Goethe, Berlin 1841.

III. DIE HÖHEREN CHARLATANE

Das Jahrhundert der Charlatane

Bader, Dr. Alfred: Entwicklung der Augenheilkunde im 18. und 19. Jahrhundert. Basel 1933.
Borri, Franc. Gius.: in »Berlinische Monatsschrift«, Oktober 1787.
Calvari, Decio: F. G. Borri di Milano, Milano 1907.
Grabe, Reinhold Th.: Das Geheimnis des Adolph Freiherrn von Knigge, Hamburg 1936.
Hufeland, Christ.: Über die neuesten Modearzneyen und Charlatanerien, in Bertuchs »Journal des Luxus und der Moden«, Weimar, Oktober 1789.
Oppeln-Bronikowski, Friedrich von: Abenteurer am Preußischen Hofe 1700–1800, Berlin, Leipzig 1927 (Kapitel: Friedrich der Große im Banne der Alchimie und Astrologie).
Volz, Gustav Berthold: Der Graf von Saint-Germain. Nach größtenteils unveröffentlichten Urkunden, Dresden 1932.

CHARLATANE ALS NATURBURSCHEN UND REGISSEURE

Berner hinkender Bote, 1776 (Michael Schüppach).
Bitter, Arthur: Bergkristalle: Auf der Michelsburg in »Bernische Biographie«, Bd. 2, von Adolf Stampfli.
Fetscherin-Lichtenhahn, W.: Michael Schüppach und seine Zeit. Separatdruck aus den »Alpenrosen«, Bern 1882.
Helvetia, Volkskalender für 1852.
Schwarz, E.: Auf den Spuren Michael Schüppachs. In »Der schweizerische Bauer«, Jahrg. 32 (1933), S. 69.

Der Monddoktor von Berlin, in »Berlinische Monatsschrift«, April 1783.
Ennemoser, Dr. Joseph: Geschichte der Magie, Leipzig 1844 (Über Graham S. 924ff.).
Thompson, C. J. S.: The Quacks of Old London, London 1928 (Graham S. 333, Taylor S. 283).

»DER CHARLATAN DER CHARLATANE«

Conrad, Heinrich: Der Graf Cagliostro. Die Geschichte eines Mysterienschwindlers, Stuttgart 1924.
Biester: Bericht über Cagliostro in Biel, in »Berlinische Monatsschrift«, November 1787.
Bolitho, William: Cagliostro (und Seraphina), in: Zwölf gegen das Schicksal, Potsdam 1931.
Günther, Johannes von: Der Erzzauberer Cagliostro, Die Dokumente über ihn, München 1919. (Enthält die Aufzeichnungen der Elisa von der Recke, »Das Diamantenhalsband« von Th. Carlyle etc.)
Mirabeau: Schreiben des Herrn Grafen von Mirabeau an ** über Cagliostro, Lavater und geheime Gesellschaften, Übersetzung aus dem Französischen, Frankfurt 1783.
Möhrke, Dr. W. A.: Cagliostro und seine Nachfolger in »Gesundheitslehrer«, Heft 11, S. 173 (1933).
Petraccone, Enzo: Cagliostro nella storia e nella leggenda, Milano 1937 (Ausführliche Bibliographie).
Magno-Cavallo: in »Berlinische Monatsschrift«, September 1786, November 1790.
Neukirch, Dr. A.: Magno-Cavallo, der Cagliostro von Celle, in »Niedersachsen«, Jahrg. 35 (1930), S. 73–79.

IV. DIE WUNDERMECHANIK ALS NEUE ALCHIMIE

Arnim, Achim von: Gräfin Dolores (Neuntes Kapitel: Der wunderbare Doktor, das unsichtbare Mädchen und der Flötenspieler).
Berlinische Monatsschrift: September 1782 (Taschenspieler),

September 1786 (Verborgener Mensch in einer Kunstmaschine), August 1789 (Magnetische Sprechmaschine).
Chapuis, Alfred et *Gélis, Edouard:* Le Monde des Automates, 1927.
Des getreuen Eckarths Medicinischer Maul-Affe oder der Entlarvte Marckt-Schreyer, Frankfurth und Leipzig 1719.
Feldhaus, F. M.: Technik der Vorzeit, Leipzig 1914 (Artikel »Automat«).
Goethe, Johann Wolfgang von: Annalen und Jahrbücher 1805, Cotta 1830, 31. Bd.
Heister, Carl von: Nachrichten über Gottfried Christoph Beireis, Berlin 1860.
Hoffmann, E. T. A.: Die Automate. E. T. A. Hoffmanns Sämtliche Werke, eingeleitet von G. G. von Maaßen, 6. Bd., München 1912.
Nicolai, Friedr.: Beschreibung einer Reise durch Deutschland und die Schweiz, Berlin und Stettin 1783.
Wiegleb, Joh. Christian: Unterricht in der natürlichen Magie, oder zu allerhand belustigenden Kunststücken (20 Bde.), Berlin und Stettin 1779–1805.

Volker Breidecker

BIOGRA-
PHISCHER
ESSAY

GRETE DE FRANCESCO

CONTINUO PEREGRINATUR: VERSUCH ÜBER EINE EWIGE AUSLÄNDERIN

Wer aber *sind* sie, sag mir, die Fahrenden, diese ein wenig
Flüchtigern noch als wir selbst, die dringend von früh an
wringt ein *wem, wem* zu Liebe
niemals zufriedener Wille? Sondern er wringt sie,
biegt sie, schlingt sie und schwingt sie,
wirft sie und fängt sie zurück; wie aus geölter,
glatterer Luft kommen sie nieder
auf dem verzehrten, von ihrem ewigen
Aufsprung dünneren Teppich, diesem verlorenen
Teppich im Weltall.
– *Rilke, Fünfte Duineser Elegie*

1.

Wir wissen nicht, ob sich im Weltkriegsjahr 1915 die Wege der jungen österreichischen Kunsthistorikerin Grete De Francesco, die als Margarete Emilie Weissenstein 1893 in Wien geboren wurde und zuletzt nach München übersiedelt war, mit denjenigen des Dichters Rainer Maria Rilke kreuzten, der dort monatelang unter dem Dach der Schriftstellerin und Salonière Hertha König lebte. Wir wissen auch nicht, ob De Francesco und ihr Freundeskreis aus der Schwabinger Bohème ihrerseits mit Hertha König bekannt waren, die im Münchner Kunstleben fest verankert war. De Francescos Freunde waren durchweg Meisterschüler

Heinrich Wölfflins, des Doyens der modernen Kunstwissenschaft, und gemessen an ihrer eigenen Kunstfertigkeit zur konzisen und anschaulichen Beschreibung von Bildern könnte auch sie unter Wölfflins Hörern gewesen sein. Möglicherweise hörte sie aber auch bei dem Germanisten Fritz Strich, der die Wölfflin'schen Kategorien auf eine geistesgeschichtlich orientierte Literaturwissenschaft übertragen hatte.

In ihrem engeren Schwabinger Freundeskreis befanden sich der künftige Architekturtheoretiker und Publizist Sigfried Giedion aus der Schweiz; seine aus Köln stammende zukünftige Ehefrau, die Kunstkritikerin und bekennende Joyce-Förderin Carola Giedion-Welcker, die bereits in Bonn bei dem ihr freundschaftlich verbundenen Wilhelm Worringer studiert hatte, dem Verfasser des für die Moderne eine Bresche schlagenden Schlüsselwerks »Abstraktion und Einfühlung« (1908); der als künftiger künstlerischer Leiter der Berliner Kroll-Oper (1927–1931) zum Erneuerer des Musiktheaters der Weimarer Republik werdende Regisseur Hans Curjel; die Kunsthistorikerin und Autorin des Standardwerks »Die Geschichte der Collage«, Herta Wescher, die unter ihrem Mädchennamen Kauert tatsächlich mit Rilke bekannt war, dem unmittelbaren Vormieter in der Wohnung eines weiteren Mitglieds jenes Freundeskreises, des Zürcher Fotografen des »Neuen Sehens« Hans Finsler; schließlich der Kunstpublizist und Ausstellungspionier (Internationale Werkbund-Wanderausstellung »Film und Fotografie FiFo 1929«) Franz Roh, der als Wölfflins Assistent mit der Betreuung der Studierenden betraut war.

Unabhängig von dieser vorauseilenden kreativen Zusammenballung ist für München im Jahr 1915 gesichert, dass Rilke damals vier Monate lang an der Seite eines Hauptwerks aus Pablo Picassos »Rosa Periode« lebte. Den »großen herrlichen Picasso«,[1] das über zwei mal zwei Meter messende Gemälde *Les saltimbanques* – zehn Jahre zuvor in Paris entstanden – hatte Rilkes Mäzenin im nämlichen Jahr 1915 in der Galerie von Heinrich Thannhauser erworben, des großen jüdischen Förderers der modernen Kunst in Deutschland: Ohne Rücksicht auf einen kompositionellen Zusammenhang, wie ihn die klassische und vormoderne Kunst verlangt hätte, versammelte Picasso eine traumhaft unwirklich anmutende Reihe von Angehörigen fahrenden Volks, darunter Gaukler oder Akrobat, Harlekin, Blumenmädchen, Zirkusjunge und, am äußersten Bildrand, eine völlig teilnahmslos wirkende Wasserträgerin mediterranen Typs. Noch Jahre nach dem als schmerzhaft empfundenen Abschied vom täglichen Umgang mit dem Bild inspirierte es den Dichter zu den Versen seiner »Hertha König zugeeignet«(en) fünften *Duineser Elegie*.

Auf unsicherem und prekärem Boden, ähnlich jenem »verlorenen Teppich im Weltall«, auf den Rilkes fahrende Artisten sich aufschwingen, bewegte sich auch die Verfasserin des Buchs von der Macht der Charlatane seit dem Ende einer behüteten, wenn nicht überbehüteten Kindheit und Jugend im Haus ihrer Eltern, zunächst in der Spiegelgasse der inneren Stadt, bevor die aufstrebende Familie eines Jutefabrikanten zu Beginn des neuen Jahrhunderts hinaus nach Döbling, dem idyllischen Cottageviertel im XIX. Bezirk zog. Die Charlatane, das waren indes *saltimbanques* im wörtlichen Sinne, die zu ihren öffentlichen Auftritten und Darbietungen, um besser gesehen und gehört zu werden, mit akrobatischem Schwung auf Bänke, Gerüste oder andere bühnenartig erhöhte Podeste aufsprangen – oder wie bei Grete zu lesen ist: »›Saltimbanco‹, ›saltimbanque‹, ›mountebank‹ (der auf die Bank springt), so lauten italienische, französische und englische Synonyme für Charlatan.«

Über eine bloße »Naturgeschichte«[2] des Phänomens hinaus entwickelt dieses Werk, wie unter den nicht wenigen prominenten zeitgenössischen Lesern und Kritikern kein Geringerer als Thomas Mann erkannt hatte, »eine Art Psychologie des historischen Typus des Charlatans«.[3] Dabei stehen nicht einmal nur die moralische Fragwürdigkeit von Marktschreiern, Gauklern und anderen Großsprechern, den geschickten Verkäufern von Wundermitteln und Zaubertrunken, mitsamt ihren Fälschungen und Lügen zur Debatte, auch wenn die ihrerseits nicht auf den Mund gefallene Autorin die einschlägige Spezies lustvoll mit treffsicheren Metaphern und Synonymen katalogisiert: »Salbenkrämer«, »Wundermänner«, »Schwarzkünstler«, »Schwärmer«, »Wahrsager«, »Zeichen- und Liniendeuter«, »En-vogue-Alchimisten«, »Geisterseher«, »Sterndeuter«, »Nationen- und Menschheitsbeglücker« nebst »anderen philosophischen Unholden«. Gleichwohl gehört es zum doppelbödigen und sehr ernst zu nehmenden Witz dieses Buchs der unter damaligen Eingeweihten durchaus nicht unbekannten, mancherorts gefürchteten Publizistin, dass es zugleich und darüber hinaus auch ein Werk der kritischen Reflexion und Selbstreflexion des prekären Status und gefährdeten Existenz des modernen Intellektuellen ist.

Dafür steht gleich eingangs wie ein dem Leser zuwinkendes Banner das Motto, das einem Brief des älteren Wiener Zeitgenossen Hugo von Hofmannsthal an seinen Schwager, den Maler Hans Schlesinger, entnommen ist.[4] In der späteren Wiederkehr wird die Gegenüberstellung von »phantasievoll« und »phantastisch« zur Devise eines kleinen ästhetischen Manifests, das ziemlich exakt die Mitte des Buchs einnimmt: der Schluss des Exkurses über jenen merkwürdigsten aller Charlatane, der eigentlich gar keiner war, sondern als fahrender Arzt lediglich wie ein Charlatan lebte, als welcher er, ohne festen Wohnsitz, immerzu unterwegs war, auch die gesicherte akademische Stellung verschmähte und deren Träger als »berufene Professoren an der Fakultät der Unbelehrbaren« oder als »höhere Charlatane« mit Spott übergoss. Seine prinzipielle Nicht-Zugehörigkeit, sein Nirgends-und-nirgendwo-zu-Hause-Sein quittierte der Mann mit dem so lebendig-schönen und Vertrauen erweckenden bürgerlichen Namen Buonafede Vitali auch noch damit, dass er es vorzog, sich den Namen eines Namenlosen zuzulegen: Er nannte sich »l'Anonimo« und paktierte mit den Hanswürsten und Harlekinen von der Stegreifbühne der Commedia dell'arte und mit ihrem Schöpfer Carlo Goldoni.

Der Lebensweg der Grete De Francesco, die als Schriftstellerin, Journalistin und Widerstandskämpferin gegen den italienischen Faschismus wie den deutschen und österreichischen Nazismus in drei Ländern verfolgt wurde, bis auch sie noch in den letzten Tagen des Dritten Reichs dem Plan der Vernichtung der europäischen Juden zum Opfer fiel, verlief bereits seit dem Ersten Weltkrieg in ähnlich unsicheren und unsteten Bahnen wie die jenes fahrenden Arztes und professionellen Melodramatikers aus der Heimatregion von Giuseppe Verdi. Die diagnostischen Schlusssätze des Exkurses über ihr erwähltes Vorbild, bei dem es, wie sie schreibt, ebenfalls immer mal wieder mit nicht geringem Charme »zwischen den Zeilen lächelt(e)«, entwerfen eine eindringliche kleine politische Ästhetik, die es als Kritik wie Selbstkritik einer zwischen zwei Weltkriegen an Leib, Geist und Seele erschütterten,

»transzendental obdachlosen« (Georg Lukács) und bindungslos »schwebenden« (Karl Mannheim) Intelligenzia dermaßen in sich hat, dass es sich lohnt, sie an dieser Stelle nochmals wiederzugeben und im Hinterkopf zu behalten:

»Das ästhetische Spiel mit der Sympathie für Protesthandlungen gegen die Meinungen der Wissenschaftler, die sich in einer launenhaften Vorliebe des aufgeklärten 18. Jahrhunderts für Pseudowissenschaften, Sektenwesen, Naturheilmittel, Schäfermedizinen, Magnetiseure und geheime Orden in den oberen Gesellschaftsschichten Luft machte, sanktionierte als Mode den Humbug, den das Volk zu glauben nur allzu bereit war. Es waren die Geistigsten, die wissentlich oder meist unwissentlich, immer aber ohne das genügende Bewußtsein von der Verbindlichkeit ihrer Wertungen, Helferdienste zur Entthronung des Geistes leisteten. Aus der Realität durch ständige Umformung in ein erhöhtes zweites Dasein zu wachsen, das bedeutet das genaue Gegenteil von einer Flucht aus der Realität in Phantasterei und Illusion. Die phantasievollen Menschen haben den Charlatan nicht nötig und durchschauen ihn. Der Macht des Charlatans über phantastische Menschen sind keine Grenzen gesetzt.« (S. 192)

Was hier, zumal an die Adresse einstiger Schwabinger Kosmiker, Heidelberger Georginen und anderer intellektueller Esoteriker und philosophischer Extremisten der Zwischenkriegszeit gerichtet war, lebt in gar manchen Niederungen politischer Scharlatanerie noch heute fort.

»(…) ein Scheitern an der Zeit, ein nicht mehr Fertigwerden mit dem Eckel [!] und jenem Entwurzeltsein und nicht Wissen, wo man hingehört, das wir ja alle kennen.«

– Grete De Francesco im Januar 1938 an Walter Benjamin zum Freitod ihrer Freundin Anni Bernstein

2.

Grete De Francesco, die Absolventin der schon damals angesehenen Münchner »Lehr- und Versuchsanstalt für Photographie«, an der sie von 1912 bis 1914 studiert hatte, wusste nur zu gut, wovon und worüber sie im Tarnkleid einer medizin-, kultur- und theatergeschichtlichen Studie *außerdem* noch sprach: zum Beispiel über die politischen Charlatane und Diktatoren ihrer Zeit, in camouflierter Autopoiesis aber auch über sich selbst und den Lebensweg einer »Fremden«, die wie Prousts Fotograf »nicht zum Hause gehört«, wenngleich sie dort präzise erfasste Bilder aufnimmt. Eingerichtet – oder eben gerade nicht und nirgends wirklich eingerichtet – in einem ambulanten Dauerprovisorium, ohne je sesshaft zu werden oder sich irgendwo künftig für längere Zeit oder dauerhaft zugehörig zu fühlen, sei es in einem eigenen Heim oder einer nahen Heimat, einem Land oder einem Staat, einer Ethnie, Religion oder Nationalität, einem Fach, einer Disziplin, einem festen Beruf oder einem stabilen Kreis von Gleichgesinnten. »Unvermeidlich« ist da, wie Christa Wolf einmal schrieb, »der Moment, da die Frau, die schreibt, (…) nichts und niemanden vertritt, nur sich selbst«.[5]

Eine hybride Unbestimmtheit wuchs da selbst dem Geschlecht der Schreibenden zu: Grete und ihr Ehemann, der 1891 vermutlich im Südtiroler Rovereto nahe dem Gardasee geborene Maschinenbauingenieur Giulio De Francesco, trugen für ihre Freunde seit den Schwabinger Tagen den gemeinsamen Spitznamen »Giulio und Romea«, und als Journalistin, die in eine klassische Männerdomäne eingedrungen war und sich dort mancher Ressentiments erwehren musste, bediente Grete, alias Romea, sich zuweilen des männlichen Pseudonyms Anton Pacher. Zur Tarnung empfahl es sich schon im Feuilleton der *Frankfurter Zeitung*, wo Grete De Francesco im Herbst 1932 nach gerade halbjähriger Redaktionszugehörigkeit vom Verleger persönlich gekündigt wurde, auch unter Pseudonym jedoch munter weiterschrieb, bis das im Herbst 1933 von den Nationalsozialisten erlassene »Schriftleitergesetz« ihr wie allen Juden im Reichsgebiet die Berufsausübung untersagte.

Der eher minder politische Grund ihres »Hinausschmiss'«[6] aus der Redaktion, auch wenn sich das renommierte liberale Blatt schon seit 1931/32 zunehmend mit einer politischen Wende nach rechts kompromittierte, war vermutlich eher darin zu suchen, dass Grete, die durchaus die scharfe Polemik liebte, den Schriftsteller Alfred Döblin als Antwort auf eine von ihm im »Literaturblatt«[7] dieser Zeitung veröffentlichte Buchrezension noch Monate später daselbst öffentlich vorgeführt und in der fingierten Form eines »Brief(s) an Alfred Döblin«[8] durch den Kakao gezogen hatte – und zwar so dezidiert von Frau zu Mann, dass es nur so polterte: Es war die Strafe für die Überschrift »Das Ewig-Weibliche meldet sich« wie dafür, dass ausgerechnet Döblin das von ihm zuvor als Juror prämierte Romandebüt eines »Thusneldchen(s)« auch noch als dessen Rezensent belobigt und der »Lady Chatterley« von D. H. Lawrence, der bei De Francesco allerdings auch auf keine Gnade stieß, zur Seite gestellt hatte. Die Klage des bloßgestellten Dichters dürfte wohl postwendend auf dem Tisch des Verlegers Heinrich Simon gelandet sein.

Ohnehin pflegte Grete De Francesco auch vor allzu mannhaft auftretenden Ressortchefs und anderen Respektspersonen kein Blatt vor den Mund zu nehmen. Sprachmächtig wie sie war, verstand sie sich auf sämtliche Register des Wiener Schmäh. Dem Zeugnis eines Landsmanns zufolge, des Komponisten und bekennenden »Krausianers« Ernst Krenek, der ebenfalls Mitarbeiter des Blatts war, hatte dessen persönlicher Freund, der noch unerfahrene neue Feuilletonchef Friedrich Traugott Gubler »unter ihrer Beharrlichkeit, ihrem Ehrgeiz, ihrem mangelnden Takt und so weiter ganz schön gelitten«. »Als Wiener«, so Krenek hingegen, »war ich mit diesem Typus viel mehr vertraut.«[9]

Nun ja, musenhafte und mütterliche Qualitäten, wie Krenek sie bei Frauen schätzte, hatte De Francesco ihm gegenüber gewiss keine, und in Briefen an ihre Zürcher Freunde lieferte sie etwas andere Versionen und Deutungen von Gublers Schwierigkeiten mit der persönlichen Assistentin, an die er überdies gleich die Hälfte seiner Feuilletonaufgaben übertragen hatte, während sie zuvorderst als »Verbindungsoffizier«[10] zwischen Feuilleton und politischer Redaktion tätig sein sollte. Scharfzüngig fiel auch ihr Urteil über den endgültigen politischen Kurswechsel des Blatts von 1933 aus – Gubler selbst war da schon wieder weitergezogen –, als sie dem nunmehr ebenfalls aus dem Feuilleton vertriebenen alten Kollegen Siegfried Kracauer im Juli 1933 aus Südfrankreich nach Paris schrieb, sie habe

»(…) der Zeitung einen kräftigen Fluch über die Grenze geschickt. Das ist, weiß Gott, eine Bagage, die ›g‹ wie im Deutschen aussprechen. Dabei tut besonders der Herr Reifenberg *[seit 1932 aus dem Feuilleton und dem Pariser Korrespondentenbüro in verantwortlicher Position ins politische Ressort übergewechselt]* immer als seien sie der letzte Rest von Moral in Deutschland. *Dass* dort das Beste noch *so* aussieht, das eben spricht mehr als Bände.«

Sarkastischer noch berichtet sie wenige Monate später demselben Adressaten: »Im Frankfurter Naziblatt stand ein herrlicher Artikel ›Zweimal F.Z.‹ mit lauter Reifenberg-Zitaten vor und nach dem 5. März«,[11] dem Tag der für die NSDAP siegreichen Reichstagswahl.

Als Anton Pacher und unter wenigstens einem weiteren, sinnigen Pseudonym – L. K. Vega – publizierte Grete De Francesco von 1934 bis 1940 in der mit mehrsprachigen Ausgaben international vertriebenen, illustrierten medizingeschichtlichen *Ciba-Zeitschrift*, herausgegeben von der wissenschaftlichen Abteilung des gleichnamigen Basler Chemiekonzerns, die insbesondere auch Grenzgebiete wie Ethnologie, Kunst- und Theatergeschichte sowie Kostümkunde pflegte. Hier diente das Pseudonym der Vermeidung allzu auffälliger Häufungen ein und desselben Namens in den Inhaltsverzeichnissen der meist kompakten Themenhefte, vor allem aber dazu deutsche wie (seit 1938) österreichische Juden unter den Autoren vor der Verfolgung zurückgebliebener Familienangehöriger durch die Gestapo wie vor den Nachstellungen der Schweizer Fremdenpolizei zu schützen, die Ausländern, Flüchtlingen und Exilanten nur in Ausnahmefällen die Berufsausübung, in diesem Fall die Schriftstellerei, erlaubte.

Aus Grete De Francescos mehr oder minder unfreiwilligem Spiel mit dem Genus und Sexus machte sich späterhin noch Joseph Roth einen Jux, als er das Charlatan-Buch im Januar 1938 in Leopold Schwarzschilds Pariser Exilzeitschrift *Das Neue Tage-Buch*, trotz eines korrekten bibliographischen Autor*innen*nachweises, mit frechem Seitenhieb als das Werk eines vermeintlich männlichen Kollegen vorstellte: »Dem freundlichen Zufall«, heißt es zunächst ironisch, »der mir vor mehreren Jahren schon die Bekanntschaft mit dem [!] Verfasser [!] des jüngst im Verlag Benno Schwabe, Basel, erschienenen Buches: ›*Die Macht des Scharlatans*‹ (Grete de Francesco) [!] verschafft hat, verdanke ich die Kenntnis der Tatsache, daß dieses Werk lange vor der Zeit in Angriff genommen wurde, in der der Scharlatanismus anfing, die europäische Politik zu bestimmen und sogar zu vergewaltigen.«[12]

Wer aber ist diese Frau? Wohin gehört diese Grete De Francesco, wenn sie denn stets nur vorübergehend irgendwo andockte, woher kommt sie und wohin geht sie? In einem Brief an die ihr zeitlebens freundschaftlich verbundene Münchner Studienfreundin und womöglich Zimmergenossin Carola Giedion-Welcker beruft sie sich im Dezember 1931 geradezu bekenntnishaft auf eine Stelle in einem Brief des deutschen Romantikers Adelbert von Chamisso an Madame Germaine de Staël, »mit der ich mich identifiziere« – freilich nicht ohne ein nachträglich eingefügtes, einschränkendes »fast«:

»Je suis Français en Allemagne et allemande en France, catholique chez les protestants, protestants chez les catholiques, philosophe chez les gens religieux, et cagot chez les gens sans préjuges; homme du monde chez les savants, et pédant dans le monde, Jacobin chez les aristocrates et chez les démocrates un noble, un homme de l'ancien régime.«

Geschrieben wurden diese Zeilen vor dem Hintergrund einer grundsätzlichen Meinungsverschiedenheit der beiden Frauen, deren eine sich in politischer wie ästhetischer Parteinahme von Frankreich angezogen und zugleich von ihrem deutschen Herkunftsland abgestoßen fühlte, während die andere – De Francesco – in diesem brieflich ausgetragenen Wettbewerb der beiden Nachbarländer unbedingt auf Deutschland setzte und weitaus unglücklicher über die gesellschaftliche Entwicklung in Frankreich und den chauvinistischen Nationalismus der politischen Rechten dort als über die deutschen Verhältnisse war:

»Hier sieht es natürlich mit jedem Tag ärger aus und das Leben auf Provisorium und Widerruf reißt an den Nerven. Trotzdem: Ich glaube an Deutschland heute weit stärker als an Frankreich und werde mich auch durch das Auffiebern im Nationalsozialismus nicht irre machen lassen (…) Dieser Glaube ist keine gefühlsbestimmte Theologie, da mein Leben ja in einer sehr elenden Realität besteht, die unmittelbar damit zusammenhängt, daß ich es an dieses Land gehängt habe. Das sitzt also sehr tief (…)«

Grete hatte sich, abgestoßen vom faschistischen Italien, das sich seit dem Frühjahr 1925 in eine unverhüllt totalitäre Diktatur verwandelt hatte, seit ihrer Ankunft in Berlin 1927 auf Gedeih und Verderb Deutschland, seinen »heilig-nüchternen Wassern«[13] und seiner noch jungen Republik verschrieben: Die nach einem Aufbaustudium diplomierte erste weibliche Absolventin des akademischen Zweigs der Berliner Deutschen Hochschule für Politik fühlte sich, trotz aller Auswirkungen der Wirtschaftskrise, alltäglicher Geldsorgen, chronischer Erkrankung und der Arbeitslosigkeit ihres Mannes, beruflich erstmals »angekommen« und beinahe sogar gesellschaftlich angenommen.

Die Berliner Hochschule, eine private Gründung vornehmlich aus dem Lager verfassungstreuer, liberaler wie sozialdemokratischer sowie zentrumsnaher, linkskatholischer Verteidiger der Republik verstand sich als eine Art Kaderschmiede der Demokratie. Als für jeden Bürger frei zugängliche Volkshochschule, an der sehr viele deutsche und qua Stiftungsprofessuren ausländische Gelehrte neben politischer und journalistischer Prominenz unterrichteten, war sie das Vorbild auch für die Einrichtung der New Yorker New School for Social Research, die als »University in exile« mit aus dem Kreise europäischer Flüchtlinge rekrutierten Lehrenden wie Lernenden ebenfalls einen akademischen Zweig erhielt.

Grete De Francescos Diplomarbeit von 1931 trug den Titel »Das Gesicht des faschistischen Italien«,[14] was weder dem damaligen italienischen Regime noch den künftigen NS-Behörden in Deutschland, seit 1938 auch in Österreich, verborgen geblieben sein dürfte, zumal das *Berliner Tageblatt* die prämierte Diplomandin zu einem »blöden Interview«[15] geladen hatte, das von ihrem Porträt aus der Hand des befreundeten Bauhaus-Fotografen László Moholy-Nagy begleitet wurde. Wir können sicher sein – auch ihre Briefe sprechen da eine deutliche Sprache –, dass das von ihr gezeichnete Gesicht des italienischen Faschismus ein ausnehmend hässliches, vulgäres und brutales war. Die Diplomarbeit selbst dürfte allerdings verschollen sein; möglicherweise wurde sie zusammen mit allen Personalakten der Hochschule vom damaligen Rektor Ernst Jäckh unmittelbar vor seiner Flucht ins Ausland vernichtet, um diese Dokumente dem Zugriff der Nationalsozialisten zu entziehen.

In den letzten Jahren vor 1933 war De Francesco erstmals gut versorgt mit Aufträgen, schrieb frei für Theodor

Wolffs *Berliner Tageblatt* und seit 1930/31 als ständige Mitarbeiterin für das Feuilleton der *Frankfurter Zeitung*. In deren Berliner Redaktion unterstützte sie den vom Main herüber gewechselten Feuilleton-Redakteur Siegfried Kracauer, bevor sie selbst im Januar 1932 als Redaktionsmitglied auf Probe nach Frankfurt ging. Den Typus der »Neuen Frau« unterstrich sie durch den Bezug einer Neubauwohnung im Berliner Bezirk Wilmersdorf, deren Inneneinrichtung, entworfen von dem aufstrebenden Bauhaus-Architekten Marcel Breuer, ganz den Vorstellungen ihres alten Münchner Freundes Sigfried Giedion von Neuem Bauen, von Licht und Luft, von Funktionalität und Transparenz entsprach. Als in Plänen und Fotografien erhalten gebliebene Ikone eines neuen Designs gehört die »Wohnung De Francesco«, Rudolstädter Straße 9, seither zum Kanon von Breuers Werk. Allerdings geht aus einem Brief nach Zürich hervor, wie bedrückend profan sich das Leben zuweilen gegenüber der Kunst ausnimmt: Während »die Francescos«, wie sie auch gerufen wurden, damals offenbar keinen Pfennig mehr besaßen, um sich Möbel anzuschaffen, und Grete ihrer eigenen Schilderung zufolge das stundenlange Anstehen in der Schlange vor ihrer Bank noch am Tag der mündlichen Prüfung zum Büffeln nutzte, hatte Breuer, der sich mit dem Paar angefreundet hatte, die von ihm entworfenen Möbel den neuen Bewohnern lediglich leihweise zur Verfügung gestellt.

»Die Wohnung ist himmlisch«, meldet Grete De Francesco zu Pfingsten 1931 nach Zürich, »und wir sind restlos glücklich in ihr und mit ihr.« Lange sollte dieses Glück allerdings nicht währen, auch wenn der nächste Umzug Anfang 1932 nach Frankfurt, trotz einer längst krisenhaft zugespitzten wirtschaftlichen Situation der Zeitung – bei deutlichen Gehaltseinbußen – mit einem Karrieresprung beider verbunden zu sein schien, denn diesmal hatte auch Giulio in Frankfurt einen Job als Ingenieur zumindest in Aussicht. Man ahnt, welch gewaltiges Trauma sich unter dem allmählichen Schwinden aller deutschen Perspektiven anbahnte, sich überdies nach Art von »Flashbacks« qua Wiederholung früherer Traumata erneuerte, seitdem alle soeben zuvor noch positiv wahrgenommenen deutschen Aussichten im Gefolge des Zusammenbruchs der Weimarer Republik zerstoben waren.

Dazu muss man sich auch einmal klarmachen, dass diese Grete De Francesco längst keine Österreicherin mehr, sondern infolge des im Jahr 1920 ratifizierten Friedensvertrags von St. Germain und kraft ihres Ehebunds mit einem Südtiroler »Neuitaliener« selbst italienische Staatsbürgerin geworden war, bevor nur zwei Jahre darauf in Rom und Italien mit Benito Mussolini der Faschismus mit der Gewalt seiner Schwarzhemden und Schlägertruppen an die Macht gekommen war. So wie Mussolinis »Marsch auf Rom« vom Oktober 1922 das Menetekel eines »Marschs auf Bozen« vorausgegangen war, hatte das faschistische Italien für die vormals österreichischen Bevölkerungsgruppen der nordöstlichen Provinzen besonders widrige Folgen, weil sie in nationalitätenpolitischer Hinsicht als grundsätzlich unzuverlässige und verdächtige »Subjekte« angesehen wurden und in ihren ethnischen, kulturellen und sprachlichen Lebensäußerungen fortan massiven Repressalien, Diskriminierungen und Verfolgungen ausgesetzt waren.

Für Grete war damit um die Mitte der zwanziger Jahre ihr realiter bereits drittes Exil angebrochen, und es blieb auch nicht ihr letztes. Anders ausgedrückt, war ihr das Exildasein zu einem allenfalls kurzzeitig unterbrochenen Dauerzustand geworden. Bereits im Februar 1919, nach der Ermordung des bayrischen Ministerpräsidenten Kurt

Eisner und der blutigen Niederschlagung der Münchner Räterepublik durch die marodierenden und mordenden Freikorpstruppen der rechtsextremistischen Brigade Ehrhardt, war es für linke Studenten allemal sicherer, auf der Stelle die Flucht zu ergreifen. Der Münchner Freundeskreis um Giedion und Curjel, die als »Block aufbauender Studierender«[16] überzeugte Anhänger einer sozialistischen Räterepublik waren, zerstreute sich zunächst in alle Himmelsrichtungen. Grete De Francesco kehrte nach Wien zurück, ihr Mann zog von dort weiter nach Mailand, als – nicht ohne Selbstironie – »der letzte der Ingenieure von Brown Boveri«,[17] dem dortigen Tochterunternehmen des Schweizer Großkonzerns BBC. In den Wirren, den Krankheits- und Hungerjahren der ersten Nachkriegszeit wurde das nunmehr benachbarten Feindesländern angehörende Paar zeitweise auseinandergerissen und zwangsweise voneinander getrennt. Selbst der Briefverkehr war nicht mehr gewährleistet, die Post ging verloren oder wurde unterschlagen, so dass »Giulio und Romea« zeitweise nur über den »Briefkasten« des Drittlandes Schweiz und ihre dortigen Freunde miteinander korrespondieren konnten.

Grete De Francesco selbst machte von wechselnden Pensionen des Innsbrucker Grenzlandes aus Stippvisiten abwechselnd bei ihrem Mann in Mailand und in ihrem Wiener Elternhaus. Anfang Oktober 1919 schreibt sie aus Innsbruck:

»Wir sind Beide in einer recht traurigen Lage. […] die unsicheren Verhältnisse überhaupt – es scheint mir, daß was soviele Frauen an Trennung u. Sorge während des Kriegs durchgemacht haben – mir für den ›Frieden‹ aufgespart blieb. Dabei hat Giulio keine [,] aber auch nicht die leiseste Aussicht auf eine Wohnung. Wenn ab und zu etwas zu haben ist[,] so ist es dann so teuer daß wir es uns nicht leisten können. Die Wohnungsnot in Mailand ist so groß, daß Giulio jetzt nach 3 Wochen noch kein möbliertes Zimmer hat u. mit einem Freund in einem Loch von Zimmer haust indem er noch nicht einmal seine Koffer auspacken konnte.«

Gespenstischer noch und geradezu zum Fürchten ist, was sie damals in einem weiteren Brief – diesmal aus Mailand – als Verlust jedweder Reste von Humanität und Herzensbildung unter der blaublütigen, vermeintlich »besseren« Gesellschaft Nachkriegsösterreichs beklagt:

»(...) lebe ich in einer Pension, in der man sofort Geld zahlen muß. Dafür hungert man u. wird von Schmutz und Ungeziefer verfolgt. Das wäre nicht das Ärgste – daran gewöhnt man sich mit der Zeit, woran man sich aber nicht gewöhnt, das ist der Auswurf von Menschen mit denen man an einem Tisch sitzen muß. Titel nur vom Baron aufwärts, lauter Aktive mit ihren Damen, man sitzt nach der Rangordnung u. spricht vom Plebejer den man nur mit Handgranaten u. Bajonett behandeln soll, man sieht als einzige große Tat in der Welt die Judenverfolgung in Wien an, man schlägt vor, alle Judenkinder zu ersäufen u. schwört der Canaille ›Volk‹ Rache sobald man sich einigermaßen erholt hat. Man findet daß Hunger für Proletarierkinder sehr gesund sei da die Brut dann früher krepiere. Ich glaube oft in eine Meyrinksche Sprachnovelle versetzt zu sein – aber es sind Menschen von Fleisch u. Blut, die so sprechen, zarte, elegante Frauen, deren Lippen man solche Worte überhaupt nie zutrauen würde. – Ich ließ verbreiten, daß ich nicht deutsch könne u. habe mit den 14 Personen noch nicht ein Wort gewechselt, gelte also als Feindin u. dazu noch als ›exote‹. Als solcher widmet mir ein Graf aus sehr altem, aus der Milchwirtschaft sehr bekanntem Namen seine besondere Aufmerksamkeit, doch erdreiste ich mich höchstdesselben unverschämte Zudringlichkeiten nicht zu bemerken. – Sie können sich denken wie sehr ich das Ende einer derartigen Lebensweise herbeisehne. Dabei ist Innsbruck so überfüllt, daß ich um diesen Unterschlupf noch froh sein muß.«[18]

Wenig erfreulich zeigte sich auch das Leben in der Heimatstadt Wien. Im Sommer 1920 – die im Vertrag von St. Germain eingeräumte Frist zur möglichen Option auch für Österreich hatte das Ehepaar ungenutzt »verstreichen lassen«, womit beide Ehepartner quasi automatisch zu italienischen Staatsbürgern geworden waren – schildert sie ihre dortige geistige Isolation dem alten Freund Sigfried Giedion. Engere Bekanntschaft mit ihm hatte sie womöglich schon geschlossen, als dieser vor dem Ersten Weltkrieg auf Wunsch der Eltern in Wien Maschinenbau studierte, daneben aber ganz anderen Interessen als Lyriker und Theaterdichter nachging und bisweilen in der *Neuen Rundschau* aus dem Berliner Verlagshaus von Samuel Fischer publizierte und mit ersten Theaterstücken auch auf öffentlichen Bühnen reüssierte.

»(…) Wenn ich durch die Colloredog[asse = in Währing, am Rand des Wiener XVIII. Bezirks, wo Giedion damals offenbar wohnte und wohin es nur wenige Minuten Fußweg von Gretes Elternhaus in der Felix-Mottl-Straße 39 waren] gehe betrachte ich das Haus Nr. 14 immer ganz ungläubig. Ich kann mir kaum mehr denken dass das liebste Stück München einmal s o nahe war. (…)

Lieber S.G.
Können Sie sich erinnern, wie Sie mir im Englischen Garten prophezeiten ich würde noch sehr leiden unter dem Mangel an ›geistiger Anregung‹. Es ist nur allzusehr, allzuschmerzlich in Erfüllung gegangen. Aber nicht in Italien wo das Leben und der Kampf ums Leben tausend Anregungen gab. Aber in der Kulturstadt Wien da lerne ich was es heißt ohne geistige Nahrung existieren zu müssen.«

Wenige Jahre darauf aber ist Grete des Lebens im faschistischen Italien überdrüssig und sie schreibt den Giedions, die soeben von München nach Kilchberg am Zürichsee verzogen waren, am 15. Juli 1925 von einem Kuraufenthalt im toskanischen Badeort Marina di Massa am Tyrrhenischen Meer. (Seit der Nachkriegszeit, als womöglich chronifizierte Folge der »Spanischen Grippe«, an der sie im Juli 1918 tatsächlich erkrankte, war und blieb sie gesundheitlich instabil und litt unter einem in Abständen wiederkehrenden Grippevirus.) Ungeachtet eines fortdauernden »Heimweh(s) nach Schwabing«, das ihr selbst nur noch als sehnsüchtiger Abglanz eines uneinholbar vergangenen Glücks vorkommt, bekennt sie ihr Einverständnis mit dem Entschluss der Freunde, in die Schweiz überzusiedeln, »im Hinblick auf die derzeitige ›Geistes‹richtung im Reich« nämlich, die seit dem Hitler-Putsch vom November 1923 München auf den Weg brachte, zur »Hauptstadt der Bewegung« zu werden. Danach rechnet sie in bitteren Worten mit Mussolinis »Neuem Italien« ab:

»[...] bin ich eine mit Italien gesättigte Lösung, und brauche ein starkes Gegenmittel [...] Ich versichere Euch, es kommt ein Augenblick, wo man es in diesem Land der ›bellezze‹ einfach nicht mehr aushält. Es kommt der Tag wo man anstatt zu lachen wild wird wenn man wieder angeschmiert, belogen und begaunert wird mit der unschuldigsten Miene der Welt und ohne jedes Gefühl für Unverlässlichkeit, Verantwortlichkeit usw. [...] Immer wieder dasselbe oberflächliche Geschwätz, dieselben vorgefassten Meinungen immer Kitsch und immer Kitsch, man bekommt's satt [...] je objektiver ich die Sache betrachte umso untrüglicher weiss ich, dass ich hier einfach auf die Dauer nicht leben kann auch wenn sonst Alles, ›Seele‹, Heim etc. stimmen würde. Andere Probleme treten vor dem Problem des Landes zurück. Der Geist ist tot in diesem Land und die giovinezza kenn ich nur aus dem Faschistenlied, eine andere gibts nicht. Ich habs sooooo satt!«

Ort und Datum dieses Briefs sind nicht unbedeutend, lieferte doch just die Saison von 1925, als der Schriftsteller mit Frau und Kindern zur Sommerfrische an der italienischen Riviera weilte, Thomas Mann die Inspiration zur Novelle »Mario und der Zauberer« (1930) über das unheilvolle Wirken jenes »Cavaliere Cipolla, wie er auf den Plakaten genannt war«, eines Hypnotiseurs in publico, vom »Typus des Scharlatans, des marktschreierischen Possenreißers« – »fahrender Virtuose, Unterhaltungskünstler, Forzatore, Illusionista und Prestigidatore (so bezeichnete er sich)«. Die ganze Tragikomödie mit tödlichem Ausgang vollzog sich dabei unter einer bedrückenden »öffentlichen Stimmung die, schwer greifbar in der Luft liegend, uns einen so lieben Aufenthalt als nicht geheuer verleiden wollte, weil auf recht unheimliche Weise ›Politisches‹ umging«.

Grete De Francesco auf einem Segelboot
auf dem Starnberger See.

»… così come
un poeta
sempre dentro
sempre fuori

… ja genau so
wie ein dichter
immer drinnen
immer draußen«

– Gerhard Kofler (Bozen 1949–Wien 2005),
Poesia di mare, terra e cielo /
Poesie von Meer, Erde und Himmel

3.

Von Grete De Francesco ist ein nur einziges Foto überliefert:[19] Es zeigt sie an Bord eines Segelboots, unterwegs mit Freunden auf einem ruhigen Gewässer im Lichte eines Spätsommertags. Die Szene strahlt eine ähnlich heitere Ruhe aus wie Manets berühmte »Barke« mit der Darstellung seines Malerkollegen Monet beim Porträtieren auf dem Wasser. Das für die Münchner Gemäldesammlungen 1913/14 erworbene Bild könnte dem vom 7. September 1918 datierenden Foto durchaus Pate gestanden haben, zumal die Insassen des Boots wie Manets Figuren in vorwiegend sonntäglich-sommerliches Weiß gekleidet sind. Als Bild eines signalisierten Aufbruchs oder Neuaufbruchs beim Ausgang der ersten europäischen Jahrhundertkatastrophe könnte die sorgfältig gewählte fotografische Einstellung und Komposition des Bildes auch beinahe die große Mitteltafel von Max Beckmanns berühmtem *Departure*-Triptychon aus dem nächsten europäischen Schicksalsjahr 1933 antizipieren (natürlich kannte auch Beckmann seinen Manet, und eine Kunsthistorikerin mit speziellem Interesse für Fotografie stand schließlich hinter der Kamera): ein Gleiten wie über eine unsichtbare Grenze, aber keine Grenze, die sich als brutale oder tödliche Schranke erwiese, sondern als lebendig fließender Übergang, ein Übersetzen von einem Nicht-mehr in ein Noch-nicht in allen Schattierungen, Abstufungen, Metamorphosen, hinüber nach einem anderen Ort, einem anderen Zustand, oder hinaus ins Offene, nach anderen, neuen Ufern des Lebens.

Es ist eine heitere und gelöste kleine Gesellschaft, die sich hier zum Segeltörn auf dem Starnberger See verabredet hat. Im Bug streckt die schlanke Figur einer in ein langes weißes tüllartiges Kleid gehüllten jungen Frau ihr schalkhaft lachendes Gesicht durch leichtes Vorbeugen des Kopfes unter dem dunklen Mast hervor, was einen reizvollen Kontrast erzeugt. Dies ist Grete De Francesco, und an ihrer Seite sitzt ihr Ehemann Giulio, der als Einziger unter den Insassen nicht in Weiß, sondern in dunkles Tuch gekleidet ist: Er steckt noch in der Uniform eines Kriegsheimkehrers, die Mütze eines Korporals auf dem Haupt, und ist versehrt: Eine schwarze Augenklappe im Gesicht, und die rechte Hand, die wie zu einer Geste der Verbeugung vor der Frau hinter der Kamera auf der Brust aufliegt, ist unter einem schwarzen Handschuh verborgen. Als Steuermann in der Vordergrundmitte sitzend, in weißem Hemd mit Fliege, bewegt Sigfried Giedion mit leichter Hand derweil das Ruder und hat sein strahlendes Gesicht der von seiner künftigen Frau, Carola Welcker, bedienten Kamera zugewandt. Deren Mutter Mary, eine angeheiratete Amerikanerin, die im Unterschied zur Tochter ihre politischen Hoffnungen auf den Sieg der Reaktion setzte, sitzt mit ebenfalls strahlender Miene dem trotz seiner Verletzungen gelöst, wenn auch etwas zurückhaltender wirkenden Kriegsveteranen gegenüber.

Der an der Spitze des Boots den Steuermann flankierende, sportlich, wenn auch nicht mehr ganz so studentisch jung wirkende Mann ist ein weiterer Freund aus der Schwabinger Runde: Hans Foitzick, Journalist und künftiger Redakteur des Humor- und Karikaturenblatts *Simplicissimus*, dessen Schriftleitung er im Dritten Reich übernehmen wird. Noch in der zweiten Nachkriegszeit veröffentlichte er eine Reihe humoristischer Anthologien mit starkem Münchner Lokalkolorit. Da er in De Francescos Korrespondenz als gelegentlicher Ausflugspartner erwähnt ist, war es vielleicht seine Person oder auch jemand anderes aus dem Freundeskreis, der sie in einer Postkarte an die Giedions vom 1. Juni 1940 aus Mailand – zwei Wochen nach Deutschlands Überfall auf Frankreich und dem Kriegseintritt Italiens – zu der Klage veranlasste:

»Bei aller selbstverständlichen Kritik an der Trägheit des Herzens und des Intellekts bei unseren Freunden sag ich mir doch oft: gewisse Dinge kann man auf der Basis unseres Weltbildes eben nicht unternehmen […] Meine viele, viele Jahre alte Theorie, daß alles verloren war 8 T[a] g[e]. nachdem man No. 1 geduldet hatte, denn allein der Umstand, daß man sich mit denselben Mitteln verteidigen muss, führte zur Zersetzung unseres Weltbildes. Punkto Kotzen […]«

Klar, wer mit No. 1 gemeint war und wer ihm als No. 2 gefolgt war. Doch bleiben wir vorerst noch auf dem Wasser und dem Segeltörn von 1918, der für Grete offenbar damals eine so glückhafte Marke in ihr Leben setzte, dass sie ihr Jahre danach noch abrufbar war: »Bei mir«, schreibt sie Mitte 1925 an Carola Giedion-Welcker, »war die Bresche geschlagen mit der berühmten Segelpartie, denn da hatte ich endlich wieder was für mich getan.« Grete, auch wenn sie – nach dem Zeugnis Dritter – zu jener fragilen Sorte von Frauen gehörte, die sich in Altruismus so sehr verzehren, dass sie darunter bisweilen zusammenbrechen, war, wie ihr Foto als Pendant zum sprühenden Humor ihrer Briefe beweist, ein Schalk, ein weiblicher Pierrot, wenn auch wie alle Pierrots nicht frei von Melancholie.

Und schon gar nicht frei von schwarzem Humor: Siegfried Kracauer, um dessen Berliner wie Frankfurter Hinterlassenschaften De Francesco sich unermüdlich persönlich kümmert, darunter behördliche, juristische und arbeitsrechtliche Belange, monatelang ungeklärte Fragen über seinen Status bei der Zeitung, Verhandlungen über eine Abfindung und die Schwierigkeiten des Transfers dringend benötigter finanzieller Mittel, und dabei auch noch dessen engste Verwandten, Mutter und Tante, aufklärt, beruhigt und bei Laune hält, wird fast täglich von ihr über den Stand der Dinge unterrichtet – und mit sarkastischen Nachrichten aus dem Nazi-Reich versorgt, wie diese vom Juli 1933 über das Schicksal seiner berühmten soziologischen Schrift »Die Angestellten« (1930):

»Wissen Sie im übrigen, daß ›die Angestellten‹ mit auf dem Scheiterhaufen der Bücher verbrannt worden sind? Ich wollte Ihnen schon lange dazu gratulieren. Aber werden Sie mir nicht übermütig, Sie gehören nicht zu jenen Autoren, die in allen deutschen Städten verbrannt worden sind, nicht einheitlich sind Sie bekannt genug bei den Herrn Gauleitern. Positiv weiß man von der Verbrennung der ›Angestellten‹ in München, Nürnberg, Königsberg und Leipzig. Von Berlin war nichts Sicheres zu erfahren.«

Darüber hinaus war sie nicht nur aus Enthusiasmus und Theaterleidenschaft, sondern auch aus reichem Wissen und gelehrtem Studium – selbst der so gestrenge Theodor Wiesengrund Adorno billigte ihr »spezifische Gelehrtenqualitäten«[20] zu – eine unübertreffliche Expertin für die Commedia dell'arte, deren Lehren sie zuweilen auch als Überlebenselixiere, oder um sich der Dummheit der Welt zu erwehren, mit auf die Bühne des Lebens selbst nahm. So lesen sich viele ihrer oftmals seitenfüllenden, bis dicht an die Ränder getippten brieflichen Schilderungen wie spritzige, zuweilen auch bitterböse Stegreifkomödien mit verteilten Rollen.

In einem der vielen Briefe an Siegfried Kracauer schildert sie ihr hektisches Bemühen um die Sicherung des Mobiliars, das das Ehepaar bei seiner Flucht aus Berlin am Morgen nach dem Reichstagsbrand zurückgelassen hatte, mit surrealem Bilderreichtum: »Durch alle Telephonleitungen (…) stürzten krachend Ihre Möbel auf mein sündiges Haupt.« Oder als charmante Koloratur des Überredens für eher absurde Situationen, bei denen es eigentlich nichts zu lachen gibt: »Löcheln (mit ›ö‹)«. – Oder als Regieanweisung in Parenthese, passend für prekäre Streitgespräche von Frau zu Mann: »(Ich hauchte Augenaufschlag.)« Und um vor lauter Zorn gegen die Ungerechtigkeit der Welt und die Schlechtigkeit der Menschen dennoch seine legitimen Ziele nicht aus den Augen zu verlieren, rät sie Kracauer, im Zweifelsfall besser gute Miene zum bösen Spiel zu machen:

»Also bitte nur jetzt noch Geduld, Klugheit und Vorsicht und ... Komödie! Hoffentlich sind wir bald soweit auf Götz von Berlichingen anzustoßen. [...] Jetzt geh ich zu den lieben Kleinen, habe mein Mundwerk schon geölt.«[21]

Die »lieben Kleinen«, das sind die vor der Briefzensur getarnten Frankfurter ehemaligen Redaktionskollegen, deren Chef Heinrich Simon bei ihr konstant als »der Hirtenknabe« fungiert. Selbst Kracauer muss bei der Lektüre ihrer ebenso spielerisch wie kunstvoll camouflierten brieflichen Mitteilungen zuweilen Verständnisschwierigkeiten einräumen.

Für dergleichen sprachliche Manöver und mimische Verwandlungskünste ist sie Expertin: Mehrere Schwerpunkthefte der *Ciba-Zeitschrift* füllt sie mit den Themen »Wie der Arzt ins Fastnachtsspiel kam« (Nr. 3, Nov. 1933),»Il Dottore – Der Arzt in der Stegreifkomödie und im Puppenspiel« (Nr. 7, März 1934) oder – als kommentierte Anthologie von Märchen aus allen Weltkulturen – »Der Arzt im Märchen« (Nr. 28, Dez. 1935). Sigfried Giedion, obgleich damals »ein wenig abattu und parterre mit den Nerven«, zeigte sich im Frühjahr 1925 dennoch beglückt von der »De Francesco (...), die mir gestern einen sehr sachlichen und inspirierenden Brief über Wiener Theater schrieb«.[22] Ernst Krenek ließ sich von ihr in die Sammlungen und Geheimnisse der Österreichischen Nationalbibliothek einführen, und in seiner Autobiographie erinnert sich der Komponist aus der Zweiten Wiener Schule von Alban Berg und Arnold Schönberg an einen persönlichen Besuch bei De Francesco in Mailand, um sich von dort aus unter ihrer Begleitung und Anleitung Bergamo zeigen zu lassen, »die legendäre Heimat des Pierrot«.[23]

Ein Lieblingswort Grete De Francescos heißt »Verwandlung«. Es ist ein Wort, das aus dem Märchen kommt: Verwandlungen auf der Bühne, Verwandlungen des Lebens sind immer wiederkehrende Leitmotive auch des Charlatan-Buchs, wobei hier wie dort gilt, was der für sie vorbildliche »L'Anonimo« bereits als Maxime ausgab: »Gespielt wird auf der Bühne der Welt das Leben«. Das Spiel der »Verwandlung« ist das Gegenbild zur starren und vermeintlich unverrückbaren »Grenze«, die sich allen legitimen, wenn auch vielleicht bloß illusorischen Verwandlungswünschen der Menschen – »Verwandlung des Alters in Jugend«, »Verwandlung der Armut in Reichtum« usw. – schroff entgegenstellt und es den Charlatanen überlässt, solche Wünsche, Sehnsüchte und Phantasmen auszubeuten, indem jene ihren Adressaten suggerieren, sie allein seien im Besitz aller Kraft, Macht und Herrlichkeit, solche Wünsche mittels ihrer magischen Zauberkünste und Wunderelixiere Wirklichkeit werden zu lassen.

»Verwandlung«, schreibt Grete als Eingangssatz eines dem Buch von 1937 vorausgegangenen einschlägigen Themenhefts der *Ciba-Zeitschrift* (Nr. 37, Sept. 1936) »ist das Licht, an dem menschlicher Traum und menschliche Sehnsucht sich entzünden. Verwandlung, Änderung der aus mannigfachen Gründen lastenden Existenzbedingungen, Befreiung von ihnen: Verbesserung.« Licht, Wasser, Luft sind diejenigen Elemente, an denen Grenzen keinen festen Bestand haben, weil sie dort unweigerlich verschwimmen, sich verflüchtigen – so wie es auch im Reich der Poesie keine unüberwindlichen Grenzen gibt, sondern nur kontinuierliches Übersetzen wie auf einer fortwährend von Ufer zu Ufer verkehrenden Fähre.

Grete De Francesco schrieb Gedichte, auch wenn ein auf zweihundert Seiten Dünndruckpapier geplantes, druckreifes Konvolut, das 1933 noch unter ihren Pariser Freunden und Bekannten kursierte, offenbar nicht mehr erscheinen konnte und als Manuskript verschollen ist. Der letzte von ihr festgehaltene Adressat war der italienische Bankier und Diplomat Angelo Donati, der als »Engel der Juden«, wie er genannt wurde, einen kühnen, wenn auch gescheiterten Plan zur Evakuierung der in Südfrankreich von der Deportation in die Vernichtungslager bedrohten Flüchtlinge entworfen hatte.

Von Grete De Francesco überliefert ist immerhin ein bemerkenswertes Prosagedicht. Erschienen war es als Feuilleton in der zugehörigen Rubrik »Unter dem Strich« auf der Titelseite der *Frankfurter Zeitung* vom 20. Mai 1932. Es trägt die schlichte Überschrift »Grenze« und skizziert bei aller visionären sprachlichen Poesie doch ein sehr reales Gewässer, nach Art des Comer Sees an einer Grenze gelegen, wo Geographie mehrfach zu unmenschlich grausamer Geschichte geworden ist und damals bereits im Begriff war, es noch mehr zu werden: als Grenze und Fluchtweg zugleich zwischen dem totalitären, faschistischen Italien und einer freien, demokratischen Schweiz. Ort und Landschaft fungieren als visionäres Observatorium für die Erkundung und Schilderung ganzer Seelen- und Weltzustände im diffusen Licht ihres Übergangs ins Ungewisse oder auch in die todbringenden Abgründe des Zusammenpralls von Geographie und Geschichte.

Und weil dieses Feuilleton – so wie seine Autorin, die es im Gegenzug selbst gewissermaßen so porträtiert, als sei sie noch immer auf dem Segelboot jenes denkwürdigen Septembertags von 1918 unterwegs und lächelte den Lesern zwischen den Zeilen zu – ein vergessener Text ist, sei es an dieser Stelle vollständig wiedergegeben:

Grenze
von Grete De Francesco

Groß greifen die Bergschatten über den *See*. Am gegenüberliegenden Ufer breiten sie sich in flachen Bogen den ansteigenden Hängen zu Füßen und die belichteten Dörfer wachsen doppelt hell über ihrer Dunkelheit. Die Bergschatten haben dic Grenze überschritten. Denn irgendwo dort in der grünen Wasserferne ist ein Land zu Ende und ein anderes beginnt. Wer weiß, ob die Welle, deren Schaumkamm der Wind dort mitten im See hochspritzen läßt, noch hierher oder schon hinüber gehört? Läuten die Glocken hier Mittag, so geben die Glocken drüben wie im Echo Antwort. Ist es derselbe Mittag dort? – jenseits?

Am Land macht die Grenze sich deutlicher verständlich. Sie setzt die Realität eines wüstenförmigen (?) rosa Hauses und pflanzt auch das Symbol: die Fahne weht von seinem Dach. Uniformen obliegt angemessenes Stöbern. Die Grenze macht am Land, was sie immer im Wasser nicht vermag, daß alles still steht. Autos und Bauernkarren, Radfahrer und Wanderer, nichts kann mehr fortschreiten und man wundert sich daß die Kurven der Straßen weiterlaufen dürfen, ohne angehalten zu werden. Hat der weiße Dampfer den rosa Würfel passiert, dann verschwindet er unter der Bergbachbrücke und wechselt diskret Toilette. Die Fahne von drüben kann nicht mehr voranwehen. Nur mehr das Kielwasser darf sie behüten und an ihrer Stelle flattern andere Farben über den gleichen grünen See. Was vor dem Grenzhaus agiert, wirkt wie Puppenspiel. Noch der Ernst nimmt sich nicht ganz ernst und nichts spricht von Gefahr.

Aber *nachts* wird das unverbindliche Spiel des Wassers, das jedem Grenzgedanken Hohn spricht, nicht mehr geduldet. Der irrealen Linie wird vom irrealen Licht Schärfe abgerungen. Und jetzt erst ist augenblicklich die Kriegsvorstellung da: Mit der Indiskretion eines Graphologen entziffert der *Scheinwerfer* die nachtdunklen Ufer und die Lichtaugen der bergansteigenden Dörfer schließen sich, enthüllt und geblendet. Ein Lichtfächer wird über dem See entfaltet, zusammengelegt und überraschend nach anderer Seite hin wieder aufgeschlagen. Dann eilen hastige Schritte, wie gehetzt, über das Wasser und wo sie, wie rasch sich hebende Füße den Spiegel berühren, da bleiben fragwürdig-schwebende Luftspuren zurück. Trügerische Pausen täuschen unaufgestörte nächtliche Finsternis vor. Das Boot verändert in dieser Deckung seine Position und unvermutet flattert aus anderer Richtung der helle, langbeinige Sumpfvogel auf. Sein durchsichtiger Lichtleib hüpft in großen Sprüngen über den See, um sich dann plötzlich wieder ins Nest zu schmiegen, der weiten Nacht, für Augenblicke nur, die Herrschaft überlassend.

Licht über Wasser! Steigt da nicht der Gedanke an Hilfe und Zuflucht, an Friede auf? Denkt man nicht an Leuchttürme, deren Lichtfächer die Luft des Hafens in ihren Falten tragen und sie hinüberbringen zu denen, die draußen heiß und angstvoll suchen? Schutz und Kühlung: Ruhe, das ist die Sendung des Lichtes. Aber Irrlicht ist der gespenstische Sumpfvogel, der hell über den See stelzt, selbst nichts als Luft, eine fließende Grenze zu hüten. Nach Menschen, deren Leben und Glückseligkeit daran hängt, in ihrem Boot sich hinüberzuretten in die Nacht der Freiheit, hackt er grausam und präzise mit seinem durchleuchteten Nebelschnabel.

Der Schutzpatron des kleinen Grenzortes ist San Christoforo. Seine Last wird schwerer und schwerer, je näher die watenden Beine der Linie der Willkür kommen. Streckt die Hand über seiner Schulter sich aus, den Geistervogel zu tauchen, das hüpfende Irrlicht zu löschen? Soll Licht wieder zu Licht und Wasser wieder zu Wasser werden?

»Ich finde diese Orte ja sehr wenig chick, weil zu nahe, ich charterte Yacht nach dem malayischen Archipel und steche bald in See, Cannes … püh, viel zu nahe.«
– Grete De Francesco an Siegfried Kracauer in Paris, Frankfurt am Main, 13. Januar 1934

4.

Wenig ist bekannt über Grete De Francescos Bildungsweg, ihren wissenschaftlichen Werdegang, über die Quellen ihres weiten geistigen Horizonts und ihrer phänomenalen Sprachbegabung bei großer Gelehrtheit und, wenn es sein musste, auch praktischer Gelehrsamkeit. Promoviert war sie jedenfalls in keinem der Fächer, mit denen sie als Autorin, Journalistin, Intellektuelle und wissenschaftliche Publizistin in Berührung kam, weder in Kunstgeschichte, Literatur- und Theaterwissenschaft noch in Philosophie und Soziologie. Frei von jedwedem akademischen Hintergrund kann sie jedoch selbst als Autodidaktin nicht gewesen sein, sonst hätte sie die Aufnahmevoraussetzungen für ihr sehr spätes – als Mittdreißigerin – Zweit- oder Aufbaustudium an der Deutschen Hochschule für Politik gar nicht erfüllen können.

Vermutlich glich sie und spiegelte sich auch selber ein wenig in einer jener gelehrten weiblichen Berühmtheiten aus Bologna – der ältesten europäischen Universität unter von Anfang an demokratischer Selbstverwaltung –, die De Francesco im letzten Themenheft der *Ciba-Zeitschrift*, das noch ganz aus ihrer Feder stammt, würdigte: Das

Manuskript für das Heft über »Die medizinische Fakultät von Bologna«, in dem es »hiiibsche Bülderl« gibt (sie liebt die gelegentlichen Ausflüge ins Jiddische wie zum Beispiel im Ausruf »nebbich mal 3« oder bei der Diagnose einer »Meschuggitis«), auch wenn sie es selber, wie sie im August 1941 nach Zürich schreibt, »noch nicht gesehen hat«, hatte sie schon im Februar 1940 in Basel abgeliefert. Aufgrund wachsender Gefährdungen für sie diesmal in Italien, das zwei Jahre zuvor die Rassengesetze des Dritten Reichs übernommen hatte, wurde die zuvor noch gebräuchliche Ortsangabe »Mailand« hinter ihrem Namen diesmal entfernt. Erschienen war es allerdings erst im Juli 1941 (als Heft-Nr. 81) und hätte, wie sie schreibt, eine Fortsetzung finden sollen in einem Thema, das sie »aus Mangel an Enthusiasmus für so weltferne Gebiete immer wieder angefangen und wieder ad acta gelegt« habe, doch werde sie es »wohl im Herbst fertig machen müssen, indem daß ich einen Wintermantel brauche: ›Humanismus und Medizin in Italien‹, ein sehr hintergründiges Thema mit überraschenden Aktualitätsparallelen.«

Erschienen ist dieses Heft nicht mehr. In einem eigenen Kapitel des Bologna-Themenhefts,[24] dessen Einleitung demonstrativ eine legendäre Rede des italienischen Dichters und Freiheitskämpfers Giosuè Carducci in Erinnerung ruft, der den »Sturm der Freiheit« und den »Geist des Lebens« der italienischen Städte beschworen hatte, war über einige herausragende weibliche Scholaren und Gelehrte jener Universität zu lesen:

»Frauen studierten in Bologna schon im Mittelalter, und durch alle Jahrhunderte bewahrten sich die studierenden und die graduierten Frauen eine Vielseitigkeit, die für echte Geistigkeit zeugt. Junge Damen betrie-

ben ernsthaft wissenschaftliche Studien und waren zugleich amüsante, geistreiche Gesellschafterinnen [...]
[...] In diesem geistigen Klima, in einer Stadt, in der auf hohe Bildung der jungen Mädchen großer Wert gelegt wurde, wuchs eine Anatomin auf, deren Werdegang merkwürdig und sehr aufschlußreich für die Eigenart der Bologneser Frauen ist. Anna Morandi (1716–1774) hatte nicht studiert. Sie genoß eine Erziehung, die ihr jenes hohe Niveau von Allgemeinbildung gab, das in Bologna als unerläßlich galt. Ihre künstlerische Begabung zeigte sich besonders, als sie im Modellieren ausgebildet wurde. [...] Sie erkannte allerdings [...], daß sie die für Lehrzwecke bestimmten Modelle ohne Kenntnisse in der Anatomie nicht anfertigen könne, und begann anatomische Vorlesungen und Sektionen zu besuchen; bald sezierte sie selbst, obwohl sie, wie sie gesteht, anfangs gegen Übelkeit anzukämpfen hatte. [...] Die erworbenen Kenntnisse ermöglichten es ihr, die Wachspräparate unter genauer Wiedergabe der Muskulatur und der Nervenstränge anzufertigen. [...] Anna wurde promoviert [...] Sie hielt als Professor der Anatomie Vorlesungen, die besonders stark besucht waren, und soll ihre Fachgenossen in anatomischen Kenntnissen übertroffen haben. Besonders rühmte man die elegante Fassung der Erläuterungen, die sie als Demonstrator bei der Sektion gab. Ihr Ruf drang weit über ihre Vaterstadt hinaus. Kaiser Franz Joseph II. suchte sie auf und überschüttete sie mit Lob und Geschenken. Die mit 39 Jahren zur Witwe gewordene Professorin erhielt Berufungen nach St. Petersburg, London und Mailand, zog es aber vor, in ihrer Vaterstadt zu leben und zu lehren. Als sie alterte, wollte die Stadt ihr die Erlaubnis erteilen, zu Hause zu lehren, aber sie lehnte diese Vergünstigung ab und erteilte mit besonderer Vorliebe den Kindern an den öffentlichen Schulen Unterricht über den Bau des menschlichen Körpers.«

Ziemlich gewiss – und für einen Nachkriegsbesuch in Oxford verbürgt[25] – ist, dass De Francesco Vorträge und Vorlesungen hörte, wo immer sie sich gerade aufhielt: Wien, Mailand, Prag, Paris, Berlin, Frankfurt, Basel und

Zürich waren und blieben ihre wichtigsten Stationen, und manche akademischen Orte und Wissenschaftler oder Intellektuelle, mit denen sie näher oder auch nur indirekt in Berührung gekommen war, lassen sich, außer aus ihren persönlichen Korrespondenzen, aus ihren Schriften herausfiltern. So hatten sie und ihr Mann sich zum Beispiel mit Carola Welckers Bonner Doktorvater Wilhelm Worringer angefreundet, seitdem man einander zufällig in derselben italienischen Pension begegnet war und feststellte, dass man gemeinsame Freunde hatte. Und von Worringer wiederum war es nicht weit zu dem Bonner Philosophen Max Scheler, von dem De Francesco den im Buch mehrfach verwendeten Begriff der »Wertewelt« bezogen haben dürfte.

Nahezu freundschaftlich verkehrte sie spätestens seit Ende der zwanziger Jahre mit Walter Benjamin und Ernst Bloch. Beide zählten damals zum engeren intellektuellen Umfeld der Berliner Kroll-Oper und zum Freundeskreis des künstlerischen Impresarios Hans Curjel. Enger noch war Grete De Francesco in ihren Berliner Jahren mit dem Leiter der Bauhaus-Fotoschule László Moholy-Nagy verbunden, der ebenfalls an der Kroll-Oper wirkte und für einige international gefeierte Aufführungen dort die Bühnenbilder entwarf; desgleichen mit dem wohl wichtigsten ihrer Lehrer an der Hochschule für Politik, dem deutsch-amerikanischen Sozialwissenschaftler Albert Salomon: Er war der Vertreter einer verstehenden, geistes- und ideengeschichtlich orientierten Gesellschaftslehre von humanistischer Prägung in der Tradition des großen Basler Historikers Jacob Burckhardt. Die Spuren dieses historisch-soziologischen Denkens, das an der Berliner Hochschule auch mit dem De Francesco ebenfalls bekannten Ideenhistoriker Hans Thieme (der nach 1933 in die

Schweiz ins Exil ging) präsent war, sind deutlich im Charlatan-Buch wiederzufinden.

Im Basler Schwabe Verlag, wo es 1937 erschien, hätte Gretes Buch im Vorjahr ein Pendant finden können in Karl Löwiths kanonischer Jacob-Burckhardt-Biographie, wenn der Verleger nicht aus Angst vor einem Verbot des Buchs in Deutschland – wegen des jüdischen Namens des ohnehin verfemten Autors – noch inmitten der Drucklegung den Vertrag gelöst und die Andrucke samt Umschlagentwurf des in die Schweiz emigrierten vormaligen Bauhaus-Typographen Jan Tschichold an seinen Luzerner Kollegen, den deutschen Exilverleger Rudolf Rössler, und dessen Vita Nova Verlag abgetreten hätte.[26]

Eine besonders hübsche und humorige Anekdote, die einmal ganz pathosfrei und ohne alle Weihrauchbeigaben vom lebhaften geistigen Klima in ihrem näheren Berliner Umfeld zeugt, schildert De Francesco zu Pfingsten 1931 ihrer Zürcher Freundin Carola Welcker im »blühenden Doldertal«, wo das Ehepaar Giedion lebte:

»[…] am Abend vor der Butterfly-Premiere treffen sich bei mir improvisiert Albert Salomon und Moholy. M. vom ersten Augenblick an verwandelt. Wie ein Fisch, den man ins Wasser wirft. Befreit, bewusst, leicht, konzentriert. Ich reproduziere ein mit Breuer begonnenes Gespräch[,] ungefähres Thema Kunst – Masse, soziologisch, parteienmäßig und vom Künstler-Individuum her beleuchtet. Salomon greift ein. Moholy folgt mühelos Salomons wirklich unendlich komplizierter Ausdrucksweise und Denkfolge, ich merke, daß sich irgend etwas in ihm stark löst. Ich präsentiere nun Stichworte, öle sozusagen die Gehirnwege und Moholy fängt Feuer. Was da aus ihm herauskam kann man nur als ›erleuchtet‹ bezeichnen, ich hätte solche Möglichkeiten gar nicht vermutet. So hellsichtig, so grundgescheit und im besten Sinne logisch, ich kann für meine Reaction nur ein Wort finden: ich war hingerissen von ihm. Die Diskussion dauerte bis zum Morgen und als Albert Salomon aufbrach bettelte Moholy beinahe wir sollten noch beisammen bleiben. ›Was denken Sie denn, Francesca, wie lange ich nicht so sprechen konnte, ich bin ja ganz vertrocknet.‹«

Bei anderer Gelegenheit freilich wehrt sich De Francesco heftig gegen eine ihr und Curjel unterstellte Identifikation mit einem gewissen, von Zürich aus argwöhnisch betrachteten Berliner Milieu und pocht im fortdauernden brieflichen Streitgespräch der Freundinnen über Avantgarde und Politik auf die Unabhängigkeit des Künstlers und des Intellektuellen wie auf klare Distanz gegenüber den Jahrmärkten des Betriebs:

»Curjel bekennt sich in Wort und Lebensform ebenso zu seinen außerberlinischen Ursprüngen, wie ich zu den meinen. Außerdem fällt es weder ihm noch mir ein[,] semitische Zuordnung zu verleugnen, also von Identifizierung kann keine Rede sein, wenn damit eine gewisse Mimikry gemeint ist. Bekenntnis zu Berlin, das ist ganz etwas Anderes. Curjel gehört einfach durch seine Leistung[,] um die die Kritik dieser Stadt brandete[,] repräsentativ zu ihr, ich aber kenne von dem ganzen ›Jeist‹ keine Katz und die Zurechnung ist schon recht heiter. Meine ganze Carrière hab ich mir dadurch verdorben, dass ich dieses Berlin samt Kurfürstendammcaffées gemieden habe und plötzlich wird in Zürich entdeckt dass ich dazu gehöre.«

Nicht nur ist dies der einzige überlieferte Hinweis auf die eigene jüdische Herkunft und Identität, die zumal auch in der Sprache spielerisch bewahrt bleibt, obgleich De Francesco, wie viele Wiener Juden aus dem aufstrebenden Bürgertum, schon in ihren Kinderjahren an der Seite von Mutter und Schwester lutheranisch getauft worden war. (Der näherliegende Weg zum Katholizismus war für konversionswillige Wiener Juden doppelt erschwert, nicht nur wegen des weiter verbreiteten religiösen Antijudaismus, sondern auch wegen des im politischen Umfeld der »Völkischen« und der Wien majorisierenden »Christsozialen« bereits virulenten modernen Antisemitismus.) In Verbindung mit der stets bewahrten Distanz und demonstrativ bestrittenen Zugehörigkeit zu irgendwelchen künstlerischen oder intellektuellen Milieus, die gerade en vogue oder radical chic gewesen wären, hat sich an ihrem einzelgängerischen Außenseiter- und fortwährenden Ausländertum aus ihrer Sicht auch in den wenigen Monaten – der Brief datiert vom April 1932 – ihrer größten beruflichen Erfolge nichts geändert.

Und dies wird auch so bleiben, und wo immer sie in die Nähe vermeintlicher »Kreise« gerückt wird, reagiert sie allergisch. Den »Münchner Kreis« ihrer verlängerten Jugendjahre hatte sie ja trotz anhaltend nostalgischer Gefühle längst verabschiedet: »(...) na ja, das kommt nicht wieder«, schreibt sie den Freunden schon 1919. Zwar bekennt sie noch Jahre darauf, sie »leide auch heute noch an Heimweh nach Schwabing, aber ich glaube, das wonach ich Heimweh habe, existiert nur mehr in der Phantasie«[27] – vielleicht als Heimweh nach einem in die alltägliche Traumseligkeit vormaliger »Marionetten- und Schattenspiele« gebetteten »Wunder«: Ein Wunder, das – woran schlechterdings dann auch die Charlatane ansetzen – »wie mit einem Zauberstab Menschen in Kinder verwandelt«, wie sie in einem Essay für die *Ciba-Zeitschrift* zu Goethes Lob der Puppenspielkomödie anmerkte.

Als die *Vossische Zeitung* im Herbst 1930 ein großes Südfrankreich-Feuilleton aus ihrer Feder ablehnte, schrieb De Francesco an die »Liebe C. W.«, sie stünde nun von neuem vor dem »widerwärtige(n) Hausieren« mit dem

Ungedruckten: »Sie werden sehen, ich bring's zu nichts, weil ich nicht mit der literarischen Gouache am Kaffeehaustisch sitze.« Und als ein eingefleischter Frankfurter, obgleich stets kritischer ›Kreisgänger‹, wie Siegfried Kracauer, ihrem Bericht von einer Abendgesellschaft mit Theodor Wiesengrund Adorno und anderen sogleich jenes einschlägige Reizwort anheftete, antwortete sie höflich, aber zähnefletschend: »(...) von ›Kreis‹, den Sie mir auf so freundschaftliche Weise in Gedanken wünschen, bin ich entfernter denn je.«[28]

Und Frauen? Da gab es in ihrem Umfeld und Freundeskreis nicht wenige, die jedoch häufig – von Yella Curjel abgesehen – nur schwerlich zuzuordnende Kosenamen trugen und von Grete De Francesco gerade nicht über die Männer definiert wurden, mit denen sie gerade zusammen oder verheiratet oder von denen sie getrennt oder geschieden waren. Eine Ausnahme neben den in Mailand lebenden Übersetzerinnen Dora Mitzky und Lavinia Mazzucchetti – letztere die wohl bedeutendste italienische Germanistin und Thomas-Mann-Expertin –, bei denen sie auf Wohnungssuche im Mailand der Jahre 1920 und 1934 vorübergehend unterkommen konnte, war eine weitere vergessene Soziologin: Charlotte Lütkens, geborene Mendelsohn, Doktorandin im Heidelberger Seminar von Alfred Weber und Forschungsassistentin von Karl Mannheim im Londoner Exil. Die Verfasserin der ersten soziologischen Untersuchung über die Jugendbewegung in Deutschland (1925) war davor im Parteivorstand der SPD tätig gewesen und danach als Auslandskorrespondentin für die *Frankfurter Zeitung* unterwegs. Im englischsprachigen Raum wurde sie vor allem durch ihr Pionierwerk – streckenweise gleicht es einem fotografischen Manifest – »Women and a New Society« (London 1946) bekannt, bevor sie 1956 nach Deutschland zurückkehrte, für dessen »Re-Education« vor allem auf pädagogischen Gebieten sie – auch darin »Mannheimerin« – sich schon in den Kriegsjahren eingesetzt hatte. Von ihrer Mailänder Freundin dürfte sie Ende der dreißiger Jahre in den Mitarbeiterstab der Basler *Ciba*-Publikationen eingeführt worden sein, wo sie auch nach 1945 noch schrieb.

Ziemlich prekär muss aufgrund unversöhnlicher politischer Gegensätze hingegen De Francescos unvermeidliche Bekanntschaft mit Margret Boveri gewesen sein, die zeitgleich mit ihr an der Berliner Hochschule für Politik studierte. Italien war auch deren zweite Heimat, aber anders als De Francesco war und blieb die Boveri eine glühende Verehrerin des »Duce« und Verfechterin des italienischen Faschismusmodells. Und wiederum zeitgleich mit De Francesco hatte sie sich um eine Korrespondentenstelle bei der *Frankfurter Zeitung* beworben, ihr anfangs vergebliches Werben dort seit dem Januar 1933 intensiviert und – unter der erhofften Vorteilnahme durch ihre »arische« Herkunft – nach dem Erlass des Schriftleitergesetzes nachdrücklich erneuert, bis es schließlich zum Ziel führte.

De Francescos persönlicher Förderer und väterlicher Freund bei der *Frankfurter Zeitung* war der langjährige britische Korrespondent und England-Experte Bernhard Guttmann, der dem linksliberalen und sozialdemokratischen Lager innerhalb der Redaktion zuzurechnen war und als Leiter des Berliner Büros infolge des großen »Revirements« von 1930 – de facto ein politischer Rechtsschwenk – in den Ruhestand ging und sich in ein entlegenes Schwarzwalddorf zurückzog. Dort, wo De Francesco ihn auf beinahe jeder Durchreise in die Schweiz oder nach Frankreich oft für mehrere Tage besuchte, gelang es ihm, allen Repressalien und Verfolgungen zum Trotz, als verhasster Regimegegner und getaufter Jude zugleich an der Seite seiner nichtjüdischen Ehefrau wie durch ein Wunder zu überleben. In der Nachkriegszeit verfasste er als Mitherausgeber der Wochenzeitschrift *Die Gegenwart* den einzig bekannten Nachruf auf seine alte Freundin und Kollegin, die ihn noch wenige Tage vor Kriegsausbruch in seinem Schwarzwalddorf besucht hatte. Auch Guttmann hatte an der Berliner Hochschule für Politik gelehrt.

Seit einem auch geistig und literarisch inspirierenden gemeinsamen Aufenthalt im Paris des Jahres 1926 blieb das Ehepaar De Francesco eng befreundet mit Siegfried Kracauer, der wie Giulio promovierter Ingenieur war, und dessen künftiger Ehefrau Lili Ehrenreich, von Beruf Bibliothekarin und Sekretärin am Frankfurter Institut für Sozialforschung. Als Grete 1933 für die in bitterer Not in Paris ausharrenden Flüchtlinge eine Art Patenschaft übernahm und als deren beredte und geschickt agierende Frankfurter »Vertreterin« wirkte, war sie als »unsere sehr geschätzte italienische Lehrerin«[29] bei Kracauers verwitweter Mutter und seiner Tante Hedwig bereits eingeführt. Bis zu ihrer Deportation nach Theresienstadt in den sicheren Tod, lebten die Schwestern in einem gemeinsamen Haushalt, und vor ihrem eigenen Weggang aus Frankfurt war Grete ein gerngesehener Hausgast und Gesprächspartner beider Damen sowie deren ständiges Verbindungsbüro nach Paris.

Schließlich und nicht zuletzt war der für Grete De Francesco vielleicht wichtigste intellektuelle Gewährsmann der aus Budapest stammende, 1919 an der Seite seiner künftigen Frau, der Musikpsychologin und Psychoanalytikerin Julia Lang, zunächst nach Wien exilierte Begründer der Wissenssoziologie, Karl Mannheim. Von Heidelberg und dem dortigen Milieu, von dem auch De

Francesco gewiss nicht unberührt geblieben war, wo er bei Alfred Weber habilitierte und als Privatdozent wirkte, war er 1930 nach Frankfurt berufen worden. Ein Jahr zuvor hatte er als eines der bedeutendsten soziologischen Schlüsselwerke des vorigen Jahrhunderts das Buch »Ideologie und Utopie« veröffentlicht, das nicht nur die allgemeine geistige Erschütterung jener Jahre und die besondere Erschütterung der Intellektuellen zum Ausdruck brachte, sondern auch massiv in die damaligen politischen Diskurse einbrach: Mannheims Aufforderung an »freischwebende Intellektuelle«, sich als dazu prädestinierte, unabhängige Bewusstseinsträger von jedweder blinden Gefolgschaft gegenüber den maßgeblichen Ideologien und Utopien der Zeit – und das waren nun einmal Kommunismus und Faschismus – freizumachen, beförderte zunächst, wie der Rezensent Siegfried Kracauer damals nicht ohne Schadenfreude in der *Frankfurter Zeitung* bemerkte, »eine Bewußtseinshaltung herauf, vor der sich alle Ideen blamieren«.[30] Mehr aber noch bedeutete dies eine massive Kränkung für solche – vorzugsweise Frankfurter – Intellektuellen, die felsenfest davon überzeugt waren, mit Hegel, Marx und eventuell noch mit Lenin den Weltgeist gepachtet zu haben, um sich allein als ideologiefrei zu wähnen, wohingegen alle anderen dem »falschen Bewusstsein« ökonomisch wie gesellschaftlich bedingter »Verblendungszusammenhänge« unterlägen.

Die konkurrierenden Frankfurter Soziologenfraktionen, die sich das akademische Haus teilten, gerieten darüber in unversöhnliche Konflikte: Lehrer wie Schüler beider Fraktionen klüngelten im engen Frankfurter Westendmilieu zwar weiter miteinander, besetzten ihre Stammtische im legendären Café Laumer, bekämpften sich aber aufs heftigste mit Worten und polemischen Spitzen.

Und je mehr der Kreis um Max Horkheimer und seinen Geschäftsträger Friedrich Pollock sich einer alles andere als kritisch reflektierten Parteinahme für einen anfangs noch kruden »dialektisch-materialistischen« Vorschlaghammer-Marxismus annäherte, umso mehr gerieten auch sie bei den »Mannheimern« unter Ideologieverdacht.

Des »Mannheimertums« einmal verdächtigt oder gar überführt, schlug Grete De Francesco aus dem Kreis um Horkheimer und Adorno auch von Exil zu Exil kategorischer Widerspruch entgegen. Hatte Adorno sie auf Empfehlung Walter Benjamins zunächst noch für einen Beitrag über »Illustrierte Zeitschriften« für das geplante Projekt »Massenkunst im Zeitalter des Monopolkapitalismus« umworben, so ließ er sie, die den philosophischen Wunderknaben – »Theodor (…) Das ist, weiß Gott, ein kluger Junge«[31] – durchaus, wenn auch nicht frei von Ironie bewunderte, umso schroffer wieder fallen, als er aus den ihm vorliegenden Druckfahnen des Charlatan-Buchs die Nähe zur verabscheuten Phänomenologie – die auch soziologisch in Frankfurt gut vertreten war – und zum Denken Karl Mannheims zur Kenntnis nehmen musste. Denn was sind die »Immunen«, De Francescos an entscheidenden Stellen ihres Buchs beschworene, kleine widerständige Minderheit, die sich mit der ihnen gebotenen Gabe der Skepsis und den Mitteln der Kritik, »mit Humor, also Distanz« und mit »Ironie, also mit Geist«, den Lügenmärchen der Charlatane und ihrer Gefolgschaft – das sind jene, die »ohne Abstand in Hautnähe des Verwandlungskünstlers mit tierischem Ernst sich der Illusion hingeben« – entgegenstellen, was sind diese Immunen anderes als Karl Mannheims »freischwebende Intellektuelle«, denen als klare und entschiedene Mission auferlegt worden ist, »Wächter zu sein in einer sonst allzu finsteren Nacht«!

Von der theoretischen und prinzipiellen zur praktischen und konkreten Kritik einer ins Leere laufenden und sich selbst bemitleidenden Intelligenz war es für De Francesco nur ein kleiner Schritt, exemplarisch nachzulesen in einem polemischen Artikel aus ihrer Feder, der am 17. April 1932 im Feuilleton der *Frankfurter Zeitung* erschienen war und der, auch weil er von frappierend ungebrochener Aktualität ist, nachfolgend wiedergegeben sei:

Hilflose Intelligenz.

Berlin, im April

Unter der Parole »*Widerstand gegen Verelendung und Kulturabbau*« ruft ein neugegründeter Bund geistiger Berufe (B.G.W.) zur ersten Versammlung. Der Vorsitzende, Dr. H. Budzislawski, Wohlfahrtspfleger in dem Großen Wohnblock des Schriftsteller-Schutzverbandes, schildert einleitend die Verelendung der Intelligenzschichten, nennt Ziffern, die beweisen, daß der Abbau der Bezüge für unorganisierte freie Berufe (z.B. Schriftsteller) jene für Handarbeiter (z.B. Setzer) um ein Vielfaches übersteigen. Ziel des Bundes sei Schaffung des Widerstandes bei den geistigen Arbeitern. Auf dem Wege über Gruppenzusammenschluß: Massenbewegung.

Nun, die elektrischen Schläge des geschilderten Zustandes treffen uns alle. Die Fragestellung, das spürt man, geht jeden Menschen in diesem vollen Saale an und jeder empfängt auf persönlichster Antenne die Antwortsendung. Amerikanische Studenten pflegen, wenn sie hier in Deutschland in Debatten eingreifen, in so einem Fall klipp und klar zu fragen: what are you going to do, to change this fact?

Was bietet der Bund in den Referaten seiner Redner, also repräsentativ, der aufhorchenden Versammlung?

1. Eine Untersuchung des Begriffes Intelligenz als Schicht nebst Umriß der Aufgaben dieser Schicht von Plato bis zu uns (Dr. Gustav Wyneken).
2. Fachvortrag über neuen Baustil und Beschäftigung im Baugewerbe: punkto Baustil hörte man von Einbeziehung der Maler zwecks Herstellung bunter Fassaden, der Bildhauer zwecks Schaffung von Hofplastiken: Hieran schlossen sich Ziffern mit Nullen.
3. Oekonomisch politisch gefaßter, sehr theoretischer Versuch eines Diplom-Ingenieurs über die Lage seiner Berufsgenossen. Das klarste der Referate, das einzige, das, allerdings ohne praktische Beispiele, vermeintliche Symptome streifte.
4. Schlußwort des Vorsitzenden. Man wartete auf das Brot, das der Wohlfahrtspfleger nun endlich, nach der Fütterung mit Steinen, austeilen würde. Er empfahl Gründung von fünf Arbeitsgemeinschaften zur Behandlung gesellschaftlicher Themata, also Bildung für Gebildete.

Wehrte sich die anwesende Intelligenz in der Diskussion gegen diese Umgehung des Themas, kamen aus ihrer Mitte konkrete Vorschläge, die aus der Analyse einer bestehenden Elendslage zur Kleinarbeit bescheidenster praktischer Verbesserungsmöglichkeiten einen Vorstoß versuchten? Keineswegs! Die Intelligenz zog theoretische Auseinandersetzung mit Wyneken vor. Der B.G.W. muß allerdings gefragt werden, wie er, als Vertreter verelendeter Intellektueller, einen Mann zum Redner bestellen konnte, der eben diese Verelendeten mit dem Adelsstolz der Bohème als »geistige Nomaden« bezeichnet und als »Salz der Erde«, also die verhängnisvolle Romantik vorgestriger Sorglosigkeit in heutige Sorgen lebensfern einbaut. Aber kann selbst diese Entgleisung erklären, daß kein Mensch im Saal ein Wort geäußert hat, das hätte heißen können, »to change the fact?«
Ein Satz von Wyneken blieb unwidersprochen, gerade der eine, der eine Intelligenz, die den Ursprung ihrer Ohnmacht begriffen, zu Protest hätte aufrufen müssen. Das Regieren, so meinte er nämlich, sei Spezialfach.

Hier sollten sich die Geistigen fern halten und nur mittelbar einwirken. Aus dieser reinlichen Scheidung zwischen Asylverschluß des Künstlers und Kanzleiverschluß des Politikers entstand aber gerade jene *typisch deutsche Isolierung* und Hilflosigkeit der Intelligenz, die ihr heute nicht einmal erlaubt, für die kleinen Probleme dieses Bundes Vertreter in der Öffentlichkeit zu stellen. Der Dipl. Ingenieur sprach von der Zersetzung, die in der Großindustrie mit dem Charakter der Angestellten vor sich geht. Sie habe zur Folge, daß, was der Vater im Berufs- und Privatleben noch mit der Pistole beantwortet hätte, der abgestumpfte Sohn heute ruhig hinnimmt! Hier scheint mir der Tiefpunkt berührt. Daß fast kein Geistiger sich mehr trauen kann und traut zu einer Sache zu stehen, die Gesinnungszersetzung als Waffenberaubung, gegen die müßte gekämpft werden. Aber wie kann man das, wenn man im Kleinen wie im Großen nicht fähig ist, sich auf Konkretes zu konzentrieren, nichts tut »to change the fact« und Intellektueller zu sein als Spezialberuf des sich Fernhaltens betrachtet? Zur Massenbewegung dürfte diese Position nicht ausreichen.

Grete de Francesco

»Daß der Mond nur *eine* Hausseite zu bescheinen vermag, das ist für eine so kunstgerecht präparierte Gefolgschaft eine bekämpfenswerte Neidäußerung des bösen Feindes. Nord und Süd sind keine Gegensätze mehr, wo ein Monddoktor herrscht. Wie spürt man in diesen Berichten das Bedrohliche der verbohrten und rohen Intoleranz, wie ist die Luft mit Abwehrkräften gegen Geist und Klarheit geladen: Totschlag lauert hinter den Türen dieses Bierhauses.«

– Grete De Francesco über einen Bericht von der »Wallfahrt zum Monddoktor in Berlin« in der Berlinischen Monatsschrift *vom April 1783*

5.

Grete De Francesco
Milano (5/43)
Via. R. Fucini 5, Italia — 16. Okt. 1937

Verehrter Herr Thomas Mann,

In diesen Tagen sendet Ihnen der Verlag Benno Schwabe & Co., Basel, mein Buch »Die Macht des Charlatans« zu. Mein Jugendfreund, Dr. Egon Frey in Wien,[32] hat Ihnen das Buch angekündigt und ein anderer gütig um mich besorgter Freund, Prof. Karl Mannheim, teilte mir seine Absicht mit, eine Besprechung in »Mass und Wert« anzuregen. Ich bin dankbar dafür, daß mir alle äußerlich-praktischen Einführungen so freundschaftlich abgenommen wurden, so daß ich mich in diesem Brief auf das konzentrieren kann, was mir von entscheidender Wichtigkeit ist und was nur deshalb nicht früher gesagt wurde, weil es mir widerstrebte über eine unfertige Arbeit selbst zu dem geistigen Schutzpatron dieser Arbeit zu sprechen.

Nie wäre dieses Buch geschrieben worden ohne den Weckruf, den »Mario und der Zauberer« für mich bedeutet hat, ein Ruf, der Jahre lang nur als ein unterirdisches Summen weiter gewirkt hat, nachdem der erste kaum zu schildernde Eindruck vorbei war, um sich dann an einer ganz peripheren konkreten Anregung von neuem zu entzünden. Das Erlebnis des italienischen ambiente war für mich ein sehr persönliches gewesen und wenn ich mich heute an die Trauer und Verzweiflung erinnere, die mich, die ich menschlich durch die Vorgänge in einem Land, das nicht meine Heimat war, in keiner Weise getroffen war, erinnere, so weiß ich, daß die Ahnung all der lauernden Barbarei schon in den ersten glorreichen Wochenerbarmungslos und klar vor mir stand. Ich bin auch heute noch fest davon überzeugt, daß das Todesurteil der Demokratien schon nach zwei Wochen Faschismus gesprochen war. Indem er sie zu verteidigenden Abwehrhandlungen zwang, zersetzte und korrumpierte er sie, denn die Reaktion gegen faschistisch-diktatorische Bedrohung kann nur durch a-demokratische Methoden[33] geschehen. Mein Pessimismus wurde verlacht, besonders von meinen deutschen Freunden – wir Österreicher haben einen feineren Instinkt in diesen Dingen und eine noble Familiarität mit jeder Art von Pessimismus –; Überbewertung des Phänomens wurde mir von allen Seiten vorgeworfen –; was wird ein Vorgang im kleinen Italien schon zu bedeuten haben?

Da erschien »Mario und der Zauberer« und ich erlebte, daß Thomas Mann ebenso bis ins Innerste erschreckt, ebenso gelähmt und machtlos eingesperrt in das Ungreifbare der Atmosphäre wie ich, die ganze Todesschwere der Drohung groß und furchtbar erblickte. Was hätte mir Bestätigung sein sollen wenn nicht die Worte, die von dem kleinen, heimlichen Altar meiner beglückten Kindheitsschwärmerei gesprochen wurden? Denn – oft mag Ihnen das schon gesagt worden sein – was gab es Heiliges in dieser mit den kritischen Augen einer Jugend aus den Jahren 1910–14 betrachteten Welt, wenn nicht »Tonio Kröger«? Nie hatte ich und werde ich die Nacht vergessen, in der ich, 15 Jahre alt, die »Buddenbrooks« las (– unten war große Gesellschaft –) auf dem Fußboden sitzend von 8 Uhr Abend bis 7 Uhr Morgens! Als man mich da fand und mir nicht ganz zu Unrecht ein paar Ohrfeigen antrug, erklärte ich mit dem schönen überspannten Pathos einer Schmierenheroine: Ohrfeigen, so was käme überhaupt nicht mehr in Frage und das ganze Leben müsse anders werden(,) und Alltag, das könne es garnicht mehr geben seit ich weiß, daß es Bücher gibt wie die »Buddenbrooks«: Wenn ich mir das heute überlege, so muß ich es sehr verständlich finden. Was sollte Gleichgewicht und Fassung erschüttern, wenn nicht die erste offenbarende Ahnung vom Da-Sein des Kunstwerks? Und da ich mich schon in diesem unstatthaften Exkurs verliere – wie sonderbar ist es, daß Egon Frey heute an Sie schreibt, meinetwegen! Wieviel Tanzkränzchen tauchen da auf mit ihrem dunklen Heimweg und einem schimpfenden alten Fräulein: »was hast du den ganzen Abend getrieben? Getanzt hast du nicht, aber mit dem langen Frey über Thomas Mann spintisiert. Kommt das noch einmal vor, dann verklatsch' ich dich.«

Exkurse zu vermeiden in einem Brief an Sie ist unmöglich. Denn jede Lebensphase zieht vorbei, jede hat in einem andern und immer wieder neuen Sinne Licht empfangen von Ihnen und Ihrem Werk. Und so konnte es keine gewichtigere Bestätigung für mich geben und für den Ernst und die Erschütterung mit der ich die ersten Barbarenjahre Italiens miterlebte als »Mario und der Zauberer.« Aber weit über gedankliche Bestätigung hinaus ging die magische Realität des gleichnishaften Bildes: der Zauberer, der Taschenspieler, der prestidigateur (prestige = Blendwerk, Zauber), der Illusionist stand dieser verzauberten Menge gegenüber. Der »angenehme Angstschweiß« – ich gebrauche diesen Ausdruck in meinem Buche wiederholt – brach doch(dick?) aus und das Interesse für dieses Phänomen verließ mich nie mehr und wurde immer brennender – und nie verließ mich das gleichnishafte Bild Cipolla's, des Illusionisten.

Ich lebte dann in Deutschland von 1927 – Juli 1934 und ich erlebte die ersten Ausbrüche des »angenehmen Angstschweißes« und erlebte – genau wie in Italien – die ersten Ausbrüche des Grauens. Ich schweige über die Unterschiede, über die Steigerungen vor denen das Volk Italiens seine überlegene Latinität bewahrt hat, und immer bewahren wird. Vom Regen in die Traufe geraten, flüchtete man gerne zurück in den Regen, den grauen Regen Mailands. Mit der schönen Arbeit in Deutschland war's vorbei: Ich hatte – immer im unbewußten Bestreben, Gegengifte gegen alle Cipollas zu speichern – in Berlin als erste und einzige Frau das Diplomexamen der Deutschen Hochschule für Politik abgelegt und war dann erst ständige Mitarbeiterin, dann 1932 vorübergehend Redaktionsmitglied der »Frankfurter Zeitung« gewesen. Ein sonderbares Angebot kam aus Basel: Die pharmazeutische Abteilung der »Ciba« gründete eine Reklame-Zeitschrift und bewarb sich um meine Mitarbeit. Ein neues u. fremdes Gebiet war mir sowohl die Geschichte der Medizin als die Aufgabe der Bildersuche, die von mir 60 % Erstveröffentlichungen verlangte. Die Schwierigkeit der Aufgabe, die Randgebiete und das hochanständige Niveau der Zeitschrift lockten. Ich schreibe nun seit 3 Jahren für sie und habe viel gelernt. Man verlangte von mir ein Heft »Der Charlatan«, ich sammelte Material, stellte es zusammen und als ich das fertige Manuskript im Zusammenhang las erschrak ich. Ohne, daß ich es geahnt, geschweige denn gewollt hätte, war ein Gleichnis entstanden; nicht der Autor, sondern die Macht des Stoffes erhob, hart, laut und mit eindringlicher Direktheit Anklage über Jahrhunderte. Und plötzlich wurden meine blinden Augen sehend: hier hielt ich das kommende Urbild in Händen; das in »Mario und der Zauberer« mit der magischen Realität des gleichnishaften Bildes schon einmal im Tiefsten aufrüttelnd auf mich gewirkt hatte. Als ich das verstanden hatte stand der Entschluß ein Buch »Die Macht des Charlatans« zu schreiben, fest. Ich wußte aber sofort, daß ich als Autor stumm zu bleiben hatte, daß mir gerade die gleichnishafte Größe des Themas das äußerste Maß von Zucht auferlegte, daß ich zu schweigen und der Stoff zu sprechen hatte. Ich vermied die Gegenwart, ich vermied jede »geistreiche« Parallele, ich trat zurück um der übermächtig sich erhebenden Anklage jeden Raum zu geben. Ich zeigte nach Niemandem, aber tausend Hände streckten sich aus der Vergangenheit und wiesen auf – Cipolla. Ich schrieb unangreifbar, jeden Satz auf zwei Ebenen prägend, und war bestrebt, die Tarnung so dicht zu machen, daß dieses trojanische Pferd – möglicherweise – als medizingeschichtliches Buch in Deutschland Eingang findet. Ob das gelingen wird, weiß ich heute nicht – ich weiß nicht einmal mehr, ob ich es wirklich wünsche – während der Arbeit hielt ich mich jedenfalls an diese Richtlinie.

Man lebt hier in geistiger Wüste, selten flattert ein

Artikel oder Buch von draußen herein. Mein Buch war beinahe beendet, da schickten mir Freunde – lange nach Erscheinen – »Achtung Europa!« zu. Der Eindruck war so atemberaubend wie viele Jahre früher der von »Mario und der Zauberer«. Mehr Bestätigung, ermutigendere und beglückendere Bestätigung habe ich nie empfangen. Längst war der Schluß des Kapitels »Der Charlatan der Charlatane« geschrieben, die Sätze über den Wahrheitsersatz, längst der Exkurs über Buonafede Vitali mit seiner Mahnung an die gefährlichen ästhetischen Betrachter und Liebhaber charlatanesker Kunstfeuer, längst auch der Abschnitt »Macht durch Propaganda« mit seiner Antithese von Propaganda und Erziehung. All das war viel weniger aus medizingeschichtlichen Kenntnissen gewachsen, als aus der ganzen Trauer und Verzweiflung eines Menschen, der in zwei Ländern das Grauen miterlebt hat. Und ich durfte in »Achtung Europa!« lesen, daß Thomas Mann dieselben Probleme in das Zentrum seiner Mahnung an Europa stellte, die ich als zentral in meiner »Naturgeschichte« des Phänomens »Charlatan« gestellt habe. Als letzte Bestätigung kam der Titel der Zeitschrift: »Mass und Wert«. Ganz entscheidend war mir dieser »Mass«-Begriff als ich in dem Kapitel »Leonhard Thurneisser, ein Charlatan der Wissenschaft«, das Intervall aufzuzeigen versuchte zwischen dem Maß des echten Forschens und der liederlichen Nachmessung durch den Charlatan.

All das ermutigte mich vielleicht über Gebühr. Ich arbeitete, fast möchte ich sagen in strahlender Übereinstimmung mit Ihnen. Vielleicht war ich zu sicher, vielleicht ist mir garnicht soviel gelungen, daß ich wagen darf, mich auf diese Übereinstimmung zu berufen.

Ich lege dieses Buch in Ihre Hände, ich wollte, ich hätte es Ihnen widmen können. Werden Sie nachdem Sie bis hierher gelesen haben, verstehen, daß es nicht Anmaßung ist und auch nicht Eitelkeit ist, daß keinerlei Utilitätsgründe mich leiten, wenn ich Sie bitte: schreiben Sie über mein Buch in einer Tageszeitung. Glauben Sie mir, daß ich voll Scham das »du bist so groß, ich bin so klein« empfinde, während ich diese Bitte niederschreibe. Aber mir würde (und wird wahrscheinlich) mein Buch für immer »ungesegnet« und unvollendet erscheinen, wenn sein geistiger Schutzpatron es nicht verbindlich und gültig bejaht.

Ich komme zum Schluß und muß Sie noch bitten, diesen Brief als ganz private Mitteilung an Sie zu betrachten. Ich bin italienische Staatsangehörige und schon allein durch den Umstand, daß mein Mann und ich Österreicher waren, erst durch den Friedensvertrag hierher verbannt und verschlagen, sind wir zur Vorsicht gezwungen. Andere gewichtigere Gründe kommen hinzu. Ich bin hier schwer gefährdet und muß hinter der tarnenden Mauer der Medizingeschichte ausharren. Wie dieses Buch entstand, das dürfen Sie wissen – aber niemals könnte ich mich öffentlich so äußern.

Und nun darf ich Ihnen noch zum Schluß, ergriffen von dem Augenblick, der mir erlaubte an Thomas Mann zu schreiben, aus tiefstem Herzen danken für allen Glauben und alle Bestätigung, die Sie mir gegeben haben. Wer hätte noch lange nach »Mass und Wert« zu fragen wenn er, was Sie geschrieben, wirklich verstanden hat?

Verzeihen Sie mir die Länge dieses Briefes und beschützen Sie mein Buch, wie Sie es im Geistigen längst beschirmt haben, auch auf seinem Schicksalsweg!

Grete De Francesco

»Den Diplomaten und Politikern, die heutzutage so willig von einem Scharlatan zum andern reisen, sei dieses Buch besonders empfohlen: als Zeitvertreib in den Schlafwagen, in denen sie hoffentlich schlaflose Nächte verbringen …«
– Aus Joseph Roths Rezension des »Charlatan-Buchs«, in: Das Neue Tage-Buch *(Paris), 29. Januar 1938*

6.

»Montag, den 18.X.1937«, hielt Thomas Mann in seinem Tagebuch fest: »Guter Brief der G. de Francesko [sic] in Mailand über ihr Charlatan-Buch u. seine Zusammenhänge mit ›Mario‹. Beschäftigung mit dem Buch.« Zwei Tage später zeigt sich der Tagebuchschreiber angewidert von der Lektüre der Reichspresse: »Frecher Hohn der Deutschen über England (…) Neue Hetze gegen die C.S.R. in Ausdrücken, die gleichsam der Wahrheit über sich selbst dem Munde genommen werden – wie immer: ›Lüge‹, ›Gewalt‹, ›Fälschung‹, ›Rohheit‹, ›Unsittlichkeit‹, das alles eignet das Pack sich an und dreht es um.« Passend dazu beschließt er den Tag: »Las abends in dem Francesco'schen Buch über den Charlatan.« In seiner persönlichen Bibliothek, heute im Thomas-Mann-Museum an der Zürcher ETH, ist ein Exemplar des Buchs erhalten, desgleichen das zwölfseitige handschriftliche Original von De Francescos Brief an die damalige Kilchberger Adresse des Autors mitsamt den An- und Unterstreichungen des Empfängers am Seitenrand und im Text.

Darunter auch der von De Francesco diplomatisch

verpackte Wunsch, Thomas Mann möge das Buch in einer Tageszeitung besprechen. Dazu ist es nicht gekommen. Allerdings versuchte der »Zauberer«, wie er im Kreise seiner Familie genannt wurde, vergeblich, Ferdinand Lion, den Redakteur der von Thomas Mann herausgegebenen Exilzeitschrift *Mass und Wert*, unter Berufung auch auf den Zürcher Verleger Emil Oprecht davon zu überzeugen, eine Rezension des Buchs in die Wege zu leiten. In einem Brief vom 7. Dezember 1937 an Lion, der sich zuvor offenbar über zu viele Einflussnahmen des Herausgebers beklagt und auf seine Redaktionshoheit gepocht hatte, versuchte Thomas Mann den Widerspenstigen mit dennoch guten Argumenten von der Sache zu überzeugen:

»Eine Zeitschrift der deutschen Emigration, die überhaupt Bücher-Berichte bringt, sollte meiner Meinung nach von einem Buch literarischer Haltung, das, ob es nun mit besonderer Genialität geschrieben ist oder nicht, jedenfalls eine Art von Psychologie des historischen Typus des Charlatans bringt, Notiz nehmen. Das scheint auch Oprechts Meinung zu sein; eine schlichte Meinung, aber wir beide wissen die Sorge um das Niveau von ›Mass und Wert‹ zu gut bei Ihnen aufgehoben, als daß ernstlich von einem ›Druck‹ die Rede sein könnte, um dessen Aufhebung Sie ersuchen.«

Lion ließ sich dennoch nicht umstimmen, und in einem der Folgehefte wurde das Buch lediglich unter der Rubrik Neuerscheinungen aufgelistet. Dafür erschien die 1939 von Miriam Beard übersetzte und um ein zusätzliches Dossier über amerikanische Quacksalber erweiterte Ausgabe des Buchs als »The Power of the Charlatan« bei der Yale University Press mit einem von Thomas Mann beigesteuerten, im Stil eines Epigramms aufgemachten »Blurb« auf dem Einband:

THOMAS MANN SAYS:
»I learn with pleasure that you are
publishing a translation of Grete de
Francesco's *Charlatan* which I know
and appreciate as a fine piece of work.«

Das Lob aus so berufenem Mund verfehlte seine Wirkung nicht, und das Buch zog damals in den USA sehr viel Aufmerksamkeit seitens der Kritik auf sich. Rezensionen erschienen in mehreren soziologischen, historischen und psychoanalytischen Fachzeitschriften, aber auch in politischen Magazinen wie der linksliberalen *The New Republic*. In deren Heft vom 29. November 1939 besprach der polnisch-jüdische Emigrant Norbert Guterman das Buch unter der Überschrift »Salesmen of Illusion«. Bereits in der Ausgabe vom 24. Mai 1939 war eine Anzeige für das Buch geschaltet, die, mit dem Lobspruch Thomas Manns in Kurzform versehen, aus dem Wochenmagazin *Newsweek* zitierte, wo das Werk zum »Buch der Woche« erklärt worden war. Ostentativ stand das Inserat neben einer Besprechung von Klaus und Erika Manns Standardwerk über das deutschsprachige Exil, »Escape into Life«. Der Text aus der Feder von Nathan Asch, dem Sohn des polnisch-amerikanischen Schriftstellers Schalom Asch, stellte die hellsichtige These auf, dass die deutschen Verbrechen des kommenden Krieges die bei vielen Menschen in Erinnerung gebliebene Greuelpropaganda des Ersten Weltkriegs durch ihr reales Grauen obsolet machen und in den Schatten stellen würden:

»*Schrecklichkeit* is no longer a product of the imagination, but a fact, a policy, proclaimed by Germany's leaders, attested by the best possible of conscientious, professional witnesses.«

Gemeint war das Zeugnis der aus Deutschland vertriebenen Schriftsteller, die im Buch der beiden Mann-Kinder nach Art eines »Who's who in exile« versammelt waren.

Doch weder mit der amerikanischen noch mit der deutschen Originalausgabe scheint die ursprüngliche Absicht der Autorin, ein getarntes Buch gewissermaßen als U-Boot oder »Trojanisches Pferd« nach Deutschland einzuschmuggeln, in Erfüllung gegangen zu sein.

An Walter Benjamin, der seine von De Francesco mit Spannung erwartete Rezension – »sie ist mir so wichtig!« – fest zugesagt hatte, schreibt sie zwar Anfang November 1937:

> »Erheiternd sind die ganzseitigen Glanzbesprechungen aus dem Dritten Reich, ich werde noch ein Hitler'scher Bestseller, wenn nicht die nunmehr beginnenden Auslandsbesprechungen den Frieden dieses doofen Paradieses stören.«

Lange können Vertrieb und Wirkung des Buchs in Deutschland nicht angehalten haben, denn auffällig und ungewöhnlich selbst für ein in der Schweiz verlegtes Buch ist, dass sich so wenige Exemplare davon in deutschen Bibliotheken erhalten haben. Es scheint, als seien die damals in Deutschland kursierenden Exemplare von irgendeiner »höheren Stelle« eingezogen und nicht einmal, wie mit der sonst systematisch und geradezu pedantisch gesammelten Emigranten- und Widerstandsliteratur gewöhnlich geschehen, durch sekretierte Verwahrung den Blicken des Publikums entzogen, sondern womöglich vernichtet worden zu sein. Nicht einmal im Pflichtbestand der Leipziger Deutschen Nationalbibliothek, vormals Deutsche Bücherei, und auch nicht im bestens bestückten Deutschen Exilarchiv der Frankfurter Filiale hat sich auch nur ein einziges Exemplar erhalten, so dass der auch in keinen einschlägigen Handbüchern und Lexika vorhandene Autorenname Grete De Francesco bis vor wenigen Jahren dort nicht einmal in den Katalogen auftauchte, also nicht nur biographisch, sondern auch bibliographisch ausgelöscht war. Selbst Walter Benjamins unter dem Pseudonym Detlef Holz seinerzeit ebenfalls in der Schweiz erschienene, irrtümlich als Tarnschrift angesehene[34] Briefsammlung »Deutsche Menschen« war in Deutschland, auch ohne die zahlreichen Wiederabdrucke und Neuausgaben der Nachkriegszeit, eine bei weitem glücklichere Überlieferung beschieden, wohingegen das Buch im damaligen Schweizer Buchhandel gar nicht so leicht erhältlich war, wie De Francesco selbst bemerkte, als sie dem Autor Anfang Dezember 1937 von Zürich aus schrieb:

»Ich versuchte in Basel in 5 Buchhandlungen umsonst ›Deutsche Menschen‹ zu bekommen, ich verschenke sie wo ich nur kann. Dies für Ihren Verleger. Hier bekam ich das Buch.«

Von der deutschsprachigen Exilpresse wurde das Charlatan-Buch hingegen relativ schnell wahrgenommen: Die *Pariser Tageszeitung* vom 18. November 1937 (Nr. 523) veröffentlichte unter dem Originaltitel des Buchs mit dem Zwischentitel »Von Hexenkünstlern und Kopfverdrehern« einen in politisch-parabolischer Absicht wohlgewählten Auszug aus dem Kapitel »Fälscher der Meinung«. Nicht zuletzt war darin – »vergangene Zukunft« quasi – von »schwere(n) kriegerische(n) schwarze(n) Wolken« am »politischen Horizont von Europa« als den Wegbereitern für ein kommendes »allgemeines Kriegsfeuer« die Rede. Und sinniger noch hatte der unbekannte Layouter dem Buchauszug eine Rubrik mit den Frequenzen deutschsprachiger Radiosender des Auslands und des Widerstands unter der fetten Überschrift »Radio – deutsch und göbbelsfrei« mit aktuellen Programmhinweisen zur Seite gestellt.

Dicht hintereinander wurde das Buch von Ernst Krenek in der *Wiener Zeitung* und von Joseph Roth in der Pariser Exilzeitschrift *Das Neue Tage-Buch* besprochen. Letzterer stellte ziemlich pointierte Bezüge zur politischen Gegenwart her:

»Der Leser, der keine diplomatischen oder beruflichen Interessen hat, empfindet nach der Lektüre dieses Buchs ein unsagbares Heimweh nach jener Zeit, in der Scharlatane auf den öffentlichen Märkten nur Zähne ziehen durften und in der selbst die Brigadinos und Cagliostros noch nicht die Macht hatten, das Rheinland zum Beispiel zu besetzen oder Abessinien zu erobern.«

Das war mehr als deutlich. Eine gewaltige Enttäuschung dürfte für De Francesco hingegen die ungeduldig erwartete Besprechung Walter Benjamins gewesen sein. Dieser hatte vom Buch schon die Druckfahnen oder Rohbogen gelesen und war seit dem Sommer 1937 mit der Autorin darüber in einen längeren Meinungsaustausch getreten.[35] Auf Benjamins Kritik, mitgeteilt in einem leider nicht überlieferten Brief, der offenbar vor allem den camouflierten politischen Gegenwartsbezügen widersprach und die positiven Seiten der historischen Scharlatane nicht hinreichend gewürdigt sah, hatte Grete noch vor dem Erscheinen des Buchs Ende August 1937 sich näher erklärt:

»Lieber Herr Doctor,

Nehmen Sie herzlichen Dank dafür, daß Sie mein Buch so rasch gelesen und mir so ausführlich geschrieben haben, besonders aber dafür, daß Sie auch Ihre Bedenken laut werden ließen. Die politische Tarnpflicht hat mich [...] gehindert, dem ›Qui bene distinguit bene docet‹ praktischen Ausdruck zu geben [...] Immerhin hatte ich [...] gehofft, man würde aus der Feststellung, daß die Kritik der Charlatane an Zeiterscheinungen im Negativen zutrifft, daß ein ›Körnchen Wahrheit‹ in ihren Reden gewesen sei etc. erkennen, daß seitens der Autorin auch eine verständnisvolle Verteidigung besteht. Vor allem aber hoffe ich, daß die absolute Zustimmung zu Buonafede Vitali, also dem konkreten Lebensmodus des Charlatans, zeigen würde, daß die Generalattacke einzig jenen gilt, die im ›übertragenen‹ Sinne Charlatane sind. Als Vorgänger uns bewußter Zeitgenossen würde ich die Charlatane keineswegs bezeichnen, damit würde man ihnen in der Tat unverdient zu nahe treten. Nicht nur das Fehlen von Klasseninteressen als vis agens schützt die Charlatane vor solchem Anwurf, sondern auch das Fehlen der typisch kriminellen Züge in ihrem Charakter. Was ich sagen möchte ist, daß unsere kriminellen Zeitgenossen sich spezifisch charlatanesker Methoden zur Erreichung ihrer Ziele bedienen. Nur methodisch, nicht inhaltlich ist die Stammbaumforschung gedacht. [...]«

Zwei Tage zuvor hatte Benjamin in einem Brief aus San Remo an Adorno in Oxford, dem er die Druckvorlage auf Gretes Wunsch weiterleitete, wo dieser sie nach Lektüre an Karl Mannheim weiterreichen sollte, seine Kritik zunächst noch freundlich und diplomatisch verpackt, bevor er allerdings ein harsches Gesamturteil fällt: Zwar nähme ihn das Buch

»[...] durch die Seltenheit seines Materials, durch den mit Sorgfalt gepaarten Spürsinn ein, mit dem sie [die Autorin] sich dieses Materials versichert. Leider enttäuscht es in anderer Hinsicht. Es ist von Grund auf mit dem leidigen Vorsatz behaftet, den Charlatan als einen Geistesverwandten der heutigen Machthaber darzustellen und in der Kritik des einen den andern zu geißeln. Das derart ausgerichtete Raisonnement ist politisch null und nichtig [...]«

Warum so kategorisch? Eine durch die Blume gegebene Antwort ist in einem Brief Adornos vom 10. November 1937 an die Autorin[36] enthalten: Zunächst wiederholt auch er neben Benjamins Lob der Darstellung und des Materialreichtums den Einwand, wonach »die ganze Konstruktion zu unmittelbar auf die gegenwärtige Charlatanerie« abziele, um die Kritik danach ins Grundsätzliche und Weltanschauliche zu heben:

»Die Scharlatanerie wird gleichsam ins allgemein Menschliche nivelliert; es schaut eine Ontologie oder Phänomenologie des Scharlatans heraus, wo dieser historisch-materialistisch zu fassen wäre.«

Was Letzteres zu bedeuten hätte, das macht schließlich Walter Benjamin in seiner Rezension für Horkheimers *Zeitschrift für Sozialforschung* zum zentralen politischen Argument, indem er die technische Frage, »mit welchen Mitteln Personen oder Gruppen Einfluß auf Massen ausüben«, zunächst neutralisiert und für die Gegenwart offen lässt: »Die Politik sorgt dafür, daß die Frage akut bleibt«. De Francescos Entgegensetzung von einerseits »Fälschern« alias »Charlatanen«, denen die Massen auf den Leim gingen, und andererseits der Wahrheit verpflichteten »Immunen«, denen aufgetragen sei, »›die unheilvolle Macht des Charlatans zu erschüttern‹« ist für den damals frisch zum »dialektischen Materialismus« Moskauer Konfession bekehrten Verfechter des »Agitprop« natürlich eine grundfalsche bzw. ›undialektische‹ Entgegensetzung, die überdies das – bei korrekter »historisch-materialistischer« Betrachtung – dem geschichtlichen »Fortschritt« verschriebene Bemühen der vergangenen Charlatane verkenne, »profanes Wissen an die Massen heranzubringen«. Und so folgt unvermeidlich als parteiliches Bekenntnis zur Rolle von »Agitprop« im revolutionären Klassenkampf:

»Die Beeinflussung der Massen ist jedoch keine Schwarzkunst, gegen die an die weisse Magie der Eliten zu appellieren wäre. Sie ist eine geschichtliche Aufgabe […]«[37]

Benjamins Doppelspiel gegenüber einer Autorin, die er bei aller Kritik doch persönlich so sehr schätzte, daß er die Briefe an sie mit »Ihr Walter« unterschrieb, schloss nicht aus, dass er sich intensiv, vor allem beim Pariser Verlag Gallimard, dessen Lektor Bernard Groethuysen und dem Übersetzer Pierre Klossowski für das Buch und seine Übertragung ins Französische einsetzte, »leider ohne den gewünschten Erfolg«, wie er Karl Thieme nach Basel berichtet, weil »die hiesigen Verleger (…) die Kosten (fürchten), die ein anständig illustriertes Buch«[38] ihnen auferlegen würde. Die zuvor von Adorno angestrebte partielle Zusammenarbeit mit Horkheimers Institut, die für Walter Benjamin freilich so lebenswichtig war, dass er aus Gründen der Gruppensolidarität bereit war, an Grete De Francesco eine stellvertretende Hinrichtung der Mannheim-Schule zu exekutieren, kam von nun an nicht mehr in Frage.

»In der Heimat, in der Heimat
da gibt's ein Wiedasehn [sic] –
aber in welcher?«
*– Grete De Francesco, auf einer
Postkarte vom 3. Dezember 1941
an Carola Giedion-Welcker*

7.

»Es kommt mir vor«, schrieb Grete De Francesco schon einmal im August 1919, »als machte ich vom Brenner hinunter einen Kopfsprung mit geschlossenen Augen.« Trotz aller Beschwernisse war Italien da für sie noch eine ganz neue Erfahrung. Nicht einmal die lautmalerisch von ihr so bezeichnete »Eckelkrankheit« Faschismus konnte sie daran hindern, dieses Land zu lieben und dem unsteten Leben, das sie weniger diesseits wie jenseits einer Grenze, sondern als prekäres Dauerprovisorium buchstäblich *auf* der Grenze führte, so viel Kreativität abzugewinnen – und zugleich ihren chronischen Erkrankungen abzuringen –, als seien ihr bei jenem Kopfsprung vom Brenner hinunter Flügel gewachsen, die sie im Wechsel nach beiden Seiten ausschwingen ließ. So sehnte sie sich, einmal ungeachtet ihrer politisch motivierten Option für das Deutschland von vor 1933, doch wieder nach Italien zurück, als ihr während eines Kuraufenthalts auf der Nordseeinsel Amrum im August 1931, wo »Meer, Menschen und Fraß« ein und »denselben sandigen Protestantismus« ausströmten, die ihr als Zeichen der »Negierung jeder sinnlichen Lebensfreude« gewaltig aufstießen. Dies schreibt sie den Giedions in deren italienische Sommerfrische und wird dabei ganz sentimental: »Und nun grüßt mir das geliebte Meer und das geliebte Land, die Melonen und den Mondamin [?], die Tanzplatten und die Fischer und wenn ich noch lang schreib heul ich –«

Die Kopfsprungsituation sollte sich spätestens im Herbst 1934 wiederholen, ohne Aussicht auf Rückkehr nach Deutschland. »Von unserer hoffnungslosen Hölle spreche ich nicht«, schreibt sie den Kracauers im Oktober 1933 aus Frankfurt, als ihr die Ausübung des Journalistenberufs unmöglich geworden war. Vorübergehend hatte sie sich vergebliche Hoffnungen auf eine akademische Position in England gemacht. Dann war zeitweise die Übersiedlung nach Paris im Gespräch, doch erübrigte sich auch diese, als ihrem Mann eine offenbar dauerhafte Stellung bei Brown Boveri Milano zuteil wurde. Gleichwohl sollte Grete auf erneuter Wohnungssuche dort zunächst wenig glücklich werden, wie sie im September 1934 wiederum an Kracauer schreibt, seitdem »diverse Chocs bei mir zu einem derzeit recht deprimierenden Zustand geführt haben« – zumal: »etwas SO Hässliches wie das NEUE Milano hab ich nie gesehen. Da kann man nur weinen.«

Die nun folgenden Jahre scheint Grete De Francesco mehr oder minder beständig zwischen Wien und Mailand, Prag und Paris, Basel und Zürich unterwegs gewesen zu sein. Im Charlatan-Buch lassen sich die Stationen ihrer Recherchen anhand der nachgewiesenen Fundorte der Vorlagen für die teilweise sehr seltenen Illustrationen verfolgen. Ein weiteres Licht wirft ihr permanentes Unterwegssein allerdings auf die besondere Situation und politisch-geographische Lage der Schweiz zumindest vor dem

Mai 1940, als nach den Beneluxländern und Frankreich auch dieses Land entweder tatsächlich kurz davor stand, von Deutschland, seiner Wehrmacht mit SS und Gestapo im Gefolge, überrannt zu werden, oder ob es lediglich in Hitlers Kalkül passte, das Land im Glauben an seine Gefährdung zu belassen.

Für die vielen Flüchtlinge, denen sich nach dem Anschluss Österreichs im März 1938 unzählige neue hinzugesellten, die in der Schweiz bleibendes oder vorübergehendes Asyl suchten, das allerdings nur politisch Verfolgten, nicht aber den aus rassischen Motiven vertriebenen und verfolgten Juden gewährt wurde, ergab sich eine anachronistische Situation: Sie ließ das Land, von dem bis heute niemand so genau weiß, wie viele Flüchtlinge hier tatsächlich einmal durchgingen, zur Terra incognita der Exilgeschichte werden. Denn einerseits war da die offizielle Schweiz, die Flüchtlingen gegenüber eine äußerst restriktive, wenn nicht geradezu erbarmungslose Politik exekutierte; ihr stand andererseits eine minder bekannte Schweiz gegenüber, die nicht wenige Schlupflöcher bot: Neben und mit den vielen privaten und dezentralen Initiativen der Flüchtlingshilfe bildeten sich Netzwerke von Akteuren – Personen wie Körperschaften, darunter Verlage, Museen, Bühnen, Zeitschriften, Wirtschaftsunternehmen, kirchliche Einrichtungen, Genossenschaftssiedlungen und andere Projekte –, die teilweise unabhängig voneinander agierten, teilweise aber eng miteinander verzahnt waren und, je nach politischer Lage, offen oder konspirativ in die Nachbarländer einschließlich Deutschlands ausstrahlten.

Mit mehreren solcher Netzwerke kam auch Grete De Francesco in Berührung. Einer dieser Leuchttürme, das einer ganzen Reihe jüdischer Emigranten aus Deutschland und Österreich, geschützt durch Pseudonyme, ein mäzenatisch finanziertes publizistisches Obdach bot, war die mehrfach erwähnte *Ciba-Zeitschrift*. Dahinter stand ein einzelner Mann als universal gebildeter, gleichwohl praktisch veranlagter Impresario: Karl Reucker, 1890 in Frankfurt am Main geboren, hatte Philologie und Medizin studiert und als Klinikarzt gewirkt, bis er wegen der Vielfalt neuer Möglichkeiten der Gestaltung ins attraktive Werbefach und in die Privatwirtschaft wechselte. In Berlin engagierte ihn der Anzeigendienst des Mosse-Konzerns, unter dessen Dach auch das *Berliner Tageblatt* erschien, für das Grete zeitweise schrieb. Möglicherweise rührte beider Bekanntschaft daher, bevor Reucker gleich Anfang 1933 unter der Gunst oder Ungunst der Stunde die ihm von der Ciba AG in Basel angebotene Gelegenheit ergriff, Nazi-Deutschland den Rücken zu kehren und unter dem Dach des Schweizer Unternehmens eine Reihe aufwendig gestalteter populärwissenschaftlicher Zeitschriften ins Leben zu rufen, die unter seiner Leitung zugleich als Werbeträger für die pharmazeutischen Produkte des Hauses fungierten.

Die graphische Gestaltung lag vornehmlich in den Händen des Typographen Jan Tschichold, der, von der SA als »Kulturbolschewist« bedroht, bei Nacht und Nebel von München nach Basel geflohen war, wo er, neben Engagements für Museen und Ausstellungen, eine Halbtagsstelle im traditionsreichen Schwabe Verlag ausübte. Seine Handschrift hinterließ er auch in Aufmachung, Layout und Satzgestalt von Gretes Charlatan-Buch, in dem Tschicholds eigene Schrifttype, die Sabon, quasi im Werden studiert werden kann. Als Autoren engagierte Reucker vorzugsweise Historiker, Mediziner und Medizinhistoriker aus seinem persönlichen Bekanntenkreis, darunter nicht wenige jüdische Emigranten aus Deutschland und Österreich. Deren bekanntester war der Wiener Musikjournalist, Kompositionsschüler und Biograph Alban Bergs, Willi Reich, der unter wechselnden Pseudonymen ganze Themenhefte über Tätowierungen, Rauschmittel, Betel-Nüsse, aber auch, kaum war der Krieg zu Ende, unter seinem eigenen Namen über »Gehör und Hören« bestritt. Möglicherweise wurde auch er über die Wiener Krenek- und De-Francesco-Schiene bei Reucker eingeführt.

Über die Freundschaft zu den Giedions und Curjels war Grete beinahe selbsttätig an ein ganzes Zürcher wie international verzweigtes Netzwerk von Künstlern, Architekten und Projektemachern angeschlossen. Sigfried Giedion war selbst ein solcher und alles zusammen, nicht nur ein begnadeter Pamphletist und Propagandist alles Neuen, zuvorderst des Neuen Bauens, sondern besaß auch unternehmerisches Talent. Seine Einrichtungsfirma, die Zürcher Wohnbedarf AG, belieferte ein Großprojekt, an dessen Entstehung er selbst beteiligt war, mit dem passenden Mobiliar: die Werkbundsiedlung Neubühl, ein international beachtetes urbanistisches Modellprojekt. Pablo Picasso, der der kurz zuvor fertiggestellten Siedlung, bewohnt vor allem von Künstlern und Intellektuellen, anlässlich der ihm 1932 gewidmeten großen Ausstellung im Kunsthaus Zürich einen Besuch abstattete, brachte Ort und Projekt auf den wunderbaren Satz: »Neubühl gefällt mir, scheint beweglich und nicht für die Ewigkeit fixiert, man hat das Gefühl, dass man wirklich alles zusammenpacken und forttragen könnte.«[39]

So reihte sich auch Neubühl in die nicht unbedeutende Schweizer Reihe von »Inseln eines ›anständigen‹ hilfsbereiten Bürgertums«[40] und war beinahe so etwas wie ein helvetisches Dieulefit, nach jener berühmten Gemeinde im Süden des französischen Departements Drôme, in dem viele verfolgte Juden und Intellektuelle während des Vichy-Regimes und der deutschen Besatzung Unterschlupf fanden. Prominent liest sich auch die Bewohnerliste von Neubühl: Hans Curjel und seine Frau kamen dort ebenso unter wie der Fotograf Hans Finsler, die Schriftsteller und Journalisten Arthur Koestler und Hermann Budzislawski, die Pädagogin Anna Siemsen und die Exilpolitiker Wilhelm Abegg und Wilhelm Hoegner. Auch Grete De Francesco bot sich auf der Durchreise hier ein privilegierter Ankerplatz und eine Nachrichtenbörse – vor allem von und nach dem Tessin, wo sich Niederlassungen von italienischer Resistenza und französischer Résistance mit den Enklaven deutschsprachiger Exilanten und den Akteuren organisierter Fluchthilfe berührten.

Infolge der österreichischen Tragödie verschärfte sich De Francescos persönliche Situation von neuem: »Grete de Francesco ist durch Paris gekommen«,[41] schrieb Walter Benjamin im April 1938 an die Adornos: »Sie war furchtbar traurig, ihre Eltern sind mit einem großen Vermögen in der österreichischen Falle gefangen.« Ihr Vater war nur wenige Tage nach dem »Anschluss« verstorben, Mutter und Schwester konnten sich später über den Atlantik retten. Bei einem Treffen in Lugano am 1. Mai 1938 tauschte sie die neuesten Nachrichten aus Wien mit Ernst Krenek aus. »Gräßlich alles«, notierte dieser dazu in sein Tagebuch.[42] Das nächste persönliche Trauma aber brachte der Mai 1940 mit dem Kriegseintritt Italiens. Seither saß Grete selber in einer Falle, aus der so leicht kein Entkommen war. Carola Giedion-Welckers Einladung nach Zürich beantwortet sie im September 1941:

»Ihre Aufforderung nach dem Doldertal zu kommen hat für mich etwas aufregendes. Allein der Gedanke, daß jemand andrer mich aus dem fidelen Gefängnis herausdenken kann, wirkte wie ein Lichtstrahl. Es ist natürlich ganz ausgeschlossen. Giulio bekommt die Erlaubnis durch die Firma, die seine Reise dringend nötig hat, ich hatte diese Erlaubnis auch aus Berufsgründen am 11. 5. 40 erhalten, genau an dem Tag wo es unmöglich wurde sie auszunutzen und heute ist an so etwas nicht einmal mit einem Wunsch mehr zu denken.«

Danach muss sich ihre persönliche Situation kontinuierlich verschlechtert haben. Der Briefverkehr unterlag der Zensur, weshalb die beiden Frauen sich auf eine Tarnsprache verständigten zum Camouflieren von Nachrichten und Informationen durch Lieder und Kinderlaute. Zum Beispiel heißt es da kurz vor Weihnachten 1941:

»Ja was die Herzerli sich schon Fusserle zufrieden müssen, arme Kleine! Die letzten Tage haben mir arg zugesetzt, bes. weil gestern Gerücht, dass Wintersportplatz, wo die Kinderle Eislaufen pleite ist. [...] Sonst viel Sorgen [,] wer nicht?«

De Francescos Andeutungen ist häufiger schon zu entnehmen, dass sie offenbar Fluchtpläne hegte und dazu persönliche Verbindungen nach den USA zu mobilisieren versuchte, so zu Moholy-Nagy nach Chicago und zu Sigfried Giedion, der damals in Harvard lehrte, während eine »Freundin von mir im Tessin« bereits »alles weitere übernommen« habe. Die Postkarten an die »Liebe C. W.« sind zunehmend von Rückzugsorten irgendwo in den Bergen aus adressiert, mal mit einem deutlichen »S.O.S. Ruf um Nachricht« (11. Januar 1942) versehen, mal mit der Verabredung zur Abholung von »Liebesgaben« – das heißt Warengeschenke und Lebensmittel – wiederum durch

»eine geheimnisvolle Bekannte«, von der es weiter heißt: »Dieselbe Bekannte bemüht sich dankenswerter Weise darum Giulio von Romea begleiten zu lassen – wäre zu schön um wahr zu sein.« (23. März 1942) Ganz offenbar suchte sie verzweifelt aus der Falle herauszukommen und bekräftigte den Wunsch mit dem bekannten Frühlingslied: »Und nun wird ja bald der Mai gekommen sein und nicht nur die Bäume werden ausgeschlagen haben, ›da bleibe wer Lu – u – ust hat, mit So – o – orge zuhaus.‹«

Unterdessen wird die Kommunikation immer schwieriger, weil die Auslandspost zunehmend reglementiert wird. Auf einer der letzten Postkarten kritzelt Giulio De Francesco zwar ein optimistisches und kämpferisches »Wir halten durch & Vinceremo!« (5. August 1942), doch bald darauf versiegen die Nachrichten, deren letzte überlieferte in krakeliger Handschrift vom 23. November 1942 datiert:

»Liebste C. W.

Gott gebe, daß Ihr Salvatore uns gut gestimmt ist(,) wir können es brauchen. Aus Geldmangel konnten wir bisher weder uns noch unsere Sachen in Sicherheit bringen.

[…] Wir kampieren […] in einem drittklassigen Gasthaus immer in Seregno (halber Weg Como). Eiskalt Toilette hoch über offene Veranda, natürlich unbeheizt. Giulio muss um 6h aufstehen um ins Büro zu fahren. Wir fahren täglich hin u. her solang es unsere Wohnung noch gibt. In Seregno suchen wir Unterkunft [?] aber umsonst. So steht man mit hängenden Armen u. offenen Augen!! Ich bin leider gesundheitlich all dem nicht gewachsen u. habe oft das Gefühl, es geht zu Ende u. noch öfter: ach ginge es nur zu Ende. Falls wir uns nicht wiedersehen: all our love Ihnen u. S.G. Andres *[der Sohn der Giedions]* ist Giulios Liebe. Liebe C. W. Ihre Romea«

Grete war aus Angst vor Verhaftung offenbar »in die Berge gegangen«.[43] Zwar kennen wir die näheren Hintergründe und Umstände ihrer Bedrängnisse und des ihr seit Mai 1940 auferlegten Ausreiseverbots nicht. Doch es gibt Zeugnisse: Das eine stammt aus der Nachkriegszeit von ihrem alten Freund und Förderer Bernhard Guttmann, der De Francescos Schicksal offenbar so genau, wie es ihm damals möglich war, recherchiert hatte. Guttmann selbst hatte exzellente Verbindungen in die Schweiz, nach Basel, Zürich, Luzern und nach dem Tessin und machte in den Sommermonaten 1947 Gebrauch davon. Den mit seiner noch aus der alten *Frankfurter Zeitung* stammenden Chiffre »gu.« signierten Nachruf »In memoriam Grete de Francesco«, erschienen am 30. September 1947 im zweiten Jahrgang der gemeinsam mit Benno Reifenberg herausgegebenen Zeitschrift *Die Gegenwart* (Nr. 17/18), beschließt er nach ausführlicher Würdigung ihres Buchs mit den Sätzen:

»Grete de Francesco, eine gebürtige Wienerin, lebte meist in Deutschland. Nach 1933 siedelte sie nach Mailand über. Ihre Situation wurde bedrängter, als ihre österreichische Heimat von Hitler annektiert war. Um dieselbe Zeit drang die Gestapo in Italien ein, dessen politische Polizei nun mehr und mehr in deutsche Gewalt kam. Die Schriftstellerin war politisch nicht hervorgetreten, sie wurde aber von Wien aus bespitzelt. Bis in die ersten Kriegsjahre blieb sie verschont, 1943 jedoch verdichteten sich die Anzeichen der Gefahr, so daß sie ihre Mailänder Wohnung verließ. Sie hielt sich in oberitalienischen Dörfern auf, Monate hindurch verbarg sie sich in einem Irrenhause für Frauen. Da inzwischen nach ihr, wie es schien, doch nicht gefahndet worden war, kehrte sie zu ihrem Unheil zurück und blieb gegen die dringenden Warnungen der Freunde in Mailand. Am 24. Oktober 1944, morgens, wurde sie in ihrem Heim von zwei SS-Leuten verhaftet. Sie hatte, wie üblich, mehrere Gefängnisse und Lager zu durchwandern, und langte Ende Dezember in Ravensbrück an. Dort ist sie von einer Freundin, die in einem andern Block des Lagers interniert war, gesehen und einige Male gesprochen worden, bis den Gefangenen bei Todesstrafe verboten wurde, aus einem Block in den andern zu gehen. Die Abteilung, in der sich Frau de Francesco befand, wurde zur ›Evakuierung‹ bestimmt, sie selbst ist Anfang März 1945 zum letzten Male erblickt worden. Es gingen damals von Ravensbrück Massentransporte nach Belsen, Malchow, Mauthausen. Die Mitgefangene, die dies berichtet, blieb bis Ende April in Ravensbrück, wurde dann zu Fuß abtransportiert und nach langen Märschen auf der Landstraße von Amerikanern befreit.«

Guttmanns nüchterner Bericht, der sich vielleicht auf das Zeugnis der Lagerinsassin Margarete Buber-Neumann bezieht, deckt sich nahezu mit den Angaben des *Libro della memoria*,[44] des regelmäßig revidierten großen Verzeichnisses über das Schicksal der von 1943 bis 1945 deportierten italienischen Juden. Lediglich das Todesdatum ist dort etwas früher mit »nach Februar 1945« angegeben, und die Umstände von De Francescos Deportation am 14. Dezember 1944 aus dem Zwischenlager Bozen-Gries sind detaillierter ermittelt: Demnach war es einer der letzten Deportationszüge überhaupt, der über den Brenner nach Norden rollte, und unter den Deportierten befanden sich neben Juden auch politische Gefangene.

Es ließe sich darüber spekulieren, ob Grete De Francesco als Jüdin – tatsächlich ist sie unter ihrem jüdischen Geburtsnamen »Weissenstein, Margherita, genannt Grete« aufgelistet – oder als »Politische« oder gar als verfolgte jüdische Widerstandskämpferin verhaftet und ins Konzentrationslager Ravensbrück deportiert worden ist, statt wie die meisten italienischen Juden nach Auschwitz. Vielleicht aber wäre es ohnehin angebracht, einen insbesondere in Frankreich und Italien traditionell auf den »bewaffneten

Kampf« verengten Widerstandsbegriff abzulegen, der zumal Frauen weitgehend ausschließt. Schließlich gibt es auch andere Formen des Widerstands, bei dem sich vor allem Frauen hervortaten, zum Beispiel, außer durch Schreiben und Publizieren, durch das Verbreiten und die Weitergabe von Informationen, von Aufklärung und von Nachrichten – bis hin zum Aufbau rudimentärer, am Ende womöglich institutionalisierter Nachrichtendienste und zur entsprechenden Recherchetätigkeit. Und nicht zuletzt gehört zu diesen Formen des Widerstands auch die Fluchthilfe, mit allem, was daran hängt.

Und hier kommt endlich die Erinnerung eines weiteren, heute noch lebenden Zeitzeugen an Grete De Francesco zum Zuge: Bruno Segre, nicht zu verwechseln mit dem gleichnamigen hundertjährigen italienischen Journalisten und Politiker, gleichwohl ein seinerseits prominenter Vertreter des säkularen italienischen Judentums, wurde 1930 in Luzern geboren und wuchs in Mailand auf, wo er auch heute noch lebt und tätig ist. Seine früh verwitwete anglo-irische Mutter, Kathleen Keegan Segre, in Dublin geboren, war eine begabte Musikerin und Übersetzerin mit Wiener jüdischen Wurzeln. Bevor sie sich zusammen mit ihrem Sohn Ende 1942 ebenfalls in die Berge zurückzog, führte sie seit den dreißiger Jahren in Mailand ein offenes Haus für ihre Freunde, darunter Migranten, Flüchtlinge und Exilanten aus ganz Mittel- und Mittelosteuropa. Bei ihren Zusammenkünften pflegte diese kleine kosmopolitische Gesellschaft miteinander zu musizieren und sich auf Deutsch als der von allen geteilten Lingua franca zu verständigen. Bruno Segre schildert dieses »kleine Sammelbecken eines Mitteleuropas im Exil« in einem autobiographischen Büchlein unter dem Titel »Che razza di ebreo sono io« (2016).[45]

Zu diesen alt- und neumilanesischen Freunden seiner Mutter zählte Grete De Francesco, und Segre hat selbst noch lebendige Kindheitserinnerungen an sie als »eine Person von außerordentlicher Intelligenz, die zugleich tiefe Sympathie zu erwecken vermochte«. Nach der Flucht beider Frauen aus Mailand schrieben sie sich einander Postkarten – eigentlich sind es Kassiber –, die sie mit Bleistift ausstrichelten, um darunter verborgen mit zart aufgetragenen Lettern Nachrichten in einem verballhornten österreichischen Dialekt, unausdeutbar für die Zensur, auszutauschen. Einer dieser Kassiber, der in Bruno Segres Besitz erhalten geblieben ist, lautet transkribiert:

18/9/42

»Lipe Kati
Pin seit Mohntag Zhaus war ser grank.
Der Herr Osnango [?] ist in Mailand, er is nicht mehr 80 Johr, sondern hundert,
schreip kleich ~~og~~ obst eam sehn willst und um wiefiel Uhr.
Handgus der Herrschaft aufs Widersehn.
Dei liabs Reserl«[46]

Nach dem 8. September 1943, als die Deutschen Norditalien besetzten und sofort ihr Vernichtungsprogramm auf die italienischen Juden ausdehnten, stand Segres Mutter mit ihrem Jungen vor der Wahl, entweder über die Schweizer Grenze oder nach Süden, in die von den Alliierten befreiten Regionen Italiens zu fliehen. Lebensgefährlich waren beide Wege, doch für den Fall, dass Mutter und Sohn nach Norden fliehen sollten, stattete Grete ihre Freundin Kathleen mit ihrer Visitenkarte aus, beschriftet mit der Nachricht an eine gute Bekannte in Lugano namens Verena Brunetti. Bei ihr dürfte es sich – ihr Name füllte mehrere Ermittlungsdossiers der Schweizer Bundespolizei – vermutlich um dieselbe befreundete Fluchthelferin gehandelt haben, deren Dienste Grete selbst schon einmal in Anspruch genommen hatte. Gefolgt von der zugehörigen Adresse in Lugano, ist auf der Visitenkarte oberhalb von De Francescos gedrucktem Namen und ihrer Mailänder Adresse zu lesen: »Liebe Verena, ich schicke Ihnen meine liebe Freundin Kathleen Keegan-Segre u. bitte Sie sehr ihr in jeder Weise zu helfen.«

Gewählt haben Mutter und Sohn dann allerdings den Fluchtweg nach Süden, den Alliierten entgegen, und sie haben beide überlebt.

*

Hier endet vorläufig eine Geschichte, über die Bernhard Guttmann gleich zu Beginn seines Nachrufs etwas Grundsätzliches und noch immer Gültiges schrieb, das dennoch nicht verhindern konnte, dass Grete De Francesco danach von neuem für mehr als ein halbes Jahrhundert in Vergessenheit geriet. Guttmann hatte damals, im Jahr 1947, geschrieben:

»Unter den Millionen, die von Lager zu Lager bis in die Vernichtungsstätten geschleppt worden sind, ist nur über das Ende von wenigen genaue Nachricht vorhanden, die ungeheure Überzahl verschwand ohne eine Spur in dem Abgrund. Verschwunden und nunmehr als umgekommen anzusehen ist die kulturgeschichtliche Schriftstellerin Grete de Francesco, die kurz vor dem Ende des Krieges in die Klauen der SS geriet. Sie beschäftigte sich mit Untersuchungen, die, ohne jede Polemik, dem Dritten Reich verdächtig erscheinen mußten, weil sie von fern auf die Tätigkeit der Machthaber hindeuteten […].«

Aus dem erneuten Verschwinden in die Vergessenheit wurde Grete De Francescos Name vor wenigen Jahren erst durch einen vor einem Wohnhaus in Salzburg verlegten »Stolperstein« samt zugehörigem Dossier – abrufbar unter *http://www.stolpersteine-salzburg.at/de/orte_und_biographien?victim=Weissenstein,Margarethe*, mittlerweile gefolgt auch von einem Wikipedia-Artikel – erneut in Erinnerung gerufen. Dabei hat sie in jenem Haus in der Salzburger Franz Josef Straße 11 niemals gelebt, sondern der Zufall allein wollte es, dass sich ein jüdischer Zeitzeuge an die Wiener Familie Weissenstein erinnern konnte, die dieses Haus im März 1928 zu dem Zweck erworben hatte, dass darin der Mann von Gretes Schwester Lisa, verheiratete Hromada, ein unter Salzburger Juden beliebtes Sanatorium eröffnen konnte.

Seltsam ist nur, dass ausgerechnet eine Person, Schriftstellerin, Journalistin und Intellektuelle, die wie Grete De Francesco alle Kriterien der Weltbürgerlichkeit erfüllt, weil sie zeitlebens keinen Halt vor Grenzen machte – am wenigsten vor nationalstaatlichen –, dass ausgerechnet eine solche Person durch sämtliche Maschen einer hochspezialisierten Exil-Forschung fällt, die merkwürdigerweise auch ihrerseits – man lese dazu Hannah Arendts Essay »Wir Flüchtlinge«[47] – zuallererst nach Pass, Geburtsurkunde, Abstammungsnachweis und Muttersprache fragt. Zumal Frauen, die infolge grenzüberschreitender Eheschließungen Namen, Staatsbürgerschaft und obendrein vielleicht sogar noch das Fach wechseln oder in gleich mehreren Fächern und Sprachen heimisch sind, fallen dann schlechterdings unter den Tisch. Und selbst Editoren, die wie diejenigen Theodor W. Adornos hier und da auf den Namen Grete De Francesco stoßen, verzichten aufgrund fehlender Einträge in den flugs konsultierten einschlägigen Handbüchern und Lexika auf weitere Nachforschungen und begnügen sich mit dem einen Satz: »Näheres über die aus Österreich stammende Publizistin konnte nicht ermittelt werden.«[48] So wurde Grete De Francesco noch postum, als hätte sie es nicht selber schon geahnt, in die Gesellschaft der »saltimbanques« und ihres Alter Ego, des »l'Anonimo« Buonafede Vitali, aufgenommen.

ANMERKUNGEN

Sämtliche Zitate aus unveröffentlichten Briefen Grete De Francescos an Sigfried Giedion und Carola Giedion-Welcker stammen aus dem Giedion-Nachlass am Archiv des Instituts für Geschichte und Theorie der Architektur der Eidgenössisch-Technischen Hochschule in Zürich (abgekürzt: GN gta/ETH). Der Abdruck erfolgt mit freundlicher Genehmigung des Archivs.

Alle Zitate aus unveröffentlichten Briefen Grete De Francescos an Siegfried und Lili Kracauer in Paris stammen aus dem Kracauer-Nachlass am Deutschen Literaturarchiv in Marbach am Neckar (abgekürzt: KN DLA). Der Abdruck erfolgt mit freundlicher Genehmigung der Handschriftenabteilung des Archivs.

Der im Kapitel 5 wiedergegebene unveröffentlichte Brief Grete De Francescos vom 16. Oktober 1937 an Thomas Mann in Kilchberg bei Zürich stammt aus dem Thomas-Mann-Archiv der ETH Zürich/Bibliothek, Campus Hönggerberg. Das zu Beginn des Kapitels 6 wiedergegebene Zitat Thomas Manns aus einem ebenfalls unveröffentlichten Brief vom 7. Dezember 1937 an Ferdinand Lion stammt aus demselben Archivfundus. Der Abdruck erfolgt mit freundlicher Genehmigung des Thomas-Mann-Archivs der ETH Zürich und des S. Fischer Verlags, Frankfurt am Main.

1 »großen herrlichen Picasso«: Zit. n. Antonina Vallentin, Pablo Picasso, Frankfurt am Main: Büchergilde Gutenberg 1959, S. 130.

2 »Naturgeschichte«: Grete De Francesco an Thomas Mann, siehe Kap. 5.

3 »eine Art Psychologie …«: Thomas Mann an Ferdinand Lion, siehe Kap. 6.

4 Hugo von Hofmannsthal an Hans Schlesinger: Hugo von Hofmannsthal, Briefe 1890–1901, Berlin: S. Fischer Verlag 1935, S. 312.

5 »Unvermeidlich der Moment …«: Christa Wolf, Voraussetzungen einer Erzählung: Kassandra. Frankfurter Poetikvorlesungen, Darmstadt: Luchterhand 1983, S. 90.

6 »Hinausschmiss«: KN DLA, Postkarte v. 15. Aug. 1933 (zum bevorstehenden »Jahrestag« desselben am 20. Aug. 1932).

7 Döblin im »Literaturblatt der Frankfurter Zeitung«, Nr. 27, vom 24. April 1932; wieder in: Alfred Döblin, Ausgewählte Werke in Einzelbänden, hrsg. v. Anthony W. Riley, Kleine Schriften, Band 3, Zürich/Düsseldorf: Walter 1999, S. 297–300.

8 »Ein Brief an Alfred Döblin«, »Literaturblatt der Frankfurter Zeitung«, Nr. 35 vom 19. Juni 1932, schließt »Mit dem Ausdruck vorzüglicher Hochachtung *Grete De Francesco.*«

9 »ihrer Beharrlichkeit …«: Ernst Krenek, Im Atem der Zeit. Erinnerungen an die Moderne, a. d. Amerikan. übers. v. Friedrich Saathen u. Sabine Schulte, Hamburg: Hoffmann u. Campe 1998, S. 931.

10 »Verbindungsoffizier«: GN gta/ETH, Brief v. 17. Sept. 1931.

11 »Frankfurter Naziblatt …«: KN DLA, Brief v. 16. Okt. 1933.

12 »Dem freundlichen Zufall …«: Joseph Roth, »Die Macht des Charlatans«. Das Neue Tage-Buch (Paris), v. 29. Jan. 1938, wieder in: Werke (in vier Bänden), hrsg. v. Hermann Kesten, Köln: Kiepenheuer & Witsch 1975, Bd. 4, S. 441f.

13 »heilig-nüchternen Wassern«: GN gta/ETH, Brief v. 11. April 1932.

14 »Das Gesicht des faschistischen Italiens«: Siehe die Liste der insgesamt 17 Absolventen des Diplomstudiengangs (1930/33), in: Antonio Missiroli, Die Deutsche Hochschule für Politik, Sankt-Augustin: Comdok 1988, S. 212f.

15 »blöden Interview«: GN gta/ETH, Brief v. 18. Aug. 1931.

16 »Block aufbauender Studierender …«: Siehe dazu und zu den Münchner Ereignissen seit dem November 1918 (mit zahlreichen Dokumenten): Die Welt der Giedions. Sigfried Giedion und Carola Giedion-Welcker, hrsg. v. Almut Grunewald, Zürich: Scheidegger & Spiess 2019, S. 34–51 (nachfolgend abgekürzt: WdG).

17 Giulio De Francesco, GN gta/ETH, Brief v. 12. Nov. 1919.

18 »einem weiteren Brief …«: GN gta/ETH, undatierter Brief vermutlich gegen Ende 1919 verfasst.

19 »ein einziges Foto«, in: WdG, S. 32.

20 »spezifische Gelehrtenqualitäten«: Theodor W. Adorno im Sommer 1937 an Max Horkheimer, in: Theodor W. Adorno, Briefwechsel 1927–1969, hrsg. v. Christoph Gödde u. Henri Lonitz, Bd. 1: 1927–1937, Frankfurt am Main: Suhrkamp 2003, S. 391.

21 »Durch alle Telephonleitungen … Löcheln … Komödie … schon geölt.« KN DLA, Brief v. 28. Juli 1933.

22 »ein wenig abattu…«: Zit. n. WdG, S. 136.

23 »Heimat des Pierrot«: Krenek, Im Atem der Zeit, op. cit.

24 »Bologna-Themenhefts«: »Anna Morandi-Manzolini. Professorin der Anatomie in Bologna«. Ciba-Zeitschrift, 7. Jg., Nr. 81, Juli 1941, S. 2834–2837.

25 »Nachkriegsbesuch in Oxford«: GN gta/ETH, Postkarte v. 2. Aug. 1919 (?).

26 »Karl Löwiths … Burkhardt-Biografie«: erschien u.d.T. Jacob Burckhardt. Der Mensch inmitten der Geschichte, Luzern: Vita Nova 1936; Tschicholds Einbandentwurf in seinem graphischen Nachlass im Leipziger Deutschen Buch- und Schriftmuseum. Vgl.

Löwiths Autobiographie »Mein Leben in Deutschland vor und nach 1933«, Stuttgart 2007.

27 »Heimweh nach Schwabing«: GN gta/ETH, Brief v. 15. Juli 1925.

28 »›Kreis‹ …«: KN DLA, Brief v. 13. Jan, 1934.

29 »unsere … italienische Lehrerin«: KN DLA, undatierter Brief vom Frühjahr 1933 von Hedwig Kracauer an Siegfried und Lili Kracauer.

30 »eine Bewußtseinshaltung …«: Siegfried Kracauer, Rezension Karl Mannheim, »Ideologie und Utopie«. »Literaturblatt der Frankfurter Zeitung« v. 28. April 1929; wieder in: Siegfried Kracauer, Werke, Band 5.3: Essays, Feuilletons, Rezensionen 1928–1931, hrsg. v. Inka Mülder-Bach, Berlin: Suhrkamp 2011, S. 133–136, S. 135.

31 »Theodor …«: KN DLA, Brief v. 13. Jan. 1934.

32 »Dr. Egon Frey«: geboren 1892 in Wien, war hauptberuflich Arzt, schrieb in den 1920er-Jahren Erzählungen, Gedichte und den Roman »Schakal. Ein Kampf um die Zukunft« (1925); emigrierte spätestens nach dem März 1938 in die USA, wo er, im deutschsprachigen Raum vergessen, 1972 in New York verstarb.

33 »a-demokratische Methoden«: Am Seitenrand ergänzt durch »nicht anti-« (demokratische).

34 »irrtümlich als Tarnschrift«: dazu erscheint demnächst ein Essay des Verfassers.

35 »Meinungsaustausch«: Dokumentiert im Kommentarteil des Bandes 13 (Kritiken und Rezensionen, hrsg. v. Heinrich Kaulen) von Walter Benjamin, Werke und Nachlass, Berlin: Suhrkamp 2011, S. 517f. u. S. 964–972. Nachfolgende Briefauszüge danach zitiert, sowie nach Walter Benjamin, Gesammelte Briefe, hrsg. v. Christoph Gödde u. Henri Lonitz, Bd. 5 (1935–1937) u. Bd. 6 (1938–1940), Berlin: Suhrkamp 1999–2000.

36 »Brief Adornos vom 10. Nov 1937«; Unveröffentlicht im Theodor W. Adorno Archiv, zit. n. Stellenkommentar d. Hrsg. v. Walter Benjamins Gesammelten Briefen, Bd. 5, S. 610.

37 »Die Beeinflussung der Massen …«: Rez. De Francesco, in: Zeitschrift für Sozialforschung, Jg. 7 (1938), Heft 1/2, S. 296–298; wieder in: Kritiken u. Rezensionen, op. cit., S. 508–510, S. 509.

38 »… leider ohne …«: Zit. n. Anm. d. Hrsg., in: W.B., Ges. Briefe, Bd. 6, S. 46.

39 »Picasso … Neubühl …«: Zit. n. Emanuel La Roche, Im Dorf vor der Stadt. Die Baugenossenschaft Neubühl, 1929–2000, Zürich: Chronos 2019, S. 65.

40 »Inseln …«: La Roche, ibid., S. 139.

41 »Grete … durch Paris«: Zit. n. Walter Benjamin, Das Adressbuch des Exils. 1933–1940, hrsg. u. komm. v. Christine Fischer-Defoy, Leipzig: Koehler & Amelang 2006.

42 »Gräßlich alles«: Ernst Krenek, Die amerikanischen Tagebücher 1937–1942, hrsg. v. Claudia Maurer-Zenck, Wien/Köln: Böhlau 1992, S. 63, notierte am 1. Mai 1938 in Lugano (als gutes Beispiel für Tessiner und Basler Vernetzungen): »Vergebens auf Frau De Francesco gewartet, die ihren Paß vergas und in Como den nächsten Zug abwarten mußte. Nachm. Mit ihr im Bahnhof. Tolle Geschichten aus Wien. Gräßlich alles. Abds mit ihr bei Röders. (…)« (Eva Röder: im Tessin lebende Übersetzerin (u.a. v. Dorothy Parker). Am nächsten Tag reiste Krenek zurück nach Basel, wo er noch einige Tage bei dem Musiker und Mäzen Paul Sacher und mit seinem alten Wiener Freund Willi Reich verbrachte, bevor er über Paris und Rotterdam ins amerikanische Exil aufbrach.

43 »in die Berge gegangen« war die v.a. in Ligurien, im Piemont und in der Lombardei verbreitete Metapher für das Untertauchen in ein abgelegenes Refugium oder für den Aufbruch in den Widerstand und den Anschluss an Partisanenverbände.

44 »Libro della memoria«: Liliana Picciotto, »Il libro della memoria. Gli Ebrei deportati dall'Italia (1943–1945) – Ricerca della Fondazione Centro di Documentazione Ebraica Contemporanea, 3. rev. Aufl., Milano: Mursia 2011. Nähere Angaben zu dem

Polizei- und Durchgangslager Bozen-Gries finden sich dort auf S. 929–932 sowie (S. 55f.) zu dem Konvoi Nr. 19, mit dem Grete De Francesco nach Ravensbrück deportiert wurde; Angaben zu ihrer Person (das Geburtsjahr ist fälschlich mit 1897 angegeben), Herkunft, Familienstand, letzter Wohnsitz sowie die Daten von Verhaftung, Einkerkerung, Internierung, Deportation und Tod in Ravensbrück (S. 659).

45 »kleine Sammelbecken …« (»un piccolo campionario di Mitteleuropa in esilio«): Bruno Segre, Che razza di ebreo sono io, hrsg, v. Alberto Saibene, Bellinzona: Casagrande 2016, S. 20.

46 »Lipe Kati …«: Die Transkription des Kassibers verdankt sich dem Co-Editor von Arthur Schnitzlers »Tagebüchern«, Peter Michael Braunwarth, Wien. Das Original – wie auch von Gretes Visitenkarte mit der Adresse ihrer Freundin Verena Brunetti in Lugano – ist im Besitz von Bruno Segre, der es dem Verfasser dieses Nachworts freundlicherweise in Kopien zur Verfügung stellte.

47 Hannah Arendts »Wir Flüchtlinge«, im Original. »We Refugees« (1943), in deutscher Übersetzung zuletzt, in 7. Aufl., Ditzingen: Reclam 2018.

48 »Näheres … nicht ermittelt«: Theodor W. Adorno, Briefwechsel, Bd. 1: 1927–1937, op. cit., S. 395 (2003). Lapidarer noch lautet die zugehörige Anmerkung der Herausgeberin von Kreneks Amerikanischen Tagebüchern, op. cit., S. 58, Anm. 286: »Näheres ist nicht bekannt.«

ERGÄNZENDE UND WEITERFÜHRENDE LITERATUR (EINE AUSWAHL)

Bloch, Ernst: Das Abenteuer der Treue. Briefe an Karola 1928–1949, hrsg. v. Anna Czajka, Frankfurt a.M.: Suhrkamp 2005.

Blomert, Reinhard: Intellektuelle im Aufbruch. Karl Mannheim, Alfred Weber, Norbert Elias und die Heidelberger Sozialwissenschaften der Zwischenkriegszeit, München: Hanser 1999.

Borries, Achim von: »Ein ›Verschütteter‹ taucht wieder auf: Bernhard Guttmann und ›Die Gegenwart‹ 1945–1949«. Allmende. Zeitschrift für Literatur 21.68/69 (2001), S. 131–149.

Boveri, Margret: Verzweigungen. Eine Autobiographie, hrsg. u.m.e. Nachw. v. Uwe Johnson, München/Zürich: Piper 1978.

Breidecker, Volker: »Vom Eisen zum Film. Kracauer, Giedion, Panofsky und die anonyme Kunstgeschichte der Moderne«, in: Christine Holste (Hrsg.): Siegfried Kracauers Blick. Anstösse zu einer Ethnographie des Städtischen, Hamburg: Philo 2006, S. 159–184.

Ders.: »Das Nizza von Frankfurt«. Zeitschrift für Ideengeschichte 5. 3. (2011), S. 33–44.

Breuer, Marcel: Design, hrsg. v. Bauhaus-Archiv, Köln: Taschen 2001.

Brodersen, Momme: Siegfried Kracauer, Reinbek: Rowohlt 2001.

Bruderer-Oswald, Iris: Das Neue Sehen. Carola Giedion-Welcker und die Sprache der Moderne, Bern: Benteli 2007.

Buchgestaltung im Exil 1933–1950. Eine Ausstellung des Deutschen Exilarchivs der Deutschen Bibliothek, Wiesbaden: Harassowitz 2003.

Burger, Hannelore: Heimatrecht und Staatsbürgertum österreichischer Juden, Wien: Böhlau 2013.

Cosmacini, Guido: Il medico saltimbanco, vita e avventure di Buonafede Vitali, Bari: Laterza 2008.

Curjel, Hans: Experiment Krolloper 1927–1931, a. d. Nachlass hrsg. v. Eigel Kruttge, München: Prestel 1975.

Deutschsprachige Schriftsteller im Schweizer Exil 1933–1950. Begleitbuch einer Ausstellung des Deutschen Exilarchivs 1933–1945, Wiesbaden: Harassowitz 2000.

Dreissiger Jahre Schweiz. Ein Jahrzehnt im Widerspruch, bearb. v. Guido Magnaguagno, Zürich: Kunsthaus Zürich 1982.

Finsler, Hans und die Schweizer Fotokultur. Werk, Fotoklassen, moderne Gestaltung 1932–1960, Ausstellung des Museums für Gestaltung Zürich, Zürich: gta 2006.

Fünfzig Jahre Centrale Sanitaire Suisse. Ein historischer Abriss 1937–1987, Zürich: o.J. (1988).

Geigy, Thomas Eduard: Dr. med. Dr. med.h.c. Karl Reucker 1890–1961, Zürich: Juris 1975.

Giedion, Sigfried 1888–1968. Der Entwurf einer modernen Tradition. Katalog einer Ausstellung des Instituts für Geschichte und Theorie der Architektur in Zusammenarbeit mit dem Museum für Gestaltung Zürich, Zürich: Ammann 1989.

Giedion-Welcker, Carola: Schriften 1926–1971. Stationen zu einem Zeitbild, hrsg. v. Reinhold Hohl, Köln: Du Mont Schauberg 1973.

Görtemaker, Heike B.: Ein deutsches Leben. Die Geschichte der Margret Boveri 1900–1975, München: Beck 2005.

Grunewald, Almut (Hrsg.): Die Welt der Giedions. Sigfried Giedion und Carola Giedion-Welcker, Zürich: Scheidegger & Spiess 2019.

Guttmann, Bernhard: Schattenriss einer Generation 1888–1919, Stuttgart: Koehler 1950.

Hommage à Giedion: Profile seiner Persönlichkeit, hrsg. v. Paul Hofer, Basel: Birkhäuser 1971.

Honegger, Claudia: »Jüdinnen in der frühen deutschsprachigen Soziologie«, in: Jansen/Nordmann (Hrsg.), Lektüren und Brüche. Jüdische Frauen in Kultur, Politik und Wissenschaft, Königstein: Heimer 2000, S. 179–195.

Huonker, Gustav: Literaturszene Zürich. Menschen, Geschichte und Bilder 1914 bis 1945, Zürich: Unionsverlag 1986.

Humm, R.J.: Bei uns im Rabenhaus. Literaten, Leute und Literatur im Zürich der Dreissiger Jahre, Zürich: Fretz & Wasmuth 1975.

Jacobs, Stephanie/Rössler, Patrick: Jan Tschichold – ein Jahrhunderttypograf? Blicke in den Nachlass. Begleitbuch der gleichnamigen Ausstellung des Deutschen Buch- und Schriftmuseums Leipzig, Göttingen: Wallstein 2019.

Kamber, Peter: Geschichte zweier Leben. Wladimir Rosenbaum – Aline Valangin, Zürich: Limmat 2000.

Krebs, Claudia: Siegfried Kracauer et la France, Saint-Denis: Suger 1998.

Kreis, Georg: Die Schweiz im Zweiten Weltkrieg. Neuausgabe, Innsbruck: Haymon 2011.

Kuckhoff, Greta: Vom Rosenkranz zur Roten Kapelle, Ein Lebensbericht, Berlin: Neues Leben 1986.

Lania, Leo: Welt im Umbruch. Biographie einer Generation, Wien: Forum 1954.

La Roche, Emanuel: Im Dorf vor der Stadt. Die Baugenossenschaft Neubühl, 1929–2000, Zürich: Chronos 2019.

Longhi, Silvano: Exil und Identität. Die italienischen Juden in der Schweiz (1943–1945), Berlin: De Gruyter 2017.

Magnani, Franca: Eine italienische Reise, A. d. Italien. v. Peter O. Chotjewitz, Köln: Kiepenheuer & Witsch 2018.

Marbach Ueli/Arthur Rüegg: Werkbundsiedlung Neubühl in Zürich–Wollishofen 1928–1932. Ihre Entstehung und Erneuerung, Zürich: gta 1990.

Maurer-Zenck, Claudia (Hrsg.): Der hoffnungslose Radikalismus der Mitte. Der Briefwechsel Ernst Krenek – Friedrich T. Gubler 1928–1939, mit einem Vorw. v. Ernst Krenek, Wien/Köln: Böhlau 1989.

Mazzetti, Elisabetta: Thomas Mann und die Italiener, Frankfurt am Main: Lang 2009.

Mielke, Siegfried: Einzigartig. Dozenten, Studenten und Repräsentanten der Deutschen Hochschule für Politik (1920–1933) im Widerstand gegen den Nationalsozialismus, Berlin: Lukas 2008.

Missiroli, Antonio: Die Deutsche Hochschule für Politik, Sankt Augustin: Comdok 1988.

Rings, Werner: Schweiz im Krieg 1933–1945, Ein Bericht, Zürich: Chronos 1990.

Salomon, Albert: »German Sociology«, in: Twentieth Century Sociology, ed. by G. Gurvitch u. Wilbert E. Moore, New York. The Philosophical Library 1945, S. 587–618.

Schivelbusch, Wolfgang: Intellektuellendämmerung. Zur Lage der Frankfurter Intelligenz in den zwanziger Jahren, Frankfurt a.M.: Insel 1982.

Schlemmer, Thomas / Woller, Hans: »Der italienische Faschismus und die Juden 1922 bis 1945«. Vierteljahrshefte für Zeitgeschichte 53, (2005), S. 155–201.

Die Schweiz und die Flüchtlinge zur Zeit des Nationalsozialismus (Unabhängige Expertenkommission Schweiz – Zweiter Weltkrieg), bearb. v. Valérie Boillat u.a., Zürich: Chronos 2001.

Segre, Bruno: Che razza di ebreo sono io, a cura di Alberto Saibene, Bellinzona: Casagrande 2016.

Seliger, Kurt: Basel – Badischer Bahnhof. In der Schweizer Emigration 1938–1945, Wien: Österr. Bundesverlag 1988.

Somm, Markus: Elektropolis an der Limmat. Baden und die BBC 1870–1925, Bern: Stämpfli 2019.

Soziologie in Frankfurt. Eine Zwischenbilanz, hrsg. v. Felicia Herrschaft u. Klaus Lichtblau, Wiesbaden: VS 2010.

Später, Jörg: Siegfried Kracauer. Eine Biographie, Berlin: Suhrkamp 2016.

Swiss Made: Die Schweiz im Austausch mit der Welt, hrsg. v. Beat Schläpfer, Zürich: Scheidegger & Spiess 1998.

Todorow, Almut: »Wollten die Eintagsfliegen in den Rang höherer Insekten aufsteigen? Die Feuilletonkonzeption der Frankfurter Zeitung während der Weimarer Republik im redaktionellen Selbstverständnis, in: Deutsche Vierteljahrsschrift für Literatur und Geistesgeschichte 62.4 (1988), S. 697–740.

Wendland, Ulrike: Biographisches Handbuch deutschsprachiger Kunsthistoriker im Exil, Berlin/Boston: De Gruyter 1998.

Wiskemann, Elizabeth: Erlebtes Europa. Ein politischer Reisebericht 1930 bis 1945, Bern: Hallwag 1969.

Wobbe, Theresa: Wahlverwandtschaften. Die Soziologie und die Frauen auf dem Weg zur Wissenschaft, Frankfurt a. M.: Campus 1997.

Woller, Hans: Geschichte Italiens im 20. Jahrhundert, München: Beck 2010.

DANK

Die Recherchen für das Nachwort zu diesem Buch waren ein Wagnis. Außer einer Reihe vorsichtiger Vermutungen und tollkühner Hypothesen waren so gut wie keine gesicherten Informationen über Grete De Francescos Person vorhanden und, außer dem Charlatan-Buch, nur wenig direkte oder indirekte Zeugnisse ihres Lebens überliefert. Und doch muss man nach einer unbekannten, verschwundenen oder verschollenen Person eigentlich nur beharrlich genug suchen und auch noch so spärlich vorhandenen Spuren folgen, um, was man sucht, auch zu finden, und im Zuge der Ausdehnung des Spurenfelds durch reiche wie weitreichende Funde belohnt zu werden. Ein Work in Progress bleibt die Recherche nach Grete De Francesco freilich auch nach dem Erscheinen dieses Buchs, das mit einem Wort von Patrick Modiano noch immer ein wenig dem »Brief einer Unbekannten« gleicht, »postlagernd, seit einer Ewigkeit vergessen und jetzt zugestellt«.

Dabei versteht sich von selbst, dass der Verfasser dieses Nachworts auf seinen Rechercheisen durch analoge wie digitale Archive und Bibliotheken ohne die zugehörigen Institutionen und die Hilfe und Unterstützung ihrer Mitarbeiter nicht weit gekommen wäre. Manchmal waren es reine Zufallsfunde, wie das Foto eines Segeltörns an unerwarteter Stelle, die in der Folge auch die vor Ort noch in Erschließung befindlichen Quellen mit einem Male fließen ließen. Auch solcher Fluss wäre allerdings gar nicht erst bei mir angekommen ohne die freundliche, großzügige und unbürokratische Aufnahme, die ich am Ort des Giedion-Nachlasses in den Archiven des Instituts für Geschichte und Theorie der Architektur der ETH Zürich unter der Leitung von Bruno Maurer und der mit der Erschließung dieses Nachlasses persönlich betrauten Archivarin Almut Grunewald fand. Von ihr hatte ich schon im Vorfeld meines Aufenthalts, doch erst recht an Ort und Stelle und auch noch danach wertvolle Hinweise, unschätzbare Unterstützung und anregend neugieriges Interesse erfahren.

Von dort, dem Campus Hönggerberg der ETH, war es nur ein kleiner Spaziergang ins Thomas-Mann-Archiv der ETH, wo Ralf Bolt mich auf Anfrage bereits auf das Vorhandensein eines unveröffentlichten, zwölfseitigen handschriftlichen Briefs Grete De Francescos vorbereitet und den Brief mit einem weiteren kommentierenden Schreiben von der Hand des Dichters bereitgestellt hatte.

Zuvor hatte ich am Deutschen Literaturarchiv in Marbach, wie schon so oft, die Gastfreundschaft und Hilfsbereitschaft der engagierten Mitarbeiterinnen und Mitarbeiter des Hauses genossen. Besonderer Dank sei diesmal Julia Maas, Katharina von Wilucki und Thomas Kemme gesagt.

Dauergast bin ich in der Deutschen Nationalbibliothek in Frankfurt und auch im zugehörigen Deutschen Exilarchiv 1933–1945, deren Leiterin Sylvia Asmus und ihre Mitarbeiterinnen Regina Elzner und Katrin Kokot stets ein offenes Ohr für die vermutlich allein dem Benutzer noch sensationell anmutenden Funde unter ihren Archivalien hatten und ihm auch unter Corona-Beschränkungen einen bequemen Arbeitsplatz bereitstellten.

Apropos Corona sei auch der Hessischen Kulturstiftung für die Unterstützung meiner Arbeit durch ein Kurzzeitstipendium gedankt.

Dankbar für freigebig und freundlich erteilte, fernmündliche oder schriftliche Auskünfte und Hilfestellungen bin ich Stephanie Jacobs vom Deutschen Buch- und Schriftmuseum der Deutschen Bibliothek Leipzig und ihrer Mitarbeiterin Linda Wößner, ferner Beate Lücke vom Institut für Zeitungsforschung in Dortmund sowie Lorenz Heiligensetzer von der Handschriftenabteilung der Universitätsbibliothek Basel. Ein ganz besonderer Dank geht an Florence Wicker vom Firmenarchiv der Novartis AG: Sie war so großzügig, mir ein rares Verzeichnis von Pseudonymen ehemaliger Mitarbeiter der *Ciba-Zeitschriften* zu überlassen und mich mit biographischen Informationen über Karl

Reucker, den einstigen Impresario des Periodika-Unternehmens, zu versorgen.

Unter den vielen individuellen Persönlichkeiten, die ich von fern adressiert habe, schulde ich, aus Gründen, die aus dem Schlusskapitel und aus den Anmerkungen hervorgehen, den größten und herzlichsten Dank dem Autor, Publizisten und politischen Aktivisten Bruno Segre, dem Sohn von Grete De Francescos milanesischer Freundin Kathleen Keegan. Anna Banfi vom Casagrande Verlag in Bellinzona war so freundlich, mir diese Verbindung zu vermitteln.

Ich beschließe die Dankesliste mit der Nennung all jener mir bekannten oder zuvor unbekannten Personen, die mir an irgendeinem Punkt der Geschichte mit Rat und Tat oder auch nur mit offenen und neugierigen Ohren hilfreich und/oder freundschaftlich zur Seite standen und die alle selbst am besten wissen, was ich ihnen schulde: Peter Michael Braunwarth in Wien, Iris Bruderer-Oswald im Aargauer Land, Nicoletta Giacon-Harlos in Verona, Gennaro Ghirardelli in Rüschlikon, Monica Giedion-Risch im Zürcher Doldertal, Michael Hagner in Zürich, Lea Haller in Sonvilier, Rudolf Herz in München, Klaus Hübner in Göttingen, Gert Kirschbaumer in Salzburg, Michel Krüger in München, Siegfried Mielke in Berlin, Achatz von Müller in Lüneburg und Hamburg, Ron Mieczkowski in Berlin, Roy Oppenheim in Lengnau, Maria Platte in München, Ilma Rakusa in Zürich, Clarissa Rothacker in Luzern, Arthur Rüegg in Zürich, Jörg Später in Freiburg, Roland Spahr in Frankfurt am Main, Matthias Weichelt in Berlin und – last not least – Ingeborg Wagner-Müller in Luzern.

Ein besonders herzliches Dankeschön für das Gelingen des Gesamtprojekts und für ein selten so erfreulich und vergnüglich geglücktes Zusammenwirken wie hier geht an Christian Döring, den Verleger und Herausgeber der Anderen Bibliothek.

Büchereien Wien
Hietzing
Magistratsabteilung 13
13, Hofwiesengasse 48
A-1130 Wien

REGISTER

NAMENSREGISTER

A

B

C

D

E

F

G

H

J

K

L

M

N

O

P

R

S

T

U

V

W

Z

VERZEICHNIS DER ABBILDUNGEN

DIE MACHT DES CHARLATANS ist als ORIGINALAUSGABE im Februar 2021 als vierhundertvierunddreißigster Band der ANDEREN BIBLIOTHEK erschienen.

Als EXTRADRUCK wurde DIE MACHT DES CHARLATANS im März 2021 wiederaufgelegt.

Die Herausgabe lag in den Händen von Christian Döring.

Die Bildredaktion besorgte Ron Mieczkowski.

Volker Breidecker rekonstruiert in seinem umfangreichen Nachwort Leben und Werk von Grete De Francesco (1893–1945), geborene Weissenstein, anhand von erstmals gesichtetem Archivmaterial. Es handelt sich um die erste umfangreiche Arbeit zum bisher kaum erforschten Schaffen der Autorin. Dafür danken wir sehr.

DIE MACHT DES CHARLATANS von Grete De Francesco ist zuerst erschienen im Benno Schwabe & Co. Verlag, Basel 1937. Eine englische Übersetzung folgte 1939 in der Yale University Press, New Haven.
Für die vorliegende Neuausgabe wurden offensichtliche Druckfehler behoben und auch die Abbildungen einer Revision unterzogen. An Stellen, an denen Grete De Francesco heute als widerlegt geltende Urheberzuschreibungen von Abbildungen gesetzt hat, wurde die korrekte Bildautorschaft genannt, an anderen Stellen wurden gegenüber der Baseler Erstausgabe Originalen vor Kopien der Vorzug gegeben.

Dieses Buch wurde von Studio Martin Steiner, Potsdam, gestaltet.

Den Satz übernahm Dörlemann Satz, Lemförde, mit der Schrift Sabon.

Die Herstellung und Ausstattung lagen bei Katja Jaeger, Berlin.
Das Memminger MedienCentrum druckte auf 100 g/m^2 holz- und säurefreies, ungestrichenes Munken Pure. Dieses wurde von Arctic Paper ressourcenschonend hergestellt.
Den Einband besorgte die Verlagsbuchbinderei Conzella in Aschheim-Dornach.

ISBN 978-3-8477-2036-2
AB – DIE ANDERE BIBLIOTHEK GmbH & Co. KG
Berlin 2021

Extradrucke der Anderen Bibliothek
№ 434

Die Geschichte der 1985 von Hans Magnus Enzensberger und dem Schriftsetzer, Drucker und Verleger Franz Greno noch im Bleisatz aus der Taufe gehobenen Buchreihe DIE ANDEREN BIBLIOTHEK ist längst zum Bestandteil unserer deutschsprachigen Lesekultur geworden.

Monat für Monat ist seitdem ein Band erschienen.
Seit Januar 2011 wählt Christian Döring monatlich sein Buch aus und gibt es im neuen Verlag DIE ANDERE BIBLIOTHEK unter dem Dach des Aufbau Hauses am Berliner Moritzplatz heraus.

Das Programm der ANDEREN BIBLIOTHEK folgt inhaltlich seit Anbeginn nur einem Maßstab: Genre-, epochen- und kulturraumübergreifend wird entdeckt und wiederentdeckt, die branchenübliche Einteilung in Sachbuch und Literatur hat nie interessiert, nur Originalität und Qualität sollen zählen.

– Jeden Monat erscheint ein neuer Band, von den besten Buchkünstlern gestaltet.
– Die ORIGINALAUSGABE erscheint in einer einmaligen Auflage von 3.333 Exemplaren, limitiert und nummeriert.

Sind die limitierten und nummerierten ORIGINALAUSGABEN vergriffen, bieten wir Ihnen unsere EXTRADRUCKE der ANDEREN BIBLIOTHEK, damit Sie alle an den Erfolgen unserer schönen Bücher teilhaben können. Gewohnte beste Inhalte, durchgesehen und aktualisiert, zum moderaten Preis in einer fein bedruckten Ausgabe.

Unser Vorschlag:
Werden Sie Mitglied im Club unserer Abonnenten, so erhalten Sie garantiert jede ORIGINALAUSGABE zum Vorzugspreis. Und als persönliches Dankeschön: eine unserer Prachtausgaben im Folioformat.
030/28 394–229
info@die-andere-bibliothek.de
www.die-andere-bibliothek.de

QVINTA ESSENTIA MINERA
ATE.
PVRVM
Aqua
Mercurius
VOLATILE